IMUNIDADE TRIBUTÁRIA
E AS ORGANIZAÇÕES RELIGIOSAS

CIP-BRASIL. CATALOGAÇÃO NA PUBLICAÇÃO
SINDICATO NACIONAL DOS EDITORES DE LIVROS, RJ

M343i

Martins, Ives Gandra da Silva
Imunidade tributária e as organizações religiosas / Ives Gandra da Silva Martins, Paulo de Barros Carvalho, Luiz Gonzaga Bertelli. - 1. ed. - São Paulo : Noeses, 2024.

538 p.
Inclui bibliografia
ISBN 9788583102151

1. Imunidade tributária - Aspectos religiosos. 2. Isenção tributária. 3. Religião e direito. I. Carvalho, Paulo de Barros. II. Bertelli, Luiz Gonzaga. III. Título.

24-93112 CDU: 336.221.4-029:2(81)

Gabriela Faray Ferreira Lopes - Bibliotecária - CRB-7/6643

IMUNIDADE TRIBUTÁRIA E AS ORGANIZAÇÕES RELIGIOSAS

Coordenadores

IVES GANDRA DA SILVA MARTINS
LUIZ GONZAGA BERTELLI
PAULO DE BARROS CARVALHO

União dos Juristas Católicos de São Paulo

2024

editora e livraria
NOESES

Copyright © Editora Noeses 2024
Fundador e Editor-chefe: Paulo de Barros Carvalho
Gerente de Produção Editorial: Rosangela Santos
Arte e Diagramação: Renato Castro
Revisão: Georgia Evelyn Franco
Designer de Capa: Aliá3 - Marcos Duarte

editora e livraria
NOESES

Editora Noeses Ltda.
Tel/fax: 55 11 3666 6055
www.editoranoeses.com.br

APRESENTAÇÃO

O 12º livro da UJUCASP é dedicado a tema que, com a reforma tributária, deverá gerar problemas exegéticos decorrentes de uma constante tendência governamental por mais receitas e sua permanente luta por reduzir a esfera de abrangência das imunidades tributárias.

Não poucas autoridades, em manifestações públicas, confundem isenções com imunidades, atribuindo a estas a natureza de uma renúncia fiscal própria das isenções. Não percebem que a imunidade é uma vedação absoluta ao poder de tributar colocada ao Poder Público que, como consequência, não pode exercer sua força impositiva. Em outras palavras, tendo o poder de tributar nas isenções, pode também renunciá-lo, legislativamente. Nas imunidades, ninguém pode renunciar, pois tal faculdade não possui. Ninguém pode renunciar ao que não tem.

O presente livro é constituído, portanto, de uma série de estudos, objetivando melhor entender o escopo das imunidades na Lei Suprema, a razão de aplicá-las às instituições religiosas e suas atividades, assim como o porquê de sua permanência, no tempo, como uma garantia à liberdade de adoração a Deus.

A qualidade dos autores que se debruçaram sobre o tema fala por si só, todos especialistas na matéria e conhecedores da importância de manter-se o direito pleno de culto ao Senhor, impedindo que o arsenal tributário seja forma de dificultar seu exercício tanto em relação às próprias funções litúrgicas, como às atividades de solidariedade social inerente às religiões.

Esperamos, coordenadores e autores, que, na linha dos 11 livros anteriores, todos veiculados pela Editora Noeses, pertencente a um dos coordenadores destes estudos, Professor Paulo de Barros Carvalho, tenha este livro o mesmo sucesso editorial, servindo para elucidar pontos essenciais sobre as imunidades das instituições religiosas.

Pensamos, autores e coordenadores, estar prestando serviço esclarecedor àqueles que se dedicam à reflexão acadêmica e profissional do tema, com a objetividade necessária para sua apreensão, com o didatismo importante para sua aplicação e, por fim, com a prudência essencial para que a injustiça não se faça, buscando-se assim preservar direitos fundamentais inerentes à liberdade religiosa, bem como suas garantias.

Ives Gandra da Silva Martins

Paulo de Barros Carvalho

Luiz Gonzaga Bertelli

SUMÁRIO

IMUNIDADES TRIBUTÁRIAS DAS INSTITUIÇÕES RELIGIOSAS

Ives Gandra Da Silva Martins[1]

1 – A emenda Constitucional nº 132/2023 sobre a reforma tributária alargou, na nova redação do art. 150 inciso VI letra "b" o espectro das imunidades das instituições religiosas em relação à Constituição anterior?

O texto anterior da Constituição sobre as limitações constitucionais ao poder de tributar em relação às instituições religiosas tinha a seguinte dicção:

> Art. 150. Sem prejuízo de outras garantias asseguradas ao contribuinte, é vedado à União, aos Estados, ao Distrito Federal e aos Municípios:

1. Professor Emérito das Universidades Mackenzie, UNIP, UNIFIEO, UNIFMU, do CIEE/O ESTADO DE SÃO PAULO, das Escolas de Comando e Estado-Maior do Exército - ECEME, Superior de Guerra - ESG e da Magistratura do Tribunal Regional Federal – 1ª Região; Professor Honorário das Universidades Austral (Argentina), San Martin de Porres (Peru) e Vasili Goldis (Romênia); Doutor Honoris Causa das Universidades de Craiova (Romênia) e das PUCs-Paraná e RS, e Catedrático da Universidade do Minho (Portugal); Presidente do Conselho Superior de Direito da FECOMERCIO - SP; ex-Presidente da Academia Paulista de Letras-APL e do Instituto dos Advogados de São Paulo-IASP.

> (...)
>
> VI - instituir impostos sobre:
>
> (...) b) templos de qualquer culto;

A EC nº 132/2023 elevou o elenco ao detalhado texto que segue abaixo:

> Art. 150. Sem prejuízo de outras garantias asseguradas ao contribuinte, é vedado à União, aos Estados, ao Distrito Federal e aos Municípios:
>
> (...)
>
> VI - instituir impostos sobre:
>
> (...) b) entidades religiosas e templos de qualquer culto, inclusive suas organizações assistenciais e beneficentes;

O certo é que veio consolidar a interpretação constitucional adotada pelos Tribunais. Sempre defendi em livros, artigos e conferências, que ao contrário das isenções cuja interpretação, até por força do art. 111 do CTN, deve comportar uma exegese restrita, as imunidades devem ser analisadas à luz de uma inteligência extensiva.

A razão é simples. A isenção é um favor fiscal e a imunidade uma vedação absoluta ao poder de tributar. Por isto, compreende-se o texto do artigo 111, pois quem tem o poder de renunciar deve definir os limites da renúncia, mas se fosse possível adotar o mesmo critério para as imunidades definidas constitucionalmente, os Erários envoltos permanentemente com seus déficits crônicos, terminariam reduzindo-as ao máximo até serem barrados pela Justiça.

Eis, pois, o teor do dispositivo:

> Art. 111. Interpreta-se literalmente a legislação tributária que disponha sobre:
>
> I - suspensão ou exclusão do crédito tributário;

II - outorga de isenção;

III - dispensa do cumprimento de obrigações tributárias acessórias.

Como a impossibilidade de tributar é definida pelo Constituinte e não pelo Poder Tributante, veda-se a este restringir a proibição, adotando-se a exegese mais favorável ao contribuinte.

Leia-se, neste sentido, a ementa de relatoria do Ministro Thompson Flores do STF:

> *** STF - RE: 80.603 SP, Relator: Min. Thompson Flores, Data de Julgamento: 24/05/1979:**
>
> PAPEL DE IMPRENSA – ATO INEXISTENTE – INTERPRETAÇÃO LITERAL – Não são as dimensões (variáveis segundo o método industrial adotado) que caracterizam o papel para impressão. Ao contrário da isenção tributária, cujas regras se interpretam literalmente, a imunidade tributária admite ampla inteligência.

Ora, já no passado, as instituições religiosas - e não apenas o templo -, assim como as obras assistenciais e beneficentes eram imunes na interpretação da Suprema Corte.

Lembro-me de ter sustentado o caso pioneiro em benefício das Igrejas Adventistas simultaneamente em 2 processos, um de relatoria do Ministro Celso de Mello (RMS nº 22192 DF) e outro de relatoria de Ilmar Galvão (RE nº 325822 SP), na 1ª Turma do STF tendo, após derrota no STJ, respectivamente por 8x0 e 5x3, revertido as decisões para 5x0, formando jurisprudência a demonstrar que na expressão “templos” entende-se a imunidade de toda a composição necessária à prática religiosa.

Na ocasião, entendeu-se que as próprias contribuições sociais gozariam de imunidades e não de isenções por força do disposto no § 7º do art 195 da Lei Suprema, como se segue:

Art. 195. A seguridade social será financiada por toda a sociedade, de forma direta e indireta, nos termos da lei, mediante recursos provenientes dos orçamentos da União, dos Estados, do Distrito Federal e dos Municípios, e das seguintes contribuições sociais:

(...)

§ 7º São isentas de contribuição para a seguridade social as entidades beneficentes de assistência social que atendam às exigências estabelecidas em lei.

Transcrevo as ementas das decisões:

***STF - RMS: 22192 DF, Relator: Min. CELSO DE MELLO, Data de Julgamento: 28/11/1995, Primeira Turma, Data de Publicação: DJ 19-12-1996 PP-51802 EMENT VOL-01855-01 PP-00154:**

MANDADO DE SEGURANÇA - CONTRIBUIÇÃO PREVIDENCIÁRIA - QUOTA PATRONAL - ENTIDADE DE FINS ASSISTENCIAIS, FILANTRÓPICOS E EDUCACIONAIS - IMUNIDADE (CF, ART. 195, § 7º) RECURSO CONHECIDO E PROVIDO. - A Associação Paulista da Igreja Adventista do Sétimo Dia, por qualificar-se como entidade beneficente de assistência social - e por também atender, de modo integral, as exigências estabelecidas em lei - tem direito irrecusável ao benefício extraordinário da imunidade subjetiva relativa às contribuições pertinentes à seguridade social. - A cláusula inscrita no art. 195, § 7º, da Carta Política - não obstante referir-se impropriamente à isenção de contribuição para a seguridade social -, contemplou as entidades beneficentes de assistência social, com o favor constitucional da imunidade tributária, desde que por elas preenchidos os requisitos fixados em lei. A jurisprudência constitucional do Supremo Tribunal Federal já identificou, na cláusula inscrita no art. 195, § 7º, da Constituição da República, a existência de uma típica garantia de imunidade (e não de simples isenção) estabelecida em favor das entidades beneficentes de assistência social. Precedente: RTJ 137/965. - Tratando-se de imunidade - que decorre, em função de sua natureza mesma, do próprio texto constitucional -, revela-se evidente a absoluta impossibilidade jurídica de a autoridade executiva, mediante deliberação de índole administrativa, restringir a eficácia do preceito inscrito no art. 195, § 7º, da Carta Política, para, em função de exegese que claramente distorce a teleologia da prerrogativa fundamental em Referência, negar, à entidade beneficente de assistência social que satisfaz os requisitos da lei, o benefício que lhe é assegurado no mais elevado plano normativo.

***STF - RE: 325822 SP, Relator: ILMAR GALVÃO, Data de Julgamento: 18/12/2002, Tribunal Pleno, Data de Publicação: DJ 14-05-2004 PP-00033 EMENT VOL-02151-02 PP-00246:**

Recurso extraordinário. 2. Imunidade tributária de templos de qualquer culto. Vedação de instituição de impostos sobre o patrimônio, renda e serviços relacionados com as finalidades essenciais das entidades. Artigo 150, VI, b e § 4º, da Constituição. 3. Instituição religiosa. IPTU sobre imóveis de sua propriedade que se encontram alugados. 4. A imunidade prevista no art. 150, VI, b, CF, deve abranger não somente os prédios destinados ao culto, mas, também, o patrimônio, a renda e os serviços "relacionados com as finalidades essenciais das entidades nelas mencionadas". 5. O § 4º do dispositivo constitucional serve de vetor interpretativo das alíneas b e c do inciso VI do art. 150 da Constituição Federal. Equiparação entre as hipóteses das alíneas referidas. 6. Recurso extraordinário provido

É que se se admitisse que apenas os templos seriam imunes e não o que dá a vida às Instituições (sacerdotes e obras sociais e beneméritas), seriam apenas imunes de IPTU e mais nada.

A própria jurisprudência ofertou - e houve posteriormente lei neste sentido, a meu ver com constitucional redação -, para permitir que as prebendas posteriores fossem também imunes, como se pode verificar dadas as seguintes ementas dos Tribunais Superiores:

***STF - RE: 578562 BA, Relator: EROS GRAU, Data de Julgamento: 21/05/2008, Tribunal Pleno, Data de Publicação: DJe-172 DIVULG 11-09-2008 PUBLIC 12-09-2008 EMENT VOL-02332-05 PP-01070:**

RECURSO EXTRAORDINÁRIO. CONSTITUCIONAL. IMUNIDADE TRIBUTÁRIA. IPTU. ARTIGO 150, VI, B, CB/88. CEMITÉRIO. EXTENSÃO DE ENTIDADE DE CUNHO RELIGIOSO. 1. Os cemitérios que consubstanciam extensões de entidades de cunho religioso estão abrangidos pela garantia contemplada no artigo 150 da Constituição do Brasil. Impossibilidade da incidência de IPTU em relação a eles. 2. **A imunidade**

aos tributos de que gozam os templos de qualquer culto é projetada a partir da interpretação da totalidade que o texto da Constituição é, sobretudo do disposto nos artigos 5º, VI, 19, I e 150, VI, b. 3. As áreas da incidência e da imunidade tributária são antípodas. Recurso extraordinário provido. **(Grifos meus)**

*** RE 630790, Relator(a): ROBERTO BARROSO, Tribunal Pleno, julgado em 21-03-2022, PROCESSO ELETRÔNICO REPERCUSSÃO GERAL - MÉRITO DJe-059 DIVULG 28-03-2022 PUBLIC 29-03-2022:**

Direito tributário. Recurso extraordinário com repercussão geral. Impostos sobre a importação. Imunidade tributária. Entidades religiosas que prestam assistência social. 1. Recurso extraordinário com repercussão geral reconhecida a fim de definir (i) se a filantropia exercida à luz de preceitos religiosos desnatura a natureza assistencial da entidade, para fins de fruição da imunidade prevista no art. 150, VI, c, da Constituição; e (ii) se a imunidade abrange o II e o IPI incidentes sobre as importações de bens destinados às finalidades essenciais das entidades de assistência social. 2. A assistência social na Constituição de 1988. O art. 203 estabelece que a assistência social será prestada "a quem dela necessitar". Trata-se, portanto, de atividade estatal de cunho universal. Nesse âmbito, entidades privadas se aliam ao Poder Público para atingir a maior quantidade possível de beneficiários. Porém, a universalidade esperada das instituições privadas de assistência social não é a mesma que se exige do Estado. Basta que dirijam as suas ações indistintamente à coletividade por elas alcançada, em especial às pessoas em situação de vulnerabilidade ou risco social, sem viés discriminatório. 3. Entidades religiosas e assistência social. Diversas organizações religiosas oferecem assistência a um público verdadeiramente carente, que, muitas vezes, instala-se em localidades remotas, esquecidas pelo Poder Público e não alcançadas por outras entidades privadas. Assim sendo, desde que não haja discriminação entre os assistidos ou coação para que passem a aderir aos preceitos religiosos em troca de terem suas necessidades atendidas, essas instituições se enquadram no art. 203 da Constituição. 4. O alcance da imunidade das entidades assistenciais sem fins lucrativos. **A imunidade das entidades listadas no art. 150, VI, c, da CF/1988, abrange não só os impostos diretamente incidentes sobre patrimônio, renda e serviços, mas também aqueles incidentes sobre a importação de bens a serem utilizados para a consecução dos seus objetivos estatutários. Além disso, protege a renda e o patrimônio não necessariamente afetos às ações assistenciais, desde que os valores oriundos da sua exploração**

sejam revertidos para as suas atividades essenciais. Precedentes desta Corte. 5. Recurso extraordinário conhecido e provido, a fim de reformar o acórdão recorrido e reconhecer a imunidade tributária da recorrente quanto ao II e ao IPI sobre as operações de importação tratadas nos presentes autos. 6. Proponho a fixação da seguinte tese de repercussão geral: "As entidades religiosas podem se caracterizar como instituições de assistência social a fim de se beneficiarem da imunidade tributária prevista no art. 150, VI, c, da Constituição, **que abrangerá não só os impostos sobre o seu patrimônio, renda e serviços, mas também os impostos sobre a importação de bens a serem utilizados na consecução de seus objetivos estatutários.". (Grifos meus)**

*** STF - RE: 470520 SP, Relator: Min. DIAS TOFFOLI, Data de Julgamento: 17/09/2013, Primeira Turma, Data de Publicação: ACÓRDÃO ELETRÔNICO DJe-229 DIVULG 20-11-2013 PUBLIC 21-11-2013:**

Imunidade. Entidade educacional. Artigo 150, inciso VI, alínea c, da Constituição Federal. ITBI. Aquisição de terreno sem edificação. Fato gerador. Momento da aquisição. Destinação às finalidades essenciais da entidade. Presunção. Ônus da prova. Precedentes. 1. No caso do ITBI, a destinação do imóvel às finalidades essenciais da entidade deve ser pressuposta, sob pena de não haver imunidade para esse tributo. 2. A condição de um imóvel estar vago ou sem edificação não é suficiente, por si só, para destituir a garantia constitucional da imunidade. **3. A regra da imunidade se traduz numa negativa de competência, limitando, a priori, o poder impositivo do Estado. 4. Na regra imunizante, como a garantia decorre diretamente da Carta Política, mediante decote de competência legislativa, as presunções sobre o enquadramento originalmente conferido devem militar a favor das pessoas ou das entidades que apontam a norma constitucional.** 5. Quanto à imunidade prevista no art. 150, inciso VI, alínea c, da Constituição Federal, o ônus de elidir a presunção de vinculação às atividades essenciais é do Fisco. 6. Recurso extraordinário provido. (**Grifos meus**).

Daí, a meu ver, a consolidação constitucional da jurisprudência do Pretório Excelso, na Emenda nº 132/2023, dos serviços religiosos, trabalhos benemerentes e sociais, nas próprias Instituições religiosas, com o que há proteção da Lei Suprema para que não haja limitação de culto a Deus, nem perseguições tributárias aos que mantêm vivas as Instituições, seus templos e suas atividades sociais e beneméritas.

2 – Entre estas imunidades deve-se incluir a remuneração, pelos ofícios religiosos, dos encarregados de executá-los?

De certa forma, esta questão foi respondida ao examinar a nova dicção constitucional do art. 150, inciso VI, alínea "b".

À evidência, os antistes das diversas religiões, que se dedicam ao serviço de Deus, não recebem suas prebendas com intuito de lucro ou fazer fortuna, mas apenas para sobreviverem no seu pastoreio de almas. "Dai a Cesar o que é de Cesar e a Deus o que é de Deus", na lição de Cristo, separa, pois, tais atividades das demais, sendo, de rigor, os pescadores de almas os que dão vida às Instituições.

Na Igreja Católica, é de se lembrar que a remuneração dos sacerdotes para ao ofícios religiosos é muito baixa, razão pela qual tem as próprias Igrejas, Regiões Episcopais e Dioceses de cuidarem dos sacerdotes, quando mais velhos, pois, a não ser aqueles que receberam heranças, não acumulam recursos para a velhice.

3 – Tais imunidades representam uma renúncia fiscal ou são, de rigor, uma vedação absoluta ao poder de tributar?

Sempre defendi a tese de que as diversas formas que implicam a não cobrança de tributos tem conformação jurídica distinta.

A imunidade é uma vedação absoluta ao poder de tributar, o que vale dizer, o Constituinte impede a veleidade impositiva do Erário sempre à volta com déficits orçamentários, o mais das vezes provocados por desperdícios orçamentários, má administração, privilégios auto-outorgados pelos detentores do Poder, corrupção e concussão, além de outros fatores, como demonstrei em meu livro "Teoria da Imposição Tributária" (2 edições: Saraiva 1983 e LTR 1997).

A isenção é, pelo CTN, diante do nascimento da obrigação tributária, a dispensa do crédito tributário, nos termos do art. 175, conforme redação abaixo transcrita:

> Art. 175. Excluem o crédito tributário:
>
> I - a isenção;
>
> II - a anistia.
>
> Parágrafo único. A exclusão do crédito tributário não dispensa o cumprimento das obrigações acessórias dependentes da obrigação principal cujo crédito seja excluído, ou dela consequente.

E hoje, na Igreja Católica, uma das grandes dificuldades financeiras é ter que arcar com as despesas de manutenção daqueles pescadores de almas que na velhice não têm recursos para sobrevivência.

Não tem sido esta, a interpretação da Suprema Corte nos últimos tempos, embora fosse pacífica a interpretação entre os autores do CTN aqui expressa, principalmente, de seu idealizador Rubens Gomes de Souza.

Como demonstrou Luciano Fuck, em sua tese de doutoramento em matéria tributária, a Suprema Corte não conseguiu, até hoje, firmar uma definitiva jurisprudência sobre relevantes institutos de Direito Tributário, razão pela qual, no momento, a Suprema Corte titubeie sobre a clareza do texto acima. Aos 89 anos, prefiro continuar dizendo como os pais do Direito Tributário brasileiro e eu interpretávamos o CTN em seu art. 175, sendo dispositivo que declarava o nascimento da obrigação tributária, mas não do crédito.

A anistia, por força do art. 180 do CTN, é perdão às infrações tributárias e a remissão é a renúncia de toda a obrigação tributária, ou seja, tributo e multa.

A alíquota zero é figura em que nasce a obrigação tributária e o crédito reduzidos a sua expressão nenhuma.

Ainda aqui, a Suprema Corte entendia que, na alíquota zero, havia possibilidade de compensação dos créditos de tributos de operações anteriores, mas também já alterou sua orientação.

Ora, o que temos na Constituição para as imunidades é uma vedação ao poder de tributar, com o que não há o nascimento da obrigação nos termos do art. 113, nem do crédito na acepção do art. 139, ambos do CTN, conforme lê-se na dicção dos 2 dispositivos:

> Art. 113. A obrigação tributária é principal ou acessória.
>
> § 1º A obrigação principal surge com a ocorrência do fato gerador, tem por objeto o pagamento de tributo ou penalidade pecuniária e extingue-se juntamente com o crédito dela decorrente.
>
> § 2º A obrigação acessória decorre da legislação tributária e tem por objeto as prestações, positivas ou negativas, nela previstas no interesse da arrecadação ou da fiscalização dos tributos.
>
> § 3º A obrigação acessória, pelo simples fato da sua inobservância, converte-se em obrigação principal relativamente à penalidade pecuniária.
>
> (...)
>
> Art. 139. O crédito tributário decorre da obrigação principal e tem a mesma natureza desta.

4 – As imunidades são definições constitucionais, que só podem ser reconhecidas pelo Poder Executivo ou seu gozo depende de concessão do Poder Público?

À evidência, se a imunidade implica uma vedação constitucional ao poder de tributar, não pode ser concedida pelo poder tributante, pois ninguém pode dar o que não tem. Se o Erário é proibido de impor tributo, como pode conceder o que não pode fazer?

A função do Estado é, portanto, de mero conferente se aqueles que gozam de imunidades estão, ou não, preenchendo os requisitos legais para o gozo desta vedação imposta pela Constituição.

Esta é a razão pela qual tenho me rebelado com a visão fiscalista de Erários que entendem ter o direito de **conceder** a imunidade, quando só podem **reconhecê-la**.

Tenho sugerido, constantemente, às entidades que gozam de imunidade constitucional e que passam anos sem o reconhecimento da imunidade, para que ingressem em juízo para tê-la garantida desde o primeiro dia em que começaram a ter o **direito constitucional** de gozá-la.

Concluo, considerando que as imunidades das instituições religiosas têm um espectro consideravelmente maior de abrangência a partir da EC nº 132/2023.

A CESAR O QUE É DE CESAR E A DEUS O QUE É DE DEUS

Roberto Antônio Vallim Bellocchi[1]

Rosana Boscariol Bataini Polizel[2]

Resumo: Este artigo faz um breve estudo acerca das organizações religiosas e a imunidade tributária que lhes é concedida. Dentre as imunidades, assoma a remuneração dos ofícios religiosos, dos encarregados de executá-los, a inobservância de renúncia fiscal, a vedação de tributar além da possibilidade de alargamento do espectro das imunidades das instituições religiosas.

Palavras-chave: imunidade – tributação – religião – instituição – Constituição.

---

1. Formado pela Faculdade de Direito da Pontifícia Universidade Católica de São Paulo. Integrou a Magistratura Paulista entre 1966 e 2010. Foi nomeado Desembargador do Tribunal de Justiça, exerceu a Presidência desta Corte durante o biênio 2008/2009 e foi Governador de São Paulo, em exercício, no período de fevereiro de 2009. Advogado atuante na área de consultoria.

2. Mestre e especialista em Direito pela Pontifícia Universidade Católica de São Paulo. Professora de Direito com ênfase em Direito e Processo do Trabalho. Leciona em Cursos Universitários de Graduação e Pós-Graduação em Direito, Recursos Humanos, Administração, Contabilidade e Gestão. Advogada atuante.

1. Introdução

A imunidade tributária aos templos de qualquer culto é algo que sempre causou polêmica entre doutos e leigos; o ordenamento jurídico reporta, sem fazer menção expressa, que a maioria dos seres humanos acredita em Deus e, mesmo os que não acreditam, de certa forma, concordam com a prerrogativa, haja vista o caráter assistencial que possui a maioria das igrejas de boa-fé, caráter esse secundário dos templos, mas que, por conta dele, necessitam da benesse para atender à sua demanda nada singela, já que muitos dependem de tal assistencialismo visto que o Estado não consegue abarcar todas as necessidades básicas da população.

Além disso, desde a criação das igrejas primitivas, são necessários recursos financeiros para a manutenção de suas práticas e para a missão de evangelização ou conversão de outros indivíduos que não compartilham das mesmas crenças. Portanto, é consequência desses propósitos o desenvolvimento de atividades econômicas (venda de livros, santos, velas) para que os cultos organizados em templos promovam suas práticas e sua religiosidade.

Embora as formas de religiosidade sejam distintas, é possível encontrar semelhanças e pontos de contato em pelo menos muitas delas: a referência ao transcendente, ao sobrenatural, ao absoluto. Essa abertura ao transcendente está longe de traduzir a ideia de liberdade religiosa. Assim, temos o que se poderia categorizar como uma história da noção de liberdade religiosa: No Cristianismo, com a máxima "Dai, pois, a César o que é de César e a Deus o que é de Deus." (Mateus 22:21), temos a afirmação dos direitos da Igreja em relação ao Estado (momento hierocrático), afirmação dos direitos do Estado sobre a Igreja (momento regalista) e afirmação dos direitos dos cidadãos relativamente ao Estado e à Igreja (momento constitucional).

No Evangelho de Mateus (Mt 22, 15-21), os fariseus fazem uma armadilha para apanhar Jesus em alguma palavra. Primeiramente, começam elogiando-o, dizendo que Ele é verdadeiro e não se deixa influenciar pela opinião dos outros. Depois, perguntam a Jesus, se é lícito ou não pagar o imposto a César, que era governador e pertencia ao império Romano na época que governava Israel.

O Mestre usou como sempre de uma grande sabedoria para dar a resposta e não disse nada que lhe comprometesse ou a seus discípulos. Se Jesus respondesse que não deveria pagar o imposto à César, iriam dizer que era contra o Império Romano. E se dissesse que tinha que pagar, iriam dizer que estava ao lado do governo e não ao lado do povo. De todas as formas, queriam apanhar Jesus na resposta que desse.

Assim, Jesus pede que lhe apresentem a moeda e pergunta qual a figura que está na moeda, e eles respondem: de César. Diante disso, sabiamente responde "Dai, pois, a César o que é de César, e a Deus o que é de Deus" (Mt 22,21). Com essa resposta, sutilmente Jesus quer dizer que todos devem cumprir com as suas obrigações, seja com o governo ou seja com Deus. Em outras palavras, devemos servir a Deus e usar o dinheiro com sabedoria e prudência.

Neste diapasão, o presente trabalho visa à análise das imunidades tributárias relativas às igrejas ou, conforme melhor denominado, aos templos de qualquer culto religioso, e como pressuposto jurídico-constitucional, a necessidade de respeito aos valores do mesmo quilate e da mesma dignidade e igual liberdade que a sociedade espera em relação aos templos em consonância com a cidadania.

2. Breve histórico constitucional sobre a imunidade tributária aos templos religiosos

As constituições anteriores previam a imunidade tributária das entidades religiosas, a começar pela Carta Magna de 1824. A Constituição do Império declarou que a religião oficial era a Católica Apostólica Romana, sem fazer qualquer referência à imunidade tributária:

> Art. 5. A Religião Catholica Apostolica Romana continuará a ser a Religião do Imperio. Todas as outras Religiões serão permittidas com seu culto domestico, ou particular em casas para isso destinadas, sem fórma alguma exterior do Templo.

A Constituição do Império, além de ser a mais longeva Constituição Brasileira, cuja vigência durou sessenta e cinco anos, introduziu a separação dos poderes no país: Judiciário – à época chamado Poder Judicial –, Legislativo, Executivo e Moderador – este permitia o controle dos outros poderes, como nomeação e demissão livre de ministros de Estado e suspensão de magistrados em casos previstos. Foi extinto em 1889, com a Proclamação da República.

Sob o aspecto da estrutura fiscal, é possível vislumbrar, quanto às imunidades tributárias, uma transferência da aplicação das regras jurídicas de Portugal. Quanto aos tributos, suas isenções e imunidades, existia também uma pensão concedida para a Capela Imperial, através do Alvará de 20 de agosto de 1808, que, era um estímulo, em dinheiro, concedido pelo Estado para instituições católicas. (Balthazar, 2005: 72).

No período da Regência (com a abdicação de Dom Pedro I, no período de 7 de abril de 1831 até 1840, quando Dom Pedro II foi entronado), implementou-se uma sistematização de impostos e uma certa descentralização por meio de uma discriminação de receitas tocantes às Províncias e de outras atinentes ao Governo Geral.

Nesse período, também se estabeleceram algumas isenções fiscais, contudo, as situações de imunidade de templos de qualquer culto restaram intocadas permanecendo como direito/privilégio, ainda que não escrito (Balthazar, 2005: 89).

Com o fim da monarquia, é assinado, em 15 de novembro de 1889, o decreto que institui o Governo Provisório da Nova República – documento pelo qual é proclamada a República. O momento exigia a elaboração de uma nova carta constitucional que estabelecesse a estrutura do Estado e os rumos a seguir e, um ano após a proclamação da República, foi instalado o Congresso Constituinte. A primeira Constituição Republicana do Brasil, com 91 artigos e outros oito nas Disposições Transitórias, foi promulgada em 24 de fevereiro de 1891, com modificações profundas em relação à carta anterior.

Dentre as modificações, estabelece a separação e independência entre os Poderes, extingue o Poder Moderador e preconiza a laicidade do Estado. A Constituição de 1891, fortemente influenciada pela ideia republicana e pelo liberalismo em nova vertente, estabeleceu uma ruptura com a Igreja Católica como religião oficial.

A Constituição Republicana expressa que todos os indivíduos e confissões religiosas podem exercer pública e livremente o seu culto, associando-se para esse fim e adquirindo bens, observadas as disposições do direito comum; ainda afirmou que nenhum culto ou igreja gozará de subvenção oficial, nem terá relações de dependência ou aliança com o Governo da União ou dos Estados. Os ministros de confissão religiosa não tinham direitos políticos de votar e serem votados, fato que não se verificou no tempo do Império.

Nesse diploma, também não há qualquer referência à imunidade para os templos de qualquer culto. Em um contexto de crise econômica e política interna, seguida da crise da Bolsa de Nova Iorque, em 1929, o Brasil promulga a Constituição de 1934. Com a Revolução de 1930, o governo de Getúlio Vargas tenta implementar um Estado do bem-estar social no Brasil. Para tanto, promulga a Constituição de 1934, inspirada na Constituição de Weimar de 1919, forjada entre o compromisso com o liberalismo e o intervencionismo.

Na época, o ensino religioso voltou às escolas públicas, marcado pela facultatividade de frequência e pela liberdade de confissão. Reiterou-se a vedação ao embaraço de cultos e as escolas particulares foram beneficiadas pela isenção de tributo. Confira-se:

> Art. 17. É vedado à União, aos Estados, ao Districto Federal e aos Municipios:
>
> I – [...]
>
> II, estabelecer, subvencionar ou embaraçar o exercicio de cultos religiosos;
>
> Art. 154. Os estabelecimentos particulares de educação gratuita primaria ou profissional, officialmente considerados idoneos, serão isentos de qualquer tributo.

A Constituição de 1937 implantou o "Estado Novo", que rompeu com o regime democrático e com as liberdades individuais, por ter sido outorgada para proteção da democracia contra os partidos comunista e fascista que ofereciam perigo ao regime político da época. Novamente, com a denominação de "Constituição dos Estados Unidos do Brasil", ficou conhecida como "Polaca", apenas se restringindo a repetir as disposições atinentes às "vedações" contidas na Constituição anterior, sem alterações substanciais no tocante às imunidades tributárias (Balthazar, 2005: 139). Todo o arcabouço tributário contido nessa Constituição, bem como seu sistema de imunidades tributárias, teve fim no ano de 1945, com o advento de nova Constituição democrática.

No mesmo ano, terminou a Segunda Guerra Mundial, tendo saído vencedor o bloco dito defensor da liberdade e da democracia: os "Aliados". Ao fim de tal conflito, a decadência dos regimes totalitários que inspiraram o Estado Novo e a insatisfação gerada pela grande concentração de poder nas mãos do chefe do Poder Executivo, levaram à queda do regime de Vargas. Assume, então, o Presidente do Supremo Tribunal Federal (STF), ministro José Linhares, para a convocação de eleições e de uma Assembleia Constituinte para a elaboração de uma nova ordem constitucional.

Houve a iniciativa tendente à democratização, consonante uma nova Constituição, a dos Estados Unidos do Brasil, de 18 de setembro de 1946. Operou-se, nesses termos, a promulgação desta constituição, num processo de redemocratização das instituições brasileiras, retomando os preceitos da Carta de 1934. Foram restabelecidos os direitos individuais, a independência dos Poderes da República e a harmonia entre eles, a autonomia dos estados e municípios, a pluralidade partidária, direitos trabalhistas e a instituição de eleição direta para presidente da República, com mandato de cinco anos.

Embora democrática, a Constituição de 1946, com seus 218 artigos traz, na sua primeira parte, toda a estruturação do Estado e somente a partir do art. 129 começa a tratar da declaração de direitos e da cidadania e das garantias individuais. Teve seu final com o Regime Militar de 1964.

Após a instalação do Regime Militar, foi mantido o funcionamento do Congresso Nacional, contudo, seus poderes e prerrogativas, eram controlados "em nome da segurança nacional". Apesar de ter sido promulgada pelo Congresso Nacional, como foram outras cartas democráticas, a Constituição de 1967 consolidou o Regime Militar, tendo como marca, o autoritarismo e a reversão dos princípios democráticos preconizados na Carta de 1946. Houve a concentração de poderes na União, com um Poder Executivo

Federal mais forte, e supressão de garantias políticas, com a adoção da eleição indireta para presidente da República, via Colégio Eleitoral.

No que diz respeito às limitações ao poder de tributar, na Constituição de 1946, ocorreu um alargamento do número de casos beneficiados pela imunidade tributária. Nessa Constituição, as imunidades dos templos de qualquer culto, bens e serviços dos partidos políticos, das instituições de educação e de assistência social, se fizeram presentes expressamente. Da mesma forma, as imunidades recíprocas e o papel destinado à impressão de livros, jornais e periódicos.

Com a implantação do Regime Militar 1964, encerrando o período democrático iniciado com a Constituição de 1946, adveio a Reforma Tributária de 1965 e o Código Tributário Nacional (CTN). Recebeu tal denominação, porém em 14 de março de 1967, com o Ato Complementar nº 36. A Constituição de 1967, praticamente, manteve as mesmas imunidades da constituição anterior. Inerente ao aspecto das imunidades tributárias previstas, a Constituição de 1967 e a Emenda Constitucional de 1969 retiraram a imunidade aos tributos do papel destinado à impressão de jornais, livros e periódicos.

Por fim, a Constituição Federal de 1988 traz novos sujeitos imunes e conteúdos que aprimoram a compreensão das imunidades tributárias. Verifica-se que a Constituição vigente se mostrou detalhada, com uma nítida preocupação com as normas imunizantes.

A Constituição Federal, disciplinava, na alínea "b" do inciso VI de seu art. 150, que *"é vedado à União, aos Estados, ao Distrito Federal e aos Municípios instituir impostos sobre templos de qualquer culto"*. Após a Reforma Tributária (Emenda Constitucional nº 132/2023, oriunda da Proposta de Emenda à Constituição nº 45/2019), essa imunidade passou a ser ainda mais ampla, visto que a alínea “b” do inciso VI do art. 150 da Carta Magna passou a disciplinar que *“é vedado à União, aos Estados, ao Distrito Federal e aos Municípios instituir impostos sobre entidades religiosas e templos de qualquer culto, inclusive suas organizações assistenciais e beneficentes”.*

Diante desse breve histórico é que analisaremos as imunidades tributárias pela perspectiva religiosa.

3. Liberdade religiosa e as imunidades a templos de qualquer culto

A Constituição Federal já disciplinava em seu art. 150, inciso VI, alínea “b”, a vedação de instituição de impostos sobre templos de qualquer culto. Após a Reforma Tributária (Emenda Constitucional nº 132/2023, oriunda da Proposta de Emenda à Constituição nº 45/2019), essa imunidade passou a ser ainda mais ampla, visto que a alínea “b”, do inciso VI, do art. 150 da Carta Magna, passou a disciplinar que *“é vedado à União, aos Estados, ao Distrito Federal e aos Municípios instituir impostos sobre entidades religiosas e templos de qualquer culto, inclusive suas organizações assistenciais e beneficentes”.*

Tal imunidade é reforçada no art. 156, § 1º-A, da Constituição Federal (incluído pela Emenda Constitucional nº 116/2022) que admite imunidade, inclusive, quando as entidades religiosas sejam apenas locatárias do bem imóvel.

Há ainda a possibilidade de a entidade religiosa se caracterizar como instituição de assistência social e, em assim o sendo, faz jus à imunidade, também, das contribuições, por força do art. 195, § 7º, da Constituição Federal: “São isentas de contribuição para a seguridade social as entidades beneficentes de assistência social que atendam às exigências estabelecidas em lei.”

A interpretação do art. 150, inciso VI, alínea "b", da Constituição Federal, deve ser conforme o art. 5º, inciso VI, da Carta Magna, que expressa: "é inviolável a liberdade de consciência e de crença, sendo assegurado o livre exercício dos cultos religiosos e garantida, na forma da lei, a proteção aos locais de culto e a suas liturgias".

A premissa procede, ou seja, tanto isso é verdade que, em respeito à imunidade religiosa, a Lei nº 8.212/91, que dispõe sobre a seguridade social e seu plano de custeio, é expressa em seu art. 22, § 13:

> Não se considera como remuneração direta ou indireta, para os efeitos desta Lei, os valores despendidos pelas entidades religiosas e instituições de ensino vocacional com ministro de confissão religiosa, membros de instituto de vida consagrada, de congregação ou de ordem religiosa em face do seu mister religioso ou para sua subsistência desde que fornecidos em condições que independam da natureza e da quantidade do trabalho executado.

Isto quer dizer que os valores pagos pelas instituições religiosas a seus líderes (padres, pastores, bispos, presbíteros etc.) não integram a base de cálculo das contribuições previdenciárias instituídas por meio dos incisos I a III, do art. 22, da Lei nº 8.212/1991, visto que o próprio art. 22, em seu § 13, normatiza em, âmbito infraconstitucional, a imunidade religiosa da alínea "b", do inciso VI, do art. 150, da Constituição Federal, sendo vedada a exigência das contribuições previdenciárias sobre esses montantes.

Não obstante, apesar da vedação expressa, o Fisco Federal, que nunca sai perdendo, comumente exigia, de entidades religiosas, o recolhimento das contribuições previdenciárias sobre as denominadas prebendas e/ou côngruas, (que são os pagamentos realizados a líderes religiosos para a sua subsistência), o que culminou na edição do Ato Declaratório Interpretativo da Receita Federal do Brasil ("ADI RFB") nº 1/2022 ADI RFB nº 01, de 29 de julho de 2022 que corrobora com a prerrogativa.

Por conta da celeuma, a Receita Federal do Brasil emitiu tal Ato Declaratório a fim de prestar esclarecimentos sobre a isenção tributária para líderes religiosos. No entanto, a interpretação do documento gerou confusão, levando a questionamentos sobre sua eficácia e alcance.

Destaca-se que o ADI tem como foco principal a contribuição previdenciária patronal, especificamente a contribuição prevista no art. 22, da Lei nº 8.212, de 1991. Outro ponto crucial é que essa isenção se aplica apenas aos valores pagos a ministros de confissão religiosa quando estes atuam exclusivamente em face do seu mister ou para a sua subsistência, conforme explicitado no preâmbulo daquele ADI.

Todavia, segundo a interpretação equivocada que circulou, a isenção não abrange outras atividades desempenhadas pelo líder religioso, como a gestão da entidade religiosa. Qualquer atuação além do estritamente religioso está sujeita à incidência normal de contribuição previdenciária.

Em resumo, o ADI não concede isenção de contribuição previdenciária patronal de forma generalizada. Sua função é esclarecer e interpretar o §13 do art. 22 da Lei nº 8.212, de 1991, trazendo maior segurança jurídica às relações que envolvem líderes religiosos.

No entanto, pode-se dizer que o ADI RFB nº 1/2022 sequer precisaria ser publicado, pois não inovou em nada, e a suspensão da sua eficácia pelo ADE (Ato Declaratório Executivo) RFB nº 1 de 15 de janeiro de 2024, por sua vez, não trouxe prejuízo algum às instituições religiosas, pois, por meio dele, nada conseguiram de diferente do que já estava previsto na Lei nº 8.212, de 1991 e nas Soluções de Consulta sobre o tema.

Portanto, ressalta-se que o Ato Declaratório Interpretativo não trouxe inovações, apenas ratificou interpretações já existentes, e sua suspensão pela Receita Federal não altera, substancialmente, as disposições previstas na legislação e Constituição Federal vigentes.

No entanto, ao suspender a eficácia do ADI RFB nº 1/2022, o ADE RFB nº 1/2024, expõe a intenção de se cobrar contribuições previdenciárias sobre os pagamentos realizados a líderes religiosos, exigindo que as instituições religiosas incluam tais valores nas bases de cálculo das referidas contribuições.

Ocorre que, ao assim desejar, tem-se evidente a inconstitucionalidade do ADE RFB nº 1/2024, visto o desrespeito à imunidade religiosa da alínea "b", do inciso VI, do art. 150, da Constituição Federal, por se tributar, por via indireta, a atividade religiosa que é exercida pela instituição por meio de seus líderes.

E, além disso, ao assim desejar, tem-se evidente a ilegalidade do ADE RFB nº 1/2024, visto o desrespeito à disposição do § 13 do art. 22 da Lei nº 8.212/1991.

O que se vê com isso é que o Fisco Federal, por meio do ADE RFB nº 1/2024, deseja tributar as atividades que são exercidas pelas instituições religiosas, visto que o templo, sozinho, não exerce qualquer trabalho "espiritual", sendo necessária a atuação de seus líderes para que a mensagem daquela entidade religiosa seja transmitida e o ato de livre culto seja realizado, o que viola a alínea "b", do inciso VI, do art. 150, da Constituição, e o § 13, do art. 22, da Lei nº 8.212/91, além de desrespeitar a liberdade religiosa que é assegurada no inciso VI, do art. 5º, da Carta Magna.

É de se esperar o mínimo e óbvio, que o direito à liberdade religiosa e a imunidade concedida a templos de qualquer culto sejam respeitados, tendo em vista que a Constituição Federal e a legislação assim preceituam.

4. Imunidade Tributária Religiosa e o Supremo Tribunal Federal

Entre os impostos mais comuns isentos a templos de qualquer culto estão o Imposto Predial e Territorial Urbano

(IPTU), Imposto de Renda (IR), Contribuição para o Financiamento da Seguridade Social (COFINS), Imposto Sobre Circulação de Mercadorias e Serviços (ICMS) e Imposto sobre Transmissão *Causa Mortis* e Doação (ITCMD), aqueles não pagam impostos sobre aluguel de imóveis, bens em nome da entidade e serviços prestados para a reforma de um templo, por exemplo, todo o material adquirido e serviço contratado pela organização religiosa não pagam impostos.

Além da norma constitucional dita alhures, há a súmula 724 do Supremo Tribunal Federal a respeito:

> Súmula 724. Ainda quando alugado a terceiros, permanece imune ao IPTU o imóvel pertencente a qualquer das entidades referidas pelo art. 150, VI, "c", da Constituição Federal, desde que o valor dos aluguéis seja aplicado nas atividades para as quais tais entidades foram constituídas.

Como os templos de qualquer culto não são comerciais e se mantêm por meio de doações, a imunidade tributária permite que o valor arrecadado seja utilizado de forma mais ampla, destinando-o para projetos sociais, obras no imóvel, compras de equipamento para os cultos, promoção de eventos, e assim por diante.

O Supremo Tribunal Federal (STF) decidiu que entidades religiosas podem se beneficiar da imunidade tributária conferida às instituições de assistência social, abrangendo, além de impostos sobre o seu patrimônio, renda e serviços, os tributos sobre a importação de bens a serem utilizados na consecução de seus objetivos estatutários.

O Tribunal entendeu que a filantropia, exercida com base em preceitos religiosos, não desvirtua a natureza assistencial das entidades, para fins de direito à imunidade prevista no art. 150, inciso VI, alínea "c", da Constituição Federal.

A Suprema Corte entendeu que as ações assistenciais, exercidas por entidades religiosas, são compatíveis com o modelo constitucional brasileiro de assistência social e mais o caráter universal das ações assistenciais (prestadas a todos que necessitarem), independentemente do pagamento de contribuições, têm como objetivos, entre outros, a proteção à família, à maternidade e à infância. É exigível somente do Estado e da universalidade esperada das entidades privadas que dirijam suas ações sempre à coletividade por elas alcançada, em especial às pessoas em situação de vulnerabilidade ou risco social, isto é, não pode haver discriminação entre os assistidos ou coação para que passem a aderir aos preceitos religiosos em troca de terem suas necessidades atendidas.

Por fim, o Supremo Tribunal Federal decidiu que "as entidades religiosas podem se caracterizar como instituições de assistência social a fim de se beneficiarem da imunidade tributária prevista no artigo 150, VI, 'c', da Constituição, que abrangerá não só os impostos sobre o seu patrimônio, renda e serviços, mas também os impostos sobre a importação de bens a serem utilizados na consecução de seus objetivos estatutários".

5. Conclusão

As religiões podem ser consideradas como de interesse social e de função muito importante para a vida de grande parte dos brasileiros, pois são alento para a alma e o espírito.

Ademais, são organizações sem fins lucrativos e que, teoricamente, não comercializam produtos ou vendem serviços, portanto a imunidade de tributações estimula a permanência e expansão de religiões no País.

Do contrário, caso fossem tributadas, determinadas entidades religiosas sofreriam grandes dificuldades financeiras, o que poderia levar à sua extinção. Não é demasiado lembrar que as entidades religiosas acabam por cobrir, de certa forma, o déficit de atendimento das necessidades básicas da população, haja vista que possuem programas para os necessitados, tais como entregas de cestas básicas à população carente, profissionais voluntários de especialidades especificas, tais como dentistas, advogados, assistentes sociais que atendem a quem os buscam, nesses templos, à fim de obter um conforto de suas dores físicas, psíquicas e espirituais.

Outro ponto importante, a favor do direito de imunidade tributária, é a equidade entre todas as entidades religiosas. Não há privilégios tributários para templos específicos. O direito é igual para todos.

Aparentemente, aqueles que se insurgem contra a imunidade religiosa denotam mais a exteriorização de um preconceito religioso, do que uma preocupação com a saúde fiscal do Estado. Destaca-se, ainda, que este preconceito, por parte daqueles que não possuem uma religião, fica mais evidente quando são contestados sobre as outras entidades que gozam da mesma imunidade, como sindicatos e partidos políticos.

As organizações religiosas, assim nomeadas pelo Código Civil, de 2002 (inciso IV, do art. 44, da Lei nº 10.406/2002), executam diversas atividades chamadas "liberdades de crença, de divulgação das crenças e de culto". Tais liberdades se justificam na medida em que sua supressão causaria uma violação ao direito de liberdade religiosa, em nível individual e coletivo, portanto, são titulares de direitos fundamentais, entre os quais, o direito à imunidade tributária.

Ao Estado, não cabe estimular ou promover qualquer confissão ou prática religiosa, uma vez que é razão pública o princípio norteador da normatividade e da atuação em um Estado Democrático de Direito.

A Constituição Federal, ao expandir as hipóteses de imunidades tributárias com a Emenda Constitucional nº

132/2023, abarca o direito inviolável à liberdade de consciência, de crença e de expressão, sendo assegurado o livre exercício dos cultos religiosos, mesmo que pareça, os institutos não se misturam, as imunidades auxiliam, e muito, as entidades religiosas de boa-fé e, aqui de boa-fé podem ser entendidas a honestidade e a probidade, porém também a fé transcendente, que "remove montanhas", sem prejuízo da paz interior.

Referências

BÍBLIA SAGRADA. Evangelho de Mateus 22, 21. Tradução dos Originais, mediante a versão dos Monges de Maredsous (Bélgica), Centro Bíblico Católico. 95ª edição. São Paulo: Ave Maria, 1995.

CARVALHO, Paulo de Barros. *Curso de direito tributário*. 17ª ed., São Paulo: Saraiva, 2005.

COSTA, Regina Helena. *Imunidades tributárias*: Teoria e Análise da Jurisprudência do STF. 2º ed. Revista. São Paulo: Saraiva, 2012.

LENZA, Pedro. *Direito constitucional esquematizado*. 26ª ed., São Paulo: Saraiva, 2022.

MAIA, Cleusa Aparecida da Costa. *A imunidade tributária dos templos de qualquer culto nas constituições brasileiras*. Trabalho publicado na revista científica Semana Acadêmica em 08/12/2015.

MARTINS, Ives Gandra da Silva. *Curso de direito tributário*. Vol. 1, 2ª. Ed. Belém: CEJUP; 1993.

PEREIRA, Gabriel Nunes. Imunidade Tributária de templos de qualquer culto e religiões brasileiras. *Revista Brasileira de História das Religiões*. Maringá, v. III, n.9, jan/2011.

RAWLS, John. *O liberalismo político*. São Paulo: Ática, 2000.

SABBAG. Eduardo. *Manual de direito tributário*. São Paulo: saraiva 2009.

TAVARES, Alexandre Macedo. *Fundamentos de direito tributário*. 4ª ed., São Paulo: Saraiva, 2009

TEPEDINO, Gustavo. Aspectos polêmicos do tratamento fiscal conferido aos templos e às entidades de fins religiosos. *Revista da Procuradoria-Geral da República*, n. 5,1994.

VILLA, Marco Antonio. *A história das constituições brasileiras*. São Paulo: Leya, 2011.

Constituição da República Federativa do Brasil de 1988

Lei 5.172/66 - Código Tributário Nacional

Supremo Tribunal Federal - https://portal.stf.jus.br/

Câmara dos Deputados Federais https://www.camara.leg.br/

CNBB – Confederação Nacional dos Bispos do Brasil - https://www.cnbb.org.br/

DELIMITAÇÕES DA IMUNIDADE TRIBUTÁRIA ÀS ORGANIZAÇÕES RELIGIOSAS NA CONSTITUIÇÃO FEDERAL

Angela Vidal Gandra da Silva Martins[1]

Walter Erich Piekny[2]

Resumo: A liberdade religiosa é um dos pilares de todas as sociedades democráticas contemporâneas, refletindo-se tal valor também no campo do Direito. Por essa razão, dadas as diversas implicações da garantia da liberdade fundamental de culto e do cidadão expressar sua religião, a Constituição Federal busca, também por meio da via tributária, garantir que o Estado não impeça o funcionamento de quaisquer religiões por cobranças tributárias descabidas.

Palavras-chave: Direito tributário; Imunidade tributária religiosa; Templos religiosos.

Abstract: Religious freedom is one of the pillars of all contemporary democratic societies, and this value is also reflected in the field of law. Given the various

---

1. Doutora em Filosofia do Direito pela Universidade Federal do Rio Grande do Sul (UFRGS). Professora de Filosofia do Direito na Universidade Presbiteriana Mackenzie Brasília. Professora visitante e pesquisadora em Antropologia Filosófico-Jurídica na Harvard University. Advogada em São Paulo.

2. Graduado em Direito pela Faculdade de Direito da Universidade de São Paulo (USP). Pós-graduado em Direito Tributário Internacional (IBDT). Pós-graduado em Direito Tributário Brasileiro (IBDT). Mestrando em Direito Tributário Internacional (IBDT). Advogado em São Paulo.

implications of the guarantee of fundamental freedom of religion and the freedom of citizens to express their religion, the Federal Constitution also seeks to ensure that the State does not impede the functioning of any religion through unreasonable tax charges.

Keywords: Tax law; Religious tax immunity; Religious temples.

Sumário: 1. Introdução; 2. A natureza das imunidades tributárias religiosas – Diferenciação entre renúncia fiscal ou vedação absoluta ao poder de tributar; 3. A evolução constitucional de proteção tributária aos templos religiosos; 4. O alargamento da proteção constitucional tributária aos templos religiosos na Emenda Constitucional 132/2023; 5. A (não) extensão da imunidade sobre a remuneração dos encarregados pelos ofícios religiosos; 6. Conclusão; Referências e Acórdãos consultados.

1. Introdução

Nada mais justo do que receber o salário devido de acordo com a preparação e esforço que exige um trabalho profissional e, ao mesmo tempo, contribuir para o desenvolvimento econômico e social da própria comunidade e da Nação. Nada mais justo, também, que as pessoas jurídicas que contribuem para o desenvolvimento econômico e social tenham condições de manter suas atividades em pleno funcionamento.

A partir de um estudo aprofundado sobre a teoria jusfilosófica de Lon Fuller,[3] não enquadramos o imposto como norma de rejeição social, embora compreendamos a excelente argumentação do Professor Ives Gandra[4] principalmente dentro do contexto em que há décadas vivemos no Brasil, mas como uma forma de retribuir e contribuir com o crescimento do país.

Se efetivamente o valor for justo e seu emprego um retorno efetivo para a sociedade, o imposto seria uma obrigação palatável, estimulada pelo sentido de cidadania.

3. MARTINS, 2012, p. 58.

4. MARTINS, 1988, introdução.

Por outro lado, esse mesmo sentido de justiça e de comunidade leva a prestigiar serviços altruístas para o bem comum através de benefícios fiscais e das imunidades, estimulando também outras contribuições.

Evidentemente, a prática deve ser real, eficaz e eficiente e mais do que tudo reta e verdadeira, e, não um subterfúgio para encobrir negócios lucrativos, que acabam desmerecendo a atividade de outros que visam a servir concretamente através dela.

Dessa forma, desoneram a sociedade, sendo justa a retribuição através do benefício fiscal e da imunidade em razão da contribuição social que desempenham.

Assim, neste estudo, gostaríamos de precisar os fundamentos teóricos e consequências práticas da concessão de imunidades especificamente sob o prisma da liberdade religiosa no contexto do Estado brasileiro, considerando o fato de a atividade religiosa ser entendida antropologicamente como essencial.

2. A natureza das imunidades tributárias religiosas – Diferenciação entre renúncia fiscal ou vedação absoluta ao poder de tributar

O Estado contemporâneo, necessitando cada vez mais custear as suas atividades em um contexto dos agigantamentos sob o pretexto de satisfação do modelo de *welfare state*, pode obter recursos de duas formas distintas:[5] receitas originárias ou receitas derivadas. As receitas originárias, como já sugere o nome, possuem como base a ação direta do órgão estatal, principalmente com a exploração de uma atividade econômica. Entretanto, dado que a atuação estatal direta é restrita e não arrecada fundos suficientes

5. MOREIRA, 2014, p. 80.

para a manutenção da estrutura governamental, o Estado complementa a sua arrecadação por meio de outra forma, com as receitas derivadas. A arrecadação dessas é compulsória, na forma de tributos incidentes sobre as atividades desenvolvidas pelas pessoas físicas e jurídicas.

A incidência dos tributos, mais especificamente dos impostos, ocorre sobre renda, patrimônio, mercadorias ou serviços. Ciente da ampla margem de possibilidades para a apropriação de riqueza dos particulares, o Constituinte buscou mitigar o poder estatal pela instituição das imunidades tributárias, estabelecidas nos regramentos estabelecidos pelo elencado no art. 150, VI, da Constituição Federal, constituindo parte central das limitações ao poder de tributar. O referido artigo impede, portanto, que a sanha arrecadatória incida sobre valores caros ao Constituinte, quais sejam, a forma federativa (imunidade recíproca – alínea "a"), a liberdade religiosa (imunidade a templos e a entidades religiosas – alínea "b"), a liberdade política, assistencial e de associação (imunidade partidária e assistencial – alínea "c"), o incentivo ao estudo e à liberdade de expressão (imunidade aos livros, jornais e periódicos – alínea "d") e o incentivo à produção artística (imunidade aos fonogramas e videofonogramas – alínea "e").

No cenário brasileiro, por ordem do art. 150, inciso VI, da Constituição Federal, a imunidade tributária deve ser entendida como a impossibilidade específica de tributação por meio de impostos, exclusivamente, de forma que taxas e outras contribuições não estão abarcadas pelo impedimento dessa tributação. É lógico a imunidade abarcar especificamente impostos, dada a desvinculação dessas receitas e a destinação de custeio do próprio Estado. É situação diferente das taxas, que, por sua natureza vinculada diretamente à prestação de uma atividade estatal para o particular, como uma taxa fiscalização de agente público direcionada para a pessoa física ou jurídica, deve ser exigida também sobre as atividades ou pessoas abarcadas pelas imunidades indicadas na Constituição Federal.

Para a correta interpretação da extensão da imunidade aplicada especificamente aos templos e às entidades religiosas, é necessário rememorar-se a diferenciação entre a exclusão da competência do campo tributário e a simples renúncia de receitas, dados os profundos reflexos advindos dessas bases teóricas para as conclusões sobre a aplicabilidade direta da imunidade.

Sobre o tema, Schoueri[6] define, de forma clara, que as imunidades tributárias excluem toda e qualquer possibilidade de o Estado impor alguma tributação sobre aquele bem protegido:

> Note-se que a imunidade surge como uma limitação da própria competência tributária. Ou seja: ao mesmo tempo que a Constituição Federal permite que uma pessoa jurídica de Direito Público venha a instituir um tributo sobre fenômeno econômico por ela apontado, a própria Constituição cria uma barreira ao exercício da competência. Pode-se dizer, em síntese, que, em virtude da imunidade, sequer surge, para o ente tributante, a possibilidade de tributar determinada situação. Importa fixar o seguinte: tal como a competência, a imunidade é matéria tratada pela própria Constituição Federal. Uma e outra, em conjunto, delimitarão o campo onde pode atuar o legislador na instituição de um tributo.

Nessa linha, as hipóteses abarcadas pelas imunidades tributárias estão propriamente fora do campo de incidência tributária, não sendo sequer possível cogitar a criação de qualquer imposto sobre aquelas atividades. A atividade propriamente tributável existe, mas a Constituição exclui a possibilidade de que se cobre qualquer valor sobre aquela situação em específico.

Essa definição, portanto, por consequência lógica, se opõe ao conceito da renúncia fiscal. Isso porque só é

6. SCHOUERI, 2019, p. 236.

possível discutir sobre a existência de renúncia de receita nas situações em que houver a possibilidade de instituição de um tributo ou quando o tributo já estiver efetivamente instituído e, a partir daí, analise-se a concessão de um benefício fiscal ou revogações específicas que constituiriam, portanto, a renúncia fiscal.

Trata-se, nesse ponto, da clássica distinção entre os conceitos de isenção e imunidade.

A isenção, conforme definido pelo art. 175 do Código Tributário Nacional, constitui uma exclusão do crédito tributário e, por consequência, é considerada uma dispensa de pagamento. Ocorre uma situação fática tributável, como o aferimento de renda por algum contribuinte, a situação é tributável e deveria, portanto, fazer nascer um tributo. Entretanto, por uma disposição legal e expressa, o contribuinte está dispensado de realizar aquele pagamento, determinando-se a ausência de valor a ser quitado. É o caso, por exemplo, da isenção concedida pelo inciso XIV do art. 6º da Lei nº 7.713/88, que garante que, mesmo ao se constatar o aferimento de renda de proventos de aposentadoria, pensão ou reforma, os contribuintes que possuam moléstias graves elencadas no referido artigo não devem recolher o tributo que corresponderia à incidência sobre aquela renda. O fato gerador existe (a renda foi auferida) e o tributo existiria (o imposto de renda incidente na operação), mas o contribuinte está dispensado de realizar aquele recolhimento (em razão daquela moléstia a que está acometida o contribuinte).

Não é o mesmo caso das imunidades constitucionais. Conforme definido acima, a imunidade exclui a atividade possivelmente ensejadora de incidência tributária do campo da tributação. Não há que se falar em tributo, pois sequer nasce um fato gerador do fato realista ocorrido no campo material. Exemplificativamente, nos termos da alínea "c" do art. 150, VI, da Constituição Federal, caso um partido político receba uma doação (relevando-se, aqui, questões regulatórias e eleitorais), o montante não estaria sujeito ao pagamento do Imposto de transmissão *causa mortis* e doação (ITCMD), porque o suposto tributo em questão sequer chegaria a se aperfeiçoar, dado que aquela situação não constitui um fato tributável, nos termos da Constituição Federal.

Nessa linha, também Ricardo Lobo Torres se debruçou sobre o tema, trazendo distinção específica entre a natureza das imunidades e das isenções. Para tanto, define[7] que a imunidade constitui uma ausência total de competência, com fundamento nas liberdades individuais, sendo irrevogáveis, uma que postas na Constituição com fundamento justamente nessas liberdades. As isenções, por sua vez, teriam natureza distinta das imunidades, constituindo uma própria limitação à tributação por ato do legislador infraconstitucional, fundamentadas em lei ordinária que podem estabelecer o benefício aos contribuintes.

Por essa razão, não há que se falar em renúncia fiscal no caso de imunidades tributárias estabelecidas pela Constituição Federal, dado que não há, sequer, o nascimento da obrigação tributária para que se cogite a existência de uma renúncia. A renúncia ou isenção se encontra no segundo momento do plano da tributação, sendo necessário que, no primeiro momento, a situação ocorrida atenda a todas as características atinentes ao tributo em questão para o efetivo surgimento da obrigação tributária.

De forma clara, indica o Professor Paulo de Barros Carvalho:[8]

> O preceito de imunidade exerce a função de colaborar, de uma forma especial, no desenho das competências impositivas. São normas constitucionais. Não cuidam da problemática da incidência, atuando em instante que antecede, na lógica do sistema, ao momento da

7. TORRES, 2009, p. 85.

8. CARVALHO, 2019, p. 244.

> percussão tributária. Já a isenção se dá no plano da legislação ordinária. Sua dinâmica pressupõe um encontro normativo, em que ela, regra de isenção, opera como expediente redutor do campo de abrangência dos critérios da hipótese [...] do tributo.

A referida diferenciação é primordial para que, não havendo conflitos de interpretação, a correta ausência de tributação seja garantida. Isso porque, caso a interpretação das imunidades constitucionais seja erroneamente encarada pelos legisladores como uma simples concessão de isenção sem força constitucional, pode-se levar a situações em que exista uma inconstitucional tributação, por imposto, de atividades garantidas e de pessoas que deveriam ser protegidas pelo valor intrínseco ao valor constitucional identificado.

Essa situação, inclusive, tem-se mostrado comum na legislação brasileira, mais especificamente em nível municipal. Conforme Albano,[9] em estudo aprofundado nas legislações de diversos Municípios brasileiros, apesar de doutrinariamente estabelecida, a questão atinente à diferenciação entre a caracterização de imunidade ou de isenção continua a gerar efeitos negativos para o aperfeiçoamento da liberdade religiosa. Esse ponto é especialmente relevante na esfera municipal. Isso porque para a realização dos cultos é necessária a existência de local físico para que as pessoas possam se reunir. Principalmente as religiões e grupos mais reduzidos encontrariam dificuldades em arcar com o IPTU, incidente justamente sobre o imóvel em que se realizam as celebrações. Os grupos religiosos de menor expressividade, que não possuem a capacidade econômica de adquirir seu imóvel próprio, encaram essa dificuldade ainda maior em razão de, por não possuírem imóvel próprio, serem levados a alugar imóveis de terceiros e que, por sua vez, não gozam de imunidade tributária. Gera-se, portanto, um efeito adverso, ao, na prática, tributar-se o local

9. ALBANO, 2010, p. 116.

de realização do culto da religião específica, o que pode inviabilizar a atividade religiosa, ou induzi-los a alterar a localidade de seu centro religioso para outro Município que eventualmente isente aquela situação específica, configurando violação à liberdade religiosa, ao passo que a decisão de localização do centro religioso teria sido motivada (ou forçada) por um aspecto tributário.

A diferenciação entre imunidade e isenção garante que, nessas situações, os Municípios não possam aplicar erroneamente conceitos aplicáveis às isenções e não aplicáveis às imunidades, garantido, então, que os valores protegidos pela Constituição Federal não sejam violados.

Em verdade, o papel da legislação municipal deve ser o de não obstar a atividade das entidades religiosas, mas de facilitar o reconhecimento da imunidade nas situações em que forem devidas. Veja-se, a imunidade constitucional, ainda que automática e direta, sem a exigência de condicionantes diretas, necessita de alguma forma de controle para que o ente da federação tenha o conhecimento de que aquela atividade ou aquele patrimônio não deve ser tributado em razão da imunidade, reconhecendo que não se trata de uma atividade empresarial ou que não tenha havido a ocorrência de fato gerador. Nesse sentido, não cumpre ao ente estadual ou municipal criar empecilhos para o gozo dessa imunidade, posto que, a nosso ver, o próprio empecilho seria potencialmente considerado inconstitucional. Cumpre ao ente de federação facilitar as formas de comprovação de que aquela atividade específica está abarcada na previsão constitucional de imunidade.

3. A evolução constitucional de proteção tributária aos templos religiosos

A proteção à liberdade religiosa ganhou cada vez mais com a evolução do estado democrático brasileiro.

Para essa análise, é fundamental que se observe a evolução de redação dos textos constitucionais quanto à proteção dos templos e cultos religiosos a fim de se compreender se as inclusões ou eventuais supressões de termos referentes à liberdade religiosa pelo Constituinte possuiriam um significado histórico ou seriam uma invenção que deve ser interpretada de acordo com novos padrões.

Não há que se falar em proteção constitucional tributária aos templos religiosos na Constituição de 1824. A Constituição Federal, ainda que não proibisse expressamente, restringia severamente as formas de os cidadãos professarem quaisquer outras religiões que não a Católica Apostólica Romana.[10] Esse fato pode ser observado pela institucionalização, dentro do Estado brasileiro, por meio da Constituição Federal, o Catolicismo Apostólico Romano, conforme indicado no então art. 5º da Constituição de 1824:

> Art. 5. A Religião *Catholica Apostolica* Romana continuará a ser a Religião do *Imperio*. Todas as outras Religiões serão permitidas com seu culto *domestico*, ou particular em casas para isso destinadas, sem *fórma* alguma exterior do Templo.

Ainda que a Constituição de 1824 não permitisse a manifestação das demais religiões no âmbito externo, observa-se, minimamente, o que poderia ser interpretado como a semente da garantia de liberdade individual de crença, observando-se dois artigos: i) o art. 6º, inciso, V, que garantia a possibilidade de naturalização de estrangeiros, independentemente da religião que a pessoa professasse; e ii) o art. 179, inciso V, que vedava a perseguição aos cidadãos por motivo de religião, contanto que se respeitasse a religião oficial do Estado e não houvesse ofensa à moral pública.

De toda forma, ainda que se possa discutir a amplitude desses dois artigos, que isoladamente poderiam ser

10. CASAMASSO, 2013, 6167.

interpretados como a semente da liberdade de religião no Brasil, fato é que o catolicismo apostólico romano gozava de privilégios no país. Por essa razão, a proteção constitucional especificamente ao catolicismo era desnecessária naquele momento histórico. Isso porque o princípio de constituição de liberdade religiosa (e a consequente imunidade tributária) visa a garantir que as diferentes crenças possam ser professadas em um Estado. Não havendo fomento à liberdade religiosa, não há, por consequência, que se falar em garantia ao livre exercício de religião.

Mais à frente, a Constituição de 1891 traz uma mudança de paradigma nas relações entre o Estado e a Igreja. Rompe-se com o regime monárquico, iniciando-se o regime republicano no Brasil. Isso traz uma mudança considerável na forma de tratamento das entidades religiosas no país. Enquanto na Constituição monárquica de 1824 previa-se a religião católica como base do Estado, a Constituição de 1891 inaugura a separação entre os dois polos,[11] passando a permitir e a garantir que os cidadãos pudessem professar a fé qualquer fosse sua religião, não mais estando restritos aos rituais nas casas ou no interior das casas religiosas como no regime anterior:

> Art. 72. A Constituição assegura a brasileiros e a estrangeiros residentes no *paiz* a inviolabilidade dos direitos concernentes *á* liberdade, *á* segurança individual e *á* propriedade, nos termos seguintes:
>
> [...]
>
> § 3º. Todos os *indivíduos* e confissões religiosas podem exercer publica e livremente o seu culto, associando-se para esse fim e adquirindo bens, observadas as disposições do direito *commum*.

E, nessa mesma linha, passa-se a prever, também, a não interferência das atividades governamentais sobre as atividades religiosas:

---

11. SOUZA, 2008, p. 10.

> Art. 11 - É vedado aos Estados, como à União:
>
> [...]
>
> 2º) estabelecer, subvencionar ou embaraçar o exercício de cultos religiosos.

Note-se que a Constituição Federal indica três vernáculos para a vedação das atividades governamentais em relação aos cultos religiosos: estabelecer, subvencionar ou embaraçar. Para a presente investigação, as duas primeiras determinações são irrelevantes, pois não tratam do intuito último das imunidades constitucionais, qual seja, a de proteger o livre exercício de culto.

A última determinação, tratando da vedação ao embaraço de atividades religiosas, é a de maior relevância para o momento. Há algumas possíveis interpretações para a leitura do artigo, de forma que vislumbramos duas principais interpretações para sua aplicabilidade. A primeira, e mais evidente, é o entendimento de que a vedação constitucional ao embaraço de atividades religiosas buscava, justamente, impedir que o governo privilegiasse a religião católica em detrimento às outras religiões existentes, especificamente com o fim do impedimento de que os cidadãos pudessem expressar sua fé de forma pública.

Estressando-se a análise do argumento, entretanto, é possível indagar se o embaraço definido constitucionalmente trataria somente da proteção direta à manifestação de culto, como o uso de quipá ou de hijabe, ou se o embaraço poderia, também, englobar atividades administrativas, como a tributação. Parece-nos que a atividade constitucional, ao menos em 1891, poderia ser interpretada também como uma vedação à tributação excessiva de atividades religiosas. Isso por dois motivos. Em primeiro lugar, em razão de o embaraço religioso não tratar somente de questões regulatórias e administrativas, como a emissão de um alvará de funcionamento para uma sinagoga. De nada adiantaria indicar que a sinagoga estaria formalmente apta a funcionar, enquanto o governo impusesse uma tributação excessiva, em desacordo com as demais atividades desenvolvidas no país, sob o pretexto de arrecadação, mas que ao final impediria a existência e manutenção daquela atividade religiosa. O efeito, ao final, seria o mesmo, de embaraço da atividade religiosa.

Além disso, em segundo lugar, dentro da lógica da Constituição de 1891, a vedação ao embaraço está incluída em uma sequência de artigos que tratam, majoritariamente, da tributação, formas de receita e competência de criação de impostos. Ainda que a estrutura constitucional de 1891 não seja tão clara, vista a inexistência de divisão de capítulos e títulos específicos para a tributação, a inclusão de vedação ao embaraço de atividades de cultos religiosos nesse contexto poderia indicar uma correlação do texto com a possibilidade de tributação de tais atividades.

Entretanto, não se defende que a Constituição de 1891 vedaria em absoluto a tributação de templos religiosos – visto que inexistente previsão de imunidade tributária ampla –, mas, tão somente, que o texto impediria o embaraço das atividades do templo de acordo com essa tributação.

Nessa linha, as duas seguintes Constituições, de 1934[12] e de 1937,[13] seguem o mesmo padrão de redação quanto à vedação ao embaraço de atividades religiosas. Ressalta-se que ambas as previsões estão incluídas em trechos da Constituição em que não é possível diferenciar com clareza o alcance à norma tributária ou de formas gerais de

12. Constituição Federal de 1934. Art. 17. É vedado á União, aos Estados, ao *Districto* Federal e aos *Municipios*: (...) II, estabelecer, subvencionar ou embaraçar o *exercicio* de cultos religiosos.

13. Constituição Federal de 1937. Art. 32 - É vedado à União, aos Estados, ao Distrito Federal e aos Municípios: b) estabelecer, subvencionar ou embaraçar o exercício de cultos religiosos.

administração do Estado, tal qual ocorrido na Constituição de 1891.

A Constituição de 1946 inaugura a tradição brasileira de imunidades tributárias de forma clara e direta. O art. 31, incisos II e V, determinava quais as situações abarcadas pela impossibilidade de tributação via impostos pela União, Estados, Distrito Federal e Municípios. Na ocasião, determinava a Constituição:

> Art. 31. À União, aos Estados, ao Distrito Federal e aos Municípios é vedado: (...) II - estabelecer ou subvencionar cultos religiosos, ou embaraçar-lhes o exercício; (...)
>
> V - lançar impostos sobre: (...)
>
> b) templos de qualquer culto bens e serviços de Partidos Políticos, instituições de educação e de assistência social, desde que as suas rendas sejam aplicadas integralmente no País para os respectivos fins.

Portanto, a primeira vedação constitucional direta à tributação dos templos religiosos indicava três requisitos para que a imunidade fosse fruída: i) que se tratasse de um templo de qualquer culto; ii) que todas as rendas fossem aplicadas no país; e iii) que toda as rendas fossem aplicadas para os respectivos fins.

Não caberia, portanto, ao legislador, estabelecer outros requisitos para permitir o não pagamento de impostos, mas, tão somente, verificar se os três requisitos listados pela Constituição Federal foram seguidos.

Ao mesmo tempo que a Constituição de 1946 passou a vedar, diretamente, a imposição de impostos sobre templos de qualquer culto, também manteve, em seu art. 31, inciso II, a vedação ao Estado em embaraçar o funcionamento de templos de qualquer culto. Essa é uma importante constatação, pois a inclusão do novo artigo 31, que estabelecia a imunidade de impostos direta dos templos de qualquer culto, em conjunto com a manutenção da impossibilidade de embaraço das atividades religiosas no próprio dispositivo, poderia indicar a inexistência de imunidade tributária anteriormente à Constituição de 1946. Essa simples adição do art. 31 não nos parece ser a leitura mais adequada. A Constituição Federal de 1946, a nosso ver, com a inclusão do art. 31, passou a expandir, de forma mais clara, a abrangência das antigas redações do artigo. . O desejo do Constituinte de 1946 em adicionar a nova redação referente à imunidade constitucional demonstra, justamente, um aumento na preocupação de possibilidade de embaraço de atividades religiosas pelo Estado e que se buscou, portanto, deixar de forma mais clara a intenção em proteger esse valor fundamental.

Em sequência, a Constituição Militar de 1967 não traz alterações significativas na redação da Constituição de 1946 acerca da imunidade tributária para templos de qualquer culto, segregando-se a impossibilidade de que o Estado embaraçasse cultos religiosos ou igrejas, determinada no art. 9º[14], inciso II, da imunidade tributária direta, determinada no art. 20[15].

Por fim, a Constituição de 1988 segue a mesma lógica da Constituição de 1967, segregando em dois diferentes artigos a proteção aos templos religiosos estudada no presente artigo. Estabelece-se, para tanto, no art. 19, inciso I,[16] a impossibilidade ao Estado em embaraçar cultos ou igrejas.

---

14. Art. 9º - A União, aos Estados, ao Distrito Federal e aos Municípios é vedado: (...) II - estabelecer cultos religiosos ou igrejas; subvencioná-los; embaraçar-lhes o exercício; ou manter com eles ou seus representantes relações de dependência ou aliança, ressalvada a colaboração de Interesse público, notadamente nos setores educacional, assistencial e hospitalar.

15. Art. 20 - É vedado à União, aos Estados, ao Distrito Federal e aos Municípios: (...) III - criar imposto sobre: (...) b) templos de qualquer culto.

16. Art. 19. É vedado à União, aos Estados, ao Distrito Federal e aos Municípios: I - estabelecer cultos religiosos ou igrejas, subvencioná-los, embaraçar-lhes o funcionamento ou manter com eles ou seus representantes relações de dependência ou aliança, ressalvada, na forma da lei, a colaboração de interesse público.

Já a imunidade tributária direta aos templos foi estabelecida no art. 150, inciso VI, alínea "b", da Constituição Federal:

> Art. 150. Sem prejuízo de outras garantias asseguradas ao contribuinte, é vedado à União, aos Estados, ao Distrito Federal e aos Municípios: (...)
>
> VI – instituir impostos sobre: (...)
>
> b) templos de qualquer culto.

Antes da EC nº 132/2023, como aprofunda SERRANO,[17] a doutrina dividia a abrangência do termo templos de qualquer culto de três formas. A primeira interpretação, mais restritiva, indicaria o gozo da imunidade exclusivamente para o local do culto. A segunda interpretação, na qual Aliomar Baleeiro se incluía, determinaria o gozo da imunidade não somente para o local direto de realização do culto, mas também para as atividades e eventuais instalações que possuíssem conexão com a finalidade do templo.[18] A terceira interpretação traria uma ampla proteção constitucional aos templos, identificando-se, ao final, com a própria religião.[19] É essa a posição de Schoueri:[20]

> [...] a imunidade aos templos se caracteriza como mista. Assegura-se a imunidade ao templo. Não significa isso que apenas o edifício onde se pratica o culto está imune. Afinal, o edifício, sem o culto, não se diferenciará de outros edifícios. O que caracteriza o templo é sua destinação para o culto. Daí que a atividade de culto não pode dissociar-se do templo e, consequentemente, toda a atividade religiosa estará imune.

---

17. SERRANO, 2023, p. 12.

18. BALEEIRO, 1951, p. 112.

19. TRINDADE, 2007, p. 101.

20. SCHOUERI, 2019, p. 452.

Na mesma linha, Roque Carraza:[21]

> São considerados templos não apenas os edifícios destinados à celebração pública dos ritos religiosos, isto é, os locais onde o culto professa, mas, também, os seus anexos. Consideram-se "anexos dos templos" todos os locais que tornam possíveis, isto é, viabilizam o culto.

De fato, a lógica constitucional protetiva de direitos e liberdades individuais tende a indicar que a interpretação correta para a proteção constitucional aos templos de qualquer culto, de fato, deveria ser a mais ampla. Relembra-se: as imunidades constitucionais, por sua natureza, devem ser interpretadas de forma ampla, diferentemente das isenções, que devem ser interpretadas de forma restritiva. Por essa razão, entendemos ser mais adequada a interpretação de acordo com a terceira corrente acima apresentada.

4. O alargamento da proteção constitucional tributária aos templos religiosos na Emenda Constitucional nº 132/2023

Conforme discutido no item anterior, a nova redação dada ao art. 150, inciso VI, alínea "b", da Constituição Federal, alterou a extensão da imunidade aplicável aos templos religiosos. A redação originária do referido artigo indicava a vedação de tributação via impostos sobre "templos de qualquer culto", enquanto a nova redação passou a vedar a tributação via impostos sobre "entidades religiosas e templos de qualquer culto, inclusive suas organizações assistenciais e beneficentes".

Cumpre, então, compreender qual a abrangência pretendeu dar o Constituinte Derivado ao incluir as expressões

21. CARRAZA, 2017. p. 280.

"entidades religiosas" e "organizações assistenciais e beneficentes".

É nítido e inquestionável que o Constituinte, com a alteração estabelecida pela EC nº 132/2023, buscou alargar a proteção constitucional à liberdade religiosa. Conforme adiantado no item anterior, a doutrina possui três correntes acerca da extensão da imunidade tributária aos templos de qualquer culto, prevalecendo a corrente de imunidade ampla, abrangendo não somente o imóvel onde são realizadas diretamente as atividades religiosas, mas também as atividades conexas à expressão religiosa.

O alargamento da extensão à imunidade de forma direta na Constituição Federal é consequência do incentivo da sociedade brasileira para tanto, fato percebido pelo Constituinte Derivado quando da promulgação do novo trecho constitucional, além de acompanhar, também, a jurisprudência do Supremo Tribunal Federal. A questão da extensão da imunidade religiosa para "entidades religiosas" já foi analisada pela Suprema Corte nos autos do Recurso Extraordinário de nº 630.790/SP:[22]

> DIREITO TRIBUTÁRIO. RECURSO EXTRAORDINÁRIO COM REPERCUSSÃO GERAL. IMPOSTOS SOBRE A IMPORTAÇÃO. IMUNIDADE TRIBUTÁRIA. ENTIDADES RELIGIOSAS QUE PRESTAM ASSISTÊNCIA SOCIAL.
>
> 1. Recurso extraordinário com repercussão geral reconhecida a fim de definir (i) se a filantropia exercida à luz de preceitos religiosos desnatura a natureza assistencial da entidade, para fins de fruição da imunidade prevista no art. 150, VI, c, da Constituição; e (ii) se a imunidade abrange o II e o IPI incidentes sobre as importações de bens destinados às finalidades essenciais das entidades de assistência social.
>
> 2. A assistência social na Constituição de 1988. O art. 203 estabelece que a assistência social será prestada "a quem dela

22 BRASIL, Supremo Tribunal Federal. Recurso Extraordinário 630.790/SP. Relator Ministro Luís Roberto Barroso, Pleno, julgado em 21.03.2022.

necessitar". Trata-se, portanto, de atividade estatal de cunho universal. Nesse âmbito, entidades privadas se aliam ao Poder Público para atingir a maior quantidade possível de beneficiários. Porém, a universalidade esperada das instituições privadas de assistência social não é a mesma que se exige do Estado. Basta que dirijam as suas ações indistintamente à coletividade por elas alcançada, em especial às pessoas em situação de vulnerabilidade ou risco social, sem viés discriminatório.

3. Entidades religiosas e assistência social. Diversas organizações religiosas oferecem assistência a um público verdadeiramente carente, que, muitas vezes, instala-se em localidades remotas, esquecidas pelo Poder Público e não alcançadas por outras entidades privadas. Assim sendo, desde que não haja discriminação entre os assistidos ou coação para que passem a aderir aos preceitos religiosos em troca de terem suas necessidades atendidas, essas instituições se enquadram no art. 203 da Constituição.

4. O alcance da imunidade das entidades assistenciais sem fins lucrativos. A imunidade das entidades listadas no art. 150, VI, c, da CF/1988, abrange não só os impostos diretamente incidentes sobre patrimônio, renda e serviços, mas também aqueles incidentes sobre a importação de bens a serem utilizados para a consecução dos seus objetivos estatutários. Além disso, protege a renda e o patrimônio não necessariamente afetos às ações assistenciais, desde que os valores oriundos da sua exploração sejam revertidos para as suas atividades essenciais. Precedentes desta Corte.

5. Recurso extraordinário conhecido e provido, a fim de reformar o acórdão recorrido e reconhecer a imunidade tributária da recorrente quanto ao II e ao IPI sobre as operações de importação tratadas nos presentes autos. quantidade possível de beneficiários. Porém, a universalidade esperada das instituições privadas de assistência social não é a mesma que se exige do Estado. Basta que dirijam as suas ações indistintamente à coletividade por elas alcançada, em especial às pessoas em situação de vulnerabilidade ou risco social, sem viés discriminatório.

Na ocasião, o Supremo Tribunal Federal fixou o Tema de Repercussão Geral nº 336, determinando que:

As entidades religiosas podem se caracterizar como instituições de assistência social a fim de se beneficiarem da imunidade tributária prevista no artigo 150, VI, "c", da Constituição, que

> abrangerá não só os impostos sobre o seu patrimônio, renda e serviços, mas também os impostos sobre a importação de bens a serem utilizados na consecução de seus objetivos estatutários.

O referido julgamento trouxe dois importantes avanços na consolidação da jurisprudência constitucional acerca da extensão das imunidades religiosas.

Em primeiro lugar, a discussão no Supremo Tribunal Federal teve grande inclinação para a verificação da possibilidade de manutenção da imunidade tributária para as atividades filantrópicas de "entidades religiosas", ainda que a expressão não constasse diretamente na Constituição Federal à época. Buscou-se, para tanto, compreender se a caracterização de base religiosa da entidade macularia a vinculação à imunidade constitucional às entidades de assistência social. A acertada conclusão foi a de que, não havendo discriminação entre religiosos e não religiosos, tampouco a coação, a entidade igualmente gozaria da imunidade tributária garantida às entidades de assistência social.

O segundo ponto, ainda mais relevante, foi o assentamento do entendimento da Suprema Corte sobre a garantia da imunidade tributária também referente a impostos indiretos, na ocasião, o Imposto sobre Produtos Industrializados. O entendimento sedimentou a linha de que a Constituição Federal protege essas entidades não somente contra impostos incidentes sobre patrimônio, renda e serviços, mas amplamente para bens que serão utilizados na consecução dos objetivos estatutários. Essa posição garantiu a manutenção de uma corrente há muito seguida pela Corte, como observamos em julgamento ainda em 1996:

> CONSTITUCIONAL. TRIBUTÁRIO. ICMS. IMUNIDADE TRIBUTÁRIA. INSTITUIÇÃO DE EDUCAÇÃO SEM FINS LUCRATIVOS. C.F., art. 150, VI, "c". I. - Não há invocar, para o fim de ser restringida a aplicação da imunidade, critérios de classificação dos impostos adotados por normas infraconstitucionais,

> mesmo porque não é adequado distinguir entre bens e patrimônio, dado que este se constitui do conjunto daqueles. O que cumpre perquirir, portanto, é se o bem adquirido, no mercado interno ou externo, integra o patrimônio da entidade abrangida pela imunidade. II. - Precedentes do STF. III. - R.E. não conhecido.[23]

Dessa forma, é evidente o alargamento da proteção constitucional às atividades religiosas. Entretanto, não vislumbramos propriamente o alargamento sobre as atividades religiosas diretas em relação ao culto, uma vez que essa proteção já estava diretamente abarcada pela antiga redação constitucional. O foco da alteração trazida pelo Constituinte é a extensão, para que não restem dúvidas das autoridades tributárias e dos intérpretes da lei sobre a impossibilidade de tributação também sobre as atividades correlatas ao templo, do conceito de entidades religiosas que prestem serviços educacionais ou de saúde à comunidade. Posição contrária constituiria afronta direta ao princípio da capacidade contributiva, uma vez que inexistente qualquer manifestação de riqueza tributável nas atividades desenvolvidas por essas entidades.

5. A (não) extensão da imunidade sobre a remuneração dos encarregados pelos ofícios religiosos

Analisada a possibilidade de tributação das entidades religiosas e templos de qualquer culto, bem como de suas organizações assistenciais e beneficentes, cumpre refletir se a referida norma de imunidade garantiria, também, a imunidade aos encarregados pelos ofícios religiosos, como padres, rabinos e pastores.

A doutrina não se aprofundou sobre o tema da extensão da imunidade sobre a remuneração dos encarregados

23. BRASIL, Supremo Tribunal Federal. Recurso Extraordinário 203.755/ES. Relator Ministro Carlos Velloso, Segunda Turma, julgado em 17.09.1996.

pelos ofícios religiosos. Grande parte da doutrina focou as discussões em compreender o alcance da imunidade especificamente no que tange às instalações físicas do templo, bem como às atividades relativas ao desenvolvimento da atividade religiosa, mas não houve um aprofundamento no estudo da possibilidade de tributação da renda dos encarregados.

Discutindo-se, propriamente, a imunidade religiosa aos encarregados pelos ofícios, podemos elencar dois pontos que embasariam a ausência de preocupação da doutrina com a possibilidade de imposição ou não de impostos sobre a remuneração dessa classe.

Em primeiro lugar, após a Constituição de 1988, não há registros de imposição de uma tributação mais agravada especificamente para encarregados de atividades religiosas. Esse seria, portanto, um indicativo da inexistência de "perseguição" a líderes religiosos com base na tributação.

Assim sendo, chega-se ao segundo ponto, analisando-se a alíquota média aplicável aos rendimentos desses encarregados dos ofícios religiosos. Como adiantado no parágrafo anterior, a alíquota da tributação da renda aplicável aos líderes religiosos equipara-se à tributação de todos os outros cidadãos do país, de forma que fica evidente a inexistência de violação ao princípio da isonomia com eventual tributação agravada sobre esses líderes.

Mais do que a isonomia, entretanto, é necessário observar se o princípio da capacidade contributiva é seguido ao se exigir ou ao não se exigir a tributação de encarregados dos ofícios religiosos. Para tanto, explica Marco Aurélio Grecco[24] que, na Constituição de 1988, os princípios da capacidade contributiva e da isonomia acabam tangenciando campos muito próximos, ao passo que a quebra da isonomia pode ser observada nas situações em que um tributo

24. GRECO, 2011, p. 18.

não é exigido de um contribuinte que manifestou a capacidade contributiva como determinada na legislação tributária. Nessa linha, explica que o art. 150, II, da Constituição Federal exprime dois sentidos da isonomia tributária, qual seja, a proibição de exigências que discriminem tributariamente seus cidadãos sem fundamento legal e a proibição de inexistência de tributação para todos os contribuintes que se encontrem em alguma situação dada como equivalente.

Daí nasce, entretanto, outro problema, quanto à dificuldade de indicar a equivalência ou não entre cidadãos que não sejam os encarregados pelos ofícios religiosos, e o de indicar a equivalência entre todos os religiosos.

A nosso ver, deve, de fato, prevalecer a interpretação de Marco Aurélio Grecco em uma aplicação prática e direta para a tributação da renda dos encarregados pelos ofícios religiosos.

O pressuposto do fundamento constitucional para a imunização das atividades religiosas é de não gerar embaraço para a atividade religiosa. E, por essa razão, não vislumbramos que a tributação da renda de padres, rabinos, pastores, entre outros tantos encarregados de ofícios religiosos, conforme a tributação corrente para demais trabalhadores poderia significar diretamente uma violação à atividade religiosa. Relembramos que a imunidade tributária religiosa possui caráter misto, conforme aprofundado no presente estudo, abarcando não somente as instalações físicas, mas também as demais atividades que compõem a atividade religiosas, visando a proteger, especificamente, a possibilidade de se professar a fé livremente, sem o empecilho estatal.

Não vislumbramos, portanto, como a tributação da renda desses responsáveis por ofícios religiosos seria um impedimento à liberdade de culto. Caso a leitura dessa imunidade constitucional fosse entendida como necessariamente extensível aos que trabalham em centros religiosos, qual seria a sua limitação? Secretárias e faxineiros, exemplificativamente, são fundamentais para a realização das atividades religiosas, cumprindo papéis sem os quais os templos não podem funcionar, mas não seria razoável alegar a existência de imunidade para esses profissionais. Defender que a imunidade tributária às entidades religiosas e aos templos de qualquer culto é alargar a leitura do dispositivo constitucional de forma descolada da intenção do Constituinte.

Ainda que não discutida com maior aprofundamento doutrinário, essa parece ser a posição mais aceita não só pela sociedade, mas também pelos juristas, dada a própria ausência de discussões aprofundadas sobre o tema, que sequer chegou a ser analisado pelo Supremo Tribunal Federal.

Por fim, outro fator que contribui para essa interpretação é o de os salários de "membros de instituto de vida consagrada, de congregação ou de ordem religiosa" terem sido isentados durante o período de agosto de 2022 até janeiro de 2024, por meio do Ato Declaratório Interpretativo RFB nº 1, de 29 de julho de 2022 (revogada pelo Ato Declaratório Executivo RFB nº 1, de 15 de janeiro de 2024). Ocorre que a revogação da isenção não teve maiores repercussões na seara acadêmica como uma suposta violação ao limite constitucional de tributação de cultos religiosos. Tampouco se observou questionamento judicial para tanto.

6. Conclusão

Apesar do laicismo e de uma má compreensão da secularização, bem como das questões levantadas também pela pandemia, é clara a valorização do povo brasileiro com relação à importância da prática da fé, refletida não só em sua concepção de direito fundamental, consignado na Constituição, mas também em sua proteção e projeção prática através das imunidades tributárias, que vão se estendendo não só a templos, mas às pessoas e às atividades derivadas e serviços correlatos como a educação, a saúde etc.

Entendemos que o benefício espiritual imensurável fica também evidenciado de forma plástica na imunidade, pois vai além de uma atividade econômica, atingindo o núcleo do ser humano e dessa forma, contribuindo para o progresso da nação em termos qualitativos, o que é até mesmo reconhecido por Richard Posner,[25] por estimular atitudes éticas, solidárias e altruístas.

Nesse sentido, a imunidade é também uma demonstração desse reconhecimento.

Referências

ALBANO, Wladimyr. A imunidade constitucional aos templos de qualquer culto e sua interpretação nos municípios. *Revista de Direito Tributário da APET*, v. 7, n. 28.

BALEEIRO, Aliomar. *Limitações constitucionais ao poder de tributar*. Rio de Janeiro: Revista Forense, 1951.

BARRETO, Paulo Ayres. *Imunidades tributárias*: limitações constitucionais ao poder de tributar. 2. ed. São Paulo: Dialética, 2001.

BOHN, Ana Cecília Elvas. Imunidade tributária dos templos de qualquer culto como forma de proteção da liberdade religiosa. *Revista de Direitos Fundamentais e Tributação*, v. 2, n. 1.

CARRAZA, Roque Antonio. Curso de direito constitucional tributário. 31. ed. São Paulo: Malheiros, 2017.

______. *Imunidades tributárias dos templos e instituições religiosas*. São Paulo: Noeses, 2015.

CARVALHO, Paulo de Barros. *Curso de direito tributário*. 30. Edição. São Paulo: Saraiva, 2019.

25. POSNER, 2011, 45.

CASAMASSO, Marco Aurélio Lagreca. Estado, Igreja e liberdade religiosa na "Constituição Política do Imperio do Brazil", de 1824. Anais do XIX Encontro Nacional do CONPEDI, Florianópolis: Fundação Boiteux, 2013.

COSTA, Regina Helena. Imposto de renda e capacidade contributiva. *Revista CEJ,* v. 7, n. 22, 2003.

DE CARVALHO, IVO CÉSAR BARRETO. *Imunidade tributária na visão do STF.* Direito Público, v. 8, n. 33, 2011.

DE OLIVEIRA MARQUES, Francisco Junior et al. Cui tributum, tributu: Imunidade tributária religiosa constitucional brasileira entre proteção, isonomia e abuso. *Research, Society and Development,* v. 10, n. 7, 2021.

FOLLONI, André. Capacidade contributiva e dever fundamental. *Revista direito tributário atual,* n. 42, 2019.

GRECO, Marco Aurélio. Crise do formalismo no direito tributário brasileiro. *Revista da PGFN,* v. 1, n. 1, 2011.

MARTINS, Angela Vidal da Silva. *A moralidade do direito como condição de liberdade em Lon Fuller.* 2012.

MARTINS, Ives Gandra da Silva. *Teoria da imposição tributária.* LTr, 1998.

MOREIRA, André Mendes; MACHADO, Sophia Goreti Rocha. Conceito de tributo e sua divisão em espécies. *Tributação:* democracia e liberdade: em homenagem à Ministra Denise Martins Arruda. São Paulo: Noeses, 2014.

POSNER, Richard A. *Fronteiras da teoria do direito.* São Paulo: M. Fontes, 2011.

SERRANO, Mônica de Almeida Magalhães. *Liberdade religiosa e a imunidade tributária.* Almedina Brasil, 2023.

SABBAG, Eduardo. *Direito tributário* I. Editora Saraiva, 2012.

SCHOUERI, Luís Eduardo. *Direito tributário*. – 9. ed. – São Paulo: Saraiva Educação, 2019.

SOUZA, Mauro Ferreira de. *A Igreja e o Estado:* uma análise da separação da igreja católica do estado brasileiro na constituição de 1891. 2008.

TORRES, Ricardo Lobo. *Curso de direito financeiro e tributário*. 16. ed. Rio de Janeiro: Renovar, 2009.

TRINDADE, Caio de Azevedo. A imunidade tributária como instrumento de garantia e efetivação dos direitos humanos. In: SCAFF, Fernando Facury (org.). *Constitucionalismo, tributação e direitos humanos*. Rio de Janeiro: Renovar, 2007.

Acórdãos consultados

BRASIL, Supremo Tribunal Federal. Ação Direta de Inconstitucionalidade 1648. Relator Ministro Gilmar Mendes, Pleno, julgado em 16.02.2011.

BRASIL, Supremo Tribunal Federal. Recurso Extraordinário 203.755/ES. Relator Ministro Carlos Velloso, Segunda Turma, julgado em 17.09.1996.

BRASIL, Supremo Tribunal Federal. Recurso Extraordinário 608.872/MG. Relator Ministro Dias Toffoli, Pleno, julgado em 02.12.2010.

BRASIL, Supremo Tribunal Federal. Recurso Extraordinário 630.790/SP. Relator Ministro Luís Roberto Barroso, Pleno, julgado em 21.03.2022.

LIBERDADE RELIGIOSA E TRIBUTAÇÃO

Francisco Pedro Jucá[1]

Resumo: Esse estudo examina o contido na alínea b do inc. VI do art. 150 da Constituição Federal, com a redação dada pela EC nº 132/2023, concluindo que a ampla imunidade tributária concedida é instrumento de garantia de garantia da liberdade da prática religiosa na sua integralidade, e que isto integra o universo da dignidade humana, direito fundamental, eixo da ordem jurídica brasileira.

Palavras-chave: Liberdade; Imunidade Fiscal; Prática Religiosa Integral; Tributação.

Sumário: I – Como se fosse uma Introdução; 2 – A religiosidade na sociedade; 3 – Religiosidade e tributação; 4 – Como reposta aos quesitos; 5 – Em Conclusão – Referências.

1. Como se fosse uma introdução

Na verdade, a contribuição a esta coletânea de estudos jurídicos, que chega à sua XII produção, tem duas

---

1. Membro da União dos Juristas Católicos de São Paulo – UJUCASP, integrando seu Conselho Consultivo. Membro da União Brasileira dos Juristas Católicos – UBRAJUC. *Membro do Instituto Brasileiro de Estudos de Direito Administrativo, Financeiro e Tributário – IBEDAFT, e membro de seu Conselho de Orientação. Mestre em Direito pela UFPA., Doutor e Livre Docente em Direito pela USP, Doutor em Direito pela PUC/SP. Pós Doutoramento em Direito Público pela Universidade de Salamanca (Esp), Pós Doutoramento em Direito Social pela Universidade Nacional de Córdoba (Arg.) Presidente da Sociedade Brasileira de Direito Financeiro, Presidente da Academia Paulista de Letras Jurídicas, Membro da Academia Paraense de Letras Jurídicas. Professor Titular da FADISP, na Graduação, Mestrado e Doutorado. Juiz do Trabalho de 1º Grau, do TRT da 2º Região.*

características importantes que precisam ser destacadas. A primeira é ter a feição de ensaio, despida, assim, da formalidade estrita, própria de textos acadêmicos. A segunda, a de ter referencial teórico claramente católico apostólico romano, evidenciando o conjunto de convicções e princípios sedimentados de quem o produz.

Desta forma, desenvolve-se o exame das questões propostas e constrói-se a argumentação das observações que faz. É como este modesto estudo deve ser percebido.

Para a orientação da obra, foram oferecidas quatro questões.

A opção que se faz é inferir uma linha condutora que as harmoniza e, ao oferecer resposta, se o faz alcançando o conjunto, entendendo, assim, disponibilizar visão mais ampla, de sorte a contribuir para reflexão mais profunda do leitor.

Assim sendo, temos a examinar se houve alargamento da imunidade tributária das instituições religiosas com a redação atual do art. 150, inc. VI, *b*, da Constituição Federal e se se trata de renúncia fiscal ou vedação ao poder de tributar. Há de se examinar, também, a extensão (tamanho) da imunidade e, se pela sua natureza, pode ser reconhecida pelo Poder Executivo, ou está condicionada à concessão do Poder Público.

Para enfrentar os questionamentos, começa-se por tecer considerações sobre a religiosidade na sociedade, considerada a sua formação cultural e histórica. Demonstrada a importância da religiosidade, examina-se as dimensões dela como Direito Fundamental e os efeitos daí decorrentes, indo à consequência natural de que por o ser, há de ter garantia real de efetividade e concretização.

Em seguida, enfrenta-se a relação do Estado com este Direito Fundamental, sob a perspectiva do fenômeno da tributação, como necessidade coletiva da sociedade e dever fundamental da cidadania, tendo em conta que no ciclo da arrecadação de tributos e do dispêndio deles tem forte conteúdo de poder político juridicamente nutrido, com a necessária coercitividade.

A partir daí, busca-se posicionar, nesta relação, a proteção ao direito fundamental de ter religião, professá-la e, em especial, praticá-la integralmente, sem peias restritivas, sejam elas diretas ou indiretas.

O pano de fundo é que o real papel atribuído ao Estado pelo constitucionalismo dos nossos dias é o de efetivar e concretizar os direitos fundamentais, considerada a centralidade do ser humano como referencial fundante da ordem social e jurídica, devendo ser destacado que, no caso do Direito Constitucional pátrio, tem disposição expressa em seu texto, erigido como fundamento do Estado brasileiro, com o que têm estatuto especialmente relevante, significando propósito essencial à ação estatal e, naturalmente, alcançando, na plenitude, o Direito de Liberdade Religiosa e seu integral exercício.

Ora bem, sendo assim o fenômeno da tributação, mesmo tendo imperativo social, como emanação real do poder político precisa ser limitado, contido e controlado, como de resto todo o poder político, daí a importância de se o examinar em contraste com a efetivação do direito fundamental em comento.

2. A religiosidade na sociedade

Tem-se como ponto de partida que é inerente à condição humana a incompletude, o ser humano é existencialmente consciente (com maior ou menor clareza) de sua contingência, fragilidade e das suas carências, especialmente no que respeita à sua real integração à realidade na qual está inserido. O que podemos considerar, com certo tipo de perplexidade angustiante diante destes elementos, é que daí resulta uma inclinação natural em buscar superar tais limitações com a busca pelo transcendente, no afã de aí identificar um propósito, uma finalidade mais alta e profunda para sua dimensão existencial, seu existir diante da trágica questão "para quê?"

A evolução científica (avanço do conhecimento) tem papel relevante para a substância dessa angústia existencial do homem, cabendo com excelência a observação de Karl Jaspers, que refletindo sobre a inserção existencial humana neste quadro, observa:[2]

> Impõe-se conhecer o mundo a partir dele mesmo e não da matéria, da vida ou do espírito. Uma realidade incognoscível precede a possibilidade e conhecer e não é alcançada pelo conhecimento. Para esse tipo de conhecimento de que dispomos, o mundo é insondável. Tudo isso põe fronteiras às cogitações científicas, mas não ao tipo do pensamento que tem a sua origem filosófica em nossa existência. Por exemplo: a unidade da natureza universal, do Um-total que repousa em si mesmo é experiência possível para uma percepção religiosa do mundo. Considerando, ao mesmo tempo, todas as coisas e tudo o que é particular ou individual, essa percepção religiosa descobre no mundo uma linguagem cifrada.

O que podemos considerar como sendo o grande drama da existência humana tem sede exatamente na consciência da finitude, como observa o já citado Jaspers:[3] "Toda a vida está posta entre dois parêntesis: nascimento e morte. E só o homem tem consciência disso." e temos que decorre desta consciência de finitude, marcada por ser uma trajetória no rumo do final, o medo, assim, conforme o mesmo Jaspers:[4]

> "Tememos a morte. Observe-se, porém, que a morte – o cessar de ser – e o ato de morrer – cujo termo é a morte – angustias

2. *Introdução ao pensamento filosófico.* São Paulo: ed. Cultrix, 2021, pp.24-25

3. Op.cit., p.143.

4. Op. cit., pp., 144-145.

> muito diversas." E mais adiante pontua: O temor da morte é o temor do nada. Não obstante, parece impossível afastar a ideia de que à morte sucede uma outra existência. O nada posterior ao fim não é efetivamente um nada. Vida futura me aguarda. O temor da morte é o temor do que após ela ocorre.

Contrasta-se a angústia e o temor da morte, à consciência da finitude, marcadamente fundada nas leis naturais, acerca das quais Markus Gabriel, observa:[5]

> Muitos supõem que as ciências naturais foram tão bem-sucedidas em acertar previsões e entender a natureza precisamente porque a ciência natural moderna se sustenta sem teleologia. Do seu ponto de vista, não há nenhuma intenção por trás de processos naturais, e também as leis naturais são normalmente concebidas não como instituições dotadas de intenção, mas sim como fatos nus. Segundo esse entendimento das ciências naturais, não se deveria supor que algo aconteceria na natureza a fim de que uma outra coisa aconteça.

A finitude humana materializada pela morte, constatado ser fato da natureza e, como tal, nas palavras do filósofo antes citado, afigura-se como despida de propósito e finalidade, vindo a ser o fato nu. Esta percepção acentua mais ainda a angústia que pressiona e sufoca o homem, e a experiência materialista, que diminui a dimensão do transcendente onde estão o propósito e finalidade da existência humana e do seu destino não oferece resposta confortadora ou consoladora, exatamente porque, como sintetiza Batista Modin, com precisão:[6]

> [...] a subordinação da essência à existência (significa que) o homem não é concebido como um ser natural completamente configurado na sua essência desde o nascimento, mas um indivíduo que, existindo, gera a própria essência por meio do uso da

5. Eu não sou meu cérebro – *Filosofia do Espírito para o século XXI*, ed. Vozes, RJ., 2018, p.53

6. *Introdução à filosofia*, ed. Paulus, SP.,1981, p.206

> liberdade, (e assim) os critérios da conduta moral não são extraídos da natureza nem de Deus, mas sim da história e, justamente das possibilidades concretas que se apresentam diariamente a cada um de nós.

Observou-se acima que as construções filosóficas que excluem ou desconsideram a dimensão de transcendentalidade da condição humana, na verdade deixam um vazio aterrador ao reduzir tudo ao imediato e à sequência de imediatos que compõem o existir, vez que não contém uma finalidade nem um propósito, tendo como real destino sumirem na história, como Jaspers claramente observa:[7]

> É vão o consolo que se apoia na afirmativa de que sobreviveremos na lembrança dos outros, na descendência, em obras imperecíveis, na glória que atravessará os tempos. Tudo chega a um fim: não apenas o que eu sou e o que os outros são, mas também a humanidade e tudo quanto ela produz e realiza. Tudo mergulhará no esquecimento, como se jamais tivesse existido. Para quem não crê, nada significa a promessa da ressureição. A crença na ressurreição sustenta que a morte é real. O fim do homem é o seu cadáver e a decomposição. Dele nada resta. Se a imortalidade existe, será preciso que o homem renasça fisicamente. E isto ocorrerá. Os mortos ressuscitarão por ato de Deus, que lhes devolverá vida e corpo. No último dia, fará com que os mortos abandonem suas tumbas, para serem submetidos ao Juízo Final. Para a consciência existencial de quem nela não crê, a ressurreição da carne carece de significado.

Pode-se inferir, à esta altura, que o ser humano precisa fundamentalmente da transcendência, o transcendente. É exatamente isto que o impele inexoravelmente à religião, e, assim, a torna necessidade básica, que como tal precisa e deve ser garantida e ter sua concretização realizada, exatamente para que a contingencialidade da existência humana com sua iminente finitude, a proximidade aterradora entre o ser e o nada, sejam superados. Isto acontece

7. Op.cit., p.145.

com a formulação de propósito e finalidade para a existência material além de si própria. Ousa-se sintetizar como a "necessidade da fé", de crer, de superar a estreita e rasa materialidade, pela integralidade da condição humana nas suas dimensões igualmente essenciais e constitutivas: existência e transcendência, na medida em que o ser humano busca encontrar e identificar propósito e finalidade mais elevados, além de si próprio e do universo que lhe é circunjacente, projetando-se para o mais além, indo às águas mais profundas.

Tem-se claro que esta condição lancinante de angústia o conduz à religiosidade, à necessária religação da individualidade material com a individualidade transcendente. É o que se considera a necessidade básica da religião.

Tomando como base esta necessidade humana fundamental – buscar e ir ao encontro do transcendente como dimensão existencial inafastável – forçoso é concluir que temos um direito natural à religião, consequentemente, à religiosidade. Considerada esta realidade, temos direito fundamental à religião, que se inclui no universo da liberdade de pensamento e expressão, significando, obviamente, que estão contidos e indissociáveis ter a religião e praticá-la livremente, no que respeita ao culto, liturgias e ritos, o que é parte integrante da existencialidade humana na sua plenitude, sendo constitucionalmente garantido como liberdade religiosa, lapidarmente explicitada nas palavras de Gilmar Ferreira e Paulo Gonet Branco:[8] "Na liberdade religiosa inclui-se liberdade de crença, de aderir a alguma religião, e a liberdade do culto respectivo."

Neste particular, preciosa é a lição de André Ramos Tavares a respeito, sempre fundada em excelente doutrina, quando examinando o conceito de direitos fundamentais

---

8. *Curso de direito constitucional.* São Paulo: Saraiva, 2023, p. 293.

(derechos fundamentales) aponta,[9] Peces-Barba, quem entende-os como:

> Faculdade de proteção que a norma atribui à pessoa no que se refere a sua vida, sua liberdade, a sua igualdade, a sua participação política ou social, ou a qualquer outro aspecto fundamental que afete o seu desenvolvimento integral como pessoa, em uma comunidade de homens livres, exigindo o respeito aos demais homens, dos grupos sociais e do Estado, e com a possibilidade de pôr em marcha o aparato coativo do Estado em caso de infração.

É preciso acentuar, à esta altura, que o eixo central da reflexão que se faz tem como guia e referência que, sendo a busca permanente e necessária do homem pela sua dimensão transcendental, portanto, no encontro com além realidade material, porque isto é complementação indispensável a sua existencialidade integral, sem a qual não se pode cogitar idoneamente de reconhecimento de proteção à dignidade da pessoa humana; esta é elemento de centralidade na formulação da ordem jurídica e da organização sócio-político-institucional do Brasil, como pontua o mesmo Ramos Tavares:[10]

> A Constituição de 1988 optou por não incluir a dignidade da pessoa humana entre os direitos fundamentais, inseridos no rol do art. 5º. Como se sabe, a opção constitucional brasileira, quanto à dignidade da pessoa humana, foi por considerá-la, expressamente, um dos fundamentos da República Federativa do Brasil, consignando-a no inciso III do art. 1º. Parece que o objetivo principal da inserção do princípio em tela na Constituição foi fazer com que a pessoa seja, como bem anota Jorge Miranda, "fundamento e fim da sociedade", porque não pode sê-lo o Estado, que nas palavras de Ataliba Nogueira é "um meio e não um fim", e um meio deve ter como finalidade, dentre outras, a preservação da dignidade do Homem.

---

9. *Curso de direito constitucional.* São Paulo: Saraiva, 2023, 21ª edição.

10. *Op.cit.*, p.cit., p. 425.

Mais adiante, fundado em Kant, dilucida:[11]

> Não obstante a existência de discrepância entre o real e o ideal, o que se encontra no plano das ideias e aquilo presente no mundo fático, o importante é que se chegou a um conceito minimamente definido. A dignidade da pessoa humana considera o homem como "ser em si mesmo" e não como "instrumento de alguma coisa

Até onde já se caminhou, é possível inferir que ter uma religião e praticá-la efetivamente é parte integrante da dignidade humana, considerado o desenvolvimento pleno e integral do ser humano; exatamente em razão disso, é essencial dar integral proteção e garantia do direito à liberdade religiosa e da sua prática em toda a dimensão pertinente.

Considerada a centralidade desta dignidade na ordem constitucional estabelecida, é consequência natural que sobre ela esteja debruçado um sistema normativo e hermenêutico adequado, consistente o bastante para que aconteça a desejada e necessária efetivação concreta da dignidade do ser humano.

Neste sentido, remetendo à formulação de Jean Megret no seu *Droit Rural*,[12] pode-se considerar um núcleo normativo central de reconhecimento, declaração e perfil da liberdade de religião, porém, além dele, em expansividade, um conjunto (em desdobramento) normativo assegurando a prática efetiva da religião na sua integralidade, especialmente no campo material, qual seja liturgia, ritos e, também, em atividades paralelas que decorrem dos postulados religiosos professados e que são relativos à assistência social, educação, apoio em saúde pública, à infância e velhice. Neste aspecto, é forçoso reconhecer que a realização das atividades desta natureza tem como motivação e justificação a prática social dos valores, referências e mesmo postulados norteadores da

---

11. *Op.cit.*, pp. 428-429.

12. Precis Dalloz, Paris, 1979.

vida e prática dos adeptos das religiões. É nisso que se remete ao autor francês, quando defende a expansividade normativa em campos específicos, que sempre têm um núcleo (central) e um conjunto periférico, como o papel e função de complementariedade, daí a expressão desdobramento, formando um corpo capaz de alcançar e abranger uma atividade ou ação na sua inteireza.

Assim, portanto, a inserção à dignidade do fator ou elemento religioso e da religiosidade implicam a necessidade de proteção jurídica efetiva e concreta, não apenas da religiosidade em si, mas de tudo o que dela decorre e a ela pertine.

A laicidade do Estado, fruto da separação entre o Estado e a Igreja, que significa a neutralidade do primeiro em relação à segunda, deve ser entendida como a negação política da teocracia que, a seu turno, é inerente à democracia, o que não se confunde nem com a religiosidade, nem com a hostilização sutil a ela.

Também não significa a exclusão da possibilidade de atuação cooperativa entre ambas naquilo que respeita aos interesses gerais e ao bem-estar da sociedade, quando sejam coincidentes ou convergentes os postulados religiosos e o bem público, como se referiu antes nos campos da assistência e serviços à sociedade, supletivamente à ação das políticas públicas estatais, o que se justifica ainda mais a mutação relacional entre o Estado e a Sociedade, que vem saudavelmente migrando da subordinação verticalizada para a paridade cooperativa e dialógica, reconhecendo que o fim do Estado, sua teleologia, é servir à sociedade que o cria e mantém, significando dizer que é desejável ação conjunta e colaborativa com as organizações sociais (a sociedade civil organizada) voltadas ao interesse comum, ainda que as motivações sejam distintas, o Estado pela sua finalidade e razão de ser e estas últimas, quando vinculadas à religiosidade, pelos valores e referências emanadas dos postulados religiosos.

Na verdade, deve-se entender isto como sendo decorrência, consequência mesmo, de uma crença na transcendência, que vem a ser a religiosidade, com a qual o ser humano vai em busca de suprir sua contingencialidade, o que se pode considerar como a busca do ir além do imediato circunjacente, projetando suas ações numa visão e compreensão de mundo e de explicação da realidade maior e superior à sua individualidade. É o que se afirma ser "a necessidade de uma religião."

Em outra oportunidade, tangenciando o tema, observamos:[13]

> A sociologia observa que a religião é um dado cultural fundamental, não apenas no aspecto teológico da relação do indivíduo com o transcendente, mas também pelos valores éticos que incute nas pessoas." Com efeito, daí decorre que a vida religiosa de alguma forma e em pronunciado grau "contribui essencialmente para a formação do indivíduo no processo de ajustamento e inserção na sociedade".

Temos claro que sendo necessidade fundamental à plenitude da vida humana na sua integralidade, a religiosidade ganha estatuto de direito fundamental, e, como tal, merecendo especial guarida constitucional, entre nós com especial relevo, se se considera como parte indissociável da dignidade humana, é fundamento da organização social e política, como o determina nossa Constituição no art. 1º, já mencionado antes.

Ora bem, esta necessidade é satisfeita pela liberdade de religião e prática. Não basta estar no universo da liberdade crer – ter uma fé religiosa -, muito mais do que isto, praticá-la na sua vida individual e social, nos seus ritos, práticas e formas de exteriorização, principalmente, a liberdade de

13. JUCÁ, Francisco Pedro. Liberdade Religiosa, in *Liberdade Religiosa e Liberdade de Expressão*. São Paulo: Noeses, 2020, p. 384.

comportamento em conformidade com os princípios e referências consolidados nas suas convicções com base nos valores religiosos.

O comportar-se, conduzir sua vida livremente em conformidade com suas convicções se expressa e materializa na realização, na vida prática e concreta de ações que, em essência, testemunham tais convicções.

Assim, ao se cogitar de liberdade religiosa é preciso ver aí compreendido todo o universo de práticas e comportamentos, individuais e coletivos, que emanam da religião na sua completitude e inteireza. No mesmo estudo acima referido, estabelecemos posição a respeito: "A conclusão é de que a liberdade de pensamento e religião, sem liberdade de prática, portanto, de expressão e culto, de difusão dos seus valores e referenciais fundantes, é o que consideramos uma liberdade aparente."

A materialidade real desta liberdade, na sua plenitude, por ser direito fundamental, como vimos asseverando, reclama tutela jurídica consentânea, vencendo ao que já se observou no citado estudo:[14] "Seria um dar negando, um permitir neutralizando, um aceitar rejeitando." Absolutamente incompatível com o Estado Democrático de Direito erigido pela Constituição brasileira de 1988.

É pertinente no exame dessa liberdade efetiva e concreta que se entende e defende, a colocação de Thiago Rafael Vieira, em recente obra:[15] "Pode-se dizer que a liberdade de crença está ligada ao ato de crer e a liberdade religiosa ao ato de exercer tal crença, enquanto que a

---

14. Op. cit., p. 389.

15. *Liberdade Religiosa*. Fundamentos Teóricos para proteção e exercício da crença. São Paulo: Ed. Almedina Brasil, 2023, p. 97.

liberdade de religião seria a liberdade de aderir à crença." Arrematando com precisão:[16]

> O direito fundamental à liberdade de crença cria uma espécie de campo de imunidade em torno da pessoa religiosa, permitindo que ela oriente sua vida conforme seus princípios e axiomas religiosos. Cada religião possui um sistema moral próprio que apresenta os postulados pelo quais o indivíduo dever se relacionar com a divindade e com o sobrenatural. [...] Nesse contexto, os poderes públicos e demais entes não podem interferir. A crença da pessoa religiosa é o núcleo da liberdade de crença, e é em torno desse núcleo que o campo da imunidade é estabelecido.

No mesmo sentido que se adota de atribuir a religiosidade e a liberdade a ela relativa ao compósito da dignidade humana, ganha especial pertinência a afirmação de André Mendonça:[17]

> Nisto reside a explicação do título desse texto, ou seja, de se estar diante não apenas de um direito - que também é uma necessidade - de natureza fundamental, mas de uma liberdade desde sempre buscada pelos seres humanos." E mais adiante: "Assim quando a doutrina utiliza a expressão "primeira liberdade", além de alusão clara à primeira emenda ao texto constitucional norte-americano, também remete para a essencialidade da religião para a sociedade e, por lógica, para o legítimo reconhecimento deste anseio humano, alçando a liberdade religiosa a uma posição historicamente marcada em relação à demais liberdades.

O Estado Laico, separado da religião, sem religião oficial, desvinculado de qualquer delas, na lição de Sampaio Dória, não apoia nem fomenta nenhuma, nem as obstaculiza, sendo neutro. Esta neutralidade, entretanto, não se pode confundir com hostilidade ou resistência, ainda que sutil ou implícita a nenhuma religião, o que não pode e nem

16. op.cit.p.101

17. MENDONÇA, André Luiz de Almeida. A primeira das Liberdades: a liberdade religiosa e a sua efetividade na laicidade colaborativa brasileira. In *Liberdades*, ed. J&C, RJ, 2022

deve impedir atuações cooperativas pontuais, voltadas aos interesses gerais da sociedade, naturalmente curvando-se aos dados e elementos constitutivos concretos da sociedade e da sua formação cultural.

Ao norte deste estudo, se fez a observação de que a vida financeira do Estado, nas dimensões de arrecadação e despesas, encerra forte conteúdo de poder político, e, exatamente em razão disso, precisa ser claramente tratada como poder que é, e, assim, com o estabelecimento de limitação e controle, considerado o fato de que através do exercício pode, quase sempre indiretamente, atingir liberdades e mesmo a dignidade dos indivíduos, com seus excessos e eventuais desvios. No mesmo sentido, o jurista português José Casalta Nabais aponta:[18]

> Para nós, porém, que vemos nesta dualidade ou soberania do estado constitucional um conceito jurídico e, portanto, limitados, como de resto reconhece o art. 1º da nossa Constituição, ao basear a soberania estadual na dignidade da pessoa humana, não relevam as objeções referidas, articulando-se deste modo a soberania com a ideia da dignidade da pessoa humana, como é próprio dum estado assente no primado desta.

A proposta da coletânea da qual este modesto estudo faz parte é especialmente rica, profunda e desafiante. E o é porque ao propor a reflexão acerca da tributação e as instituições religiosas, conduz a que se leve em consideração que o exercício do poder financeiro estatal pode, com sutileza e de forma quase imperceptível à primeira vista, inibir, restringir ou, por outro lado, estimular, privilegiando a vida religiosa de parcelas da sociedade, eventualmente conforme os interesses e conveniências de quem o detenha e ocupe as funções e instituições estatais, o que vem a ser

18. O dever fundamental de pagar impostos. Contributo para a compreensão constitucional do estado fiscal contemporâneo. Coimbra: Ed. Almedina, 2015, p. 56.

exatamente o que antes se fez referência: atingir de maneira indireta.

Noutras palavrar, estas reflexões provocam que seja considerada a forma de proteção, com vistas a impedir que tal aconteça, através da via fiscal.

3. Religiosidade e tributação

Estabelecida a religiosidade como direito fundamental, porque integrante da dignidade humana, há de ser feita brevíssima referência a um aspecto da formação histórico-cultural brasileira, das linhas mestras do conjunto das concepções e práticas sociais incorporadas à existencialidade concreta da nossa gente.

Está fora de questionamento que desde a origem do povoamento adventício da terra brasileira, desde os primeiros momentos, destaca-se a presença da religiosidade, inicialmente como herança da cultura portuguesa, mas que ao longo do tempo foi sendo incorporada ao *ethos* brasileiro, perpassando toda a sua construção.

É fato que com a proclamação (artificial) da República, que mesmo sendo feita sem povo, porque por uma elite de segmentos superiores da sociedade, aconteceu a separação entre o Estado e a Igreja, o que teve seu caráter positivo, porque se se retirou a parcela de poder temporal da segunda, também se a libertou de deletéria ingerência política.

A separação, todavia, que foi predominantemente institucional e jurídica, não fez a cisão no caldo de cultura, vez que o sistema de valores e referências que os sociólogos chamam de judaico-cristãs ficou cristalizado na mentalidade do povo, e dos indivíduos, o que refletiu na formação dos padrões comportamentais individuais e coletivos, mesmo que em graus variados.

Esta herança cultural e seu processo de formação recebeu outros traços fortes de culturas outras trazidas por correntes migratórias que aqui chegaram, mesmo que temporárias, como é o caso da invasão holandesa ao nordeste brasileiro, que fez aportar o cristianismo reformado ou protestante e que permaneceu mesmo após da saída dos batavos.

Também em outros estágios da história, correntes migratórias de outras paragens, como a Alemanha, ampliaram e aprofundaram o protestantismo entre nós, o qual ganha perfil algo diverso, mas de forte intensidade, por ocasião da guerra fria, quando o bloco ocidental apoia e estimula novas correntes protestantes, de caráter pentecostalista, com organização clerical muito mais aberta e informal, que com o recurso dos meios de comunicação audiovisual trouxeram até nós a "teologia da prosperidade", como tática de atrair as massas em contraposição com a "teologia da libertação" de setores da Igreja Católica.

Igualmente, há a ser considerado o ingresso do catolicismo oriental, vindo com os movimentos migratórios muito expressivos provenientes do Oriente Próximo.

Fato é que, ao fim e ao cabo, é possível identificar com clareza a inserção dos valores e referências cristãs, cada vez mais pronunciada, na cultura e nas suas práticas, exercendo influência substancial nos padrões comportamentais e organizativos de larga margem da sociedade, sendo possível perceber, na atualidade, o progressivo fortalecimento na expansão desses movimentos religiosos, que vêm exercendo cada vez mais influência política através das suas representações presentes no aparelho estatal em todos os seus segmentos.

Como decorrência deste caldo de cultura ao qual se vislumbra, por óbvio que a religiosidade está implícita na formação e concepção das instituições materializadas pela sociedade brasileira, correspondendo exatamente à relação criador/criatura, porquanto a sociedade, ao produzir a ordem jurídica que lhe corresponde, nada mais faz do que exprimir materialmente e ao nível a concretitude objetiva os valores que tem e preserva.

Afigura-nos, com clareza, que a matriz geradora desta ordem jurídica carrega consigo as referências da religiosidade, mesmo se se considerar a expressiva pluralidade religiosa da sociedade brasileira, mormente as de origem africana, oriental e asiática, que, mesmo de origens diversas, também caldeiam valores e referências que de certa forma guardam afinidade com os padrões judaico-cristãos, especialmente no que concerne às ideias de caridade, generosidade, solidariedade e, em gênero, preocupação com "o outro" e com a sociedade em geral.

Com efeito, o Estado é laico e deve sê-lo, é bom que seja, porém, definitivamente, a sociedade brasileira não o é, bem ao contrário, carrega em si religiosidade forte, ainda que com manifestações variadas e plurais, como o é a sociedade brasileira em si.

A consequência é que nossas instituições incorporam com vigor a reverência à religiosidade, tendo em conta a dignidade humana, sendo muito enriquecedor colacionar a observação de André Ramos Tavares:[19]

> O entendimento de que o princípio da dignidade está presente nas demais manifestações de direitos fundamentais, sem sombra de dúvida, encontra-se assente em parcela da doutrina (em particular, sobre sua relação com o direito do menor e do idoso, conforme se demonstrará abaixo). Jorge Miranda, nesse diapasão, estabelece seu entendimento no sentido de que: "Pelo menos, de modo direto e evidente, os direitos, liberdades e garantias pessoais e os direitos econômicos, sociais e culturais comuns têm a sua fonte ética na dignidade da pessoa, de todas as pessoas. Mas quase todos os outros direitos, ainda quando projetados em instituições, remontam também à ideia de proteção e desenvolvimento das pessoas. A copiosa extensão do elenco não deve

19. Op.cit., p. 435.

> fazer perder de vista esse referencial. Assim também manifesta-se Luño, para o qual "a dignidade da pessoa humana supõe valor básico (Grundwert) fundamentador dos direitos humanos que tendem a explicitar e satisfazer as necessidades da pessoa na esfera moral. E, Bidart Campos: "da dignidade humana se desprendem todos os direitos, na medida em que são necessários para que o homem desenvolva sua personalidade integralmente. O "direito a ser homem" é o direito que engloba todos os demais no direito de ser reconhecido e a viver na e com a dignidade própria da pessoa humana.

A dignidade humana, ponto fulcral dos direitos fundamentais, é preceito fundamental da ordem jurídico-constitucional brasileira, e como tal devem ser tratados e aplicados, pois, como acentua André Ramos Tavares:[20]

> São prescrições jurídicas inafastáveis, ainda quando reveladas como princípios programáticos da Constituição. Não poderia vingar a tese – que teve como ênfase as normas principiológicas – da falta de carga normativa de alguns preceitos, quando a própria Constituição tem criado determinados mecanismos para combater o descumprimento de seus preceitos fundamentais, sem qualquer discriminação quanto a estes. Não são, pois, meros "conselhos" ou "recomendações", ou mesmo "faculdades" dirigidas aos Poderes Públicos. É a clássica lição de Vezio Crisafulli: "Ponto de partida para uma exata inteligência da natureza jurídica dos princípios gerias é o de normas-princípio. Normas-princípio são as normas fundamentais das quais derivam logicamente (e nas quais já estão, portanto, contidas implicitamente) as normas particulares regulando imediatamente as relações e situações específicas da vida real.

Desta forma, o que consideramos para os fins deste ligeiro estudo, a dignidade humana, onde se integra o que genericamente se pode nominar como "direito à religiosidade", que inclui a sua prática concreta, demanda e merece toda a tutela jurídica possível, em que se está claramente posto tratamento especial a ser dispensado no que respeita ao campo tributário.

20. Op.cit., p. 211.

Daí, justifica e legitima que se dê tratamento tributário à religiosidade e sua prática em toda a extensão que lhe concerne, o que coaduna com a universalidade dos direitos humanos, que a seu turno deita raízes no Direito Natural, fazendo notar, assim, o que Ramos Tavares chama de dualismo sistêmico entre direito natural e direito positivo, identificando o que se pode considerar como um traço cultural da religiosidade, quando observa: "O cariz metafísico-religioso do direito natural e seu apregoado dualismo é corroborado por Kelsen: [este dualismo] é um elemento típico de toda a interpretação metafísica ou, o que redunda no mesmo, de toda interpretação religiosa do mundo."

E prossegue da forma muito enriquecedora a este estudo, observando:[21]

> O cerne dessa teoria encontra uma explicação relativamente simples e apresenta dois pressupostos, a saber: (i) infalibilidade humana e (ii) necessidade humana de um parâmetro legitimador ou, se for o caso, corretor de suas próprias condutas. E tal parâmetro, desnecessário dizer, parando sobre a penumbra da mediocridade humana será divino.

Exatamente neste contexto, tendo as considerações que se fez como pano de fundo, é que vamos compreender o contido no disposto no inciso VI, alínea "b", do art. 150, da Constituição Federal, que textualmente contém:

> Art. 150. Sem prejuízo de outras garantias asseguradas ao contribuinte, é vedado à União, aos Estado, ao Distrito Federal e aos Municípios:
>
> [...]
>
> VI – Instituir imposto sobre:
>
> [...]

21. Op.cit., p. 349.

> b) entidades religiosas e templo de qualquer culto, inclusive suas organizações assistenciais e beneficentes.
>
> [...]

Este dispositivo constitucional é de fundamental importância como assecuração à liberdade de religião, especialmente no que respeita, como vimos insistindo, na sua prática em inteireza e integralidade, muito especialmente no que concerne às práticas sociais de solidariedade (amizade social), fraternidade e promoção social, como decorrência direta e natural das convicções fundadas nos valores e postulados religiosos. Isto significa dizer se tratar de atividades em benefício social e humano, que são realizadas como forma de concretização material de convicção religiosa como móvel e cerne deste "fazer o bem".

Mas, não basta que se considere apenas o "fazer o bem", é preciso levar em conta que tudo acaba por se traduzir em bem geral para a sociedade, com o que adquire o significado de colaboração substancial com a atuação do Estado e seus órgãos e agentes, na medida em que, ao assistir ao próximo, tem-se prestação de serviço relevante à sociedade, compartilhando com o Poder Público a responsabilidade e o ônus destes serviços.

Só isto já basta para justificar o conteúdo do dispositivo constitucional invocado, pois vem a ser proteção de direito fundamental, com irradiação em favor de todos os que direta ou indiretamente têm benefícios com estas atividades. Com especial razão, Mônica de Almeida Magalhães Serrano, em recente e brilhante obra, pontua:[22] "Não se pode deixar de lembrar, entretanto, que, em contrapartida ao dever de contribuir e ao poder de tributar, encontram-se os direitos fundamentais do homem como cidadão.

---

22. *Liberdade religiosa e a imunidade tributária.* São Paulo: Almedina Brasil, 2023, p.120.

Para proteger o direito fundamental, o legislador constituinte concede a imunidade tributária a entidades religiosas e suas organizações assistenciais e beneficentes, reconhecendo, assim, como se demonstra ao longo do texto, que confere proteção à religiosidade e sua prática concreta no seio da sociedade, contra o poder de tributação do Estado, claramente cuidando de minimizar o quanto possível, os custos de tais atividades, colocando-as, assim, como exercício substancial de direito fundamental.

Regina Helena Costa, comenta a respeito da imunidade:[23]

> A imunidade tributária apresenta dúplice natureza: de um lado exsurge como norma constitucional demarcatória da competência tributária, por continente hipótese de intributabilidade, e, de outro constitui direito público subjetivo das pessoas direta ou indiretamente por ela favorecidas. Portanto, a imunidade tributária pode ser visualizada sob os aspectos formal e substancial. Sob o prisma formal a imunidade, em nosso entender, excepciona o princípio da generalidade da tributação, segundo o qual todos aqueles que realizam a mesma situação de fato, à qual a lei atrela o dever de pagar tributo, estão a ele obrigados, sem distinção. Assim, sob esse aspecto, a imunidade é a impossibilidade de tributação – ou intributabilidade – de pessoas, bens e situações, resultante de vontade constitucional. Sob o aspecto material ou substancial, por sua vez, a imunidade consiste no direito público subjetivo de certas pessoas, de não se sujeitarem à tributação, nos termos delimitados por essa norma constitucional exonerativa. A imunidade tributária, então, pode ser definida como a exoneração, fixada constitucionalmente, traduzida em norma expressa impeditiva da atribuição de competência tributária ou extraível, necessariamente, de um ou mais princípios constitucionais, que confere direito público subjetivo a certas pessoas, nos termos por ela delimitados, de não se sujeitarem à tributação.

Examinada a proposição da citada jurista, têm-se que acontece proteção forte do direito à religiosidade,

23. In *Curso de direito tributário*. Constituição e Código Tributário Nacional. São Paulo: Saraiva, 2013, pp.98-99.

impedindo a incidência de tributação sobre as coisas, bens e materiais utilizados para a prática concreta da religião, e a inovação constitucional leva esta proteção exatamente àquelas atividades que vimos referindo de assistencialidade, que na prática nada mais são do que exteriorização material de convicção de matriz religiosa, vez que se trata de condutas de solidariedade e amizade social consentâneas com os princípios e referências contidos na religiosidade.

Nas palavras de Sérgio Pinto Martins:[24]

> A Imunidade pode ser considerada como limitação constitucional que suprime o poder de tributar do Estado. Por meio da imunidade, a Constituição suprime parcela do poder fiscal. [...] É uma não incidência de origem constitucional, uma barreira constitucional que impede a exigência do tributo. Deixa de ocorrer o fato gerador da obrigação tributária, pois a Lei Maior determina que o poder tributante não pode exigir o tributo.

Como se vê, o instituto da imunidade tem raiz constitucional, o que no caso do que se examina é acorde com forma de proteção e garantia do exercício de direito fundamental, o que é percebido por Luciano Amaro, quando acentua:[25]

> O fundamento das imunidades é a preservação de valores que a Constituição reputa relevantes (a atuação de certas entidades, a liberdade religiosa, o acesso à informação, a liberdade de expressão etc.), que faz com que se ignore a eventual (ou efetiva) capacidade econômica revelada pela pessoa (ou revelada na situação), proclamando-se, independentemente da existência dessa capacidade, a não tributabilidade das pessoas ou situações imunes.

Mizabel Derzi, atualizando o clássico e monumental *Limitações Constitucionais ao Poder de Tributar*, de Aliomar Baleeiro, leciona, com precisão, na linha que se vem

---

24. *Manual de direito tributário*. São Paulo: Atlas, 2004, pp.140-141.

25. *Direito tributário brasileiro*. São Paulo: Saraiva, 2005, p.151,

adotando neste estudo que:[26] "A consagração de uma imunidade expressa é, às vezes, consequência lógica de um princípio fundamental."

A imunidade atribuída pelo dispositivo constitucional em comento é consequência lógica de princípio fundamental da dignidade humana, da qual faz parte a liberdade de prática religiosa integral, como repetidas vezes já se acentuou.

Com magistralidade, Aliomar Baleeiro observa:[27]

> Quando o Preâmbulo da Constituição proclama que ela invoca a proteção de Deus, para organizar um regime representativo, exterioriza ao mesmo tempo a fé em certos valores espirituais. Ela, pois, naturalmente, procurou protegê-los, preservá-los e encorajá-los pelos meios eficazes ao seu alcance. A escolha do regime democrático não traduz apenas uma orientação política e jurídica, mas ética e filosófica. A ideia nuclear da concepção democrática é o pressuposto ético que condena a utilização de qualquer indivíduo humano como simples instrumento ou meio para os fins de outros indivíduos ou grupos." Fim em si mesmo, na concepção kantiana, o homem, ou a mulher, recebe do regime democrático o compromisso de assegurar-lhe o harmonioso desenvolvimento de todas as potencialidades materiais e morais para o bem comum.

Exatamente voltado à proteção, e mais do que isto, à efetivação e concretização do valor (mais alto) da plena realização, da realização e desenvolvimento integral e pleno do ser humano em toda a sua amplitude, a tutela jurídica dada à liberdade religiosa cumpre o papel de preservar a dimensão respectiva da dignidade humana, fim último, central e essencial da ordem constitucional estabelecida, como observa o citado autor quando leciona:[28]

---

26. ed. Forense, RJ, 1997.

27. *Limitações constitucionais ao poder de tributar*, ed. Forense, RJ, 1975, pp.179-180.

28. Op.cit., loc.cit.

A Constituição respeita, pois, todos os direitos da personalidade. Viver em nível compatível com a dignidade da criatura humana." E recomenda, sabiamente, mais adiante, que "A interpretação da Constituição, ou de qualquer lei, resulta da integração sistemática de todos os seus princípios.

Destarte, quando se cogita da imunidade tributária, que se pode qualificar como plena, tal como insculpido o dispositivo constitucional que ocupa a atenção neste estudo, se está a considerar todo um conjunto necessário à efetivação prática da religião, coisas, pessoas, instalações, adotando-se o sentido do termo, como o faz o mesmo Baleeiro quando explica:[29] "Destarte templo compreende o próprio culto e tudo quanto vincula o órgão à função.

Sábia a consideração do citado Mestre, merecendo especial atenção sua última observação colacionada, imediatamente acima. É exatamente nesta linha que se aborda o tema. A imunidade tributária erigida, especialmente pela sua natureza constitucional, é de ser entendida e aplicada de maneira alargada, exatamente dando o máximo efeito à norma (constitucional), como ensina Konrad Hess nos seus "Escritos Constitucionais", que significa dela extrair o máximo de efeitos possíveis. Assim sendo, defende-se que alcance tudo o que respeita ao culto e ao que vincula o órgão à função, onde estão inseridas todas as atividades, serviços, pessoas, realizações, enfim, tudo aquilo que vinculado à religião signifique e encerre sua prática em concretitude, daí porque há de alcançar toda e qualquer espécie tributária e não apenas os impostos, calhando a observação de Ruy Barbosa Nogueira[30]: "[...] a imunidade exclui do poder de instituir imposto sobre determinados bens ou situações, que por sua natureza e por interesse público, não devem ficar sujeitos a impostos."

29. Op.cit.p., 181.

30. *Curso de direito tributário*. São Paulo: Saraiva, 1990, p. 130.

Isto significa que a defesa da integralidade e intangibilidade da dignidade humana contém a liberdade religiosa, especialmente (no enfoque que se dá) da sua prática efetiva e integral, compreendendo todos as nuanças e dimensões, como se ilustra com a ponderação de Sacha Calmon Navarro Coelho explicita enriquecedor comentário a respeito do tema:[31]

> Contudo, não é esta a única maneira de visualizar a imunidade. À luz da teoria da norma jurídica, os dispositivos constitucionais imunizantes "entram" na composição da hipótese de incidência das normas de tributação, configurando-lhe o alcance e fixando-lhe os lindes. José Souto Maior Borges observa com propriedade que o "setor social abrangido pela imunidade está foram do âmbito da tributação." O dispositivo constitucional que põe a imunidade atua na hipótese de incidência, excluindo de certos fatos ou aspectos destes a virtude jurígena.

Assim, pode-se e deve-se, à esta altura, deixar claro que se considera como inserido no âmbito da imunidade concedida, todas as atividades e tudo o que dela decorrer e a ela se vincular, direta ou indiretamente, sob pena de se admitir "embaraço" à liberdade (essencial) religiosa, mutilando a dignidade humana na medida em que obsta, de certa forma, sua busca à transcendentalidade, como se acentuou ao início deste estudo e se vê-, no mesmo sentido, no posicionamento de Roque Carrazza, ao lecionar:[32]

> Sempre mais se revela que a alínea "b", em foco, visa a assegurar a livre manifestação da religiosidade das pessoas, isto é, da fé que elas têm em certos valores transcendentais. O Estado (aqui, tomado no sentido de pessoa política tributante) não pode, nem mesmo por meio de impostos, embaraçar o exercício dos cultos religiosos.

E prossegue:

31. *Curso de direito tributário brasileiro.* Rio de Janeiro: Forense, 2004, p.172

32. *Curso de direito constitucional tributário.* São Paulo: Malheiros editores, 2012, p.848

> Portanto, o fundamento da imunidade dos templos de qualquer culto não é a ausência de capacidade contributiva (aptidão econômica para contribuir com os gastos da comunidade), mas a proteção da liberdade dos indivíduos que restaria tolhida caso as Igrejas tivessem que suportar os impostos incidentes "sobre o patrimônio ou os serviços", mesmo quando tais fatos jurídico-econômicos fossem relacionados, na dicção do art. 150, IV, da Lei Maior, com as finalidades essências do culto.

Há, ainda, a considerar neste aspecto, que o amparo concreto à liberdade religiosa em toda a sua amplitude significa também, mesmo que tangenciando e indiretamente, a proteção ao mínimo vital, que é, sem dúvida, componente da complexa amplitude da dignidade humana, especialmente ao se considerar a existencialidade na articulação necessária entre o material (sobrevivência material) e o imaterial (sobrevivência da existencialidade humana integral), significando que a vivência religiosa na sua integralidade é parte integrante e importante da vida humana, cabendo aí registrar que as práticas, inclusive sociais, decorrentes das convicções religiosas precisam e devem ser igualmente protegidas, sendo inaceitável tolhê-las, mesmo indiretamente, especialmente pela via da tributação em gênero, naquelas hipóteses em que se onere ou grave tais atividades.

É exatamente aí a sede que se identifica das raízes justificadoras da ampla imunidade que ora se defende., considerando o comentário de Hugo Brito Machado quando diz:[33]

> A expressão "imunidade tributária" designa a proibição, estabelecida pela Constituição ao legislador, de instituir tributo sobre os fatos ou contra pessoas que indica. Os fatos ou as pessoas ficam imunes ao tributo." Arrematando: "É uma limitação constitucional ao poder de tributar.

---

33. *Curso de direito constitucional tributário*. São Paulo: Malheiros editores, 2012, p.268

O pacto político celebrado pela sociedade através de seus representantes, do qual a Constituição é o instrumento jurídico, explicita a decisão política de efeitos jurídicos de vedar a oneração tributária à vida e à prática das religiões, salutarmente entendendo que a tributação acaba por ser, na realidade, restrição (significativa) à integralidade da liberdade religiosa, muito especialmente da prática social decorrente das convicções, princípios, referências e valores que erige e consagra, e que são adotados na vivência dos indivíduos que a ela pertencem.

E aqui se está a defender que o alcance desta proteção é amplo em todos os campos, seja no que respeita à ritualidade, seja no que respeita às atividades paralelas vinculadas, bem assim, no que respeita às pessoas diretamente envolvidas. Negar esta forma de leitura é retornar aos tempos antigos, onde existiam impostos específicos sobre religiões e seus praticantes, como forma de submissão destes, o que, convenhamos, é absolutamente incompatível com o nosso tempo, com o nosso estágio histórico e civilizatório.

Cabe à perfeição aqui a posição de Mônica Almeida Magalhães Serrano, quando, arrimada em José Afonso da Silva, diz:[34]

> Contudo, parece mais acertado o entendimento de José Afonso da Silva, de que a liberdade religiosa compreende três formas de expressão: a liberdade de crença, em que "entra a liberdade de escolha da religião, a liberdade (ou o direito) de mudar de religião, mas também compreende a liberdade de não aderir à religião alguma, assim como a liberdade de descrença, a liberdade de ser ateu e de exprimir o agnosticismo", a liberdade de culto, a partir da exteriorização de cerimônias ou ritos, com a devida proteção aos locais de cultos; e a liberdade de organização religiosa. Adotada esta premissa, verifica-se que o direito à liberdade de religião envolve múltiplos direitos, podendo configurar direitos fundamentais de primeira, segunda ou outras dimensões.

34. Op.cit., p.78.

Acolhendo a proposição dessa obra recente, que já se revela verdadeiro clássico sobre o tema, temos claro e evidente que se considera a busca pelo transcendente como inerente à condição humana, não importando a forma ou meio ao qual o indivíduo ou grupo recorrem, porque integra o conteúdo da dignidade humana, eixo central da ordem jurídica brasileira, e que, como se vem insistindo, é consequência natural e lógica que merece tutela protetiva mais ampla possível, de sorte a alcançar a integralidade das dimensões nas quais acontece, no caso do estudo presente, especialmente no campo material, pela expressão, manifestação e prática de condutas e ações consoante os princípios, referências, valores e fundamentos emanados da convicção religiosa.

Em reforço ao argumento (contrário senso), a abrangência desta tutela há de alargar-se a todo o espectro da vida em sociedade, sob pena de, sutil e indiretamente, por vezes, até de forma dissimulada, o Estado, que é laico por determinação constitucional, iniba, agrave o mesmo inviabilize determinadas atividades decorrentes da convicção religiosa, pondo obstáculos de legitimidade aparente.

A já citada autora observa acerca da laicidade com maestria que:[35]

> A pedra de toque da laicidade se fixa na postura neutra do Estado em questões religiosas. No Brasil, a separação entre Estado e religião decorre expressamente da CF/1988, sendo vedado qualquer tipo de discriminação ou privilégios específicos à determinadas religiões.

No mesmo sentido André Ramos Tavares orienta:[36]

> Antes, porém, cumpre registrar, ainda aqui, a distinção necessária entre laicismo e laicidade, porque há de se afastar aquele

35. Op.cit., p. 81.

36. Op.cit.p. 504.

> primeiro do sentido das discussões que seguem aqui. O laicismo significa um juízo de valor negativo em relação à fé. Baseado, historicamente, no racionalismo e cientificismo, é hostil à liberdade de religião plena, às suas práticas amplas. A França, e seus recentes episódios de intolerância religiosa, pode ser aqui lembrada como exemplo mais evidente de um Estado que, longe de permitir e consagrar amplamente a liberdade de religião e o não comprometimento religioso do Estado, compromete-se, ao contrário, com uma postura de desvalorização da religião, tornando o Estado inimigo da religião, seja qual for. Já a laicidade, como neutralidade, significa a isenção acima referida. Como ficou decidido no caso *Everson v. Board of Education* (U.S.1,18(1947) pela Suprema Corte norte-americana: "Aquela emenda requer do Estado que seja neutro em suas relações com grupos de crentes religiosos ou de não crentes; não requer que o Estado seja se adversário. O tanto que o poder do Estado não deve ser utilizado de maneira a favorecer as religiões, não deve ser para ceifá-las.

É exatamente esta a leitura que se faz, valendo rememorar a advertência de Sampaio Dória, no seu *Curso de Direito Constitucional* (ed. Forense, RJ.), de que o Estado laico não é inimigo da religião. Tanto assim que quando se adota uma posição de ateísmo, nitidamente se ocupa da atividade de combater a religião (em gênero – todas), materializando exatamente um juízo de valor negativo, com desprezo e desconsideração para com a religiosidade, mutilando, assim, parcela significativa da dignidade humana e negando a validade, e mesmo existência, do direito fundamental referenciador e norteador da ordem jurídica estabelecida, mercê da construção constitucional vigente.

4. Como resposta aos quesitos

Ao início, se afirmou que o projeto é oferecer resposta a todos os quesitos propostos, que por sinal convergem e se harmonizam.

Em atenção ao primeiro deles, afirma-se com segurança que a letra "b" do inciso VI, do art. 150 da Constituição, com a redação dada pela EC nº 132/2023, alargou o espectro das imunidades das instituições religiosas, e andou bem ao fazê-lo, quando incluiu as "instituições de educação e de assistência social, sem fins lucrativos, atendidos os requisitos da lei." Afigura-nos como aperfeiçoamento útil e necessário do mandamento constitucional, seguindo ao determinado pelos princípios fundamentais da Constituição, que têm como eixo a dignidade humana.

Com efeito, temos que a busca pelo transcendente, que é necessidade básica inerente à condição humana, significa aspecto de alta relevância para o integral desenvolvimento da personalidade para a busca e conquista de condição existencial com a indispensável dignidade, e porque é assim, é dever do Estado respeitar esta busca e, mais do que isto, abster-se de opor obstáculos ou limitações de qualquer natureza.

Ora bem, esta busca pelo transcendente, na esmagadora maioria dos casos, conduz a adoção de uma opção religiosa. Esta opção encerra convicções, princípios e referências que integram o conjunto formador da ética das pessoas e grupos, que se manifestam em práticas religiosas estrito senso, naquilo que respeita às práticas rituais e de culto propriamente dito, adoção de símbolos e outros elementos que exprimem sacralidade, mas também refletem, na vida prática e concreta das pessoas, ao adotarem estas condutas e posturas, não apenas reveladoras de tudo isso, bem como ao desenvolverem atividades na vida social, direcionadas exatamente à concretização pela prática destes valores.

Temos claro que as duas dimensões da vida religiosa: a de culto e prática, e a de atividades fundadas em convicções religiosas constituem a real e verdadeira prática de existencialidade religiosa, materializando, como se fez referência antes, à plenitude da prática e vivência real da religião, com a indispensável liberdade.

Desta forma, pode-se considerar que todas as religiões têm em comum o postulado da solidariedade e da fraternidade, daquilo que o Santo Padre, Papa Francisco, iluminadamente nominou de "Amizade Social", o espírito de fraternidade, o compromisso íntimo de servir, de apoiar, de beneficiar o outro, vendo o semelhante na criatura que é obra de Deus, feita a sua imagem e semelhança, portanto digna e merecedora de atenção, respeito e apoio.

Ora, quando se leva em conta esta postura de "Amizade Social" como orientação e magistério religioso, temos claro de que se trata de indução à ação concreta, à adoção de condutas e atitudes orientadas neste sentido, as quais levam, necessariamente a práticas de educação e assistência social, em todos os níveis, o que vai além das necessidades básicas de sobrevivência material, que se ocupa de saúde, assistência social, apoio humano em necessidades de toda a ordem. Estas atividades e as pessoas que as fazem acontecer, implicitamente, estão praticando e vivenciando suas convicções religiosas, e como tal praticando a religião em substancialidade; afinal, a fé sem obras nada é.

Há a considerar, ainda, que ao desenvolver atividades de educação e assistência social (ambas na acepção mais integral dos termos), além de praticar a religiosidade, que é direito fundamental como já se viu, estão de maneira bem direta colaborando com o interesse geral da sociedade, na medida em que se ocupam de melhorar as condições das pessoas, o que por si só já justifica e legitima, sejam apoiadas pelo Estado, afinal, estão atuando supletivamente naquilo que é razão de ser do próprio ente político organizado – buscar e construir o bem estar geral.

Assim posto, tributar tais atividades é onerá-las e, ao fazê-lo, limitar de maneira sutil e indireta, como se vem insistindo, a plena liberdade de prática da religião, em ofensa grave ao direito fundamental à dignidade humana e flagrante violação ao princípio fundamental da ordem constitucional estabelecida.

Esta resposta conduz a que se enfrente o terceiro questionamento, que nos leva a afirmar que o mandamento constitucional contém “vedação absoluta ao poder de tributar”, seja porque o dispositivo em comento está sob o título Das Limitações do Poder de Tributar, com o *caput* do art. 150 contendo a expressão vedado, isto é proibido, impedido, interditado de tributação. Com isso, o ato constituinte de soberania decide excluir, do campo, sujeito ao poder de imposição tributária do Estado, a vida religiosa, e naturalmente tudo o que a ela diga respeito, inclusive suas atividades de beneficência social, antes aludidas.

O Jurista Kiyoshi Harada, como sempre, fundado em boa doutrina afirma:[37]

> A doutrina tradicional conceitua a imunidade como sendo uma vedação ao poder de instituir impostos. Disso resultou a ideia generalizada de que a imunidade só se refere a impostos. Entretanto, sabemos que a imunidade abrange outras espécies tributárias, como mais adiante veremos.

Neste sentido, acompanha-se a posição deste Jurista, entendendo que o mandamento constitucional expresso dá maior amplitude possível, alcançando todas as espécies tributárias, até como decorrência lógica, eis que ao conceder imunidade – vedação absoluta – dá-se a exclusão do campo de tributação de todas estas atividades, até porque se quisesse o constituinte excepcionar alguma coisa o teria feito, descabendo, assim, ao intérprete (administrativo, fiscal ou judicial), produzir colmatação de normatividade, mormente de natureza constitucional, uma vez que esta,

37. *Imunidade, não incidência e isenção.* Doutrina e Prática, ed. Max Limonad, SP., 2023, p.25

nem mesmo o legislador pode fazer, sem quebra da hierarquia normativa.

Com efeito, na medida que se tem a exclusão de instituições e atividades do campo de incidência do poder tributário estatal, se o tem na sua inteireza e integralidade, o que significa dizer, que alcança a todas as espécies tributárias. Como explicita o ensinamento de Harada,[38] dando conta da existência de duas espécies de imunidade: a recíproca e a genérica, dizendo:

> A outra espécie de imunidade é a que a doutrina batizou de imunidade genérica voltada para valores abrigados na Constituição como a liberdade de pensamento, a unidade nacional e outros valores individuais ou coletivos. Por fim, há uma imunidade específica da contribuição social voltada para as instituições de ensino e de assistência social.

É exatamente o caso, a proteção contra o poder tributário estatal tem sede na proteção necessária a valores fundamentais contemplados constitucionalmente de forma expressa, inclusive erigidos como princípios fundamentais, como antes se colacionou no magistério de Mizabel Derzi, que se tem a imunidade ampla do dispositivo constitucional em comento.

É esclarecedor e ilustrativo o magistério de Harada a respeito ao observar:[39]

> A religiosidade do povo brasileiro é um dos traços marcantes tanto que todas as Constituições que se sucederam ao longo da história, encontram-se nos respectivos preâmbulos as referências invocando a proteção de Deus: [...] promulgamos, sob a proteção de Deus, a seguinte [...]. Para isso, para a proteção desses valores religiosos, a Constituição estatuiu a vedação de instituir impostos sobre templos de qualquer culto, sem distinção

38. Op.cit.pp., p. 38-39.

39. Op.cit.pp., p. 56-57.

> de ritos. E essa imunidade alcança não apenas o edifício onde se pratica a atividade religiosa, como também o próprio culto. O convento, os anexos, inclusive a residência do pároco ou pastor, assim como a embarcação, avião ou veículo utilizado como templo móvel para a prática exclusiva do culto são abrangidos pela imunidade, segundo a doutrina de Aliomar Baleeiro.

Temos a opinião de que a imunidade é mais ampla, eis que alcança tudo o que diz respeito à prática da religião na sua integralidade, indo mais adiante do que aquilo diretamente relacionado ao culto em si. O avanço constitucional mostra que se se alargar a prática religiosa para a realização de determinadas atividades em benefício geral da sociedade, mormente em auxílio àquilo que é dever do Estado, também estas atividades e o que nelas é empregado e utilizado para a consecução de suas finalidades objetivas está coberto pela imunidade, sob o fundamento de emanação do direito fundamental à dignidade, que congloba a prática integral e livre da religiosidade.

Com este mesmo critério, de forma breve, invocando todo o expendido, pode-se afirmar que a imunidade inclui a remuneração pelos ofícios religiosos (de todas as naturezas), bem como, logicamente, a daquelas pessoas que os realizam, aí entendidos não apenas os sacerdotes, mas seus auxiliares.

O quarto questionamento responde-se afirmando que, pela natureza constitucional da imunidade tributária, que exclui do campo de exercício do poder de tributação do Estado as pessoas e situações que contempla, constitui-se em direito subjetivo dos indivíduos, oponível contra o Estado, e, no caso concreto autoaplicável, com o que não existe e nem pode existir a necessidade de concessão pelo Poder Público para seu gozo, já que esta foi atribuída pelo poder constituinte. Por uma questão de ordem administrativa, se admite a possibilidade de um registro ou cadastramento dos beneficiários, para facilitar, eventualmente, a gestão fiscal e a administração fazendária, nada mais do que isto.

5. Em conclusão

É possível sintetizar que a imunidade concedida pelo dispositivo constitucional em comento é absoluta, alcançando, como demonstrado, todas as atividades diretas e indiretas da prática religiosa, aí incluídos os indivíduos encarregados dos cultos e ofícios e seus auxiliares, especialmente no respeitante às côngruas, taxas e limosnas, até porque, a rigor não são remuneração nem dão origem a aumento de patrimônio, antes disso, são valores destinados à manutenção e sobrevivência da instituição e seus encarregados, além do que também atinge as atividades de assistência social e educacionais, realizadas com a motivação e inspiração religiosa.

Pela índole constitucional, não se depende de concessão ou reconhecimento do Estado, sob pena de ser admitida séria restrição à liberdade religiosa, quando muito, é aceitável um registro ou cadastro para fins de administração fazendária e fiscal.

Por derradeiro, tem-se que o fundamento desta imunidade, bem como do alargamento recentemente feito pelo constituinte derivado de seu alcance, nada mais é do que proteção à ampla liberdade de prática integral da religiosidade, inclusive no campo social, considerado que tal liberdade e seu pleno exercício são integrantes indissociáveis da dignidade humana, direito fundamental de primacial relevância.

Referências

AMARO, Luciana. *Direito tributário brasileiro*, ed. Saraiva, SP., 2005;

BALEEIRO, Aliomar. (atual.) DERZI, Mizabel. *Limitações constitucionais ao poder de tributar*. Rio de Janeiro: Forense, 1975;

CARRAZA, Roque. *Curso de direito constitucional tributário.* São Paulo: Malheiros editores, 2012;

COSTA, Regina Helena. *Curso de direito tributário.* Constituição e Código Tributário Nacional, ed. São Paulo: Saraiva, 2013.

GONET Branco, Paulo. MENDES, Gilmar Ferreira. *Curso de direito constitucional.* São Paulo: Saraiva, 2023.

HARADA, Kiyoshi. *Imunidade, Não incidência e isenção.* Doutrina e Prática, ed. Max Limonad, SP., 2023;

JARPERS, Karl. *Introdução ao pensamento filosófico.* São Paulo: Cultrix, 2021.

JUCÁ, Francisco Pedro. *Liberdade religiosa e liberdade de expressão.* São Paulo: Noeses, 2020.

MACHADO, Hugo Brito. *Curso de direito constitucional tributário*, São Paulo: Malheiros, 2012.

MARKUS, Gabriel. *Eu não sou meu cérebro* – Filosofia do Espírito para o século XXI. Rio de Janeiro: Vozes, 2018.

MARTINS, Sérgio Pinto. *Manual de direito tributário.* São Paulo: Atlas, 2004.

MEGRET, Jean. *Droit Rural.* Precis Dalloz, Paris, 1979;

MENDONÇA, André Luiz de Almeida. A primeira das Liberdades: a liberdade religiosa e a sua efetividade na laicidade colaborativa brasileira. In *Liberdades*, ed. J&C, RJ, 2022.

MODIN, Batista. *Introdução à filosofia.* São Paulo: Paulus, 1981.

NABAIS, José Casalta. *O dever fundamental de pagar impostos.* Contributo para a compreensão constitucional do estado fiscal contemporâneo. Coimbra: Almedina, 2015.

NAVARRO Coelho, Sacha Calmon. *Curso de direito tributário brasileiro.* Rio de Janeiro: Forense, 2004.

NOGUEIRA, Ruy Barbosa. *Curso de direito tributário*, São Paulo: Saraiva, 1990.

SERRANO, Mônica de Almeida Magalhães. *Liberdade religiosa e a imunidade tributária*, ed. São Paulo: Almedina Brasil, 2023.

TAVARES, André Ramos. *Curso de direito constitucional*. 21ª ed. São Paulo: Saraiva, 2023.

VIEIRA, Thiago Rafael. *Liberdade religiosa*. Fundamentos Teóricos para proteção e exercício da crença. São Paulo: Ed. Almedina Brasil, 2023.

IMUNIDADES TRIBUTÁRIAS DAS ENTIDADES RELIGIOSAS E DE SUAS ORGANIZAÇÕES ASSISTENCIAIS E BENEFICENTES

Oswaldo Othon de Pontes Saraiva Filho[1]

Palavras-Chaves: liberdade religiosa. Imunidade de impostos. Templos de qualquer culto. Imunidade de contribuições para seguridade.

Keywords: *Religious freedom. Tax immunity. Temples of any cult. Immunity from social security contributions.*

Resumo: Este artigo analisará a natureza jurídica da imunidade tributária religiosa, os valores e direitos humanos fundamentais, em especial, o direito à liberdade de consciência e de crença religiosa e a proibição de os entes federados embaraçar o funcionamento das Igrejas, seus cultos, liturgias e atos caritativos e a atuação de suas associações assistenciais e beneficentes, bem como esmiuçará o alcance da imunidade do art. 150, VI, "c" e § 4º; da imunidade do art. 195, § 7º e da imunidade do art. 149, § 2º, I, da Constituição Brasileira.

---

1. Mestre em Direito Tributário, com vasta experiência como parecerista nas áreas do Direito Constitucional, Direito Tributário, Direito Financeiro e Direito Administrativo. Professor de Direito Financeiro e Direito Tributário da Faculdade de Direito da Universidade de Brasília – UnB. Foi procurador da Fazenda Nacional de categoria especial (aposentado) e consultor da União (1996 a 2015). É coordenador e autor de quinze livros jurídicos e autor de mais de três centenas de artigos publicados por respeitáveis periódicos. Responde como fundador e diretor científico da Revista Fórum de Direito Tributário (desde 2003). É ainda coordenador do Núcleo Tributário do Instituto Ives Gandra Martins – IIGM, membro do Instituto Brasileiro de Estudos de Direito Administrativo, Financeiro e Tributário - IBEDAFT - e da União dos Juristas Católicos de São Paulo - UJUCASP.

***Abstract**: This article will analyze the legal nature of religious tax immunity, fundamental values and human rights, in particular, the right to freedom of conscience and religious belief and the prohibition of federated entities to embarrass the functioning of churches, their cults, liturgies and acts caritatives and the performance of their welfare and charity associations, as well as scrutinize the reach of the immunity of article 150, VI, "c" and §4; of the immunity of article 195, § 7 and the immunity of art. 149, §2, I, of the Brazilian Constitution.*

I - Introdução

1. Neste artigo, serão tecidos comentários acerca da natureza jurídica das imunidades tributárias religiosas, sobre os valores e direitos humanos fundamentais que as inspiram, nomeadamente, a liberdade de crença religiosa, de seus cultos e liturgias e a vedação de os entes federados embaracem o funcionamento das Igrejas, seus cultos, liturgias e atos caritativos e a atuação de suas associações assistenciais e beneficentes. Esmiuçará o alcance das imunidades de impostos das entidades religiosas e dos templos de qualquer culto e de suas organizações assistenciais e beneficentes, bem como sobre a imunidade de contribuições para a seguridade social das entidades beneficentes de assistência social, nelas inclusas as Igrejas e a imunidade de contribuições para a seguridade social sobre suas receitas decorrentes de exportação.

2. As motivações para o enfrentamento desse tema decorrem tanto de polêmica gerada pela Lei nº 14.057, de 11 de setembro de 2020, diante da anulação de lançamentos

referente às contribuições para a seguridade social, efetuados pela Secretaria da Receita Federal do Brasil em desfavor de instituições religiosas, como pelos fechamentos, no período mais agudo da pandemia do coronavírus, de templos religiosos e impedimentos de seus cultos e liturgia, ainda que as Igrejas cuidassem de assegurar o distanciamento entre os fiéis e disponibilizassem álcool-gel e máscaras, quanto pelas inovações introduzidas à imunidade tributária religiosa pela Emenda Constitucional (EC) nº 132/2023.

3. Mais pontualmente, serão respondidos, neste artigo, os seguintes quesitos: 1º) A emenda Constitucional nº 132/2023 sobre reforma tributária alargou, na nova redação do art. 150, inciso VI, letra "b", o espectro das imunidades das instituições religiosas em relação à Constituição anterior? 2º) Entre estas imunidades deve-se incluir a remuneração, pelos ofícios religiosos, dos encarregados de executá-los? 3º) Tais imunidades representam uma renúncia fiscal ou são, de rigor, uma vedação absoluta ao poder de tributar? 4º) As imunidades são definições constitucionais, que só podem ser reconhecidas pelo Poder Executivo ou seu gozo depende de concessão do Poder Público?

II – Natureza jurídica das imunidades tributárias

4. É a Constituição da República que discrimina os tributos que podem ser instituídos e exigidos por parte dos entes federados tributantes; divide o poder de tributar concernente a esses tributos entre os entes da Federação, e estabelece, por outro lado, a limitações constitucionais ao poder de tributar, por meio dos princípios, vale dizer, normas gerais, diretrizes, orientadoras de todo sistema, que servem, inclusive para interpretar outras regras jurídicas, e pelas normas mais específicas e as de imunidade, estas que vedam o poder de tributar em relação a determinadas pessoas, alguns objetos e certas situações distinguidas por ela.

5. Da observância dessas normas e princípios constitucionais emerge a competência tributária.

6. Já enfrentando ao terceiro quesito, respondo que a imunidade tributária não representa renúncias do poder de tributar nem renúncia de receitas tributárias, mas sim, são normas constitucionais que negam ou vedam o poder de tributar e, portanto, proíbem a incidência de norma de tributação sobre determinadas pessoas, coisas ou situações expressamente elencadas pela Lei Maior,[2] com vista a impedir que os entes da Federação venham tributar quem sequer detém capacidade contributiva, obstando que os entes da Federação criem dificuldades à maior vivência de vários valores e objetivos consagrados pela própria Constituição da República.[3]

7. As normas constitucionais de imunidades tributárias, como endonormas, incidem, para que não possam existir nem, portanto, incidir as normas infraconstitucionais de tributação, daí ser correto asseverar que as imunidades tributárias são normas de não incidência constitucionalmente qualificada,[4] configurando, como já explicado, por expressa disposição constitucional, ao lado dos princípios

---

2. Segundo posição dominante da doutrina, as normas de imunidades tributárias são regras constitucionais de negação de competência, isto é, regras que estabelecem a incompetência das pessoas políticas para instituir tributo que alcance determinadas pessoas, coisas ou situações. As regras constitucionais positivas de atribuição de competência e as negativas juntas definem a competência tributária.

3. CARRAZZA, Roque Antonio, *Imunidades tributárias dos templos e instituições religiosas*, São Paulo: Noeses, 2015, p. 14 e 15, faz uso da seguinte lição de José Souto Maior BORGES (Isenções tributárias, São Paulo: Sugestões Literárias, 1969, p. 209): *A regra jurídica de imunidade insere-se no plano das regras negativas de competência, O setor social está abrangido pela imunidade está fora do âmbito da tributação. Previamente excluído, como vimos, não poderá ser objeto de exploração pelos entes públicos.* E Conclui: *Logo, desobedecer a uma regra de imunidade equivale a incidir em inconstitucionalidade.*

4. A própria CF refere-se à não incidência nos seus arts. 149, §2°, II; 153, §3°, III; e §4°, II;155, §2°, X; e §3°; 156, §2°, I.

constitucionais tributários, como normas de limitação constitucional ao poder de tributar.[5]

8. Cabe aqui diferenciar princípios constitucionais tributários de imunidades tributárias: princípios e as regras constitucionais tributárias mais específicas norteiam o bom exercício da competência tributária; já as imunidades denegam o poder de tributar, limitando-o relativamente a pessoas, fatos e situações constitucionalmente determinadas. Cumprindo os entes federados os princípios constitucionais tributários, normas de diretrizes gerais, e demais regras constitucionais tributárias mais específicas, se realiza uma boa tributação. Obedecendo às normas constitucionais de imunidades tributárias, simplesmente, o fisco não tributa ou não poderia tributar: os entes tributantes estão constitucionalmente proibidos de editar e fazer incidir normas tributando determinadas pessoas, coisas ou fatos expressamente destacados pela Lei Maior.[6]

---

5. CF/1988. Seção II - *Das Limitações do Poder de Tributar* - do Capítulo I - *Do Sistema Tributário Nacional* - do Título VI – *Da Tributação e do Orçamento.*

6. DERZI, Misabel Abreu Machado, na obra de BALEEIRO, Aliomar, *Limitações constitucionais ao poder de tributar*, 8ª edição, Rio de Janeiro: Forense, 2010, p. 374, 375 e 377: "A imunidade é regra constitucional expressa (ou implicitamente necessária) que estabelece a não competência das pessoas políticas da federação para tributar certos fatos e situações, de forma amplamente determinada, delimitando negativamente, por meio de redução parcial, a norma de atribuição de poder tributário. A imunidade é, portanto, regra de exceção e de delimitação de competência, que atua, não de forma sucessiva no tempo, mas concomitantemente. A redução que se opera no âmbito de abrangência da norma concessiva do poder tributário é tão só lógica, mas não temporal. O que é imunidade? É norma que estabelece a incompetência. Ora, estabelecer incompetência é negar competência ou denega poder de instituir tributos, conjunto de normas que só adquire sentido em contraste com outro conjunto que atribui ou concede poder tributário. [...] Bem se vê que as imunidades são um *non sense*, se analisadas isoladamente (assim como seriam as isenções, no plano das leis da pessoa tributante). Somente relacionadas a uma norma atributiva de poder tributário, perdem o sentido absoluto de "regra de incompetência", assumindo a dimensão que devem ter: regra de negação que atua parcialmente sobre outra, reduzindo-lhe a extensão. Não dizemos que somos "imunes" a impostos sobre a renda, instituídos pelo Município, porque falece a essa pessoa pública estatal poder originário para tributar a renda. Não obstante, dizemos que os "templos" são imunes ao imposto sobre a propriedade predial e territorial urbana, porque há uma norma constitucional que atribui ao Município a faculdade de instituir imposto de tal natureza."

9. Portanto, as imunidades de entidades religiosas e templos de qualquer culto, inclusive suas organizações assistenciais e beneficentes (CF/1988, art. 150, VI, "b", com redação dada pela Emenda Constitucional nº 132/2023) não representam renúncia fiscal alguma nem quaisquer benefícios fiscais, posto que são vedações absolutas ao poder de tributar, estabelecidas pela própria Constituição Brasileira.

10. Ressalte-se que todas as imunidades decorrem diretamente de normas constitucionais, enquanto os benefícios fiscais – isenções, redução de base cálculo ou de alíquotas, anistia, remissão, crédito-prêmio etc. – decorrem de leis infraconstitucionais.

11. Assim, não se aplicam às imunidades tributárias, a regra constitucional do art. 113 do Ato das Disposições Constitucionais Transitórias da Constituição Federal promulgada em 5 de outubro de 1988[7] nem a norma geral nacional do art. 14 da Lei Complementar nº 101, de 4 de maio de 2000 – Lei de Responsabilidade Fiscal.[8]

---

7. Art. 113. A proposição legislativa que crie ou altere despesa obrigatória ou renúncia de receita deverá ser acompanhada da estimativa do seu impacto orçamentário e financeiro." (Incluído pela Emenda Constitucional nº 95, de 2016)

8. LC 101/2000. "Art. 14. A concessão ou ampliação de incentivo ou benefício de natureza tributária da qual decorra renúncia de receita deverá estar acompanhada de estimativa do impacto orçamentário-financeiro no exercício em que deva iniciar sua vigência e nos dois seguintes, atender ao disposto na lei de diretrizes orçamentárias e a pelo menos uma das seguintes condições. I - demonstração pelo proponente de que a renúncia foi considerada na estimativa de receita da lei orçamentária, na forma do art. 12, e de que não afetará as metas de resultados fiscais previstas no anexo próprio da lei de diretrizes orçamentárias; II - estar acompanhada de medidas de compensação, no período mencionado no *caput*, por meio do aumento de receita, proveniente da elevação de alíquotas, ampliação da base de cálculo, majoração ou criação de tributo ou contribuição. § 1º A renúncia compreende anistia, remissão, subsídio, crédito presumido, concessão de isenção em caráter não geral, alteração de alíquota ou modificação de base de cálculo que implique redução discriminada de tributos ou contribuições, e outros benefícios que correspondam a tratamento diferenciado. § 2º Se o ato de concessão ou ampliação do incentivo ou benefício de que trata o *caput* deste artigo decorrer da condição contida no inciso II, o benefício só entrará em vigor quando implementadas as medidas referidas no mencionado inciso. § 3º O disposto neste artigo não se aplica: I - às alterações das alíquotas dos impostos previstos nos incisos I,_II, IV e V do art. 153 da

12. No que concerne ao quarto quesito, diga-se que as imunidades tributárias de impostos e de contribuições para a seguridade social, nos termos do art. 150, VI, "b", § 4º, do art. 195, § 7º e do art. 149, § 2º, inciso I, todos da Constituição da República,[9-10] são vedações absolutas de tributar, provenientes de normas constitucionais, que impõem, para a fruição das imunidades, que as Igrejas e suas organizações assistenciais não tenham finalidade lucrativa ou não distribuam lucros, e que exigem, além disso, em relação às entidades beneficentes confessionais, que elas prestem parte de suas atividades gratuitamente.

13. No que concerne à imunidade de contribuições para seguridade social de entidades beneficentes (CF, art. 195, § 7º), também proibição absoluta de tributação, o STF tem entendido pela constitucionalidade de normas jurídicas, que preveem a emissão pelo Poder Executivo de Certificação de Entidades Beneficentes de Assistência Social - CEBAS - às instituições privadas beneficentes.[11]

Constituição, na forma do seu § 1º; II - ao cancelamento de débito cujo montante seja inferior ao dos respectivos custos de cobrança."

9. CF/1988. Art. 150. Sem prejuízo de outras garantias asseguradas ao contribuinte, é vedado à União, aos Estados, ao Distrito Federal e aos Municípios: [...] VI - instituir impostos sobre: [...] b) entidades religiosas e templos de qualquer culto, inclusive suas organizações assistenciais e beneficentes; (Redação dada pela EC nº 132/2023) [...] § 4º As vedações expressas no inciso VI, alíneas "b" e "c", compreendem somente o patrimônio, a renda e os serviços, relacionados com as finalidades essenciais das entidades nelas mencionadas.

10. CF/1988. Art. 195. [...] § 7º São isentas de contribuição para a seguridade social as entidades beneficentes de assistência social que atendam às exigências estabelecidas em lei. Art. 149. [...] § 2º. As contribuições sociais e de intervenção no domínio econômico de que trata o caput deste artigo: I - não incidirão sobre as receitas decorrentes de exportação; (Incluído pela EC nº 33/2001).

11. STF-1ª Turma. AI 531.271 AgR-2º JULG-ED, rel. do acórdão min. Alexandre de Moraes, *DJE* 25/5/2022. AGRAVO INTERNO. AGRAVO DE INSTRUMENTO. RECURSO EXTRAORDINÁRIO. TRIBUTÁRIO. IMUNIDADE TRIBUTÁRIA. CONTRIBUIÇÃO PARA A SEGURIDADE SOCIAL. ENTIDADES BENEFICENTES DE ASSISTÊNCIA SOCIAL. Para o reconhecimento da imunidade de que trata o art. 195, § 7º, da Constituição Federal, é preciso que sejam atendidos tanto os requisitos contidos no artigo 14 do Código Tributário Nacional, como a exigência da

14. Isso posto, respondendo ao quarto quesito, parece razoável considerar aceitável que o Poder Executivo dos entes da Federação brasileira exija a prévia comunicação da existência de instituições ou organizações religiosas com a informação de que elas cumprem as exigências constitucionais, para que, tomando ciência, possa o Poder Público reconhecer a incidência das imunidades em relação ao ente que comunicou essa sua situação, com a consequente emissão do correspondente ato de mero reconhecimento, sendo pois cabível que o Poder Executivo de qualquer dos entes federados condicione o gozo dessas imunidades a sua prévia ciência e emissão de certificado correspondente.

15. Entretanto, insta ser realçado que não pode o Poder Executivo, de forma alguma, negar reconhecimento ou certificação, suspender, ainda que provisória ou temporariamente, ou cassar esse seu reconhecimento sem o prévio devido processo legal (CF/1988, art. 5º LIV),[12] sem ter sido dado antes oportunidade à instituição religiosa de qualquer culto ou a suas organizações assistenciais e beneficentes do

---

Certificação de Entidades Beneficentes de Assistência Social – CEBAS (inciso II do artigo 55 da Lei nº 8.212/1991). Embargos de declaração acolhidos, para conhecer do agravo, dar-lhe provimento e julgar, desde logo, o recurso extraordinário, provendo-o parcialmente." Precedente: STF-1ª Turma. RMS 23.368, rel. min. Edson Fachin, in *DJE* 10/12/2015. AGRAVO REGIMENTAL EM RECURSO ORDINÁRIO EM MANDADO DE SEGURANÇA. DIREITO TRIBUTÁRIO. IMUNIDADE. CONTRIBUIÇÕES SOCIAIS. CERTIFICADO DE ENTIDADE BENEFICENTE DE ASSISTÊNCIA SOCIAL - CEBAS. RENOVAÇÃO PERIÓDICA. CONSTITUCIONALIDADE. DIREITO ADQUIRIDO. 1. A jurisprudência do Supremo Tribunal Federal se consolidou no sentido de que não ofende a Constituição Federal a exigência de emissão e renovação periódica de Certificado de Entidade Filantrópica para fazer jus à imunidade tributária, nos termos do art. 55, II, da Lei 8.212/91. 2. Não há razão jurídica em se pleitear o direito à imunidade por prazo indeterminado, mediante a renovação indefinida do certificado de entidade beneficente de assistência social, porquanto inexiste direito adquirido a regime jurídico. 3. Agravo regimental a que se nega provimento.

12. CF, *Art. 5º. ... LIV - ninguém será privado da liberdade ou de seus bens sem o devido processo legal;*

contraditório e da ampla defesa com os meios e recursos a ela inerentes (CF/1988, art. 5º, LV).[13-14]

16. Ressalte-se que as Igrejas e as entidades de assistência social e beneficentes gozam da presunção *juris tantum* de que seu patrimônio, renda e serviços são destinados às suas finalidades essenciais ou estatutárias, de modo que o não reconhecimento ou o afastamento das imunidades tributárias só pode ocorrer mediante a prévia constituição de prova do desvio da finalidade, a cargo da Administração tributária.[15]

17. De fato, o entendimento firmado por nossa Corte Constitucional é no sentido de se conferir a máxima efetividade ao art. 150, VI, "b", § 4º, da Constituição Brasileira, de modo que a negação, suspensão ou revogação do reconhecimento da imunidade tributária ali prevista somente poderá acontecer quando há provas, expedidas pelo ente tributante, de que as utilizações dos bens imóveis, das rendas ou a prestação de serviços, que deveria estar abrangidos pela imunidade

---

13. CF, Art. 5º. ... LV - aos litigantes, em processo judicial ou administrativo, e aos acusados em geral são assegurados o contraditório e ampla defesa, com os meios e recursos a ela inerentes;

14. STF-1ª T. ARE 800.395 AgR, rel. min. Roberto Barroso, *DJE* de 14/11/2014. AGRAVO REGIMENTAL EM RECURSO EXTRAORDINÁRIO COM AGRAVO. IMUNIDADE TRIBUTÁRIA DE TEMPLOS RELIGIOSOS. IPTU. IMÓVEL VAGO. DESONERAÇÃO RECONHECIDA. O Supremo Tribunal Federal consolidou o entendimento de que não cabe à entidade religiosa demonstrar que utiliza o bem de acordo com suas finalidades institucionais. Ao contrário, compete à Administração tributária demonstrar a eventual tredestinação do bem gravado pela imunidade. Nos termos da jurisprudência da Corte, a imunidade tributária em questão alcança não somente imóveis alugados, mas também imóveis vagos. Agravo regimental a que se nega provimento.

15. Cf. STF-1ª Turma. ARE 1.102.838 AgR, rel. min. Luiz Fux, *DJE* 7/5/2019. AGRAVO INTERNO NO RECURSO EXTRAORDINÁRIO COM AGRAVO. DIREITO TRIBUTÁRIO. IMUNIDADE TRIBUTÁRIA. ENTIDADE EDUCACIONAL. INSTITUTO DE PESQUISAS ELDORADO. ARTIGO 150, INCISO VI, ALÍNEA "C", DA CONSTITUIÇÃO FEDERAL. VINCULAÇÃO DOS SERVIÇOS PRESTADOS COM AS FINALIDADES ESSENCIAIS. ARTIGO 150, § 4°, DA CONSTITUIÇÃO FEDERAL. [...] 1. As entidades imunes gozam da presunção de que seu patrimônio, renda e serviços são destinados às suas finalidades essenciais, de modo que o afastamento da imunidade só pode ocorrer mediante a constituição de prova do desvio de finalidade, a cargo da administração tributária. [...].

tributária, são estranhas àquelas consideradas essenciais para as suas finalidades, ou não estão vinculadas ou relacionadas a essas finalidades que a Constituição quer proteger.[16]

18. Tudo isso é, outrossim, exigido do Poder Executivos dos entes federados em relação às entidades beneficentes de assistência social no que tange à denegação, suspensão ou cassação da imunidade do §7º do art. 195 diante da comprovação do não atendimento, também, da condição de que parte das atividades dessas entidades esteja sendo prestada sem ônus financeiro para os assistidos.

19. Cabe, ainda, realçar que os atos de caridade, de assistência, beneficência ou de filantropia, são inerentes às finalidades das instituições religiosas.[17]

20. Portanto, a prática direta de tais serviços por parte das Igrejas está também amparada pelas imunidades tributárias das instituições não confessionais de educação e de assistência social e das entidades beneficentes de assistência social.

21. Insta ressaltar que não é compatível com a realidade exigir, para o desfrute das imunidades tributárias (CF, art. 150, "caput", inciso VI, alíneas "b" e "c", e § 4º; art. 195, §7º) que os serviços de educação e de assistência social ou de beneficência sejam prestados universalmente, a todas as pessoas que desses auxílios necessitam.

---

16. Cf. STF-Pleno: RE 325.822, Rel. Min. Gilmar Mendes, *DJ* 14.05.2004; AI 447.855, Rel. Min. Gilmar Mendes, *DJ* de 6.10.2006; ARE 658.080 AgR, Rel. Min. Luiz Fux, *DJ* 15/2/2012.

17. Consoante o Cristianismo: "[40] O que fizerdes a um destes meus irmãos mais pequeninos é a mim que o fazeis." (Mateus 25,40). "[14.] De que aproveitará, irmãos, a alguém dizer que tem fé, se não tiver obras? Acaso essa fé poderá salvá-lo? [15.] Se a um irmão ou a uma irmã faltarem roupas e o alimento cotidiano, [16.] e algum de vós lhes disser: 'Ide em paz, aquecei-vos e fartai-vos', mas não lhes der o necessário para o corpo, de que lhes aproveitará? [17.] Assim também a fé: se não tiver obras, é morta em si mesma. [18.] Mas alguém dirá: 'Tu tens fé, e eu tenho obras'. Mostra-me a tua fé sem obras e eu te mostrarei a minha fé pelas minhas obras." (Tiago 2,14-18).

22. De fato, embora seja desejável que tais serviços prestados pelo Estado com a colaboração de entidades privadas alcancem o maior número possível de pessoas (CF, art. 203), não se deve esperar que a colaboração das entidades privadas atinja o mesmo nível de universalidade exigido dos serviços prestados pelo Poder Público.

23. De modo que é suficiente que essas entidades privadas dirijam as suas ações indistintamente à coletividade por elas alcançadas, dentro de sua capacidade econômica, sem viés discriminatório.

24. Tudo o explicitado imediatamente acima fora já esclarecido por nossa Corte Constitucional, como demonstra trecho da Ementa do Acórdão do Recurso Extraordinário nº 630.790, a seguir transcrita:

> DIREITO TRIBUTÁRIO. RECURSO EXTRAORDINÁRIO COM REPERCUSSÃO GERAL. IMPOSTOS SOBRE A IMPORTAÇÃO. IMUNIDADE TRIBUTÁRIA. ENTIDADES RELIGIOSAS QUE PRESTAM ASSISTÊNCIA SOCIAL.
>
> 1. Recurso extraordinário com repercussão geral reconhecida a fim de definir (i) se a filantropia exercida à luz de preceitos religiosos desnatura a natureza assistencial da entidade, para fins de fruição da imunidade prevista no art. 150, VI, c, da Constituição; e (ii) se a imunidade abrange o II e o IPI incidentes sobre as importações de bens destinados às finalidades essenciais das entidades de assistência social.
>
> 2. A assistência social na Constituição de 1988. O art. 203 estabelece que a assistência social será prestada "a quem dela necessitar". Trata-se, portanto, de atividade estatal de cunho universal. Nesse âmbito, entidades privadas se aliam ao Poder Público para atingir a maior quantidade possível de beneficiários. Porém, a universalidade esperada das instituições privadas de assistência social não é a mesma que se exige do Estado. Basta que dirijam as suas ações indistintamente à coletividade por elas alcançada, em especial às pessoas em situação de vulnerabilidade ou risco social, sem viés discriminatório.
>
> 3. Entidades religiosas e assistência social. Diversas organizações religiosas oferecem assistência a um público verdadeiramente carente, que, muitas vezes, instala-se em localidades

remotas, esquecidas pelo Poder Público e não alcançadas por outras entidades privadas. Assim sendo, desde que não haja discriminação entre os assistidos ou coação para que passem a aderir aos preceitos religiosos em troca de terem suas necessidades atendidas, essas instituições se enquadram no art. 203 da Constituição.

4. O alcance da imunidade das entidades assistenciais sem fins lucrativos. A imunidade das entidades listadas no art. 150, VI, c, da CF/1988, abrange não só os impostos diretamente incidentes sobre patrimônio, renda e serviços, mas também aqueles incidentes sobre a importação de bens a serem utilizados para a consecução dos seus objetivos estatutários. Além disso, protege a renda e o patrimônio não necessariamente afetos às ações assistenciais, desde que os valores oriundos da sua exploração sejam revertidos para as suas atividades essenciais. Precedentes desta Corte.

5. Recurso extraordinário conhecido e provido, a fim de reformar o acórdão recorrido e reconhecer a imunidade tributária da recorrente quanto ao II e ao IPI sobre as operações de importação tratadas nos presentes autos.

6. Proponho a fixação da seguinte tese de repercussão geral: "As entidades religiosas podem se caracterizar como instituições de assistência social a fim de se beneficiarem da imunidade tributária prevista no art. 150, VI, c, da Constituição, que abrangerá não só os impostos sobre o seu patrimônio, renda e serviços, mas também os impostos sobre a importação de bens a serem utilizados na consecução de seus objetivos estatutários."[18]

III - OS VALORES E DIREITOS HUMANOS FUNDAMENTAIS QUE AS INSPIRAM E JUSTIFICAM AS IMUNIDADES DE ENTIDADES RELIGIOSAS E TEMPLOS DE QUALQUER CULTO, INCLUSIVE SUAS ORGANIZAÇÕES ASSISTENCIAIS E BENEFICENTES

25. A Constituição Federal, de 1988, consagra muitos valores, princípios e direitos que inspiram e justificam as imunidades tributárias das entidades religiosas e dos templos de

18. STF-Pleno. RE 630.790, rel. min. Roberto Barroso, in *DJE* 29/3/2022.

qualquer culto, inclusive de suas organizações assistenciais e beneficentes, senão vejamos, em rápidas pinceladas.

26. Embora a República Federativa do Brasil seja um Estado laico (CF/1988, art. 19, I), vale dizer, não impõe a seu povo uma religião oficial, respeita e não discrimina quem crer e quem não crer, e estabelece a separação entre o Estado e as Igrejas, sem prejuízo de colaborações mútuas, no entanto, sendo, também, um Estado Democrático de Direito (CF, art. 1°, *caput*)[19] e sendo inconteste que a quase totalidade do povo brasileiro crer em Deus e adota os ensinamentos das religiões, o insofismável é que os valores religiosos, dentre eles o amor a Deus e aos semelhantes, a solidariedade,[20] a liberdade,[21] a família,[22] o direito à

19. CF. Art. 1° A República Federativa do Brasil, formada pela união indissolúvel dos Estados e Municípios e do Distrito Federal, constitui-se em Estado Democrático de Direito e tem como fundamentos: [...] III - a dignidade da pessoa humana; IV - os valores sociais do trabalho e da livre iniciativa;

20. CF. Art. 3° Constituem objetivos fundamentais da República Federativa do Brasil: I - construir uma sociedade livre, justa e solidária; [...] IV - promover o bem de todos, sem preconceitos de origem, raça, sexo, cor, idade e quaisquer outras formas de discriminação.

21. CF. Art. 5° [...] IV - é livre a manifestação do pensamento, sendo vedado o anonimato; [...] IX - é livre a expressão da atividade intelectual, artística, científica e de comunicação, independentemente de censura ou licença; [...] XVI - todos podem reunir-se pacificamente, sem armas, em locais abertos ao público, independentemente de autorização, desde que não frustrem outra reunião anteriormente convocada para o mesmo local, sendo apenas exigido prévio aviso à autoridade competente; [...] XLI - a lei punirá qualquer discriminação atentatória dos direitos e liberdades fundamentais; Art. 220. A manifestação do pensamento, a criação, a expressão e a informação, sob qualquer forma, processo ou veículo não sofrerão qualquer restrição, observado o disposto nesta Constituição. §1° Nenhuma lei conterá dispositivo que possa constituir embaraço à plena liberdade de informação jornalística em qualquer veículo de comunicação social, observado o disposto no art. 5°, IV, V, X, XIII e XIV. §2° É vedada toda e qualquer censura de natureza política, ideológica e artística. [...] § 6° A publicação de veículo impresso de comunicação independe de licença de autoridade."

22. CF. Art. 203. A assistência social será prestada a quem dela necessitar, independentemente de contribuição à seguridade social, e tem por objetivos: I - a proteção à família, à maternidade, à infância, à adolescência e à velhice; [...] VI - a redução da vulnerabilidade socioeconômica de famílias em situação de pobreza ou de extrema pobreza (EC 114/2021). Art. 205. A educação, direito de todos e dever do Estado e da

vida[23] e do nascituro desde a concepção,[24] a valorização e autonomia da mulher,[25] o direito à informação,[26] ao trabalho,[27]

---

família, será promovida e incentivada com a colaboração da sociedade, visando ao pleno desenvolvimento da pessoa, seu preparo para o exercício da cidadania e sua qualificação para o trabalho. Art. 221. A produção e a programação das emissoras de rádio e televisão atenderão aos seguintes princípios: [...] IV - respeito aos valores éticos e sociais da pessoa e da família. Art. 226. A família, base da sociedade, tem especial proteção do Estado.

23. Insta aqui avivar algumas dessas garantias constitucionais, não destacadas em outro tópico deste trabalho científico, todas asseguradas e protegidas pela CF/1988 com cláusula pétrea: Art. 5º, *caput*: *Todos são iguais perante a lei, sem distinção de qualquer natureza, garantindo-se aos brasileiros e aos estrangeiros residentes no País a inviolabilidade do direito à vida, à liberdade, à igualdade, à segurança e à propriedade, nos termos seguintes:* [...] *II - ninguém será obrigado a fazer ou deixar de fazer alguma coisa senão em virtude de lei;* [...] *V - é assegurado o direito de resposta, proporcional ao agravo, além da indenização por dano material, moral ou à imagem;* [...] *XXXV - a lei não excluirá da apreciação do Poder Judiciário lesão ou ameaça a direito; XXXVI - a lei não prejudicará o direito adquirido, o ato jurídico perfeito e a coisa julgada;* [...] *XXXIX - não há crime sem lei anterior que o defina, nem pena sem prévia cominação legal; XL - a lei penal não retroagirá, salvo para beneficiar o réu;* [...] *XLII - a prática do racismo constitui crime inafiançável e imprescritível, sujeito à pena de reclusão, nos termos da lei;*

24. Código Civil (Lei 10.406 de 10/1/2002). *Art. 2º A personalidade civil da pessoa começa do nascimento com vida; mas a lei põe a salvo, desde a concepção, os direitos do nascituro.*

25. PHILLIPS, Robert. *Last Things First, Roman Catholic Books*, Fort Collins, Colorado, 2004, p. 104, *apud* WOODS JR., Thomas E. "Como a Igreja Católica construiu a civilização ocidental", São Paulo: Quadrante, 2008, p. 200: "As mulheres encontraram proteção nos ensinamentos da Igreja – escreve o filósofo Robert Phillips -, e foi-lhes permitido formar comunidades religiosas dotadas de governo próprio, algo inusitado em qualquer cultura do mundo antigo [...] Basta repassar o catálogo dos santos, repleto de mulheres. Em que lugar do mundo, a não ser no catolicismo, podiam dirigir as suas próprias escolas, conventos, hospitais e orfanatos?"

26. CF. *Art. 5º* [...] *XIV - é assegurado a todos o acesso à informação e resguardado o sigilo da fonte, quando necessário ao exercício profissional;* [...] *XXXIII - todos têm direito a receber dos órgãos públicos informações de seu interesse particular, ou de interesse coletivo ou geral, que serão prestadas no prazo da lei, sob pena de responsabilidade, ressalvadas aquelas cujo sigilo seja imprescindível à segurança da sociedade e do Estado;*

27. CF. *Art. 5º* [..] *XIII - é livre o exercício de qualquer trabalho, ofício ou profissão, atendidas as qualificações profissionais que a lei estabelecer;* cf. CF, arts. 6º ao 11. *Art. 6º São direitos sociais a educação, a saúde, a alimentação, o trabalho, a moradia, o transporte, o lazer, a segurança, a previdência social, a proteção à maternidade e à infância, a assistência aos desamparados, na forma desta Constituição* (EC 90/2015).

à privacidade,[28] à propriedade,[29] etc., devem poder ser propostos às autoridades políticas estatais e devem poder ser levados em consideração na elaboração legislativa e na interpretação e aplicação do Direito pelo Judiciário.

27. É fato que o preceptivo constitucional do inciso I do "caput" do art. 19 estatui que é vedado à União, aos Estados, ao Distrito Federal e aos Municípios estabelecer cultos religiosos ou igrejas, subvencioná-los ou manter com eles ou seus representantes relações de dependência ou aliança, ressalvada, assim mesmo, na forma da lei, a colaboração de interesse público.

28. Insta ressaltar, no entanto, que o mesmo preceptivo constitucional do art. 19, inciso I, proíbe que as entidades da Federação embaracem o funcionamento das Igrejas ou a vivência privada ou pública da fé.[30]

29. A propósito, merece aplauso o reconhecimento, pelo STF, por ocasião do julgamento da ADI nº 2.566/DF, de que a liberdade religiosa não deve ser exercida apenas no âmbito privado, na intimidade do lar ou nos templos, mas também no espaço público,[31] e inclui o direito de tentar

28. CF. *Art. 5º* [...] *X - são invioláveis a intimidade, a vida privada, a honra e a imagem das pessoas, assegurado o direito a indenização pelo dano material ou moral decorrente de sua violação; [...] XII - é inviolável o sigilo da correspondência e das comunicações telegráficas, de dados e das comunicações telefônicas, salvo, no último caso, por ordem judicial, nas hipóteses e na forma que a lei estabelecer para fins de investigação criminal ou instrução processual penal;* [...] *LXXIX - é assegurado, nos termos da lei, o direito à proteção dos dados pessoais, inclusive nos meios digitais* (EC 115/2022).

29. CF. *Art. 5º* [...] *XXII - é garantido o direito de propriedade; XXIII - a propriedade atenderá a sua função social;*

30. CF. "Art. 19. É vedado à União, aos Estados, ao Distrito Federal e aos Municípios: I - estabelecer cultos religiosos ou igrejas, subvencioná-los, **embaraçar-lhes o funcionamento** ou manter com eles ou seus representantes relações de dependência ou aliança, ressalvada, na forma da lei, a colaboração de interesse público;"

31. O atual Procurador-Geral da República Paulo Gustavo Gonet Branco corrobora, deixando esta questão bem esclarecida: A liberdade religiosa consiste na liberdade para professar fé em Deus. Por isso, não cabe arguir a liberdade religiosa para

convencer os outros, por meio do ensinamento e exemplo de vida, a se converter ou mudar de religião, uma vez que discurso proselitista é inerente à liberdade de expressão religiosa.[32-33]

30. De modo que a União, os Estados, do Distrito Federal e os Municípios, em todas suas esferas de poder, cumprem não erguer obstáculos, inclusive tributários, às entidades religiosas e aos templos de qualquer culto, inclusive as suas organizações assistenciais e beneficentes nem restringir, de alguma forma, o exercício dos cultos e liturgias religiosos, mas protegê-los, impedindo que outros os

---

impedir a demonstração da fé de outrem ou em certos lugares, ainda que públicos. O Estado, que não professa o ateísmo, pode conviver com símbolos que não somente correspondem a valores que informam a sua história cultural do povo, como remetem a bens encarecidos por parcela expressiva de sua população – por isso, também, não é dado proibir a exibição de crucifixos ou de imagens sagradas em lugares públicos (BRANCO, Paulo Gustavo Gonet. MENDES, Gilmar Ferreira. *Curso de direito constitucional*, 13ª edição, São Paulo: Saraiva, 2018, p. 326).

32. STF-Pleno. ADI nº 2.566/DF, rel. min. Alexandre de Moraes, DJE 23/102018. Ementa: AÇÃO DIRETA DE INCONSTITUCIONALIDADE. DIREITO CONSTITUCIONAL. LEI N. 9.612/98. RÁDIODIFUSÃO COMUNITÁRIA. PROBIÇÃO DO PROSELITISMO. INCONSTITUCIONALIDADE. PROCEDÊNCIA DA AÇÃO DIRETA. 1. A liberdade de expressão representa tanto o direito de não ser arbitrariamente privado ou impedido de manifestar seu próprio pensamento quanto o direito coletivo de receber informações e de conhecer a expressão do pensamento alheio. 2. Por ser um instrumento para a garantia de outros direitos, a jurisprudência do Supremo Tribunal Federal reconhece a primazia da liberdade de expressão. 3. A liberdade religiosa não é exercível apenas em privado, mas também no espaço público, e inclui o direito de tentar convencer os outros, por meio do ensinamento, a mudar de religião. O discurso proselitista é, pois, inerente à liberdade de expressão religiosa. Precedentes. 4. A liberdade política pressupõe a livre manifestação do pensamento e a formulação de discurso persuasivo e o uso de argumentos críticos. Consenso e debate público informado pressupõem a livre troca de ideias e não apenas a divulgação de informações. 5. O artigo 220 da Constituição Federal expressamente consagra a liberdade de expressão sob qualquer forma, processo ou veículo, hipótese que inclui o serviço de radiodifusão comunitária. 6. Viola a Constituição Federal a proibição de veiculação de discurso proselitista em serviço de radiodifusão comunitária. 7. Ação direta julgada procedente.

33. O Evangelho segundo São Mateus, 28, 18-20 expressa a ordem de Nosso Senhor Jesus Cristo à Igreja, seu corpo místico: "*Portanto, ide e fazei discípulos meus todos os povos, batizando-os em nome do Pai e do Filho e do Espírito Santo, e ensinando-os a observar tudo o que vos ordenei! Eis que Eu estarei convosco todos os dias, até ao fim do mundo.*"

atrapalhem, podendo o Estado recorrer às instituições religiosas com o intuito de obter colaboração delas em assuntos de interesse público para o bem-estar da sociedade.[34]

---

34. Thiago Rafael VIEIRA e Jean Marques REGINA (*Direito religioso: questões práticas e teóricas*, 3ª edição, *ebook*, São Paulo: Vida Nova, 2020, p. 87 e 88; p.298 a 300) assim ressaltam as relevâncias dos direitos humanos de crença, de culto e de suas correspondentes liturgias e do dever estatal de protegê-los: *Dentre as inúmeras liberdades individuais tuteladas pelo estado encontram-se as liberdades de crença e de culto, dispostas no título constitucional dos Direitos e garantias fundamentais, mas especificamente em seu artigo quinto, incisos VI e VII, e se encontram no âmbito de proteção da liberdade de consciência e expressam a liberdade religiosa. A liberdade de crença é a garantia que qualquer cidadão tem, brasileiro ou não, de optar por professar qualquer religião que escolher, assim como, em razão da liberdade de consciência, também, optar por não escolher nenhuma. Da liberdade de culto decorre o livre exercício de suas liturgias, bem como da assistência religiosa nas entidades civis e militares de internação coletiva e a liberdade dos templos de qualquer culto de se organizarem. E quando reza "na forma da lei", obviamente é no sentido de proteger e assegurar que o livre exercício dos cultos religiosos ocorra e não restringi-lo e/ou impedi-lo [...] O texto constitucional é autoexplicativo: "é garantida, na forma da lei, a proteção aos locais de culto e a suas liturgias", ou seja, a lei deve PROTEGER a realização do culto e nunca RESTRINGIR! É o teor do decreto nº 119-A, de 7/1/1890 e do Código Civil brasileiro: "Art. 1º. É proibido à autoridade federal, assim como, como à dos Estados federados, expedir leis, regulamentos, ou atos administrativos, estabelecendo alguma religião, ou vedando-a, e criar diferenças entre os habitantes do país, ou nos serviços sustentados à custa do orçamento, por motivo de crenças, ou opiniões filosóficas ou religiosas. Art. 2º. A todas as confissões religiosas pertence por igual a faculdade de exercerem o seu culto, regerem-se segundo a sua fé e não serem contrariadas nos atos particulares ou públicos, que interessem o exercício deste decreto. Art. 3º. A liberdade aqui instituída abrange não só os indivíduos nos atos individuais, senão também as igrejas, associações e institutos em que se acharem agremiados; cabendo a todos o pleno direito de se constituírem e viverem coletivamente, segundo o seu credo e a sua disciplina, sem intervenção do poder público [...] (Decreto nº 119-A) Art. 44. [...]* ***§1º São livres a criação, a organização, a estruturação interna e o funcionamento das organizações religiosas, sendo vedado ao poder público negar-lhes reconhecimento ou registro dos atos constitutivos e necessários ao seu funcionamento.*** [Incluído pela Lei nº 10.825, de 22.12.2003] *(CCB)". Por fim, são diversos os tratados internacionais que protegem o exercício do culto,* [...] *Inclusive, cumpre lembrar que, na medida em que o PDM impede o funcionamento de uma organização religiosa está, também, incorrendo em discricionariedade e intolerância religiosa, discriminando a fé dos munícipes daquela cidade e sendo intolerante com sua religião. O Estado deve LUTAR contra a discriminação e a intolerância, e não o contrário! É o teor da Declaração das Nações Unidas sobre a Eliminação de Todas as Formas de Intolerância e de Discriminação Baseados em religião ou crença: "Artigo 4º. §1º Todos os Estados adotarão medidas eficazes para prevenir e eliminar toda discriminação por motivos de religião ou convicções, no reconhecimento, do exercício e do gozo dos direitos humanos e das liberdades fundamentais em todas as esferas da vida civil, econômica, política, social e cultural. §2º Todos os Estados farão todos os esforços necessários para promulgar ou derrogar leis, segundo seja o caso, a fim de proibir toda*

31. E essa colaboração recíproca é muitíssimo importante, indispensável e almejada pela Constituição de 1988: o Estado brasileiro, por ser laico, não tem uma única religião oficial,[35] mas isso não significa que não deva atuar de forma positiva e colaborativa com todas as religiões, e a recíproca é verdadeira, todas as religiões devem colaborar com o Estado e com a sociedade, na promoção do bem de todos sem preconceitos de origem, raça, sexo, cor, idade e sem quaisquer outras formas de discriminação. (CF, art. 3º, IV), não só na seara do crescimento espiritual dos fiéis, mas, também, no campo da assistência social, da educação para a cidadania, da formação e ensino, da saúde, da alimentação e do abrigo.

32. Ademais, a norma constitucional do inciso VI do art. 5º reza que *é inviolável a liberdade de consciência e de crença, sendo assegurado o livre exercício dos cultos religiosos e garantida, na forma da lei, a proteção aos locais de culto e a suas liturgias.*

33. Insta colimar que a importância atribuída pela Constituição Brasileira aos cultos religiosos, aos locais de culto e suas liturgias é tão proeminente, que ela determina ao legislador infraconstitucional sua proteção por meio de lei ordinária.[36]

---

discriminação deste tipo e por tomar as medidas adequadas para combater a intolerância por motivos ou convicções na matéria." Concluindo: ao impedir a abertura de uma organização religiosa e, por conseguinte, o exercício do culto, o município estará incorrendo numa afronta direta ao preceito fundamental da dignidade da pessoa humana, expressa, neste caso, na liberdade de culto. Ao não permitir que a pessoa humana cultue seu Deus/deuses/Divindades, estará ofendendo o seu íntimo, o bem mais importante de sua alma: sua crença e fé, logo sua dignidade como pessoa humana.

35. Cf. SILVA JR., Antônio Carlos da Rosa. *Entre laicidade e laicismo: por uma interpretação constitucional da relação entre o estado e a religião*, in SILVA Jr. A.C.R.; MARANHÃO, Ney; PAMPLONA FILHO, Rodolfo (coordenadores), "Direito e cristianismo: temas atuais e polêmicos", Rio de Janeiro: Editora Betel, 2014, p. 127.

36. Avive-se que os arts. 208 a 211 do Código Penal disciplinam os crimes contra o sentimento religioso e contra o respeito aos mortos.

34. E, no inciso VIII do mesmo art. 5º, dispõe a nossa Lei Maior que *ninguém será privado de direitos por motivo de crença religiosa ou de convicção filosófica ou política, salvo se as invocar para eximir-se de obrigação legal a todos imposta e recusar-se a cumprir prestação alternativa, fixada em lei,* chegando, portanto, até mesmo a consagrar a objeção de consciência.[37-38]

35. Ressalte-se, ainda, o preceptivo constitucional do inciso III do mesmo artigo 19 da Constituição da República dispõe que *é vedado à União, aos Estados, ao Distrito Federal e aos Municípios criar distinções entre brasileiros ou preferências entre si*, de modo que não tem respaldo constitucional a preconceituosa noção de que as ideias e os valores das pessoas religiosas deveriam ter menos acatamento por parte dos Poderes do Estado e por parte dos agentes da Administração pública em relação às formulações e valores de indivíduos ateus ou agnósticos.[39]

---

37. VIEIRA, Thiago Rafael: "O prestígio constitucional da importância do fenômeno religioso é evidente a tal ponto de excepcionar aqueles que, por motivo de crença, optarem por se eximir de atividades militares, fornecendo uma alternativa em outras modalidades de serviço. O ponto fulcral da escusa militar está no fato de o Estado soberano abrir mão de sua força militar, para dar viabilidade ao imperativo da crença religiosa. Trata-se de um ato que reafirma o Estado laico colaborativo, ao compreender o alcance da religião na vida humana: um alcance integral que deve ser respeitado e não maculado por qualquer instituição, dentre as quais se encaixa o próprio Estado." (In *A previsão constitucional do direito religioso no Brasil e sua autonomia constitucional*, in "Dignitas – Revista Internacional do Instituto Brasileiro de Direito e Religião", volume 1, nº 1, 2020, p. 18, (http://dignitas.ibdr.org.br/index.php/dignitas/article/view/11)

38. Sobre o direito fundamental à objeção de consciência, cf. GOUVEIA, Jorge Bacelar. In *Direito, religião e sociedade no estado constitucional*, *opus citatum*, 2013, p. 117 a 147.

39. A este respeito, por ocasião do julgamento da ADPF nº 54, referente ao julgamento da descriminalização de aborto de embrião anencéfalo e a relação entre o Estado laico e o direito de manifestação da sociedade, tendo em vista o debate moral e ético pertinente, o senhor Min. Gilmar Mendes reconheceu a legitimidade da manifestação, nesse processo, de várias organizações da sociedade, inclusive de organizações de caráter religioso, embora estas naquela ocasião, em muitíssimo menor número. Traga-se à colação trecho do voto de Sua Excelência, *in verbis*: "Nesse contexto, é importante refutar a compreensão de que o Estado laico previsto na CF/1988 impede a manifestação e a participação de organizações religiosas nos

36. Foi justamente para contribuir para o alcance de todos esses escopos, ou seja, para obstar a que os entes federados, por meio de tributação, venham a criar obstáculos ao direito à liberdade de crença, às instituições religiosas, aos seus cultos, às suas liturgias, às suas atividades assistências e beneficentes que a Constituição da República, de 1988, no seu art. 150, inciso VI, alínea *b*, § 4º,[40] e art. 195, § 7º,[41] além do disposto no art. 149, § 2º, inciso I,[42] estabelece as imunidades subjetivas de impostos e de contribuições para a seguridade social para as Igrejas.

---

debates públicos. Os argumentos de entidades e organizações religiosas podem e devem ser considerados pelo Estado, pela Administração, pelo Legislativo e pelo Judiciário, porque também se relacionam a razões públicas e não somente a razões religiosas. A propósito, o Conselho Nacional de Justiça organizou recentemente Seminário Internacional sobre o Estado Laico e a Liberdade Religiosa, acentuando o caráter de separação, mas também de cooperação mútua entre Estado e Confissões Religiosas (MARTINS FILHO, Ives Gandra da Silva & NOBRE, Milton Augusto de Brito (coords.). Estado Laico e a Liberdade Religiosa. São Paulo: LTr, 2011). [...] Nos temas de aprofundado conteúdo moral e ético, é importante, se não indispensável, escutar a manifestação de cristãos, judeus, muçulmanos, ateus ou de qualquer outro segmento religioso, não só por meio das audiências públicas, quanto por meio do instituto do *amicus curiae*. [...] Teço essas considerações para registrar a minha inequívoca posição no sentido de que a admissão de *amici curiae*, de qualquer confissão religiosas, posição ideológica ou política, deve ser privilegiada por esta Corte. Em se tratando de ações de controle abstrato de constitucionalidade, isso é particularmente evidente, ante a repercussão da decisão. Por outro lado, é preciso ressaltar, como o fez Schmitt ao tratar do conceito do político, que todo assunto capaz de mobilizar ou dividir uma comunidade convola-se imediatamente em matéria afeita à política, deixando de se referir, portanto, apenas à saúde, ao crime etc. Por essa razão, ressalto a minha posição em defesa da possibilidade de manifestação da sociedade, sobretudo em ações delicadas como a presente."

40. CF. Art. 150. Sem prejuízo de outras garantias asseguradas ao contribuinte, é vedado à União, aos Estados, ao Distrito Federal e aos Municípios: [...] VI - instituir impostos sobre (EC 3/1993): [...] b) templos de qualquer culto; [...] § 4º As vedações expressas no inciso VI, alíneas «b» e «c», compreendem somente o patrimônio, a renda e os serviços, relacionados com as finalidades essenciais das entidades nelas mencionadas.

41. CF. Art. 195. [...] § 7º São isentas [imunes] de contribuição para a seguridade social as entidades beneficentes de assistência social que atendam às exigências estabelecidas em lei.

42. CF. Art. 149. [...] § 2º As contribuições sociais e de intervenção no domínio econômico de que trata o caput deste artigo: I - não incidirão sobre as receitas decorrentes de exportação; (Incluído pela EC nº 33/2001)

37. A esse respeito, Ives Gandra da Silva Martins e Celso Ribeiro Bastos trazem o seguinte escólio ao inciso I do art. 19 da Constituição Federal, *in verbis*: "o princípio fundamental é o de não colocação de dificuldades e embaraços à criação de Igrejas. Pelo contrário, há até um manifesto intuito constitucional de estimulá-las, o que é evidenciado pela imunidade tributária que gozam."[43]

38. Assim, ao contrário da falácia de impossibilidade de convivência harmoniosa entre o Estado ou o mundo secular e a ciência e as Igrejas e a fé, o que a Constituição brasileira propõe é a colaboração republicana e a soma de esforços tendo como objetivo o alcance do bem-comum.

39. A verdade é que a Constituição da República Brasileira coloca Deus, a liberdade de crença, de cultos, de liturgias, o ensino das religiões e muitos dos valores religiosos em merecidos pedestais.

40. O próprio preâmbulo da Constituição de 1988, promulgada confessadamente *sob a proteção de Deus*,[44]-[45] já nos

---

43. BASTOS, Celso Ribeiro; GANDRA, Ives Gandra da Silva. *Comentários à Constituição do Brasil, promulgada em 5 de outubro de 1988*, 3ª edição, 2º volume, São Paulo: Saraiva, 2004, p. 55.

44. Assim reza o preâmbulo da CF/1988: "Nós, representantes do povo brasileiro, reunidos em Assembleia Nacional Constituinte para instituir um Estado Democrático, destinado a assegurar o exercício dos direitos sociais e individuais, a liberdade, a segurança, o bem-estar, o desenvolvimento, a igualdade e a justiça como valores supremos de uma sociedade fraterna, pluralista e sem preconceitos, fundada na harmonia social e comprometida, na ordem interna e internacional, com a solução pacífica das controvérsias, promulgamos, sob a proteção de Deus, a seguinte Constituição da República Federativa do Brasil."

45. Sobre a força normativa do preâmbulo da Constituição, cf. SARAIVA FILHO, Oswaldo Othon de Pontes. *A interpretação do preâmbulo da Constituição Federal de 1988 - a alusão à expressão "sob a proteção de Deus" - e a autonomia do direito religioso brasileiro, conferida pela Lei Maior*, in "Preâmbulo da Constituição Federal", Ives Gandra da Silva MARTINS, Paulo de Barros CARVALHO e Luiz Gonzaga BERTELLI (coordenadores), São Paulo: Noeses, 2021, p. 163 a 195. SILVA, José Afonso da. *Comentário contextual à Constituição*, 7ª edição, São Paulo: Malheiros, 2010, p. 25 e 26. BRANCO, Paulo Gustavo Gonet. MENDES, Gilmar Ferreira. *Opus citatum*, 2018, p. 76 e 77.

dá o norte interpretativo de muitos princípios e normas constitucionais contidos no corpo dela e, em decorrência, essa feliz locução juntamente com os outros princípios e normas constitucionais positivados dão vetor exegético para todas as demais regras do ordenamento jurídico pátrio.[46]

41. De modo que a locução "sob a proteção de Deus",[47] do anteâmbulo da Constituição do Brasil, demonstra o justo respeito e adesão dos constituintes originários à tradição, à história, à cultura e ao regime democrático, sem que tenha ocorrido sequer o menor arranhão ao fato de a República Federativa do Brasil ser proclamada um Estado laico, tendo em vista, ainda, que a referência a Deus é inter-religioso ou ecumênico, tendo em vista também, o fato de nossa sociedade ser pluralista.[48-49]

---

46. Na lição de Pinto FERREIRA: "O preâmbulo de uma Constituição nunca deve ser considerado mera fórmula [...]. Ele é, ao contrário, parte integrante da Constituição. Tem, assim, o mesmo valor que a Constituição e está acima das leis ordinárias (in *Curso de direito constitucional*, 12ª edição, São Paulo: Saraiva, 2007, p. 71).

47. Com exceção apenas da Constituição da República Federativa do Brasil de 1891 e da outorgada de 1937, todas as demais Cartas Políticas do Brasil referem-se à proteção Deus.

48. Eis o magistério de Francisco Gérson Marques de LIMA (*Fundamentos constitucionais do processo*. São Paulo: Malheiros, 2002, p. 20 e 21), acerca do significado interpretativo do preâmbulo da CF/1988: "O *preâmbulo* da Constituição serve de parâmetro interpretativo dos preceitos desta, além de proclamar seus princípios básicos. Por força do *Preâmbulo*, a Constituição irradia uma pauta de valores, entre os quais se situa a justiça, a orientar não só a interpretação constitucional, mas a aplicação de todo o ordenamento jurídico, eis que no esquema de validez hierárquica, este deve obedecer à Carta Magna. O *Preâmbulo* traça as diretrizes políticas, filosóficas e ideológicas da Constituição, e expressa objetivamente a ordem que transcende a própria Lei Maior, na medida em que condensa todo o seu espírito e o seu fundamento. E isto deve orientar o atuar jurídico e a prática judicial, vale dizer, todo o processo de aplicação do Direito. Enfim, no *Preâmbulo,* está o espírito da Constituição, funcionando ele como uma justificação do constituinte e do povo e um resumo do teor da nova Carta."

49. É comum que os valores e objetivos expressos no Preâmbulo da Carta Política de 1988 sejam invocados como reforço argumentativo em decisões de adjudicação de direitos: STF: RMS 26.071/DF, 1ª T., rel. min. Carlos Britto, *RTJ* 205-1, p. 203; HC 94.163/RS, 1ª T., rel. min. Carlos Britto, *DJe*-200 23/10/2009; HC 92.435/SP, 1ª T., rel. min Carlos Britto, *RTJ* 208-1, p. 287.

42. Rodrigo Arnoni Scalquette deixa explicado: *Do exposto, a presença de Deus no Preâmbulo da Constituição revela uma opção política de nossa sociedade – a face teísta -, pois o Brasil não é um país ateu ou agnóstico. Reverencia o Senhor, sem que isso signifique adesão a esse ou àquele movimento religioso e, ainda sim, logo de início, constatamos a sua não neutralidade.*[50]

43. A seu turno, as normas constitucionais do art. 143, *caput*, §§ 1º e 2º, estatuem que *o serviço militar é obrigatório nos termos da lei*, e que compete *às Forças Armadas, na forma da lei, atribuir serviço alternativo aos que, em tempo de paz, após alistados, alegarem imperativo de consciência, entendendo-se como tal o decorrente de crença religiosa e de convicção filosófica ou política, para se eximirem de atividades de caráter essencialmente militar*. Já *as mulheres e os eclesiásticos ficam isentos do serviço militar obrigatório em tempo de paz, sujeitos, porém, a outros encargos que a lei lhes atribuir*.

44. A relevância da religião é tão reconhecida pela Constituição brasileira que o inciso VII do art. 5º chega a detalhes, pois assegura *a prestação de assistência religiosa nas entidades civis e militares de internação coletiva.*[51]

45. Por sua vez, o preceptivo constitucional do § 1º do art. 210,[52] impõe o ensino religioso facultativo nas escolas públicas do ensino básico,[53-54] como mais uma demonstração

50. SCALQUETTE, Rodrigo Arnoni. *História do direito: perspectivas histórico-constitucionais da relação entre Estado e religião*, São Paulo: Editora Atlas, 2013, p. 175 a 176.

51. A Lei nº 9.982, de 17/7/2000, dispõe sobre a prestação de assistência religiosa nas entidades hospitalares públicas e privadas, bem como nos estabelecimentos prisionais civis e militares.

52. CF/1988. "Art. 210. [...] § 1º O ensino religioso, de matrícula facultativa, constituirá disciplina dos horários normais das escolas públicas de ensino fundamental."

53. A respeito da exegese do §1º do art. 210 da CF, Paulo Gustavo Gonet Branco (BRANCO, Paulo Gustavo Gonet. MENDES, Gilmar Ferreira, *opus citatum*, 2018, p. 323.) explica que *o Estado brasileiro não é confessional, mas tão pouco é ateu, como se*

da ingente relevância que o constituinte de 1988 conferiu à história nacional, à cultura religiosa e à democracia, já que, em relação a esta, a quase totalidade do povo brasileiro tem fé e esperança em Deus.

---

deduz do preâmbulo da Constituição, que invoca a proteção de Deus. Por isso, admite, ainda que sob a forma de disciplina facultativa a instrução religiosa em escolas públicas de ensino fundamental, permitindo, assim, o ensino da doutrina de uma dada religião para os alunos interessados. [...] *não faz sentido entender o ensino religioso como atividade acadêmica destituída do propósito de exposição e demonstração dos fundamentos de alguma crença existente. Não fosse assim, não haveria por que o constituinte se dar o cuidado de estabelecer que o ensino religioso é "matéria facultativa". Ensino religioso não se confunde com história ou sociologia das religiões.*

54. Nesse sentido, o STF decidiu que é confessional o ensino religioso, cabendo às instituições públicas de ensino disponibilizar diferentes classes, com aulas específicas ministradas por professores vinculados a diferentes religiões, justamente para atender aos variados interesses dos estudantes, que professam, individualmente, preferência por sua própria crença. BRASIL, STF-Pleno. ADI 4.439/DF, rel. p/ ac. min. Alexandre de Moraes, *DJe*-123 de 21/6/2018. ENSINO RELIGIOSO NAS ESCOLAS PÚBLICAS. CONTEÚDO CONFESSIONAL E MATRÍCULA FACULTATIVA. RESPEITO AO BINÔMIO LAICIDADE DO ESTADO/LIBERDADE RELIGIOSA. IGUALDADE DE ACESSO E TRATAMENTO A TODAS AS CONFISSÕES RELIGIOSAS. CONFORMIDADE COM ART. 210, §1°, DO TEXTO CONSTITUCIONAL. CONSTITUCIONALIDADE DO ARTIGO 33, *CAPUT* E §§ 1° E 2°, DA LEI DE DIRETRIZES E BASES DA EDUCAÇÃO NACIONAL E DO ESTATUTO JURÍDICO DA IGREJA CATÓLICA NO BRASIL PROMULGADO PELO DECRETO 7.107/2010. AÇÃO DIRETA JULGADA IMPROCEDENTE. 1. A relação entre o Estado e as religiões, histórica, jurídica e culturalmente, é um dos mais importantes temas estruturais do Estado. A interpretação da Carta Magna brasileira, que, mantendo a nossa tradição republicana de ampla liberdade religiosa, consagrou a inviolabilidade de crença e cultos religiosos, deve ser realizada em sua dupla acepção: (a) proteger o indivíduo e as diversas confissões religiosas de quaisquer intervenções ou mandamentos estatais; (b) assegurar a laicidade do Estado, prevendo total liberdade de atuação estatal em relação aos dogmas e princípios religiosos. 2. A interdependência e complementariedade das noções de Estado Laico e Liberdade de Crença e de Culto são premissas básicas para a interpretação do ensino religioso de matrícula facultativa previsto na Constituição Federal, pois a matéria alcança a própria liberdade de expressão de pensamento sob a luz da tolerância e diversidade de opiniões. 3. A liberdade de expressão constitui um dos fundamentos essenciais de uma sociedade democrática e compreende não somente as informações consideradas como inofensivas, indiferentes ou favoráveis, mas também as que possam causar transtornos, resistência, inquietar pessoas, pois a Democracia somente existe baseada na consagração do pluralismo de ideias e pensamentos políticos, filosóficos, religiosos e da tolerância de opiniões e do espírito aberto ao diálogo. 4. A singularidade da previsão constitucional de ensino religioso, de matrícula facultativa, observado o binômio Laicidade do Estado (CF, art. 19, I)/ Consagração da Liberdade religiosa (CF, art. 5°, VI), implica regulamentação integral do cumprimento do

46. Impende realçar que, obviamente, é constitucional que instituições privadas de ensino básico ou fundamental, médio e superior, vinculadas a determinadas Igrejas, possam ministrar aulas de religião ou disponibilizar momentos de culto e de crescimento espiritual, com base na teologia e nos livros sagrados delas próprios. Afinal de contas, quem procura essas instituições de ensino confessional já é conhecedor dessa vinculação e, justamente, não raras vezes, por isso mesmo há o interesse da pessoa de ver também ministrado, além de conteúdos técnicos, esse tipo de formação religiosa, que ajuda a formar integralmente o discente.

47. Ressalte-se que os direitos naturais, tais como os direitos relativos à vida,[55] à liberdade de pensamento, de

---

preceito constitucional previsto no artigo 210, §1º, autorizando à rede pública o oferecimento, em igualdade de condições (CF, art. 5º, *caput*), de ensino confessional das diversas crenças. 5. A Constituição Federal garante aos alunos, que expressa e voluntariamente se matriculem, o pleno exercício de seu direito subjetivo ao ensino religioso como disciplina dos horários normais das escolas públicas de ensino fundamental, ministrada de acordo com os princípios de sua confissão religiosa e baseada nos dogmas da fé, inconfundível com outros ramos do conhecimento científico, como história, filosofia ou ciência das religiões. 6. O binômio Laicidade do Estado/Consagração da Liberdade religiosa está presente na medida em que o texto constitucional (a) expressamente garante a voluntariedade da matrícula para o ensino religioso, consagrando, inclusive o dever do Estado de absoluto respeito aos agnósticos e ateus; (b) implicitamente impede que o Poder Público crie de modo artificial seu próprio ensino religioso, com um determinado conteúdo estatal para a disciplina; bem como proíbe o favorecimento ou hierarquização de interpretações bíblicas e religiosas de um ou mais grupos em detrimento dos demais. 7. Ação direta julgada improcedente, declarando-se a constitucionalidade dos artigos 33, caput e §§ 1º e 2º, da Lei 9.394/1996, e do art. 11, § 1º, do Acordo entre o Governo da República Federativa do Brasil e a Santa Sé, relativo ao Estatuto Jurídico da Igreja Católica no Brasil, e afirmando-se a constitucionalidade do ensino religioso confessional como disciplina facultativa dos horários normais das escolas públicas de ensino fundamental.

55 A CF consagra, no "caput" do seu art. 5º, o direito fundamental à vida, direito humano este protegido por cláusula pétrea (CF, art. 60, § 4º, IV). Aliás, o Pacto de São José da Costa Rica, promulgado pelo Decreto nº 678, de 06.11.1992, com o *status* de diploma supralegal – acima da legislação infraconstitucional e abaixo da Constituição (art. 5º, §§2º e 3º), conforme definido pelo Pleno do STF no julgamento do HC 87.585/TO, rel. min. Marco Aurélio (DJe-118 de 26/6/2009) –, define, no seu art. 4º-1, que *todo ser humano é pessoa e que a vida deve ser protegida desde a concepção*. No entanto, no uso da técnica de hermenêutica constitucional de

crença e de expressão, à informação sem censura prévia, à privacidade, à propriedade privada, o *due* process *of law*,[56] assegurados o contraditório, a ampla defesa com recursos a ela inerentes etc., são considerados como sobredireitos, isto é, em um verdadeiro Estado Democrático de Direito, devendo prevalecer sobre as demais normas do ordenamento jurídico.

48. A propósito, todos esses direitos, em especial, o de crença e de liberdade de culto, de sua expressão, com suas liturgias, por serem inerentes à dignidade humana, são protegidos até mesmo de emenda constitucional tendente às suas abolições (CF, art. 60, § 4º, IV), ou seja, nem o constituinte derivado, por três quintos (3/5) de votos em votação dupla, e no caso da União, nas duas casas legislativas nem o legislador infraconstitucional, muito menos membros do Poder Judiciário, que só receberam da Constituição Brasileira a função de legislador negativo, poderiam restringi-los.[57]

---

ponderação de princípios e valores constitucionais, o Pleno do STF descriminou a interrupção da gravidez de embrião humano anencéfalo, ainda que a destruição de ovo de tartaruga continue sendo considerado como crime inafiançável contra a fauna, sob o argumento de prevalência, em uma república laica, de princípios bem gerais como os relativos à liberdade sexual e reprodutiva, a *dignidade humana* e autodeterminação (ADPF nº 54/DF, rel. min. Marco Aurélio, *RTJ* vol. 226-1, p. 11).

56. CF. *Art. 5º* [...] *XXXVII - não haverá juízo ou tribunal de exceção; LIII - ninguém será processado nem sentenciado senão pela autoridade competente; LIV - ninguém será privado da liberdade ou de seus bens sem o devido processo legal; LV - aos litigantes, em processo judicial ou administrativo, e aos acusados em geral são assegurados o contraditório e ampla defesa, com os meios e recursos a ela inerentes; LVI - são inadmissíveis, no processo, as provas obtidas por meios ilícitos; LVII - ninguém será considerado culpado até o trânsito em julgado de sentença penal condenatória;* [...] *LXI - ninguém será preso senão em flagrante delito ou por ordem escrita e fundamentada de autoridade judiciária competente, salvo nos casos de transgressão militar ou crime propriamente militar, definidos em lei;* [...] *LXXVIII - a todos, no âmbito judicial e administrativo, são assegurados a razoável duração do processo e os meios que garantam a celeridade de sua tramitação* (EC 45/2004).

57. CF/1988. "Art. 60. [...] §4º Não será objeto de deliberação a proposta de emenda tendente a abolir: [...] IV - os direitos e garantias individuais."

49. Destarte, como Rodrigo Arnoni Scalquette ressalta, *houve, portanto, na elaboração da Constituição Federal de 1988, a intervenção de um contexto religioso que pairou sobre o direito positivo de uma maneira geral inspirado pela dignidade humana – razão de ser do Direito e da Religião.*[58]

IV - A IMUNIDADE DE IMPOSTOS E DA CONTRIBUIÇÃO SOBRE BENS E SERVIÇOS DE ENTIDADES RELIGIOSAS E TEMPLOS DE QUALQUER CULTO, INCLUSIVE SUAS ORGANIZAÇÕES ASSISTENCIAIS E BENEFICENTES

50. Em relação à imunidade religiosa de impostos, a Constituição da República de 1967, art. 20, "caput", inciso III, alínea "b", estabelecia que é vedado à União, aos Estados, ao Distrito Federal e aos Municípios criar impostos sobre templos de qualquer culto.

51. Já as redações originais dos preceptivos da alínea "b" do inciso VI "caput" do art. 150 e do seu § 4º da Constituição Brasileira de 1988 ostentavam a seguinte redação:

> Art. 150. Sem prejuízo de outras garantias asseguradas ao contribuinte, é vedado à União, aos Estados, ao Distrito Federal e aos Municípios:
>
> [...]
>
> VI - instituir impostos sobre:
>
> [...]
>
> b) templos de qualquer culto.
>
> [...]
>
> § 4º - As vedações expressas no inciso VI, alíneas "b" e "c", compreendem somente o patrimônio, a renda e os serviços, relacionados com as finalidades essenciais das entidades nelas mencionadas.

58. SCALQUETTE, Rodrigo Arnoni. *Opus citatum*, 2013, p. 172.

52. Por sua vez, a Emenda Constitucional nº 132 de 20 de dezembro de 2023 aporta nova redação à alínea "b" do inciso VI do "caput" do art. 150, fazendo incluir, outrossim, o inciso II, parágrafo único e "caput" do art. 149-B da Constituição Federal de 1988:

> Art. 150. Sem prejuízo de outras garantias asseguradas ao contribuinte, é vedado à União, aos Estados, ao Distrito Federal e aos Municípios:
>
> [...]
>
> VI – instituir impostos sobre:
>
> b) entidades religiosas e templos de qualquer culto, inclusive suas organizações assistenciais e beneficentes;
>
> [...]
>
> § 4º - As vedações expressas no inciso VI, alíneas «b» e «c», compreendem somente o patrimônio, a renda e os serviços, relacionados com as finalidades essenciais das entidades nelas mencionadas.
>
> [...]
>
> Art. 149-B. Os tributos previstos nos arts. 156-A (IBS) e 195, V (CBS), observarão as mesmas regras em relação a:
>
> [...]
>
> II – imunidades.
>
> [...]
>
> Parágrafo único. Os tributos de que trata o **caput** observarão as imunidades previstas no art. 150, VI, não se aplicando a ambos os tributos o disposto no art. 195, § 7º.

53. Encarando, agora, o primeiro quesito, começo respondendo que a Constituição Federal anterior previa como objetiva a imunidade religiosa de impostos em relação aos templos de qualquer culto (CF/1967, art. 20, III, "b").

54. Já a Carta Política de 1988 transformou em subjetiva tal imunidade, isto diante do preceptivo do § 4º do seu art. 150.

55. A seu turno a Emenda Constitucional nº 132/2023 manteve como subjetiva essa imunidade, tendo sido mantida a vedação de tributação em relação todo e qualquer imposto, o que torna desnecessária a referência ao novo imposto a ser compartilhado pelos Estados, Distrito Federal e Municípios sobre bens e serviços (IBS), acréscimo contido no parágrafo único do art. 149-B.

56. Realço, em relação ao primeiro quesito, que a EC nº 132/2023, que inseriu no Estatuto Político de 1988 a regra do art. 149-B, "caput", inciso II e parágrafo único, alargou o espectro da imunidade do art. 150, VI, letra "b", fazendo incluir nessa imunidade a nova Contribuição da União para a Seguridade Social (CBS), e tendo, a seu turno, a mesma emenda alargando a sua abrangência, além das entidades religiosas ou as Igrejas e os templos de qualquer culto - referência à objetividade sem retirar, mas ao contrário reforçar a subjetividade -, para estender esta imunidade para as organizações confessionais assistenciais e beneficentes – organizações estas que já eram imunes, por força da norma constitucional do art. 150, VI, "c", desde que o patrimônio, a renda e os serviços sejam relacionados com as finalidades essenciais dessas entidades mencionadas (CF, art. 150, "caput", inciso VI, alínea "b", e § 4º).

57. Impende ressaltar que a inclusão das organizações confessionais assistenciais ou beneficentes, na imunidade tributária religiosa de impostos, pode ser considerada, na prática, apenas explicitante, uma vez que essas organizações já eram e continuam sendo imunes em face da mesma imunidade do art. 150, VI, "c", da Constituição de 1988, combinado com os incisos I e III do art. 14 do Código Tributário Nacional, esta última norma geral de Direito tributário aplicável também às Igrejas e às suas organizações religiosas.

58. O único acréscimo real em relação às imunidades do art. 150, inciso VI, alíneas "b" e "c", do Estatuto Política de

1988, promovido pela Emenda Constitucional nº 132/2023, em relação às instituições religiosas e às organizações assistenciais e beneficentes, diz respeito à inclusão nelas da Contribuição de Bens e Serviços – CBS.

59. Assim, a Emenda Constitucional nº 132/ 2023 deu nova redação ao preceptivo constitucional à alínea "b" do inciso VI, do "caput" do art. 150, explicitando, o que, em parte, a jurisprudência da Corte Constitucional Brasileira já reconhecia, que essa imunidade genérica de impostos abrange subjetivamente as instituições ou entidades religiosas.[59]

60. Embora tenha feito referência com conotação de objetividade em relação aos templos de qualquer culto, manteve em relação às suas instituições religiosas a imunidade subjetiva do art. 150, VI, tendo acrescentado em tal imunidade no que concerne à contribuição federal para a seguridade social sobre bens e serviços (CBS), ampliando, pelo menos na expressão da letra "b" do inciso VI do art. 150, também, o âmbito dessa imunidade religiosa subjetiva para integrar as organizações confessionais assistenciais e beneficentes.

61. Imunes subjetivamente são as entidades religiosas e suas organizações de assistência social e de beneficência, bem como patrimônio - templos de qualquer culto no sentido de imóveis, prédios -, assim como bens - veículos, etc. - renda - dízimos, doações de coletas, etc. - e os serviços – cultos, celebrações de sacramentos, etc. - dessas entidades religiosas, tendo explicitado inclusive que estão abrangidas por esta imunidade suas organizações assistenciais e beneficentes, tudo, conforme estabelece o § 4º do mesmo art. 150, vinculado ou relacionado com as finalidades essenciais dessas entidades.

---

59. STF-Pleno. RE 630.790, rel. min. Roberto Barroso, in *DJE* 29/3/2022.

62. Colime-se que a Emenda Constitucional nº 132/2023 introduziu, na Carta Magna, o preceito do inciso II do art. 149-B, dispondo que o novo imposto compartilhado pelos Estados, Distrito Federal e Municípios sobre bens e serviços (IBS) e nova contribuição federal para a seguridade social sobre bens e serviços (CBS) observarão a imunidade do preceito constitucional do art. 150, inciso VI.

63. Ademais, a EC nº 132/2023 incluiu a primeira parte do parágrafo único do art. 149-B na Lei Suprema, no sentido de que tanto o IBS quanto a CBS observarão as imunidades do art. 150, VI, da Lei Maior.

64. Assim, a mesma Emenda Constitucional nº 132/2023 determinou que os impostos em geral e a nova contribuição da União sobre bens e serviços, tributo este que ostenta característica e a natureza semelhantes ao imposto, não incidirão sobre as instituições religiosas ou sobre os templos de qualquer culto nem sobre as suas associações assistenciais e beneficentes.

65. Esclareça-se que associações assistências são entidades que prestam serviço de educação, de cultura, de saúde, de acolhida habitacional etc. sem fins lucrativos, sem o intuito de lucro, não comportando qualquer distribuição de dividendos para fundadores, beneméritos, dirigentes, servidores, ainda que haja cobrança de preço privado aos assistidos, de modo que cobranças pelas atividades assistenciais prestadas não as afastam o gozo da imunidade.

66. Já associações beneficentes são entidades que prestam os serviços supracitados também sem fins lucrativos de maneira gratuita a parcela de seus assistidos, indivíduos que não têm autossuficiência econômica, podendo cobrar de outros grupos de pessoas que têm condições econômicas de custear os serviços recebidos.

67. Por sua vez, entidades filantrópicas são entidades, obviamente também sem fins lucrativos, que prestam

serviços totalmente gratuitos, que sobrevivem de subvenções governamentais ou de doações recebidas de particulares.

68. Na prática, poucas entidades teriam condição de atender a um número maior de beneficiados e mesmo de sobreviver, se dependessem exclusivamente de verbas governamentais ou de doações, daí a imunidade de impostos do art. 150, VI, da Lei Maior ter sido estendida para as associações assistenciais e beneficentes, embora, evidentemente, as entidades filantrópicas, por mais razão, sejam, outrossim, amparadas por essa imunidade.

69. As Igrejas ou os templos de qualquer culto, numa visão subjetiva, já eram imunes de impostos em relação aos seus bens, sua renda e seus serviços aplicados direta ou indiretamente no cumprimento de suas finalidades essenciais de culto religioso com suas liturgias e de prestação de atos caritativos assistenciais ou de beneficência.[60]

70. Com as redações dos preceptivos constitucionais do art. 149-B, "caput", inciso II, parágrafo único; e do art. 150, "caput", inciso VI, alínea "b" e § 4º (Emenda Constitucional nº 132/2023), ampliou-se, expressamente, a imunidade de impostos, para alcançar, também, a nova contribuição da União para a seguridade social sobre bens e serviços – CBS (CF, art. 195, V, incluso pela EC nº 132/2023), bem como para, além das Igrejas ou instituições religiosas, expressar que estão inclusas nessa imunidade do próprio preceptivo do art. 150, VI, "b", também, as suas organizações assistenciais e beneficentes, sendo que estas organizações já eram contempladas pela imunidade da alínea "c" do inciso VI do art. 150, da Lei Suprema.

71. Cumpre anuir que as contribuições para a seguridade social, desde o texto original da Constituição promulgado em 1988 sempre apresentaram uma certa aparência de

60. STF-Pleno. RE 630.790, rel. min. Roberto Barroso, in *DJE* 29/3/2022.

natureza de impostos com destinação constitucional específica, como se pode constatar, por exemplo, com as contribuições para a seguridade social incidentes sobre a empresa relativas a receita ou faturamento ou sobre o lucro líquido (CF/1988, art. 195, "caput" inciso I, alíneas "b" e "c"), de modo que a extensão da imunidade do art. 150, VI – imunidade de impostos – para a nova CBS segue a mesma senda traçada pelo Sistema Constitucional Tributário desde a promulgação da Constituição em 5 de outubro de 1988.[61]

72. A novidade merecedora de destaque é que a imunidade de impostos do art. 150, VI, não de taxas ou de outras espécies tributárias,[62] mas sim da CBS, passou a abranger,

---

61. ADCT, da CF, art. 34, §1º. "Art. 34. O sistema tributário nacional entrará em vigor a partir do primeiro dia do quinto mês seguinte ao da promulgação da Constituição, mantido, até então, o da Constituição de 1967, com a redação dada pela Emenda nº 1, de 1969, e pelas posteriores. §1º Entrarão em vigor com a promulgação da Constituição os arts. 148, 149, 150, 154, I, 156, III, e 159, I, "c", revogadas as disposições em contrário da Constituição de 1967 e das Emendas que a modificaram, especialmente de seu art. 25, III."

62. STF-2ªTurma. RE 265.749, rel. min. Maurício Corrêa, in *DJ* de 12/9/2003. "RECURSO EXTRAORDINÁRIO. TRIBUTÁRIO. IPTU. IMÓVEIS DO ACERVO PATRIMONIAL DO PORTO DE SANTOS. IMUNIDADE RECÍPROCA. TAXAS. 1. Imóveis situados no porto, área de domínio público da União, e que se encontram sob custódia da companhia em razão de delegação prevista na Lei de Concessões Portuárias. Não-incidência do IPTU, por tratar-se de bem e serviço de competência atribuída ao poder público (artigos 21, XII, "f" e 150, VI, da Constituição Federal). 2. Taxas. Imunidade. Inexistência, uma vez que o preceito constitucional só faz alusão expressa a imposto, não comportando a vedação a cobrança de taxas. Recurso Extraordinário parcialmente provido." STF-2ª Turma. RE 364.202, rel. min. Carlos Velloso, *DJ* 28/10/2004. "CONSTITUCIONAL. TRIBUTÁRIO. ECT - EMPRESA BRASILEIRA DE CORREIOS E TELÉGRAFOS: IMUNIDADE TRIBUTÁRIA RECÍPROCA: C.F., art. 150, VI, *a*. EMPRESA PÚBLICA QUE EXERCE ATIVIDADE ECONÔMICA E EMPRESA PÚBLICA PRESTADORA DE SERVIÇO PÚBLICO: DISTINÇÃO. TAXAS: IMUNIDADE RECÍPROCA: INEXISTÊNCIA. I. - As empresas públicas prestadoras de serviço público distinguem-se das que exercem atividade econômica. A ECT - Empresa Brasileira de Correios e Telégrafos é prestadora de serviço público de prestação obrigatória e exclusiva do Estado, motivo por que está abrangida pela imunidade tributária recíproca: C.F., art. 22, X; C.F., art. 150, VI, *a*. Precedentes do STF: RE 424.227/SC, 407.099/RS, 354.897/RS, 356.122/RS e 398.630/SP, Ministro Carlos Velloso, 2ª Turma. II. – A imunidade tributária recíproca -- C.F., art. 150, VI, *a* -- somente é aplicável a impostos, não alcançando as taxas. III. - R.E. conhecido e improvido."

expressamente na imunidade religiosa dos impostos (CF. alínea "b" do inciso VI do art. 150), também, as organizações assistenciais e beneficentes vinculadas às Igrejas.

73. Advirta-se, todavia, que não é correto supor que essas organizações confessionais caritativas passaram a ser imunes de toda e qualquer contribuição especial ou parafiscal nem da chamada contribuição *sui generis* para o custeio, a expansão e a melhoria do serviço de iluminação pública e de sistemas de monitoramento para segurança e preservação de logradouros públicos (CF, art. 149-A, "caput", com redação inovada pela EC nº 132/2023), tampouco que passaram a ser imunes de taxas, contribuição de melhoria ou de empréstimo compulsório.

74. Ainda que haja discursão doutrinária sobre a aplicabilidade da imunidade do art. 150, VI, "b", da Constituição da República, a outros tributos, que não apenas os impostos, agora também inclusa a CBS, até aqui, a jurisprudência do Supremo Tribunal Federal permanece firme no sentido de que a norma constitucional da imunidade do art. 150, VI, da Lei Maior, tem aplicabilidade restrita a impostos, não se estendendo, em consequência, a outras espécies tributárias,[63] a exemplo de taxas,[64] de contribuições especiais ou parafiscais

---

63. STF-1ª T. RE 831.381 AgR-AgR, rel. min. Roberto Barroso, j. 9-3-2018, *DJE* de 21/3/2018. "Ementa: DIREITO TRIBUTÁRIO. AGRAVO INTERNO EM AGRAVO INTERNO ME RECURSO EXTRAORDINÁRIO. IMUNIDADE TRIBUTÁRIA. CONTRIBUIÇÕES SOCIAIS. EXTENSÃO ÀS AUTARQUIAS. IMPOSSIBILIDADE. IMUNIDADE QUE ALCANÇA SOMENTE IMPOSTOS. 1. A imunidade tributária recíproca, prevista no art. 150, VI, a, da Constituição Federal – extensiva às autarquias e fundações públicas – tem aplicabilidade restrita a impostos, não se estendendo, em consequência, a outras espécies tributárias, a exemplo das contribuições sociais. Precedentes. 2. Nos termos do art. 85, §11, do CPC/2015, fica majorado em 25% o valor da verba honorária fixada anteriormente, observados os limites legais do art. 85, §§2º e 3º, do CPC/2015. 3. Agravo interno a que se nega provimento."

64. É inquestionável a juridicidade da exclusão da imunidade do art. 150, VI, da CF/1988 em relação às taxas, pois esta espécie tributária representa a exigência de contraprestação pelo custo do exercício do poder de polícia ou pela utilização efetiva ou potencial de serviço compulsório específico e divisível, arcado e prestado pelo Poder Público em favor ou em relação ao contribuinte (CF/1988, art. 145,

(CF, art. 149), da chamada contribuição *sui generis* (CF, art. 149-A), da contribuição de melhoria (CF, art. 145, "caput", inciso III) e do empréstimo compulsório (CF, art. 148).

75. Embora a República Federativa do Brasil seja um país laico, mas não ateu nem laicista, vale dizer, o Brasil não pode nutrir aversão nem pode perseguir qualquer religião, a proibição de tributar com impostos e com contribuição sobre bens e serviços (CBS), apresenta-se como corolário principal, no âmbito tributário, do preceito constitucional do art. 5º, inciso VI, o qual reza sobre a inviolabilidade da liberdade de consciência e de crença, sendo assegurado o livre exercício dos cultos religiosos e garantida, na forma da lei, a proteção aos locais de culto e a suas liturgias, e do art. 19, inciso I, que veda à União, aos Estados, ao Distrito Federal e aos Municípios estabelecer uma religião única oficial, mas que proíbe, também, que os entes federados estabeleçam embaraços às Igrejas e aos seus cultos e às suas liturgias.

76. E, no âmbito restrito de impostos, o STF tem consagrado uma imunidade ampla,[65] já tendo afastado, por exemplo, a incidência do chamado IPMF sobre as movimentações financeiras das instituições religiosas (ADI nº 939/DF in *RTJ* 151-3/755), bem como não tem admitido, em relação às entidades imunes, a incidência de IOF (imposto sobre operações de crédito, câmbio e seguro, ou relativas a títulos ou valores mobiliários)[66] e do IR (imposto sobre a renda) sobre suas

"caput", II; CTN, art. 77, "caput").

65. A título ilustrativo, transcreva-se a seguinte Ementa: "Não há invocar, para o fim de ser restringida a aplicação da imunidade, critérios de classificação dos impostos adotados por normas infraconstitucionais, mesmo porque não é adequado distinguir entre bens e patrimônio, dado que este se constitui do conjunto daqueles. O que cumpre perquirir, portanto, é se o bem adquirido, no mercado interno ou externo, integra o patrimônio da entidade abrangida pela imunidade" (AI nº 481.86-AgR. Relator: Min. Carlos Velloso. Julgamento em 13/12/2005. *DJ*, 24/2/2006).

66. STF- Pleno. RE 611.510, rel. min. Rosa Weber, julg. virtual 12/4/2021. Informativo 1012: "A imunidade assegurada pelo art. 150, VI, 'c', da Constituição da República aos

operações financeiras (RE n° 249.980-AgR, *DJU*, 14/6/002; RE nº 241.090, *DJU*, 26/4/2002; RE nº 232.080-AgR, *DJU*, 31 out. 2001) e rendimentos decorrentes dessas aplicações financeiras (ADI nº 1.758-4/DF, *DJU*, 11 mar. 2005).[67-68]

77. A expressão *templo de qualquer culto*, da alínea *b* do inciso VI do *caput* do art. 150, abrange o lugar de livre acesso aos fiéis, destinado à meditação espiritual e à íntima sintonia da criatura com o Criador, onde se realizam os atos de adoração e louvação a Deus e de inspiração de atos de caridade e de solidariedade.

78. Nela se incluem o prédio da Igreja, Sinagoga ou Mesquita, e assim por diante, com os símbolos ou imagens e objetos sacros e suas dependências, mesmo que compartimentos dele ou o próprio imóvel sejam utilizados para residência do padre, pastor, rabino, sacerdote etc. ou para ensino de religioso, o terreno contíguo e acessório do templo, como o espaço destinado ao adro ou aglomeração de fiéis, em dias de festas religiosas ou cerimônias que atraem um grande número de pessoas da comunidade, e o barracão ou terreno sem edificação, desde que, nesse lugar, se oficie, preponderantemente e com habitualidade, o culto, como os terrenos da religião afro-brasileira, além de embarcação, aeronave, caminhão ou ônibus, o vagão de trem, caso usados como templos móveis para os serviços do culto.

---

partidos políticos, inclusive suas fundações, às entidades sindicais dos trabalhadores e às instituições de educação e de assistência social, sem fins lucrativos, que atendam aos requisitos da lei, alcança o IOF, inclusive o incidente sobre aplicações financeiras".

67. STF-Pleno. ADI 1.758, rel. min. Carlos Velloso, *DJ* 10/3/2005. "CONSTITUCIONAL. TRIBUTÁRIO. IMPOSTO DE RENDA. IMUNIDADE TRIBUTÁRIA. C.F., art. 150, VI, *a*, *b*, *c* e *d*. Lei 9.532/97, art. 28. I. - Inconstitucionalidade da expressão "inclusive pessoa jurídica imune", inscrita no artigo 28 da Lei 9.532/97. C.F., art. 150, VI, *a*, *b*, *c* e *d*. II. - ADI julgada procedente."

68. Justifica-se, ainda, a não-extensão da imunidade religiosa às demais espécies tributárias pelo fato da taxa, da contribuição de melhoria, das contribuições especiais e do empréstimo compulsório ou estarem vinculados a determinadas atividades ou obras públicas em relação específica ao contribuinte, ou ligados a certas finalidades, que o Estatuto Político também contempla.

79. São, outrossim, imunes de impostos os cultos ou os serviços religiosos como a celebração de cultos com suas liturgias, ou a prestação dos sacramentos, bem como as rendas, como o dízimo e ofertas ou doações e demais receitas do templo, desde que aplicadas no templo, no culto e nas obras assistenciais e beneficentes de caridade, realizadas pela própria instituição religiosa ou por suas associações confessionais.

80. Insta realçar que o preceito constitucional original do § 4º do art. 150[69] já transformara em imunidade subjetiva a imunidade religiosa que, na Constituição pretérita, era apenas objetiva,[70]-[71] de modo que a expressão "templo de

---

69. CF/1988. Art. 150. [...] § 4º *As vedações expressas no inciso VI, alíneas "b" e "c", compreendem somente o patrimônio, a renda e os serviços, relacionados com as finalidades essenciais das entidades nelas mencionadas.*

70. Aliomar BALEEIRO, ao comentar o art. 9º, IV, *b*, do CTN, quando a imunidade dos templos de qualquer culto, ainda quando esta era objetiva, comenta: "O *templo de qualquer culto* **não é apenas a materialidade do edifício, que estaria sujeito tão só ao imposto predial do Município, se não existisse a franquia inserta na Lei Máxima. Um edifício só é templo se o completam as instalações ou pertenças adequadas àquele fim, ou se o utilizam efetivamente no culto ou prática religiosa. Destarte,** *templo*, no art. 19, III, *b*, compreende o próprio culto e tudo quando vincula o órgão à função. Por certo, nenhum governante em estado de saúde mental pensaria em tributar a missa ou o batismo, [...] Mas existe o perigo remoto da intolerância para com o culto das minorias, sobretudo se estas se formam de elementos étnicos diversos, hipótese perfeitamente possível num país de imigração, onde já se situaram núcleos protestantes, budistas, israelitas, maometanos, xintoístas e sempre existiram feiticistas de fundo afro-brasileiro. O templo não deve ser apenas a igreja, sinagoga ou edifício principal, onde se celebra a cerimônia pública, mas também a dependência acaso contígua, o convento, os anexos por força de compreensão, inclusive a casa ou residência especial, do pároco ou pastor, pertencente à comunidade religiosa, desde que não empregados em fins econômicos. Pontes de Miranda, entretanto, sustentou interpretação restritiva (Pontes de Miranda, *Comentários*, cit., tomo II, p. 510). Não repugna à Constituição inteligência que equipare ao templo — edifício — também a embarcação, o veículo ou avião usado como templo móvel, só para o culto". Mas não se incluem na imunidade as casas de aluguel, terrenos, bens e rendas do Bispado ou da paróquia etc. (*Direito tributário brasileiro*, 11ª edição atualizada por Misabel Abreu Machado Derzi, Rio de Janeiro: Forense, 2006, p. 137).

71. "TEMPLOS: Ficaram imunes a impostos os *templos de qualquer culto;* **não**, porém, as casas de residência dos padres, pastores, rabinos, etc., salvo se dentro do próprio edifício do templo. Provado que as rendas dos templos são aplicadas fora do país, ou noutro fim que o de culto, cessa a imunidade. O templo é que é imune; portanto, os atos de aquisição, não os de alienação do terreno, ou casa, ou imóveis. [...] Os alugueres e mais rendas dos conventos e outras instituições religiosas, fora

qualquer culto" passou a abranger, também, as próprias entidades religiosas, de modo que tal preceptivo constitucional serve de relevante vetor interpretativo das alíneas "b" e "c" do inciso VI do art. 150, da Constituição da República.

81. Impende destacar, novamente, que a Emenda Constitucional nº 132/2023, no bojo de precedentes do STF, que sempre concedeu interpretação extensiva à imunidade do art. 150, "caput", inciso VI, alínea "b" e § 4º da Constituição Brasileira de 1988, estendeu, expressamente, a imunidade de impostos às organizações confessionais de assistência social e de beneficência.

82. De fato, a jurisprudência do STF tem conferido interpretação extensiva à imunidade religiosa da alínea "b" do inciso VI e § 4º do art. 150, da Constituição Federal, reconhecendo a imunidade subjetiva dos templos de qualquer culto, agora explicitamente inclusas as organizações confessionais assistências e beneficentes, no sentido de abranger não somente os móveis e imóveis destinados ao culto e às liturgias,[72]-[73] mas incluindo todos os bens, as rendas e os serviços das instituições religiosas relacionados com suas atividades essenciais, inclusive os imóveis de propriedade das Igrejas,[74]

---

dos templos, são tributáveis. Só são imunes os templos. A Constituição de 1967 foi explícita; não criemos, com interpretações criminosas, problemas graves, que, em vez de servirem à espiritualidade, a porão em xeque e risco. Não há imunidade às taxas. (MIRANDA, Francisco Cavalcanti Pontes de. *Comentários à Constituição de 1967; com a Emenda n. 1 de 1969*, 3ª edição, Rio de Janeiro: Forense, 1987, p. 425).

72. Numa decisão extensível à imunidade religiosa, o Pleno do STF, no julgamento da ACO **nº 765/RJ**, rel. Min. Menezes Direito, *DJe*-117, 4/9/2009, reconheceu a imunidade do artigo 150, VI, *a*, **§ 2º da CF (parágrafo que tem redação no mesmo diapasão do §4º do art. 150, da CF)**, em favor de empresa púbica prestadora de serviço público - ECT - em relação ao IPVA.

73. Cf. STF-2ª Turma. AI 651.138 AgR/RJ, rel. Min. Eros Grau, in "Revista dos Tribunais" v. 96, nº 866, São Paulo: Ed. Thomson Reuters, 2007, p. 130 e 131.

74. STF-1ª Turma. RE 470.520/SP, in *DJe*-229, public. 21/11/2013. "Imunidade. Entidade educacional. Artigo 150, inciso VI, alínea c, da Constituição Federal. ITBI. Aquisição de terreno sem edificação. Fato gerador. Momento da aquisição. Destinação às finalidades essenciais da entidade. Presunção. Ônus da prova. Precedentes.

ainda que vagos ou baldios[75] ou desocupados[76] ou ainda não construídos[77-78] ou mesmo

---

1. No caso do ITBI, a destinação do imóvel às finalidades essenciais da entidade deve ser pressuposta, sob pena de não haver imunidade para esse tributo. 2. A condição de um imóvel estar vago ou sem edificação não é suficiente, por si só, para destituir a garantia constitucional da imunidade. 3. A regra da imunidade se traduz numa negativa de competência, limitando, a priori, o poder impositivo do Estado. 4. Na regra imunizante, como a garantia decorre diretamente da Carta Política, mediante decote de competência legislativa, as presunções sobre o enquadramento originalmente conferido devem militar a favor das pessoas ou das entidades que apontam a norma constitucional. 5. Quanto à imunidade prevista no art. 150, inciso VI, alínea c, da Constituição Federal, o ônus de elidir a presunção de vinculação às atividades essenciais é do Fisco. 6. Recurso extraordinário provido."

75. STF-2ª Turma. AI 758.316 AgR/PR, rel. Min. Joaquim Barbosa, Acórdão publicado na íntegra in "Revista Fórum de Direito Tributário" nº 61, Belo Horizonte: Ed. Fórum, janeiro e fevereiro de 2013, p. 263 a 265. "TRIBUTÁRIO. IMUNIDADE. TERRENO BALDIO OU VAGO. ACÓRDÃO RECORRIDO QUE ENTENDE NÃO HAVER PROVA DA DESTINAÇÃO DO BEM ÀS FINALIDADES ESSENCIAIS DA ENTIDADE PROTEGIDA. CONTRA-ARGUMENTO PELA APLICAÇÃO DE PRESUNÇÃO ABSOLUTA E LINEAR. IMPOSSIBILIDADE. AGRAVO REGIMENTAL. Nestes autos, é incontroversa a aplicabilidade da imunidade tributária a todo o patrimônio, renda ou serviços da entidade protegida, se aplicados em suas finalidades essenciais. A mera titularidade do bem imóvel não fixa presunção absoluta e irretorquível de que terreno baldio ou vago está sendo utilizado para atender as finalidades constitucionalmente salvaguardas pela imunidade tributária. Para que fosse possível reverter o acórdão recorrido, de forma a indicar que a desocupação do terreno é temporária e ocasional, seria necessário reabrir a instrução probatória (Súmula 279/STF). Agravo regimental ao qual se nega provimento."

76. STF-1ª Turma. RE 385.091/DF, rel. Min. Dias Toffoli, *DJe*-207, public. 18/10/2013. Jurisprudência reafirmada: STF-Pleno. RE 767.332 RG/MG, rel. Min. Gilmar Mendes, in *DJe*-230, public. 22/11/2013.

77. STF-1 ª Turma. RE 385.091/DF, rel. Min. Dias Toffoli, in *DJe*-207, public. 18/10/2013. Trecho da respectiva Ementa do Acórdão: "4. Adquirido o *status* de imune, as presunções sobre o enquadramento originalmente conferido devem militar a favor do contribuinte, de modo que o afastamento da imunidade só pode ocorrer mediante a constituição de prova em contrário produzida pela administração tributária. O oposto ocorre com a isenção que constitui mero benefício fiscal por opção do legislador ordinário, o que faz com que a presunção milite em favor da Fazenda Pública. 5. A constatação de que um imóvel está vago ou sem edificação não é suficiente, por si só, para destituir a garantia constitucional da imunidade. A sua não utilização temporária deflagra uma neutralidade que não atenta contra os requisitos que autorizam o gozo e a fruição da imunidade." No mesmo sentido, cf. STF-Pleno. RE com Repercussão Geral 767.332/MG, rel. Min. Gilmar Mendes, in *DJe*-230, public. 22/11/2013.

78. A jurisprudência pretérita do STF afastava a imunidade em relação a terrenos baldios sem vinculação às finalidades essenciais das entidades imunes. Cf. STF-2ª Turma, RE 375.715 ED/DF, rel. Min. Ellen Gracie, *DJe*-179, public. 24/9/2010; STF-1ª

alugados,[79] desde que o Fisco não comprove, após o devido processo legal com observância do contraditória e da ampla defesa com os recursos a ela inerentes, a concorrência econômica desleal (CF, art. 170, *caput*, IV; art. 173, § 4º),[80] ou a não destinação das receitas, por exemplo, de aluguéis nas finalidades essenciais dessas instituições, ou seja, na manutenção do templo e dos cultos, na assistência social ou beneficência ou na realização de obras de caridade.[81]

83. Ressalte-se a regra do § 1º-A do art. 156 da Lei Suprema, incluído pela Emenda Constitucional nº 116/2022,

---

Turma, AI 661.713 AgR/SP, rel. para o acórdão Min. Marco Aurélio, Acórdão publicado na íntegra in "Revista Fórum de Direito tributário" nº 64, Belo Horizonte: Ed. Fórum, julho e agosto de 2013, p. 223 a 227.

79. STF-Pleno. RE 325.822/SP, rel. Min. Ilmar Galvão, Acórdão publicado na íntegra na "Revista Fórum de Direito Tributário" - *RFDT* - nº 9, Belo Horizonte: Editora Fórum, maio/junho de 2009, p. 183 a 199. "EMENTA: Recurso extraordinário. 2. Imunidade tributária de templos de qualquer culto. Vedação de instituição de impostos sobre o patrimônio, renda e serviços relacionados com as finalidades essenciais das entidades. Artigo 150, VI, "b" e § 4º, da Constituição. 3. Instituição religiosa. IPTU sobre imóveis de sua propriedade que se encontram alugados. 4. A imunidade prevista no art. 150, VI, "b", CF, deve abranger não somente os prédios destinados ao culto, mas, também, o patrimônio, a renda e os serviços "relacionados com as finalidades essenciais das entidades nelas mencionadas". 5. O § 4º do dispositivo constitucional serve de vetor interpretativo das alíneas "b" e "c" do inciso VI do art. 150 da Constituição Federal. Equiparação entre as hipóteses das alíneas referidas. 6. Recurso extraordinário provido." No mesmo sentido, Cf., também, STF-1ª Turma, ARE 658.080 AgR/SP, rel. Min. Luiz Fux, *DJe*-33, public. 15/2/2012; STF-2ª Turma, AgR no RE 680.014/MG com Agravo, rel. Min. Cármen Lúcia, Acórdão publicado na íntegra na "RFDT" nº 62, Belo Horizonte: Ed. Fórum, março/abril de 2013, p. 231 a 233.

80. CF/1988. Art. 170, *caput*, IV: *A ordem econômica, fundada na valorização do trabalho humano e na livre iniciativa, tem por fim assegurar a todos existência digna, conforme os ditames da justiça social, observados os seguintes princípios:* [...] IV – *livre concorrência*. Art. 173, §4º: *A lei reprimirá o abuso do poder econômico que vise à dominação dos mercados, à eliminação da concorrência e ao aumento arbitrário dos lucros.*

81. O STF-1ª Turma consolidou o entendimento de que as entidades imunes gozam da presunção de que seu patrimônio, renda e serviços são destinados às suas finalidades essenciais, não cabendo, assim, à entidade religiosa demonstrar que utiliza o bem de acordo com suas finalidades institucionais; competindo à administração tributária demonstrar a eventual tredestinação do bem gravado pela imunidade (ARE 800.395 AgR/ES, rel. Min. Roberto Barroso, *DJe-224, public.* 14/11/2014). No mesmo sentido, STF, 1ª Turma, ARE 1.102.838 AgR, rel. min. Luiz Fux, *DJE* 7/5/2019.

que dispõe que o imposto previsto no inciso I do "caput" deste artigo - o imposto sobre propriedade predial e territorial urbana (IPTU) - não incide sobre templos de qualquer culto, ainda que as entidades abrangidas pela imunidade de que trata a alínea «b» do inciso VI do "caput" do art. 150 da Constituição sejam apenas locatárias do bem imóvel.

84. Alguns operadores do Direito, insatisfeitos com a consequência considerada por eles exagerada advinda com o § 4º do art. 150 da Constituição Federal de 1988, sem levar em consideração a vedação de emenda constitucional tendenciosa à abolição de direitos humanos fundamentais (CF, art. 60, § 4º, IV), têm advogado a constitucionalidade de uma eventual emenda constitucional, retornando a objetividade da imunidade religiosa, nos moldes como era disposta na Carta Política pretérita, de modo que não mais se amparariam, sob o manto dessa imunidade, os veículos não utilizados como templos móveis - os automóveis utilizados pelos religiosos tão somente para o próprio transporte -, os imóveis distintos, com características próprias, separados dos prédios dos templos, e deles não representando acessórios, ou seja, bens da instituição religiosa não afetados diretamente ao templo nem ao culto, como, por exemplo, os imóveis que servem apenas como residência de padre, pastor, rabino, pai de santo etc., ainda que de propriedade da instituição religiosa, bem como lotes vagos isolados, os utilizados com fins apenas econômicos ou mercantis, como prédios alugados ou terrenos arrendados para estacionamento, emissoras de rádio e televisão etc.

85. Contudo, conforme mencionado, na linha da jurisprudência mansa e pacífica da Corte Constitucional Brasileira acerca da exegese do art. 150, *caput*, inciso VI, alínea *b* e § 4º, da Lei Maior, pode ser proclamado que são imunes de impostos o patrimônio, a rendas e os serviços das instituições religiosas e, agora também, de suas organizações assistenciais e beneficentes, diretamente ligados a elas ou

indiretamente relacionados ou aplicados na finalidade de manter o templo de qualquer culto e os correspondentes atos caritativos ou solidários, ou vinculados à preservação dessas entidades associativas ou de beneficência.[82-80]

86. Destarte, amparadas pela imunidade religiosa de impostos estão também as instituições religiosas e as suas organizações assistenciais e beneficentes em relação à nova contribuição federal sobre bens e serviços, tributo este que, se não fosse o tratamento dado pela Carta Política de 1988 às contribuições para a seguridade social de característica semelhante a de impostos com destinações constitucionais específicas, até poderia ser concebido como um novo imposto da União com o nome disfarçado de contribuição

---

82. De modo que, com fundamento no artigo 150, VI, *b* e *c*, e §4º, da CF/1988, a jurisprudência do STF, ainda em que em relação à imunidade das entidades de educação e de assistência social sem fins lucrativos, mas extensível à imunidade tributária religiosa, é no sentido de que são imunes os imóveis dessas entidades, mesmo que não configurando templos, nem neles se realizando cultos, e as rendas deles auferidas, desde que os correspondentes rendimentos sejam destinados a suas atividades institucionais. Nesse sentido, a seguinte Ementa do Acórdão da 1ª Turma do STF, no RE nº 345.830/MG, rel. Min. Ellen Gracie: "LIMITAÇÕES CONSTITUCIONAIS AO PODER DE TRIBUTAR. IMUNIDADE. ENTIDADE BENEFICENTE. IPTU. O Tribunal *a quo* seguiu corretamente a orientação desta Suprema Corte, ao assentar que o fato de uma entidade beneficente manter uma livraria em imóvel de sua propriedade não afasta a imunidade tributária prevista no art. 150, VI, 'c' da Constituição, desde que as rendas auferidas sejam destinadas a suas atividades institucionais, o que impede a cobrança do IPTU pelo município. Recurso extraordinário não conhecido" (*DJU*, 8/11/2002, p. 42). No mesmo diapasão: "Instituições de educação e assistência social sem fins lucrativos — Imóveis — Escritório e residência de membros. O fato de os imóveis estarem sendo utilizados como escritório e residência de membros da entidade não afasta a imunidade prevista no artigo 150, inciso VI, alínea c, §4º da Constituição Federal" (STF-2ª Turma. RE nº 221.395/SP, rel. Min. Marco Aurélio, *DJU* de 12/5/2000, p. 28).

83. No entanto, a jurisprudência do STF a respeito da imunidade religiosa com base na Carta Política de 1946 já foi mais restritiva, como testemunha a seguinte Ementa: "RECURSO EXTRAORDINÁRIO Nº 21.826-DF – TEMPLO – Liberdade de culto – Intributabilidade – Inteligência restritiva – Inadmissibilidade da extensão a terreno anexo a igreja – Aplicação do art. 31, V, "b", da Constituição. A imunidade tributária sobre templos de qualquer culto é restrita à igreja, isto é, seu edifício e dependências, e não se estende, portanto, aos seus desdobramentos com características próprias, isolados daquela, como seja um lote de terreno contíguo vazio" (*Revista dos Tribunais*, n. 264, p. 855; e *Revista de Direito Administrativo*, n. 50, p. 84).

especial (CF, art. 149-B, parágrafo único, redação inclusa pela Emenda Constitucional nº 132/2023).

87. Concebo assim porque os impostos independem de qualquer atividade estatal específica em relação ao contribuinte, servindo as respectivas arrecadações para custear direitos e interesses gerais ou de toda sociedade, com atuação *uti universe*; já as contribuições especiais, se examinada doutrinariamente a sua natureza própria, são exações discriminadas para atender a determinadas finalidades constitucionais de intervenção na economia ou de situações reconhecidas pela Constituição como de interesse público, ainda que não inerentes às funções estatais, devendo servir suas respectivas arrecadações para atender não a todos da sociedade, mas a determinados grupos de pessoas da sociedade.

88. Cumpre reconhecer, todavia, que a disciplina constitucional das contribuições para a seguridade social, especialmente em relação ao encaminhamento do produto de suas arrecadações para o custeio de gastos públicos relativos à assistência social e à saúde, sempre ostentou uma certa aparência de imposto com destinação constitucional específica.

89. Cumpre, ainda, colimar que a Constituição Brasileira, neste aspecto, não tem seguido a doutrina no que tange à natureza jurídica dos tributos, chamando de contribuição *sui generis* aquilo que, em verdade, seriam novos impostos com destinações específicas, como outras formas de ressalvas ao princípio orçamentário da não afetação de receitas de impostos ou da vedação de vinculação de receitas de impostos a órgão fundo ou despesa (CF, art. 167, "caput", inciso IV)[84] como se pode constatar pelo "caput" do art. 149-A da

84. CF/1988. "Art. 167. São vedados: [...] IV - a vinculação de receita de impostos a órgão, fundo ou despesa, ressalvadas a repartição do produto da arrecadação dos impostos a que se referem os arts. 158 e 159, a destinação de recursos para as ações e serviços públicos de saúde, para manutenção e desenvolvimento do ensino e para realização de atividades da administração tributária, como determinado,

Lei das Leis, com as inovações trazidas primeiramente pela Emenda Constitucionais nº 39, de 19/12/2002, e mais recentemente pela Emenda Constitucional nº 132, de 20/12/2023.[85-86]

90. Em desfavor dos contribuintes, abertos estão, agora, os largos portões, que poderão seguidamente transferir, com futuras emendas constitucionais, para novas contribuições "sui generis" verdadeiros impostos com destinação constitucional específica, o custeio de um número cada vez maior de serviços do interesse de toda sociedade, serviços

---

respectivamente, pelos arts. 198, § 2º, 212 e 37, XXII, e a prestação de garantias às operações de crédito por antecipação de receita, previstas no art. 165, § 8º, bem como o disposto no § 4º deste artigo;" (Redação dada pela Emenda Constitucional nº 42, de 19.12.2003).

85. CF/1988. "Art. 149-A. Os Municípios e o Distrito Federal poderão instituir contribuição, na forma das respectivas leis, para o custeio, a expansão e a melhoria do serviço de iluminação pública e de sistemas de monitoramento para segurança e preservação de logradouros públicos, observado o disposto no art. 150, I e III." (Redação dada pela EC 132/2023).

86. STF-Pleno. RE 573.675. Rel. Min. Ricardo Lewandowski, *DJ* 22/5/2009. "CONSTITUCIONAL. TRIBUTÁRIO. RE INTERPOSTO CONTRA DECISÃO PROFERIDA EM AÇÃO DIRETA DE INCONSTITUCIONALIDADE ESTADUAL. CONTRIBUIÇÃO PARA O CUSTEIO DO SERVIÇO CONSTITUCIONAL. CONTRIBUIÇÃO PARA O CUSTEIO DO SERVIÇO ILUMINAÇÃO PÚBLICA - COSIP. ART. 149-A DA CONSTITUIÇÃO FEDERAL. LEI COMPLEMENTAR 7/2002, DO MUNICÍPIO DE SÃO JOSÉ, SANTA CATARINA. COBRANÇA REALIZADA NA FATURA DE ENERGIA ELÉTRICA. UNIVERSO DE CONTRIBUINTES QUE NÃO COINCIDE COM O DE BENEFICIÁRIOS DO SERVIÇO. BASE DE CÁLCULO QUE LEVA EM CONSIDERAÇÃO O CUSTO DA ILUMINAÇÃO PÚBLICA E O CONSUMO DE ENERGIA. PROGRESSIVIDADE DA ALÍQUOTA QUE EXPRESSA O RATEIO DAS DESPESAS INCORRIDAS PELO MUNICÍPIO. OFENSA AOS PRINCÍPIOS DA ISONOMIA E DA CAPACIDADE CONTRIBUTIVA. INOCORRÊNCIA. EXAÇÃO QUE RESPEITA OS PRINCÍPIOS DA RAZOABILIDADE E PROPORCIONALIDADE. RECURSO EXTRAORDINÁRIO IMPROVIDO. I - Lei que restringe os contribuintes da COSIP aos consumidores de energia elétrica do município não ofende o princípio da isonomia, ante a impossibilidade de se identificar e tributar todos os beneficiários do serviço de iluminação pública. II - A progressividade da alíquota, que resulta do rateio do custo da iluminação pública entre os consumidores de energia elétrica, não afronta o princípio da capacidade contributiva. III - Tributo de caráter **sui generis**, que não se confunde com um imposto, porque sua receita se destina a finalidade específica, nem com uma taxa, por não exigir a contraprestação individualizada de um serviço ao contribuinte. IV - Exação que, ademais, se amolda aos princípios da razoabilidade e da proporcionalidade. V - Recurso extraordinário conhecido e improvido."

prestados para serem usados universalmente, e que deveriam ser normalmente custeados com o produto da arrecadação de impostos.

91. Um outro ponto que merece análise e busca de melhor exegese responde pelo preceptivo constitucional da parte final do parágrafo do art. 149-B, incluso pela EC 132/2023, de confusa redação, questão assim enfrentada, ainda que ligeiramente, por Leandro Paulsen:

> Enquanto o inciso II determina que o IBS e a CBS observarão as mesmas regras de imunidade, o parágrafo esclarece que "observarão as imunidades previstas no art. 150, VI, não se aplicando a ambos os tributos o disposto no art. 197, §7º". Da mesma forma, imprópria será a invocação do art. 195, §7º, assim como da sua regulamentação, constante na LC 187/2021. Invocáveis quanto ao IBS e à CBS são, isso sim, as imunidades genéricas a impostos (e agora, também, à CBS) do art. 150, VI, da CRFB.[87]

92. A contemplação da CBS na imunidade do art. 150, VI, da Constituição Federal, já foi retroexplicitada, sendo, todavia, perfunctória a referência de que estaria também protegido por esta imunidade o imposto a ser instituído por lei complementar da União e que deverá ser compartilhado entre os Estados, Distrito Federal e Municípios sobre bens e serviços (IBS), tendo em vista que, mesmo sem a norma da primeira parte do parágrafo único do art. 194-B, inclusa pela EC nº 132/2023, a imunidade genérica prevista pelo inciso VI do art. 150 já alcança todo e qualquer imposto.

93. Preocupante para quem procura ser fiel à nossa Lei Suprema é a parte final deste parágrafo único do art. 149-B, inclusa pela EC nº 132/2023: primeiro porque imposto algum já não é alcançado pela imunidade do § 7º do art. 195, apenas aplicável às contribuições para a seguridade social e pertinentes apenas às entidades beneficentes de assistência

87. PAULSEN, Leandro. *Comentários à EC 132/2023, e-book*, coordenação de Flávia Holanda Gaeta, São Paulo: Thomson Reuters Brasil, 2024, local 2951.

social que atendam às exigências estabelecidas em lei complementar, sendo descabida a referência a aludida ressalva.

94. É do conhecimento de todos a decisão do STF, por seu Tribunal Pleno, decorrente do julgamento da Ação Direta de Inconstitucionalidade nº 939, relator o senhor ministro Sydney Sanches, considerou inconstitucionais algumas normas da Emenda Constitucional nº 3, de 17 de março de 1993, referentes à discriminação do imposto provisório sobre movimentação financeira - IPMF - e que excluíam normas constitucionais de imunidades tributárias por descuramento das cláusulas pétreas do art. 60, § 4º, incisos I, e IV, da Constituição Federal,[88] ainda que regra da Lei Complementar nº 77, de 13 de julho de 1993, diploma legal instituidor do IPMF, tenha atribuído alíquota zero para movimentações financeiras de entidades ou concernentes a objetos e situações imunes.

95. Ficou didaticamente assentado, no julgado supracitado concernente às imunidades tributárias, que a Constituição Brasileira de 1988 proíbe que incida norma de tributação sobre a pessoa, coisa ou fato imunes, e não que possa incidir, sobre o que é imune, norma de tributação, desde que não suceda crédito tributário a ser exigido e a ser pago, como sucede com alíquota zero: aí a norma de tributação incidiria, mas como a alíquota era zero, nada tinha a ser pago. Contudo, se isso fosse juridicamente possível, nada impediria que lei posterior aumentasse essa alíquota.

96. Contudo, didaticamente e com ingente correção, decidiu o Augusto Pretório que o que a Constituição de 1988 veda é incidência de norma jurídica de tributação sobre aquilo que a ela considerou imune. Traga-se a colação a

88. CF. "Art. 60. [...] § 4º Não será objeto de deliberação a proposta de emenda tendente a abolir: I – a forma federativa de Estado; [...] IV - os direitos e garantias individuais."

Ementa do Acórdão da Corte Constitucional Brasileira relativa ao julgamento do mérito da ADI 939, *verbo ad verbum*:

Direito Constitucional e Tributário. Ação Direta de Inconstitucionalidade de Emenda Constitucional e de Lei Complementar.

I.P.M.F.

Imposto Provisório sobre a Movimentação ou a Transmissão de Valores e de Créditos e Direitos de Natureza Financeira - I.P.M.F.

Artigos 5°., par. 2°., 60, par. 4°, incisos I e IV, 150, incisos III, "b", e VI, "a", "b", "c" e "d", da Constituição Federal.

1. **Uma Emenda Constitucional, emanada, portanto, de Constituinte derivada, incidindo em violação a Constituição originaria, pode ser declarada inconstitucional, pelo Supremo Tribunal Federal, cuja função precípua é de guarda da Constituição** (art. 102, I, "a", da C.F.).

2. **A Emenda Constitucional n° 3, de 17.03.1993, que, no art. 2°, autorizou a União a instituir o I.P.M.F., incidiu em vício de inconstitucionalidade, ao dispor, no parágrafo 2° desse dispositivo, que, quanto a tal tributo, não se aplica "o art. 150, III, "b" e VI", da Constituição, porque, desse modo, violou os seguintes princípios e normas imutáveis** (somente eles, não outros):

1° - o princípio da anterioridade, que e garantia individual do contribuinte (art. 5°, par. 2°, art. 60, par. 4°, inciso IV e art. 150, III, "b" da Constituição);

2° - o princípio da imunidade tributária recíproca (que veda a União, aos Estados, ao Distrito Federal e aos Municípios a instituição de impostos sobre o patrimônio, rendas ou serviços uns dos outros) e que é garantia da Federação (art. 60, par. 4°, inciso I, e art. 150, VI, "a", da C.F.);

3° - **a norma que, estabelecendo outras imunidades impede a criação de impostos (art. 150, III) sobre:**

"b"): templos de qualquer culto;

"c"): patrimônio, renda ou serviços dos partidos políticos, inclusive suas fundações, das entidades sindicais dos trabalhadores, das instituições de educação e de assistência social, sem fins lucrativos, atendidos os requisitos da lei; e

"d"): livros, jornais, periódicos e o papel destinado a sua impressão;

3. Em consequência, e inconstitucional, também, a Lei Complementar n. 77, de 13.07.1993, sem redução de textos, nos pontos

em que determinou a incidência do tributo no mesmo ano (art. 28) e deixou de reconhecer as imunidades previstas no art. 150, VI, "a", "b", "c" e "d" da C.F. (arts. 3., 4. e 8. do mesmo diploma, L.C. n. 77/93).

4. Ação Direta de Inconstitucionalidade julgada procedente, em parte, para tais fins, por maioria, nos termos do voto do Relator, mantida, com relação a todos os contribuintes, em caráter definitivo, a medida cautelar, que suspendera a cobrança do tributo no ano de 1993.[89] (Os destaques em negrito não constam do original)

97. Estou que a interpretação conforme à Constituição, para salvar de inconstitucionalidade esta segunda parte do parágrafo único do art. 149-B (dispositivo acrescentado pela EC nº 132/2023) pode ser no sentido de que tal novel preceptivo constitucional do art. 149-B, parágrafo único, teria tratado apenas da imunidade genérica do art. 150, VI, da Carta Magna, sem ter pretendido cuidar nele, mas sem excluir, a imunidade específica do art. 195, §7º, da mesmo Estatuto Político.

98. Assim, só se pode interpretar que o mal redigido preceito constitucional da parte final do parágrafo único do art. 149-B, incluso pela EC nº 132/2023, não pretende excluir a contribuição federal para o custeio da seguridade social sobre bens e serviços - CBS - da imunidade disciplinada por outra norma constitucional, a norma do art. 195, §7º, caso contrário, esta disposição seria insofismavelmente inconstitucional diante do núcleo intangível da Constituição de 1988 do inciso IV do § 4º do art. 60.

99. Destarte, diante da exegese já consolidada pelo Excelso Pretório em precedentes, o mal expresso dispositivo constitucional do art. 149-B, parágrafo único, *in fine*, seria claramente inconstitucional por tentar reduzir imunidade do art. 195, § 7º, da Lei Suprema em relação à nova contribuição para a seguridade social - Contribuição sobre Bens e Serviços - CBS -, tendendo assim abolir direitos e garantias individuais (CF, art. 60, §4º, IV).

89. STF-Pleno. ADI 939, rel. min. Sydney Sanches, in *DJ* de 18/3/1994.

100. Por outro lado, impende realçar que a nossa Corte Constitucional tem sinalizado em dar mais relevância ao *contribuinte de direito*, vale dizer, a pessoa indicada pela lei como sujeito passivo do tributo, do que o *contribuinte de fato*, este o que arca realmente com os impostos indiretos sobre a produção e o consumo.

101. A propósito, nesta senda, é o teor da Súmula nº 591 do STF no sentido de que é a condição de contribuinte de direito que importa, e não a condição de contribuinte de fato.[90]

102. Acertadamente, pela ótica atual do STF, quando as instituições ou associações religiosas importam um bem do exterior, imagens de santos ou de entidades, utensílios utilizados nas liturgias e celebrações, aparelhos de informática, veículos automotores, etc., elas que, em tese, poderiam figurar, se não fosse a imunidade, como contribuintes de direito, são, em verdade, imunes ao imposto sobre importação, ao imposto sobre produtos industrializados e ao imposto sobre operações relativas à circulação de mercadorias e sobre prestações de serviços de transporte interestadual e intermunicipal e de comunicação, ao imposto e à chamada contribuição sobre bens e serviços.[91-92-93]

---

90. STF. Súmula 591: A imunidade ou a isenção tributária do comprador não se estende ao produtor, contribuinte do imposto sobre produtos industrializados.

91. Neste sentido é a Ementa do Acórdão da 1ª Turma do STF, rel. Min. Ilmar Galvão, em relação às entidades de assistência social sem fins lucrativos, mas perfeitamente aplicável às entidades religiosas: "IMUNIDADE TRIBUTÁRIA. IMPOSTO SOBRE PRODUTOS INDUSTRIALIZADOS E IMPOSTO DE IMPORTAÇÃO. ENTIDADE DE ASSISTÊNCIA SOCIAL. IMPORTAÇÃO DE `BOLSAS PARA COLETA DE SANGUE'". A imunidade prevista no art. 150, VI, c, da Constituição Federal, em favor das instituições de assistência social, abrange o Imposto de Importação e o Imposto sobre Produtos Industrializados, que incidem sobre bens a serem utilizados na prestação de seus serviços específicos. Jurisprudência do Supremo Tribunal Federal. Recurso não conhecido" (RE nº 243.807, *DJU* de 28/4/2000, p. 83).

92 STF-2ª Turma. AI 518.405 AgR/RS, rel. Min. Joaquim Barbosa, Acórdão publicado na íntegra in "Revista Fórum de Direito Tributário" nº 53, Belo Horizonte: Ed. Fórum, setembro e outubro de 2011, p. 215 a 216: "PROCESSUAL CIVIL. AGRAVO

103. Quando adquirem bens no mercado interno, não deveriam, pelo mesmo fundamento, ser imunes, pois não são as instituições religiosas nem as organizações de assistência social ou beneficentes, no caso e em tese, contribuintes de direito, embora possam ser contribuintes de fato.[94]

REGIMENTAL. CONSTITUCIONAL. TRIBUTÁRIO. IMPOSTO SOBRE OPERAÇÃO DE CIRCULAÇÃO DE MERCADORIAS E SERVIÇOS. ICMS. IMPORTAÇÃO. IMUNIDADE RECÍPROCA. APLICABILIDADE A MUNICÍPIO NA HIPÓTESE DE O ENTE FEDERADO OCUPAR POSIÇÃO PRÓPRIA DE CONTRIBUINTE (IMPORTADOR). RISCO À LIVRE-INICIATIVA E À CONCORRÊNCIA. NECESSIDADE DE PROVA. A imunidade tributária prevista no art. 150, VI, *a* da Constituição aplica-se às operações de importação de bens realizadas por municípios, quando o ente público for o importador do bem (identidade entre o "contribuinte de direito" e o "contribuinte de fato"). Compete ao ente tributante provar que as operações de importação desoneradas estão influindo negativamente no mercado, a ponto de violar o art. 170 da Constituição. Impossibilidade de presumir risco à livre-iniciativa e à concorrência. Agravo regimental ao qual se nega provimento."

93. No mesmo sentido, cf. STF- 1ª Turma RE 803.906 AgR/SP, rel. Min. Roberto Barroso, Acórdão na íntegra publicado na "Revista Fórum de Direito Tributário" nº 74, Belo Horizonte: Ed. Fórum, março e abril de 2015, p.217 a 220.

94. Inicialmente, prevaleceu, em exame da imunidade recíproca, a tese, capitaneada pelo Min. Aliomar Baleeiro, da repercussão econômica sobre o patrimônio, a renda e mesmo sobre o serviço da entidade imune, daí o reconhecimento da imunidade (RE nº 68.450. *DJU*, 29/12/1969). A partir de 1970, no entanto, vinha predominando, no STF, a tese que a imunidade fiscal recíproca não pode ser invocada para ilidir a cobrança dos chamados impostos indiretos. O contribuinte de direito é o industrial ou produtor, ou comerciante. Não se pode opor à forma jurídica a realidade econômica. A figura do contribuinte de fato é estranha à relação jurídica tributária (Embargos no RE nº 69.483-SP, de 30/9/70. relator: Min. Bilac Pinto). Decisão mais atual da 1ª Turma do STF, expressa na AC nº 457 MC/MG, rel. Min. Ayres Britto, nega relevância do contribuinte de fato, para efeito de ser reconhecida a ele a imunidade. Veja a Ementa desse Acórdão: "MEDIDA CAUTELAR. EFEITO SUSPENSIVO A RECURSO EXTRAORDINÁRIO. FORNECIMENTO DE ENERGIA ELÉTRICA PARA ILUMINAÇÃO PÚBLICA. ICMS. IMUNIDADE INVOCADA PELO MUNICÍPIO. CONSTITUIÇÃO FEDERAL, ART. 150, INCISO VI, LETRA "A". As decisões anteriores foram desfavoráveis ao requerente, o que transmuda o seu pedido em tutela antecipada em recurso extraordinário, cujo deferimento está condicionado à verossimilhança das alegações contidas no apelo extremo. Condição inexistente no caso, visto que, de acordo com o acórdão recorrido, o fornecedor da iluminação pública não é o Município, mas a Cia. Força e Luz Cataguases, que paga o ICMS à Fazenda Estadual e o inclui no preço do serviço disponibilizado ao usuário. A imunidade tributária, no entanto, pressupõe a instituição de imposto incidente sobre serviço, patrimônio ou renda do próprio Município. Ademais, de acordo com o art. 155, § 3º, da Magna Carta, o ICMS é o único imposto que poderá incidir sobre operações relativas a energia elétrica. Medida cautelar indeferida." (Acórdão

104. Quando, no entanto, tais entidades vendem bens ou prestam serviços outros, as últimas decisões do STF têm, com inspiração no disposto no preceptivo constitucional do §4º do art. 150 da Carta Magna, alterado entendimentos anteriores dele próprio, [95-96] de modo que, atualmente, se pode considerar que as instituições religiosas são imunes, desde que, de qualquer forma, as rendas decorrentes dessas alienações ou desses serviços sejam utilizadas nos templos, nos cultos e na prestação de caridade.[97]

105. Antes, concebia o STF que, na espécie, não haveria imunidade dos impostos sobre produção e circulação (IPI, ICMS, ISS), pois quem de fato arcaria com os impostos inerentemente indiretos seriam os consumidores e não as instituições religiosas.

106. De qualquer modo, deve ficar ponderado que, quando o Fisco provar que o nível da atividade econômica,

---

publicado na íntegra na "Revista Fórum de Direito Tributário" nº 13, Belo Horizonte: Ed. Fórum, janeiro e fevereiro de 2005, p. 167 a 170.

95. Em relação ao ITBI, com base no §3º, do art. 150, da CF, a Súmula 583 do STF: *Promitente comprador de imóvel residencial transcrito em nome de autarquia é contribuinte do IPTU.*

96. O STF vinha valorizando a questão da repercussão econômica para efeito de se reconhecer ou não a imunidade na venda de produtos pela entidade imune. Veja, a título ilustrativo, a seguinte Ementa de Acórdão da 1ª Turma do Pretório Excelso: "TRIBUTÁRIO. ENTIDADES DE ASSISTÊNCIA SOCIAL. IMUNIDADE TRIBUTÁRIA. ICMS. COMERCIALIZAÇÃO DO PRODUTO DE SUA ATIVIDADE AGRO-INDUSTRIAL. Exigência fiscal que, incidindo sobre bens produzidos e fabricados pela entidade assistencial, não ofende a imunidade tributária que lhe é assegurada na Constituição, visto repercutir o referido ônus, economicamente, no consumidor, vale dizer, no contribuinte de fato do tributo que se acha embutido no preço do bem adquirido. Recurso conhecido e provido (RE nº 164.162. *DJU*, 13/9/1996. No mesmo sentido: RE nº 189.912. DJ*U*, 25/6/1999).

97. STF-Pleno. RE 186.175 ED-EDv, relatora ministra Ellen Gracie, *DJ* 23/8/2006. "O Plenário do Supremo Tribunal Federal, ao apreciar o RE 210.251 - EDv/SP, fixou entendimento segundo o qual as entidades de assistência social são imunes em relação ao ICMS incidente sobre a comercialização de bens por elas produzidos, nos termos do art. 150, VI, "c" da Constituição. Embargos de divergência conhecidos, mas improvidos."

realizado pela entidade religiosa tenda ou possa representar uma concorrência desleal ou um abuso do poder econômico, pela tendência de dominação dos mercados e a eliminação da concorrência, ou pelo aumento arbitrário dos lucros, a imunidade deverá ceder, podendo incidir, nesses casos excepcionais, a incidência dos impostos (CF, art. 170, *caput*, IV, c/c art. 173, § 4º).[98]

---

98. Traga-se à colação o magistério de MARTINS, Ives Gandra da Silva. *Imunidades condicionadas e incondicionada: inteligência do artigo 150, VI, e §4º e artigo 195, §7º, da Constituição Federal* (Parecer), in "Revista Dialética de Direito Tributário" São Paulo: Dialética, 1998, p. 68 a 83: "O §4º, todavia, ao falar em atividades relacionadas, poderá ensejar a interpretação de que todas elas são relacionadas, na medida em que destinadas a obter receitas para a consecução das atividades essenciais. Como na antiga ordem, considero não ser essa a interpretação melhor na medida em que poderia ensejar concorrência desleal proibida pelo art. 173, §4º, da Lei Suprema. Com efeito, se uma entidade imune explorasse atividade pertinente apenas ao setor privado, não houvesse a barreira e ela teria condições de dominar mercados e eliminar a concorrência ou pelo menos obter lucros arbitrários, na medida em que adotasse idênticos preços de concorrência, mas livres de impostos. Ora, o texto constitucional atual objetivou, na minha opinião, eliminar, definitivamente, tal possibilidade, sendo que a junção do princípio estatuído nos artigos. 173, §4º, e 150, §4º, impõe a exegese de que as atividades, mesmo que relacionadas indiretamente com aquelas essenciais das entidades imunes enunciadas nos incisos b e c do art. 150, VI, se forem idênticos ou análogos às de outras empresas privadas, não gozariam da proteção imunitória. Exemplificando. Uma entidade imune tem um imóvel e o aluga. Tal locação não constitui atividade econômica desrelacionada de seus objetivos nem fere o mercado ou representa uma concorrência desleal. Tal locação do imóvel não atrai, pois, a incidência do IPTU, ou goza a entidade de imunidade para não pagar imposto de renda. A mesma entidade, todavia, para obter recursos para suas finalidades decide montar uma fábrica de sapatos, porque o mercado da região está sendo explorado por outras fábricas de fins lucrativos, com sucesso. Nesta hipótese, a nova atividade, embora indiretamente referenciada, não é imune, porque poderia ensejar a dominação de mercados ou eliminação de concorrência sobre gerar lucros não tributáveis exagerados se comparados com os de seus concorrentes." À evidência, apenas se a atividade econômica provocar desequilíbrio na concorrência, a imunidade não se lhe aplica, visto que a destinação exclusiva para as finalidades das entidades imunes, que não provoque desequilíbrio na livre concorrência, não retira a imunidade de tais atividades, como acima comentei. No caso da consulente, à evidência, não se aplica o referido dispositivo, na medida em que as doações recebidas não são destinadas a atividades diversas da entidade e sim à difusão de sua Igreja. Só para estas finalidades as esmolas foram ofertadas. Não há, pois, a menor dúvida de que as instituições religiosas são imunes e sua imunidade é incondicionada, apenas havendo a restrição do §4º do art. 150, se as doações recebidas dos fiéis forem destinadas a atividades mercantis - hipótese em que perderiam a imunidade para não gerar concorrência desleal com outras empresas de fins lucrativos, que atuem na mesma área de exploração mercantil escolhida pelas Igrejas.

107. Leandro Paulsen tem buscado as raízes e os motivos do § 4º do art 150, da Constituição da República, de modo que, em relação às prestações de atividades econômicas realizadas por entes imunes, discorda da jurisprudência atual mais extensiva que vem se formando, *in verbis*:

> Não concordamos com o entendimento de que se deva admitir a imunidade de atividades econômicas realizadas por entes imunes desde que o produto seja vertido para finalidade essencial. O §4º exige que o próprio patrimônio, renda e serviços sejam relacionados com as finalidades essenciais; do contrário, não há imunidade. É preciso ter em conta que o art. 170 da Constituição eleva a livre concorrência a princípio de ordem econômica, não podendo restar desconsiderada e ofendida pela extensão desmedida das imunidades a atividades que jamais se pretendeu imunizar.[99]

108. Contudo, em relação a outra realidade da imunidade recíproca, em sessão plenária, em caso peculiar do serviço postal (CF, art. 150, § §2º e 3º), o STF, por ocasião do julgamento do Recurso Extraordinário nº 601.392/PR,[100] considerou imune do ISSQN, com supedâneo na imunidade recíproca do

[...] 1º) Já comentei o §4º do artigo 150 da forma seguinte: Parece-me que o §4º elimina as dúvidas sobre as atividades econômicas de entidades imunes, que não gozam de tal benefício sempre que seus concorrentes estejam sujeitos à imposição tributária. O parágrafo anterior cuidava das mesmas restrições em relação à iniciativa econômica pública no concernente à exploração de atividades econômicas por preço público ou privado. A exceção não beneficia o Estado, à nitidez, teria que ser estendida à iniciativa privada, a fim de que concorrência desleal não se criasse. A redação, todavia, mantém reticências indesejáveis. De rigor, qualquer das entidades imunes que explore variado tipo de atividade econômica, apenas o faz objetivando obter recursos para suas atividades essenciais. O discurso do parágrafo anterior é mais incisivo, contundente e jurídico. O regime jurídico do serviço prestado é aquele que oferta, ou não, imunidade à entidade beneficente. A preocupação de não permitir concorrência desleal ou privilégios na exploração das atividades econômicas levou o constituinte a veicular um discurso mais claro e preciso no concernente aos próprios poderes tributantes ou sua administração autárquica e empresarial."

99. PAULSEN Leandro. *Constituição e Código Tributário comentados à luz da doutrina e da jurisprudência*, 18ª edição, São Paulo: Saraiva, 2017, p. 242 e 243.

100. STF-Pleno. RE 601.392/PR, rel. para o Acórdão Min. Gilmar Mendes, publicado na íntegra na "Revista Fórum de Direito Tributário" nº 66, Belo Horizonte: Ed. Fórum, novembro e dezembro de 2013, p. 189 e 219.

art. 150, *caput*, inciso VI, alínea a e §2º, a Empresa Brasileira de Correios e Telégrafos - EBCT - tanto em relação à mantença dos serviços públicos postais e de correio aéreo nacional (CF/1988, art. 21, *caput*, inciso X), de competência exclusiva da União, quanto as atividades econômicas, ainda que em regime concorrencial, de entrega de pequenas encomendas, sob a justificativa que esta atividade subsidiaria o custeio daquele serviço público deficitário, uma vez que o monopólio dos Correios e Telégrafos está sofrendo um esvaziamento, uma elisão, por conta da evolução tecnológica.

109. Não seria desarrozoado que a nossa Corte Constitucional tivesse, no caso supra, reconhecido a imunidade, permitindo a incidência do tributo, deixando para o orçamento da União a missão de prever receitas para custear dotações complementares necessárias ao custeio dos serviços públicos exclusivos federais deficitários de *manter o serviço postal e o correio aéreo nacional* (CF, art. 21, "caput", X), entretanto o STF, como detentor da última palavra em matéria de interpretação constitucional, decidiu em sentido contrário.

110. No caso supracitado, corroborou, a meu ver com acerto, para essa extensão da imunidade a favor da EBCT, mesmo quando esta empresa pública, de fato uma verdadeira autarquia, já que 100% do seu patrimônio pertence à União, presta atividade econômica em regime concorrencial, mas utilizando-se o produto dessa receita para custear os serviços públicos deficitários da competência exclusiva de manter o serviço postal e o correio aéreo nacional (CF, art. 21, "caput", X), o fato de não existir, nos autos, prova irrefutável da existência de real abuso do poder econômico, não tendo sido comprovado risco de dominação do mercado de entregas de pequenas encomendas nem de eliminação da concorrência nem tendência de aumento arbitrário dos lucros (CF, art. 173, § 4º).[101]

101. STF-Pleno, por ocasião do julgamento do RE 1.320.054 RG, rel. min. Luiz Fux, Tema 1.140, *DJE* de 14/5/2021. assentou que as empresas públicas e as sociedades de economia mista delegatárias de serviços públicos essenciais, que não distribuam

111. Um outro ponto cabe ser enfrentado: Pontes de Miranda, com base na Constituição de 1967 com a Emenda Constitucional nº 1/69, entendia que cessaria a imunidade no caso de as rendas de instituições religiosas fossem enviadas para o exterior,[102] mesmo pela dificuldade de controle por parte do Fisco brasileiro, para a constatação de que a aplicação desse dinheiro foi, realmente, utilizada lá fora na manutenção e expansão dos objetivos das entidades religiosas, ainda que a maioria das religiões tenha mesmo uma abrangência ou vocação universal.

112. Em trabalho anterior, havia adotado a tese no sentido da exigência de que os recursos das instituições religiosas sejam aplicados no Brasil seria inerente à necessidade de controle da finalidade:

> [...] a permissão de remessa de dinheiro para o exterior, sem a perda da imunidade, não deixa de causar uma certa apreensão no espírito de muitos, isto, convenhamos, pela inegável possibilidade de desvio, no exterior, de recursos remetidos por toda e qualquer Igreja sediada no Brasil para outra Igreja do mesmo culto com sede no estrangeiro, sem que o nosso País possa ter controle eficaz dessas malversações. Assim, diante do próprio princípio do devido processo legal material (CF, art. 5º, LIV), e por interpretação extensiva analógica, não deixa de ter, também, razoabilidade a concepção de que, para o gozo da imunidade, as instituições citadas nas alíneas *b* e *c* do inciso VI do artigo 150 da Constituição Brasileira, e no artigo 9º, alínea *b* e *c*, do Código Tributário Nacional, estão obrigadas a aplicar todos os recursos financeiros obtidos no próprio País.[103]

lucros a acionistas privados nem ofereçam risco ao equilíbrio concorrencial, são beneficiárias da imunidade tributária recíproca prevista no artigo 150, VI, "a", da Constituição Federal, independentemente de cobrança de tarifa como contraprestação do serviço.

102. MIRANDA, Francisco Cavalcanti Pontes de. Obra citada, p. 425.

103. SARAIVA FILHO, Oswaldo Othon de Pontes. A imunidade tributária das instituições religiosas, *RFDT* 27, p. 21, 2007.

113. A exegese supra é ainda mais palatável em relação às organizações confessionais de assistência social e de beneficência, posto que amparadas essas entidades tanto pela imunidade tributária religiosa da letra *b* do inciso VI do art. 150, quanto pela imunidade de instituições de educação e de assistência social sem fins lucrativos da letra *c* do inciso VI do mesmo art. 150.

114. De fato, a norma da alínea "c" do inciso VI do "caput" do art. 150 da Constituição Federal estatui que é vedado à União, aos Estados, ao Distrito Federal e aos Municípios instituir impostos sobre patrimônio, renda ou serviços dos partidos políticos, inclusive suas fundações, das entidades sindicais dos trabalhadores, das instituições de educação e de assistência social, sem fins lucrativos, <u>atendidos os requisitos da lei</u>.

115. Por outro lado, o inciso II do art. 146 da Constituição da República atribui competência à lei complementar para regular as limitações constitucionais ao poder de tributar, dentre elas as imunidades tributárias.[104]

116. Não se pode dizer que não esteja dentro da moldura de uma interpretação jurídica possível a exegese no sentido de que o dispositivo constitucional do art. 146, *caput*, inciso II amplia, além das previsões explícitas da alínea *c* do inciso VI do *caput* do art. 150 do Estatuto Político,[105] a possibilidade de lei complementar estabelecer os requisitos para o gozo tanto da imunidade de impostos das instituições de educação e de assistência social sem fins lucrativos, quanto das instituições religiosas.

---

104. CF/1988. *Art. 146. Cabe à lei complementar: [...] II – regulamentar as limitações constitucionais ao poder de tributar;*

105. *CF/1988. Art. 150. Sem prejuízo de outras garantias asseguradas ao contribuinte, é vedado à União, aos Estados, ao Distrito Federal e aos Municípios: [...] VI - instituir impostos sobre: [...] c) patrimônio, renda ou serviços dos partidos políticos, inclusive suas fundações, das entidades sindicais dos trabalhadores, das instituições de educação e de assistência social, sem fins lucrativos, atendidos os requisitos da lei;*

117. Insofismável é que o § 4º do art. 150 da Constituição da República reza que só estão imunes de impostos e da contribuição sobre bens e serviços o patrimônio, a renda dos serviços de entidades religiosas e templos de qualquer culto, inclusive suas organizações assistenciais e beneficentes e dos partidos políticos, inclusive suas fundações, das entidades sindicais dos trabalhadores, das instituições de educação e de assistência social, sem fins lucrativos, atendidos os requisitos da lei, se estiverem relacionados com as finalidades dessas entidades.

118. Portanto, não há dúvida de que apenas são imunes em relação às entidades e organizações religiosas o patrimônio, a renda e os serviços relacionados com as suas finalidades essenciais no Brasil.

119. A controvérsia permanece quanto ao envio de recursos para o exterior, tendo em vista que a nossa Corte Constitucional não teve, ainda, a oportunidade de dizer a última interpretação constitucional, para assentar se esse envio estaria também amparado pela imunidade do art. 150, VI, "b".

120. Impende observar que, embora o § 4º do art. 150 da Constituição da República estabeleça que a fruição das imunidades expressas no inciso VI, alíneas "b" e "c" do mesmo artigo dependa que os correspondentes patrimônio, a renda e os serviços sejam relacionados com as finalidades essenciais das entidades nelas mencionadas, colime-se que o preceito constitucional da alínea "b" do inciso VI do "caput" do art. 150 não faz referência expressa à necessidade de lei para disciplinar outras características intrínsecas dos templos de qualquer culto nem de suas organizações assistenciais e beneficentes.

121. A seu turno, a Lei nº 5. 172, de 25 de outubro de 1966 - o Código Tributário Nacional (CTN) - lei ordinária recebida pela Constituição de 1988 com *status* de lei

complementar, no seu art. 14, "caput", incisos I e III, não impõe como requisitos para o gozo da imunidade tributária religiosa outra condição, a não ser os seguintes requisitos compatíveis com a aplicação do patrimônio, renda e serviços relacionados às suas finalidades essenciais: *não distribuírem qualquer parcela de seu patrimônio ou de suas rendas, a qualquer título* (inciso I) e a mantença de escrituração de suas receitas e despesas em livros revestidos de formalidades capazes de assegurar sua exatidão.

122. Já quanto ao requisito do inciso II do art. 14 do CTN,[106] o requisito de aplicação integral, no País, dos seus recursos na manutenção dos seus objetivos institucionais, tal condição por expressa disposição legal apenas incide sobre as entidades previstas na alínea "c" do inciso IV do art. 9º do CTN, ou seja, sobre o patrimônio, a renda ou serviços dos partidos políticos, inclusive suas fundações, das entidades sindicais dos trabalhadores, das instituições de educação e de assistência social, sem fins lucrativos.

123. Assim, pela própria natureza e espírito dessa imunidade, e tendo em mente o disposto no § 4º, do artigo 150, da Constituição brasileira, extensível às instituições e organizações religiosas, para elas fazerem jus ao reconhecimento da imunidade de impostos do anteriormente chamado apenas de imunidade dos templos de qualquer culto, devem essas entidades comprovar que o seu patrimônio, a sua renda e os seus serviços estão relacionados com as suas

---

106. CTN. Art. 14. O disposto na alínea c do inciso IV do artigo 9º é subordinado à observância dos seguintes requisitos pelas entidades nele referidas: I – não distribuírem qualquer parcela de seu patrimônio ou de suas rendas, a qualquer título; (Redação dada pela LC 104/2001); II - plicarem integralmente, no País, os seus recursos na manutenção dos seus objetivos institucionais; III - manterem escrituração de suas receitas e despesas em livros revestidos de formalidades capazes de assegurar sua exatidão. §1º Na falta de cumprimento do disposto neste artigo, ou no §1º do artigo 9º, a autoridade competente pode suspender a aplicação do benefício. §2º Os serviços a que se refere a alínea c do inciso IV do artigo 9º são exclusivamente, os diretamente relacionados com os objetivos institucionais das entidades de que trata este artigo, previstos nos respectivos estatutos ou atos constitutivos.

finalidades essenciais; que não distribuam qualquer parcela do seu patrimônio ou de suas rendas, a qualquer título (CTN, art. 14, I – redação dada pela Lei Complementar nº 104/2001), e que mantenham escrituração de suas receitas e despesas em livros revestidos de formalidades capazes de assegurar a sua exatidão, podendo, a Administração Tributária, verificado o não cumprimento de um ou alguns desses requisitos, suspender a imunidade (art. 14, incisos I e III, § § 1º e 2º) após o devido processo legal com a oportunidade dada para o contraditório e a ampla defesa com os meios e recursos a ela inerentes (CF. art. 5º, LIV e LV).

124. Traga-se à colação os bem elaborados trechos do parecer de Ives Gandra da Silva MARTINS, embora não isento de controvérsia, nomeadamente no que tange à diferenciação feita entre Igrejas tradicionais e universais e Igrejas tidas como seitas novas locais ou regionais:

> Fora a hipótese do §4º [do inciso VI, do art. 150, da CF] não há qualquer limitação imposta às Igrejas na aplicação de seus recursos, lembrando-se que as Igrejas históricas cristãs, de fundadores conhecidos, são igrejas plurinacionais, em que os fiéis comungam da mesma crença e ideais, independentemente da nação em que vivem, e se autoauxiliam na expansão da fé e dos princípios de caridade e benemerência. O toque mais relevante de tais igrejas é a sua universalidade e sua autocomunicação, como acontece com a Igreja Católica Romana, cujas diretrizes de preservação da fé e de definição missionária se conformam em Roma, ou com a Igreja Adventista, cuja *General Conference Corporation of Seventh-Day Adventists* está sediada nos Estados Unidos. Em outras palavras, todas as igrejas históricas são Igrejas Universais, espalhando seus movimentos catequéticos e suas obras de benemerência e difusão da fé e valores por todo o mundo. A estas Igrejas históricas - e não a seitas oportunistas - é que o constituinte endereçou a imunidade, ao referir-se aos Templos de qualquer culto -, leia-se instituições históricas religiosas de qualquer culto -, visto que são essenciais na preservação de valores fundamentais à vida do ser humano na terra com dimensão sobrenatural. E por serem plurinacionais e históricas, o constituinte, ao formatar a imunidade incondicionada, não deixou de considerar aquela das Igrejas, visto que, na sua origem, os

recursos humanos e materiais trazidos para o Brasil - e que lhe foram úteis - vieram do exterior, quase sempre do país onde se localiza a sede da instituição. Por esta razão, ao conceder, o constituinte, a imunidade às Igrejas históricas - não às seitas – nitidamente concedeu-a a instituição plurinacional e não a instituição regional, que, de resto, não existe isoladamente. O ramo cortado da árvore é um ramo morto e a Igreja local, desvinculada da universalidade de seu credo, seria um ramo morto pois cortado da árvore mãe. [...] 2) Não há qualquer negação às condições ou exigências fixadas no CTN (art. 9º e 14) ou qualquer outra lei [...] visto que tal condicionamento apenas é exigido das entidades elencadas no inciso VI, letra *c*, e não na letra *b*. Como demonstrei no carpo do parecer, as imunidades elencadas (objetivas e subjetivas) nas letras *a*, *b* e *d* são incondicionadas. E as imunidades vinculadas à letra *b* apenas são desconsideradas se destinadas, as doações recebidas, a atividades mercantis que descompassem a livre concorrência. Manifestamente, não há limitação legal à imunidade dos templos de qualquer culto, como o texto constitucional demonstra. 3) [...] Uma Igreja sediada no exterior, autorizada a funcionar no Brasil, que recebe doações de esmolas para espalhar sua fé para todas as nações e que, em contrapartida, muitas vezes envia doações à Igreja local, pode beneficiar-se, na remessa para tais finalidades, da imunidade não condicionada, visto que a legislação infraconstitucional que proíbe tais remessas é somente aplicável às instituições elencadas na letra *c* do inciso VI, do artigo 150 da CF. Nada na Constituição impede a remessa para tais finalidades, que, se fossem deturpadas, poderiam, inclusive, prejudicar a própria igreja no país. Conformada a destinação apostólica e missionária, dos recursos para expansão da fé, tais recursos gozam de imunidade, visto que a vedação do art. 14 do CTN não se aplica às instituições mencionadas na letra *b* do inciso VI, da Constituição Federal. 4) A consequência da resposta ao quesito anterior é que podem, desde que a destinação seja para a expansão da fé e para as missões, visto que não há restrição constitucional a que tais remessas se façam. Não vejo porque aplicar a tributação na fonte para remessas objetivando exclusivamente a propagação da fé, lembrando-se que qualquer legislação inferior ou resolução do Banco Central impeditiva feriria e macularia a própria Constituição, se exigido pagamento do imposto de renda para a remessa. 5) A Igreja sediada no exterior não é pessoa jurídica reconhecida no país, razão pela qual a doação deveria ser feita à Igreja situada no Brasil para remessa à Igreja situada no exterior e com a finalidade de expansão da fé. Poder-se-ia argumentar que o fato de não haver limitação aos templos de qualquer culto, na dicção constitucional, a remessa não poderia ser proibida. Não creio, todavia, que o Judiciário e a Receita aceitassem tal exegese, com o que haveria necessidade de o dinheiro transitar por Igreja brasileira.[107]

125. Destarte, parece que a interpretação que tende a prevalecer é aquela no sentido de que a exigência de aplicação integral, no País, dos seus recursos na manutenção dos seus objetivos institucionais (CTN, art. 14, "caput", II) não se aplica às entidades religiosas nem às suas organizações assistenciais e beneficentes.

126. Um outro aspecto que merece análise diz respeito ao segundo quesito, isto é, sobre remuneração recebida para si, como pessoa física, pelos padres, pastores, pais-de-santo, monges budistas etc, como contraprestação dos serviços, mesmo os serviços religiosos, que realizam, bem como no que concerne ao patrimônio pessoal deles, que não estão em nome da instituição religiosa nem em nome de organização assistencial ou beneficente.

127. Bem, cabe responder este segundo quesito, ponderando que aí deve prevalecer a regra geral da tributação, em respeito ao princípio da vedação de tratamento desigual entre contribuintes que se encontrem em situação equivalente, proibida qualquer distinção em razão da ocupação profissional ou função por eles exercida, independentemente da denominação jurídica dos rendimentos, títulos ou direitos (art. 150, II CF)[108] e da capacidade contributiva (art. 145, § 1º, CF),[109]

---

107. MARTINS, Ives Gandra da Silva. Parecer e periódico já citados, 68 a 83.

108. CF. *Art. 150. Sem prejuízo de outras garantias asseguradas ao contribuinte, é vedado à União, aos Estados, ao Distrito Federal e aos Municípios:* [...] *II - instituir tratamento desigual entre contribuintes que se encontrem em situação equivalente, proibida qualquer distinção em razão de ocupação profissional ou função por eles exercida, independentemente da denominação jurídica dos rendimentos, títulos ou direitos;*

109. CF. *Art. 145.* [...] ***§1º*** *Sempre que possível, os impostos terão caráter pessoal e serão graduados segundo a capacidade econômica do contribuinte, facultado à administração tributária, especialmente para conferir efetividade a esses objetivos, identificar, respeitados os direitos individuais e nos termos da lei, o patrimônio, os rendimentos e as atividades econômicas do contribuinte.*

e pelos critérios da generalidade e da universalidade que informam o imposto de renda (art. 153, § 2º, I, CF).[110]

128. A propósito, nesse diapasão é o magistério de Aliomar Baleeiro, que assim expõe o seu entendimento:

> E a espórtula do sacerdote, padre, pastor, pelos atos remunerados do culto? Nenhuma regra se encontra na Constituição, de sorte que deve prevalecer o princípio geral da tributação, se não houver isenção por lei especial. Prevalece o imposto de renda, que, entretanto, não poderá ser discriminado quer para tratamento diferencial entre sacerdotes de cultos diversos, quer entre sacerdócio e trabalho da mesma categoria intelectual.[111]

129. Antes de concluir esta seção, insta destacar que, por ocasião do julgamento do Recurso Extraordinário nº 578.562/BA, o STF decidiu que os cemitérios, não os explorados economicamente com finalidade lucrativa, mas os que consubstanciam extensões de entidades de cunho religioso, estão abrangidos pela imunidade de impostos contemplada no art. 150, VI, *b*, da Constituição Federal, daí a Impossibilidade da incidência de IPTU em relação a eles. Ratificou o STF que a imunidade aos tributos de que gozam os templos de qualquer culto é projetada a partir da interpretação da totalidade do texto da Constituição e, sobretudo, do disposto nos arts. 5º, VI; 19, I; 150, VI, *b*, e § 4º.[112]

---

110. CF. *Art. 153.* [...] §2º *O imposto previsto no inciso III: I - será informado pelos critérios da generalidade, da universalidade e da progressividade, na forma da lei;*

111. Com base na Carta Magna de 1967-1969, BALEEIRO, Aliomar. *Limitações constitucionais ao poder de tributar*, 8ª edição, Rio de Janeiro: Forense, 2010, p. 503.

112. STF-Pleno. RE 578.562/BA, rel. Min. Eros Grau, j. 21/5/2008, *RTJ* vol. 206-2, p. 906. "EMENTA: RECURSO EXTRAORDINÁRIO. CONSTITUCIONAL. IMUNIDADE TRIBUTÁRIA. IPTU. ARTIGO 150, VI, "B", CB/88. CEMITÉRIO. EXTENSÃO DE ENTIDADE DE CUNHO RELIGIOSO. 1. Os cemitérios que consubstanciam extensões de entidades de cunho religioso estão abrangidos pela garantia contemplada no artigo 150 da Constituição do Brasil. Impossibilidade da incidência de IPTU em relação a eles. 2. A imunidade aos tributos de que gozam os templos de qualquer culto é projetada a partir da interpretação da totalidade que o texto da Constituição é,

130. Mencione-se, outrossim, que o STF decidiu que a imunidade de impostos, conferida pelo artigo 150, VI, "b" e § 4º, da Constituição da República, é restrita às instituições religiosas, aos templos de qualquer culto religioso e as suas organizações assistenciais e beneficentes, não se aplicando à maçonaria, em cujas lojas não se professa religião alguma.[113]

131. Insta ressaltar que as imunidades tributárias religiosas não abrangem as entidades de inspiração demoníaca, de negação dos planos de Deus, nem suas rendas, seus bens nem cultos satânicos, por contrariarem a teleologia do texto constitucional e a seus valores, inclusive, em homenagem ao preâmbulo da nossa Lei Maior,[114] que serve com

---

sobretudo do disposto nos artigos 5º, VI, 19, I e 150, VI, *b*. 3. As áreas da incidência e da imunidade tributária são antípodas. Recurso extraordinário provido."

113. STF-1ª Turma. RE 562.351/RS, rel. min. Ricardo Lewandowski, j. 4/9/2012, *RTJ* vol. 228-1, p. 528. "Ementa: CONSTITUCIONAL. RECURSO EXTRAORDINÁRIO. IMUNIDADE TRIBUTÁRIA. ART. 150, VI, *C*, DA CARTA FEDERAL. NECESSIDADE DE REEXAME DO CONJUNTO FÁTICO-PROBATÓRIO. SÚMULA 279 DO STF. ART. 150, VI, *B*, DA CONSTITUIÇÃO DA REPÚBLICA. ABRANGÊNCIA DO TERMO *TEMPLOS DE QUALQUER CULTO*. MAÇONARIA. NÃO CONFIGURAÇÃO. RECURSO EXTRAORDINÁRIO CONHECIDO EM PARTE E, NO QUE CONHECIDO, DESPROVIDO. I – O reconhecimento da imunidade tributária prevista no art. 150, VI, c, da Constituição Federal exige o cumprimento dos requisitos estabelecidos em lei. II – Assim, para se chegar-se à conclusão se o recorrente atende aos requisitos da lei para fazer jus à imunidade prevista neste dispositivo, necessário seria o reexame do conjunto fático-probatório constante dos autos. Incide, na espécie, o teor da Súmula 279 do STF. Precedentes. III – A imunidade tributária conferida pelo art. 150, VI, *b*, é restrita aos templos de qualquer culto religioso, não se aplicando à maçonaria, em cujas lojas não se professa qualquer religião. IV - Recurso extraordinário parcialmente conhecido, e desprovido na parte conhecida."

114. Leciona Manoel Gonçalves FERREIRA FILHO (*Comentários à Constituição Brasileira de 1988*, Volume 1, p. 15), que, "embora o preâmbulo da Constituição não tenha força obrigatória, destina-se a indicar a intenção do constituinte. *Por essa* razão *deve ser levado em conta quando da interpretação das normas. constitucionais*, já que contém *afirmações de princípios* inspiradores da Constituição."

relevante vetor interpretativo e que diz ser Constituição de 1988 promulgada sob a proteção de Deus[115-116]

132. Cumpre mencionar que, consoante a Súmula nº 730 do STF, a imunidade do art. 150, VI, "c" não alcança entidades de previdência privada em que haja participação contributiva do beneficiário.

133. Um aspecto que merece referência é a hipótese do patrimônio, renda ou serviço de qualquer religião de qualquer templo ou instituição religiosa estarem afetados a fins assistenciais ou educacionais sem fins lucrativos, ou seja, o exercício de atividade assistencial ou de beneficência, ainda que parcialmente gratuita, em benefício do próximo ou dos necessitados, o que é próprio da caridade pregada, tendo em vista que, em verdade, a fé e a esperança sem obras de caridade são mortas.

---

115. SARAIVA FILHO, Oswaldo Othon de Pontes. *A imunidade das instituições religiosas*, in "Revista Fórum de Direito Tributário" - *RFDT* - nº 27, Belo Horizonte: Editora Fórum, maio e junho de 2007, p. 34: "Embora a imunidade dos templos de qualquer culto seja, em regra, incondicionada, deduz-se, diante do próprio texto constitucional, que tal imunidade, além de não alcançar as atividades econômicas não relacionadas com as finalidades essenciais das instituições religiosas (§4º do art. 150), ou que possam causar a tendência que seja de concorrência desleal, não abrange os templos de inspiração demoníaca, nem cultos satânicos, nem suas instituições, por contrariar a teleologia do texto constitucional e em homenagem ao preambulo de nossa Constituição, que diz ser a mesma promulgada sob a proteção de Deus."

116. Celso Ribeiro BASTOS e Ives Gandra da Silva MARTINS (*Comentários à Constituição do Brasil*, t. 1, p. 180), ponderam: "Entendo que o benefício para os templos de qualquer culto não abrange os cultos à negação de Deus. Como a Constituição foi promulgada *sob a proteção de Deus* seria irracional que se desse imunidade aos templos de cultos demoníacos, posto que seriam a negação do preâmbulo do Texto Superior. Por fim, resta o aspecto relacionado a determinados cultos, que embora dirigidos a Deus põem em risco a própria sociedade, como alguns processos iniciados pela Polícia Federal estão a demonstrar. A proliferação de seitas que exploram a população, a título de servir a Deus, exige reflexão de juristas e autoridades. Entendo eu que cada caso deva ser estudado separadamente. Não abrangeu a imunidade certas atividades que apenas em nome de Deus são constituídas, mas que objetivam enriquecer seus dirigentes, principalmente quando as virtudes humanas mais elementares não são o corolário de sua pregação. Tais seitas ou agrupamentos são mais semelhantes aos *hyppies* modernos do que a uma serena, altruísta e aberta dedicação ao Senhor Deus Criador do Universo."

134. Nesse caso, cuida-se de imunidade religiosa, semelhantemente com a imunidade das instituições de educação e de assistência social, ou de entidades beneficentes de assistência social, nos termos do art. 150, VI, *c*, e § 4º - imunidade de impostos - e do art. 195, § 7º - imunidade de contribuições para a seguridade social, ambos da Constituição Federal de 1988.

135. Esta questão foi esclarecida pela Emenda Constitucional nº 132/2023, que dá nova redação à alínea "b" ao inciso VI do art. 150 da Constituição da República, explicitando que são imunes de impostos entidades religiosas e templos de qualquer culto, inclusive suas organizações assistenciais e beneficentes.

136. De modo que se pode dizer que a Emenda Constitucional nº 132/2023 da reforma tributária não alargou, na nova redação dada ao art. 150, inciso VI, letra "b", o espectro das imunidades das instituições religiosas em relação ao texto anterior, apenas tornou o teor dessas imunidades explícitos ou mais claros.

V – A IMUNIDADE DE CONTRIBUIÇÕES PARA A SEGURIDADE SOCIAL DAS INSTITUIÇÕES RELIGOSAS BENEFICENTES DE ASSISTÊNCIA SOCIAL

137. Dispõe a Carta Política, de 1988, no seu art. 195, § 7º, que "são isentas de contribuição para a seguridade social as entidades beneficentes de assistência social que atendam às exigências estabelecidas em lei".

138. Embora o constituinte, por evidente equívoco redacional, tenha utilizado a expressão "são isentas", em verdade, trata este preceptivo constitucional não de uma previsão constitucional de isenção, mas de uma verdadeira imunidade tributária específica, posto que a exoneração tributária foi estabelecida diretamente pela norma

constitucional do § 7º do art. 195, tratando-se, pois, de uma limitação constitucional ao poder de tributar.[117]

139. É sabido que isenção decorre de norma infraconstitucional, já a imunidade decorre imediatamente de norma constitucional.

140. Este entendimento foi firmado pelo STF, em 11 de novembro de 1999, no ensejo do julgamento do pedido de Medida Cautelar na Ação Direta de Inconstitucionalidade nº 2.028/DF,[118] confirmado no julgamento do mérito da ADI nº 2.028, em 2 de março de 2017,[119] e no julgamento, em

---

117. Nesse diapasão, cf. na doutrina: PAULSEN, Leandro. *Curso de direito tributário completo*, 9ª edição, São Paulo: Saraiva, 1988, p. 127. CARVALHO, Paulo de Barros. *Curso de direito tributário*, 28ª edição, São Paulo: Saraiva, 2017, p. 213. COÊLHO, Sacha Calmon Navarro. *Curso de direito tributário brasileiro*, 15ª edição, Rio de janeiro: Forense, 2016, p. 127.

118. STF-Pleno. ADI 2.028 MC/DF, rel. Min. Moreira Alves, in *DJ* de 16/6/2000, p. 31.

119. STF-Pleno. ADI 2.028/DF, rel. para o Acórdão Min. Rosa Weber, publicado na íntegra na "Revista Fórum de Direito Tributário" nº 90, Belo Horizonte: ed. Fórum, novembro e dezembro de 2017, p. 211 a 272. "EMENTA AÇÃO DIRETA DE INCONSTITUCIONALIDADE. CONVERSÃO EM ARGUIÇÃO DE DESCUMPRIMENTO DE PRECEITO FUNDAMENTAL. CONHECIMENTO. IMUNIDADE. CONTRIBUIÇÕES SOCIAIS. ARTS. 146, II, e 195, § 7º, DA CONSTITUIÇÃO FEDERAL. REGULAMENTAÇÃO. LEI 8.212/91 (ART. 55). DECRETO 2.536/98 (ARTS. 2º, IV, 3º, VI, §§ 1º e 4º e PARÁGRAFO ÚNICO). DECRETO 752/93 (ARTS. 1º, IV, 2º, IV e §§ 1º e 3º, e 7º, § 4º). ENTIDADES BENEFICENTES DE ASSISTÊNCIA SOCIAL. DISTINÇÃO. MODO DE ATUAÇÃO DAS ENTIDADES DE ASSISTÊNCIA SOCIAL. TRATAMENTO POR LEI COMPLEMENTAR. ASPECTOS MERAMENTE PROCEDIMENTAIS. REGRAMENTO POR LEI ORDINÁRIA. Nos exatos termos do voto proferido pelo eminente e saudoso Ministro Teori Zavascki, ao inaugurar a divergência: 1. "[...] fica evidenciado que (a) entidade beneficente de assistência social (art. 195, § 7º) não é conceito equiparável a entidade de assistência social sem fins lucrativos (art. 150, VI); (b) a Constituição Federal não reúne elementos discursivos para dar concretização segura ao que se possa entender por modo beneficente de prestar assistência social; (c) a definição desta condição modal é indispensável para garantir que a imunidade do art. 195, § 7º, da CF cumpra a finalidade que lhe é designada pelo texto constitucional; e (d) esta tarefa foi outorgada ao legislador infraconstitucional, que tem autoridade para defini-la, desde que respeitados os demais termos do texto constitucional.". 2. "Aspectos meramente procedimentais referentes à certificação, fiscalização e controle administrativo continuam passíveis de definição em lei ordinária. A lei complementar é forma somente exigível para a definição do modo beneficente de atuação das entidades de assistência social contempladas pelo art. 195, § 7º, da CF, especialmente no que se refere

13 de fevereiro de 2014, do Recurso Extraordinário com repercussão geral nº 636.941/RS, tendo ficado expresso na Ementa deste último Acórdão: "A isenção prevista na Constituição Federal (art. 195, § 7º) tem conteúdo de regra de supressão de competência tributária, encerrando verdadeira imunidade".[120]

141. A expressão do preceptivo constitucional, em comento, "de contribuições para a seguridade social", nos termos do *caput* do art. 194 da Constituição da República,[121] abrange contribuições para o custeio da saúde, da previdência social, da assistência social propriamente dita, esta nos termos do art. 203 da Carta Magna,[122] que dispensa contribuição do beneficiário mediato, alcançando as ações concernentes às creches, aos orfanatos, às casas de velhinhos etc., inclusa na assistência social a atuação concernente à educação e à cultura.

142. Esta norma do § 7º do art. 195 só confere imunidade de contribuição para a seguridade social para as organizações beneficentes de assistência social, repita-se as que

---

à instituição de contrapartidas a serem observadas por elas.". 3. Procedência da ação "nos limites postos no voto do Ministro Relator". Arguição de descumprimento de preceito fundamental, decorrente da conversão da ação direta de inconstitucionalidade, integralmente procedente."

120. STF-Pleno. RE 636.941 RG/RS, rel. Min. Luiz Fux, Acordão publicado na íntegra in "Revista Fórum de Direito Tributário" nº 70, Belo Horizonte: Ed. Fórum, julho e agosto de 2014, p. 193 a 216.

121. CF. Art. 194, "caput": *A seguridade social compreende um conjunto integrado de ações de iniciativa dos Poderes Públicos e da sociedade, destinadas a assegurar os direitos relativos à saúde, à previdência e à assistência social.*

122. CF. *Art. 203. A assistência social será prestada a quem dela necessitar, independentemente de contribuição à seguridade social, e tem por objetivos: I - a proteção à família, à maternidade, à infância, à adolescência e à velhice; II - o amparo às crianças e adolescentes carentes; III - a promoção da integração ao mercado de trabalho; IV - a habilitação e reabilitação das pessoas portadoras de deficiência e a promoção de sua integração à vida comunitária; V - a garantia de um salário mínimo de benefício mensal à pessoa portadora de deficiência e ao idoso que comprovem não possuir meios de prover à própria manutenção ou de tê-la provida por sua família, conforme dispuser a lei.*

prestam serviços de caridade gratuitos pelo menos a parte dos seus assistidos, pessoas carentes que não poderiam pagar por tal assistência, inclusas as Igrejas,[123-124] não alcançando a contribuição previdenciária devida pelos trabalhadores ou religiosos (CF, art. 195, *caput*, inciso II)[125] nem as contribuições sociais gerais nem as contribuições de interesse de categorias profissionais ou econômicas nem as contribuições de intervenção no domínio econômico (CF, art. 149, *caput*) nem as taxas (CF, art. 145, *caput*, inciso II), nem contribuição de melhoria (CF, art. 145, *caput*, inciso III) nem empréstimo compulsório (CF, art. 148).

143. Nesse diapasão, traga-se à colação o entendimento de José Eduardo Soares de Melo concernente à imunidade do § 7º do art. 195 da Lei Maior: "[...] tais entidades não ficam desobrigadas de promover a retenção de tributos na fonte, na qualidade de responsáveis, sendo os benefícios tributários exclusivos aos diretamente relacionados

---

123. PAULSEN, Leandro (*Curso...* obra citada, p. 128): *Essa imunidade diz respeito às contribuições de seguridade social, abrangendo, portanto, as contribuições previdenciárias, as contribuições PIS e COFINS, inclusive nas importações, e a contribuição social sobre o lucro. Contribuições com outras finalidades, ainda que incidentes sobre as mesmas bases, não são alcançadas. Por isso, o STF já decidiu que a imunidade do art. 195, §7º, da CF não abrange as contribuições destinadas a terceiros, como é o caso das contribuições ao SESC, Senac, Sebrae, Incra, Apex e ABDI* (STF-T1, RE 849.126 AgR/PR, rel. Min. Luiz Fux, *DJe*-174, public. 4/9/2015).

124. STF-1ª Turma. RE 741.918 AgR/SP, rel. Marco Aurélio, *DJe*-65, public. 2/4/2014. Trecho da Ementa do Acórdão: "A imunidade prevista no art. 195, §7º, da CF incide apenas em relação ao contribuinte de direito do PIS e da Cofins, não impedindo a incidência dos chamados tributos indiretos."

125. Assim dispõe o 195, *caput*, inciso II, da CF: *A seguridade social será financiada por toda a sociedade, de forma direta e indireta, nos termos da lei, mediante recursos provenientes dos orçamentos da União, dos Estados, do Distrito Federal e dos Municípios, e das seguintes contribuições sociais: [...] II – do trabalhador e dos demais segurados da previdência social, não incidindo contribuição sobre aposentadoria e pensão concedidas pelo regime geral de que trata do art. 201.*

com os objetivos institucionais, previstos em seus atos constitutivos."[126-127-128]

144. Estão, assim, imunes as entidades beneficentes de assistência social e as instituições religiosas ou Igrejas prestadoras de atividades gratuitas, ainda que parcialmente, de assistência social das contribuições para a seguridade social sobre folha de salários e demais rendimentos do trabalho pagos à pessoa física, sobre receita ou faturamento (COFINS, PIS/PASEP, enquanto não forem extintos), sobre o lucro (CSLL), sobre importação de bens e serviços (CF, art. 195, *caput*, inciso I, alíneas *a*, *b* e *c* e inciso IV, art. 239), sobre a contribuição para a seguridade social sobre bens e serviços (CBS).

145. Insta ressaltar, conforme jurisprudência firmada pelo STF, que *entidade beneficente de assistência social* (CF,

---

126. MELO, José Eduardo Soares de. *Contribuições sociais no sistema tributário*, 2ª ed. São Paulo: Malheiros, 1996, p. 201.

127. Consoante Regina Helena COSTA: "O §1º do art. 9º, do CTN, ao qual faz remissão o §1º do art. 14, prescreve que as imunidades não excluem a atribuição, por lei, às entidades beneficiadas, da condição de responsáveis pelos tributos que lhes caiba reter na fonte, e não a dispensa da prática de atos, previstos em lei, assecuratórios do cumprimento de obrigações tributárias por terceiros. Vale dizer: tais entidades não se eximem da condição de responsáveis pelo recolhimento de tributos devidos por outrem, nem do cumprimento de deveres instrumentais tributários." In *Curso de direito tributário: Constituição e Código tributário Nacional*, 8ª edição, São Paulo: Saraiva, 2018, p. 120.

128. Cf. Acórdão do STJ-2ª Turma, do julgamento do REsp 1.480.918/RS, rel. para o Acórdão Min. Mauro Campbell Marques, publicado na íntegra in "Revista Fórum de Direito Tributário dos Tribunais" nº 92, Belo Horizonte: Ed. Fórum, março e abril de 2018, p. 267 a 298. Ementa do Acórdão: "Tributário. Imposto de renda. Remessa de juros ao exterior. Art. 11 do Decreto-Lei nº 401/1968. Erro de técnica legislativa. Responsabilidade por substituição. Imunidade do substituto. Condição que não o exonera do dever de reter o imposto de renda. Descabimento da exportação a terceiro residente no exterior de benefício tributário personalíssimo." Cf., também, SARAIVA FILHO, Oswaldo Othon de Pontes. Comentário acerca desse "Decisum" – *Entidade de assistência social, embora imune, na condição de responsável tributário substituto, deve recolher o imposto retido na fonte devido por contribuinte, terceiro residente no exterior, não podendo este usufruir de benefício tributário personalíssimo*, in "Revista dos Tribunais", ano 107, vol. 991, São Paulo: Ed. Revista dos Tribunais - Thomson Reuters, maio de 2018, p. 660 a 673.

art. 195, § 7º) não é conceito equiparável **à** *entidade de assistência social* (CF, art. 150, VI, *c*).[129]

146. As entidades beneficentes de assistência social, inclusas nessa categoria as instituições religiosas, além de não terem finalidade lucrativa, ou seja, não visarem ao lucro, exigência comum com as instituições de educação e de assistência social sem fins lucrativos, têm, para diferenciá-las, algum grau de gratuidade em relação aos serviços de assistência social, no sentido amplo da expressão, que presta à parcela ou a determinado setor da coletividade, não sendo exigível, para o gozo da imunidade do art. 195, § 7º, da Lei Suprema, que essas entidades sejam totalmente filantrópicas, ou seja, que sejam instituições que não cobram, em hipótese alguma, pelos serviços assistenciais que prestam, sobrevivendo através de subvenções públicas ou de doações de particulares.

147. Portanto, as entidades beneficentes de assistência social, nelas inclusas as Igrejas, devem cumprir maior exigência do que as instituições de educação e de assistência social sem fins lucrativos, visto que é preciso para o merecimento da imunidade do § 7º do artigo 195 da Superlei que preste, pelo menos, parte dos seus serviços de assistência social de forma gratuita a determinado setor da sociedade, existindo para elas menor exigência do que as entidades filantrópicas, uma vez que não estão obrigadas a prestar todos os seus serviços assistenciais gratuitamente, incluem-se, outrossim, entre as instituições amparadas pela imunidade genérica dos impostos com base em outro preceptivo constitucional: a norma do artigo 150, *caput*, inciso VI, alíneas *b* e *c*, *in fine*, e §4º, da Constituição Federal.[130]

---

129. Nesse sentido, cf: STF-Pleno. ADI 2.036 MC/DF, rel. Min. Moreira Alves, in *DJ* 16/6/2000, p. 31; ADI 2.028/DF; ADI 2.036/DF, em ambas as Emendas rel. para o Acórdão Min. Rosa Weber, in *DJe*-95, public. 18/5/2017.

130. Regina Helena COSTA (obra citada, p. 130, 134 e 135) diferencia, pelo critério da parcial gratuidade da prestação de serviços de assistência social, as entidades

148. Conforme já explicitado, em se tratando de instituições religiosas ou Igrejas e de suas organizações confessionais assistências de beneficência, excluídas desta imunidade as entidades meramente de assistência social sem fins lucrativos, não é exigível que sejam, integralmente, aplicados, apenas no Brasil, os seus recursos na manutenção dos seus objetivos institucionais.

149. Cabe esclarecer que, obviamente, as entidades apenas filantrópicas, que as próprias Igrejas, conforme o caso, também podem se identificar, têm direito tanto à imunidade de impostos e da contribuição sobre bens e serviços, das entidades de educação e de assistência social sem fins lucrativos, como também à imunidade de contribuições para seguridade social das entidades beneficentes de assistência social.

150. Todavia, não possuem esses direitos as entidades com fins lucrativos, nas quais o objetivo existente é de

---

beneficentes de assistência social, inclusas os templos de qualquer culto, das instituições de assistência social sem fins lucrativos: "Interessante cotejar, no que respeita às instituições de assistência social, a dicção do art.150, VI, c, – hospedeiro da imunidade sob comento –, com a do art. 195, § 7º – continente da imunidade concernente a contribuições para a seguridade social. No primeiro dispositivo, exige-se que a instituição de assistência social não detenha finalidade lucrativa; no segundo, impõe-se que a entidade seja beneficente. Entidade beneficente não possui finalidade lucrativa, mas, além disso, é aquela que dedica suas atividades, ainda que parcialmente, ao atendimento gratuito dos necessitados. A gratuidade dos serviços prestados é, portanto, elemento caracterizador da beneficência. E, se assim é, a gratuidade dos serviços não é exigência para a fruição da imunidade do art. 150, VI, c, pelas instituições de assistência social sem fins lucrativos. Vale reiterar que os conceitos de *instituição de assistência social sem fins lucrativos* empregados no art. 150, VI, c, e o de "entidade beneficente de assistência social", estampada no dispositivo sob comento [CF, art. 195, § 7º], ainda que eventualmente se sobreponham, não coincidem exatamente. [...] No entanto, para fruir a imunidade, em tela, mais que entidade de assistência social, tem ela de ser beneficente. Desse modo, a par de dedicar-se às atividades mencionadas, sem finalidade lucrativa, parte delas deve voltar-se ao atendimento gratuito das pessoas carentes. Assim é que instituição ou entidade beneficente de assistência social é aquela que não somente não possui finalidade lucrativa, mas também se dedica, ainda que parcialmente, ao atendimento dos necessitados. A gratuidade dos serviços prestados é, portanto, elemento caracterizador da beneficência."

distribuição de lucros para os seus sócios, ainda que, parcial ou esporadicamente, preste atividade de filantropia.

151. Cabe realçar que assistência social abrange ações, sem finalidade lucrativa, da sociedade em colaboração com o Poder Público, dirigidas, primordialmente, aos economicamente hipossuficientes, inclusas nela, em sentido amplo, a previdência, se custeada integralmente pelo empregador, a saúde, a educação, a cultura, o fornecimento de habitação, vestuário e alimento.

152. Embora haja razoável entendimento de parte da doutrina de que a imunidade das entidades beneficentes se restringe aos serviços de assistência social do art. 203 da Lei Maior, excluídos os serviços de saúde, previdência social privada e de educação,[131] existindo outra corrente doutrinária conferindo sentido amplo aos serviços de assistência

131. Eis o entendimento de Regina Helena COSTA (obra citada, p. 134): "Numa primeira aproximação entre o preceito imunizante contido no art. 150, VI, c, e a exoneração tributária hospedada no art. 195, §7º, restrito às contribuições para a seguridade social, impõe-se observar que, no primeiro, estão abrangidas as instituições de educação, não alcançadas pela segunda. Em verdade, ainda que o conceito de assistência social, hodiernamente, seja abrangente de assistência em diversas áreas (médica, hospitalar, odontológica, psicológica, jurídica), como já assinalamos, a assistência educacional, a nosso ver, nele não se encontra albergada para efeito de imunidade tributária. A uma, porque a Constituição distingue, perfeitamente como antes exposto, os conceitos de assistência social (art. 203) e de educação (art. 205), não cabendo, de modo algum, sustentar-se entroncamento entre ambos para o efeito mencionado, além do fato de que as instituições que se dedicarem a essas atividades, sem finalidade lucrativa, fazem jus à intributabilidade assegurada pelo art. 150, VI, c. A duas, porque, quando desejou a Lei Maior imunizar as instituições de educação, o fez, deferindo-lhes a imunidade genérica estampada no art. 150, VI, c; todavia, não agiu do mesmo modo em relação à imunidade concernente às contribuições para a seguridade social, cuja eficácia restringiu às entidades beneficentes de assistência social. Justifica-se o tratamento díspar, em nossa opinião, pelo fato de a assistência social constituir ramo da seguridade social, o mesmo não ocorrendo com a educação. Outro entender, cremos, conduzirá a uma interpretação distorcida do desígnio constitucional, que não se expressou em sentido de exonerar as instituições de educação, sem fins lucrativos, da exigência de contribuição para o financiamento da seguridade social."

social,[132-133] o STF tem adotado interpretação mais extensiva, incluindo, além do serviço de previdência social sem custeio por parte do beneficiado,[134-135] o serviço de saúde e de educação, embora este não faça, na Constituição, parte explícita da seguridade social.[136]

153. Então, o disposto constitucional do § 7º do art. 195 estipula dois requisitos para a fruição desta imunidade: o primeiro deles, estar presente pessoa jurídica que desempenhe atividades beneficentes de assistência social, ou seja, que pelo menos alguns serviços assistenciais sejam prestados com gratuidade, sem que, com essa gratuidade, se chegue ao ponto de inviabilizar a sobrevivência ou a continuidade da instituição, ainda que setorizada, já que seria, economicamente inviável, devido ao elevado custo e à imprevisibilidade do mesmo à exigência de generalidade da prestação assistencial, secundando, assim, a ação do Poder Público na efetiva realização dos direitos sociais; o segundo, atender essa entidade "às exigências estabelecidos em lei" ou aos parâmetros legais.

154. A jurisprudência do STF resolveu a controvérsia quanto à espécie legal competente para disciplinar as

---

132. PAULSEN, Leandro. *Curso...*, obra citada, p. 129.

133. ARAÚJO, José Antônio Gomes de. A imunidade tributária e o caráter sem fins lucrativos das entidades de assistência social e de educação. In: GRUPENMACHER, Betina Treiger (Coord.). *Tributação:* democracia e liberdade. São Paulo: Noeses, 2014, p. 909.

134. STF-Pleno. RE nº 202.700/DF, *DJ* de 1º/3/2002, p. 52; STF-Pleno. RE nº 259.756/RJ, *DJ* de 29/8/2003, p. 37; STF-T1. RE nº 235.003/SP, *DJ* de 12/4/2002, p. 66.

135. A Súmula nº 730 do STF é no sentido de que "a imunidade tributária conferida a instituição de assistência social sem fins lucrativos pelo art. 150, VI, c, da Constituição, somente alcança as entidades fechadas de previdência social privada se não houver contribuição dos beneficiários."

136. STF-Pleno. ADIMC nº 2.545/DF, rel. min. Ellen Gracie, *DJ* de 7/2/2003, p. 23; vide voto do relator o min. Marco Aurélio, proferido por ocasião do julgamento pelo Pleno do STF do RE nº 566.622/RS, *DJe*-186, public. 23/8/2017.

imunidades tributárias, em especial, a imunidade de contribuições para a seguridade social das entidades beneficentes de assistência social, assentando, com supedâneo nos art. 146, *caput*, inciso II, c/c o art. 150, *caput*, inciso VI, alínea *b*, e artigo 195, § 7º, todos da Constituição Federal, que a lei competente é a complementar para dispor sobre a forma exigível para a definição do modo beneficente de atuação das entidades de assistência social, comportando lei ordinária para dispor acerca dos aspectos procedimentais referentes à certificação, fiscalização e controle administrativo em relação à imunidade de entidades beneficentes de assistência social.[137]

155. Traga-se à colação a Ementa do Acórdão do julgamento do Recurso Extraordinário nº 566.622/RS, com repercussão geral: "Imunidade – Disciplina – Lei Complementar. Ante a Constituição Federal, que a todos indistintamente submete, a regência de imunidade faz-se mediante lei complementar.[138] [139]

156. Tal "Decisum" foi explicado em decorrência do julgamento dos Embargos de Declaração no Recurso Extraordinário nº 566.622/RS, nos termos da Ementa do Acórdão abaixo transcrita:

> EMBARGOS DE DECLARAÇÃO. RECURSO EXTRAORDINÁRIO SOB O RITO DA REPERCUSSÃO GERAL. TEMA Nº 32. EXAME CONJUNTO COM AS ADI'S 2.028, 2.036, 2.228 E 2.621. ENTIDADES BENEFICENTES DE ASSISTÊNCIA SOCIAL. IMUNIDADE. CONTRIBUIÇÕES SOCIAIS. ARTS. 146, II, E 195, § 7º, DA CONSTITUIÇÃO DA REPÚBLICA. CARACTERIZAÇÃO DA IMUNIDADE RESERVADA À LEI

137. Cf. COSTA, Regina Helena. Obra citada, p. 135.

138. STF-Pleno. RE 566.622 RG/RS, Tema 32, rel. Min. Marco Aurélio, acórdão publicado na íntegra na "Revista Fórum de Direito Tributário" nº 92, Belo Horizonte: Ed. Fórum, março e abril de 2018, p. 203 a 266.

139. No mesmo sentido: STF-Pleno. RE 636.941 RG/RS, rel. Min. rel. Min. Luiz Fux, Acordão publicado na íntegra in "RFDT" nº 70, p. 193 a 216

COMPLEMENTAR. ASPECTOS PROCEDIMENTAIS DISPONÍVEIS À LEI ORDINÁRIA. OMISSÃO. CONSTITUCIONALIDADE DO ART. 55, II, DA LEI Nº 8.212/1991. ACOLHIMENTO PARCIAL.

1. Aspectos procedimentais referentes à certificação, fiscalização e controle administrativo são passíveis de definição em lei ordinária, somente exigível a lei complementar para a definição do modo beneficente de atuação das entidades de assistência social contempladas no art. 195, § 7º, da Lei Maior, especialmente no que se refere à instituição de contrapartidas a serem por elas observadas.

2. É constitucional o art. 55, II, da Lei nº 8.212/1991, na redação original e nas redações que lhe foram dadas pelo art. 5º da Lei 9.429/1996 e pelo art. 3º da Medida Provisória nº 2.187-13/2001.

3. Reformulada a tese relativa ao tema nº 32 da repercussão geral, nos seguintes termos: "A lei complementar é forma exigível para a definição do modo beneficente de atuação das entidades de assistência social contempladas pelo art. 195, § 7º, da CF, especialmente no que se refere à instituição de contrapartidas a serem por elas observadas."

4. Embargos de declaração acolhidos em parte, com efeito modificativo.[140]

157. Todavia, contraditoriamente, isto em relação à jurisprudência acerca do § 7º do art. 195 da Lei Suprema, em relação ao preceptivo constitucional do § 1º do art. 153 da Lei Maior, estabelecedor de ressalvas ao princípio da reserva legal, que faculta ao Poder Executivo Federal, atendidas, assim mesmo, as condições e os limites estabelecidos em *lei*, alterar as alíquotas dos impostos sobre importação, exportação, produtos industrializados e operações financeiras, embora o princípio da legalidade também seja uma das limitações constitucionais ao poder de tributar, com eventual aplicação do inciso II do *caput* do art. 146, da mesma Carta Política, a jurisprudência do Supremo Tribunal Federal tem assentado no sentido de que a lei, a que se refere

140. STF-Pleno. Bem. Decl. no RE 566.622 RG/RS, rel. para o Acórdão Min. Rosa Weber, in *DJe*-114, public. 11/5/2020.

o § 1º do art. 153, é lei ordinária e da União, já que ela é o único ente da Federação com competência para legislar sobre esses imposto federais regulatórios da economia, não havendo necessidade de, na espécie, as condições e os limites para alterações de alíquotas, por ato administrativo normativo, desses mencionados impostos federais fossem regulados por lei nacional da espécie lei complementar.

158. Traga-se à colação a seguinte Ementa de Acórdão da Corte Constitucional do Brasil, decorrente do julgamento do Recurso Extraordinário nº 225.602, relator o ministro Carlos Velloso:

> CONSTITUCIONAL. TRIBUTÁRIO. IMPORTAÇÃO. ALÍQUOTAS. MAJORAÇÃO POR ATO DO PODER EXECUTIVO. MOTIVAÇÃO. ATO. IMPOSTO DE IMPORTAÇÃO. C.F., art. 150, III, *a* e art. 153, 1º.
>
> I. Imposto de importação: alteração das alíquotas, por ato do Executivo, atendidas as condições e os limites estabelecidos em lei: CF, art. 153, § 1º. A lei de condições e de limites é lei ordinária, dado que a lei complementar somente será exigida se a Constituição, expressamente, assim determinar. No ponto, a Constituição excepcionou a regra inscrita no art. 146, II.
>
> II. A motivação do decreto que alterou as alíquotas encontra-se no procedimento administrativo de sua formação, mesmo porque os motivos do decreto não vêm nele próprio.
>
> III. O Fato gerador do imposto de importação: a entrada do produto estrangeiro no território nacional (CTN, art. 19). Compatibilidade do art. 23 do DL 37/1966 com o art. 19 do CTN. Súmula 4 do antigo TFR.
>
> IV. O que a Constituição exige, no art. 150, III, *a*, é que a lei que institua ou que majore tributos seja anterior ao fato gerador. No caso, o decreto que alterou as alíquotas é anterior ao fato gerador do imposto de importação.
>
> V. RE conhecido e provido.[141] (*RTJ* vol. 178-1, p. 428)

---

141. No mesmo sentido: STF-2ª Turma. AI 477.722 AgR, rel. min. Gilmar Mendes, *DJe* de 21/11/2008. STF-2ª Turma. RE 443.384 AgR, rel. Min. Gilmar Mendes, *DJe*-222, 21/11/2008.

159. A nível doutrinário, admite-se acertada a fundamentação de que, salvo a competência de lei ordinária para dispor sobre meras regras procedimentais, referentes à certificação, fiscalização e controle administrativo, cabe, também, lei complementar na hipótese prevista na alínea c do inciso VI do *caput* do art. 150 da Superlei, que preceitua que as instituições de educação e de assistência social sem fins lucrativos deverão atender aos *requisitos de lei*, pois aqui, não só não foi utilizado o complemento "federal" ou "nacional"(lei ordinária federal ou nacional), como também este assunto da imunidade tem repercussão nacional, sendo cabível, nos termos do inciso II do art. 146 da Constituição, lei complementar, para obstar que leis ordinárias estaduais e municipais ousassem disciplinar esta imunidade genérica de impostos.

160. Numa interpretação sistemática, exsurge um forte argumento a favor de que a lei competente para regular as limitações constitucionais ao poder de tributar no tange a identificação das características das entidades com àquelas que o constituinte pretendeu negar o poder de tributar, inclusas as imunidades das alíneas "b" e "c" do inciso VI do *caput* do art. 150 da Constituição Federal e a imunidade específica de contribuições para a seguridade social do § 7º do art. 195 da Carta Política, é mesmo a complementar, uma vez que o preceito constitucional do § 4º do artigo 195 dispõe que *a lei* – sem se referir se esta seria lei ordinária federal ou lei complementar – *poderá instituir outras fontes destinadas a garantir a manutenção ou expansão da seguridade social, obedecido o art. 154, I.*

161. E esse preceptivo constitucional do inciso I do *caput* do art. 154 identifica que aquela lei, aludida no § 4º do art. 195, é a complementar, já que dispõe que *a União poderá instituir <u>mediante lei complementar</u> impostos não previstos* no artigo *anterior* [art. 153], *desde que sejam não*

cumulativos e não tenham fato gerador ou base de cálculo próprios dos discriminados nesta Constituição.

162. Assim, parece razoável conceber que a mesma exegese sistemática pode ser utilizada em relação à identificação da lei adequada para disciplinar as imunidades tributárias, com o confronto dessas normas constitucionais do art. 150, VI, *c*, e do art. 195, § 7º, com a regra constitucional do inciso II do art. 146, que exige lei complementar para regular as limitações constitucionais ao poder de tributar no que tange às características das entidades para se compatibilizarem com a intenção do constituinte de conceder a elas essas imunidades.[142]

163. Destarte, é possível supor que o Supremo Tribunal Federal, inclusive, para que se mantenha a lógica do já decidido em relação à interpretação constitucional do § 7º do artigo 195, venha a alterar a sua jurisprudência, passando a assentar que, também compete à lei complementar estabelecer as condições e requisitos para alterações, pelo Poder Executivo Federal, das alíquotas dos impostos da União regulatórios da economia (I.I., I. E., IPI, IOF).

164. Pessoalmente, penso que está correta e deva ser mantida a jurisprudência atual do STF no sentido de que compete à lei ordinária dispor sobre as condições e os limites para alteração pelo Poder Executivo de alíquotas dos impostos federais regulatórios da economia (CF, art. 153, § 1º).

VI. A IMUNIDADE DE ENTIDADES RELIGIOSAS E SUAS ORGANIZAÇÕES ASSISTÊNCIAS E BENEFICENTES CONTRIBUIÇÕES SOBRE RECEITAS DE EXPORTAÇÃO

142. VELLOSO, Andrei Pitten. Reserva de lei complementar para regulação de imunidades – A indevida limitação da reserva constitucional aos "lindes materiais" das imunidades, in "*Revista Fórum de Direito Tributário*" nº 71, Belo Horizonte: Editora Fórum, setembro e outubro de 2014, p. 39 a 51.

165. Já foi explicado que as instituições religiosas e suas organizações assistenciais e beneficentes são protegidas pela imunidade de impostos e de contribuição sobre bens e serviços (CF, art. 150, "caput", inciso VI, alínea "b", § 4º) e pela imunidade de contribuições para seguridade social das entidades beneficentes de assistência social (CF, art. 195, § 7º).

166. Concernente, ainda, às imunidades tributárias religiosas, cumpre mencionar que a imunidade do art. 149, §2º, inciso I, da Carta Magna (norma surgida com a Emenda Constitucional nº 33, de 11//12/2001), encontra-se em parte contida na imunidade do art. 195, § 7º.

167. A imunidade, agora *in examine*, é mais restrita em relação à imunidade do § 7º do art. 195, no sentido de que não incidirão contribuições sociais de seguridade social apenas sobre as receitas e faturamento (PIS, COFINS, contribuições previstas para serem extintas em 2027) decorrentes de exportação de produtos, mercadorias e serviços para o exterior e para Zona Franca de Manaus, não incidindo, por exemplo, a contribuição para a seguridade social sobre o lucro.

168. Por outro lado, esta imunidade do inciso I do § 2º do art. 149 da Carta Política pode ser considerada um pouco mais ampla em relação à imunidade anteriormente analisada (CF, art. 195, § 7º) no sentido de que existe aquela tanto em face dessas receitas terem sido obtidas pela exportação para o exterior ou para a Zona Franca de Manaus, realizada por Igrejas ou por suas organizações beneficentes, como também – daí a pequena ampliação da negação do poder de tributar – quanto às receitas sejam obtidas por exportação promovida por organização de assistência social sem fins lucrativos, não necessariamente beneficente.

169. Insta ressaltar que o Supremo Tribunal Federal tem conferido, para esta imunidade específica, uma

interpretação teleológica restritiva, proclamando assim que a imunidade, em baila, só alcança as contribuições cujos fatos geradores e bases sejam as receitas decorrentes de exportação (PIS, COFINS, excluindo a CSLL.

170. Traga-se à colação a Ementa do Acórdão do Pleno do STF, decorrente do julgamento do Recurso Extraordinário nº 474.132, rel. min. Gilmar Mendes, *DJE*-231 de 1º/12/2010, *in verbis*:

> Recurso extraordinário. 2. Contribuições sociais. Contribuição Social sobre o Lucro Líquido (CSLL) e Contribuição Provisória sobre Movimentação ou Transmissão de Valores e de Créditos e Direitos de Natureza Financeira (CPMF). 3. Imunidade. Receitas decorrentes de exportação. Abrangência. 4. A imunidade prevista no art. 149, § 2º, I, da Constituição, introduzida pela Emenda Constitucional nº 33/2001, não alcança a Contribuição Social sobre o Lucro Líquido (CSLL), haja vista a distinção ontológica entre os conceitos de lucro e receita. 6. Vencida a tese segundo a qual a interpretação teleológica da mencionada regra de imunidade conduziria à exclusão do lucro decorrente das receitas de exportação da hipótese de incidência da CSLL, pois o conceito de lucro pressuporia o de receita, e a finalidade do referido dispositivo constitucional seria a desoneração ampla das exportações, com o escopo de conferir efetividade ao princípio da garantia do desenvolvimento nacional (art. 3º, I, da Constituição). 7. A norma de exoneração tributária prevista no art. 149, § 2º, I, da Constituição também não alcança a Contribuição Provisória sobre Movimentação ou Transmissão de Valores e de Créditos e Direitos de Natureza Financeira (CPMF), pois o referido tributo não se vincula diretamente à operação de exportação. A exação não incide sobre o resultado imediato da operação, mas sobre operações financeiras posteriormente realizadas. 8. Recurso extraordinário a que se nega provimento.

VII. CONSIDERAÇÕES FINAIS

171. Para não alongar mais este artigo já exageradamente extenso, encime-se com a simples referência a outras imunidades tributárias específicas, a par da imunidade

do art. 150, VI, § 4º; art. 195, § 7º e art. 149, § 2º, I, todos da Constituição da República, porquanto, expressamente, previstas na mesma Carta Política, tais como, dentre outras, as normas constitucionais que proíbem a tributação nas exportações (art. 156, "caput", §1º, III),[143] e nas prestações de serviço de comunicação nas modalidades de radiodifusão sonora e de sons e imagens de recepção livre e gratuita (art. 155, §2º, X, "d").[144]

172. Impende citar que Emenda Constitucional nº 132/2023 introduziu o inciso VII ao § 1º do art. 155 da Constituição da República, na prática, reproduzindo em relação às imunidades genéricas de impostos dos preceptivos constitucionais do art. 150, VI, "b" e "c", dispondo que *não incidirá o imposto sobre as transmissões* **causa mortis** *e as doações para as instituições sem fins lucrativos com finalidade de relevância pública e social, inclusive as organizações assistenciais e beneficentes de entidades religiosas e institutos científicos e tecnológicos, e por elas realizadas na consecução dos seus objetivos sociais, observadas as condições estabelecidas em lei complementar.*

173. Impende realçar que o escopo do texto constitucional, ao prever as imunidades subjetivas dos templos de qualquer culto e de suas organizações assistenciais e beneficentes, é o de garantir a liberdade de crença religiosa, a proteção dos seus cultos, suas liturgias, e a promoção de atos caritativos, não de proporcionar que falsas entidades

---

143. CF. *Art. 156-A. Lei complementar instituirá imposto sobre bens e serviços de competência compartilhada entre Estados, Distrito Federal e Municípios. § 1º O imposto previsto no* **caput** *será informado pelo princípio da neutralidade e atenderá ao seguinte:* [...] *III - não incidirá sobre as exportações, assegurados ao exportador a manutenção e o aproveitamento dos créditos relativos às operações nas quais seja adquirente de bem material ou imaterial, inclusive direitos, ou serviço, observado o disposto no § 5º, III;* (EC nº 132/2023)

144. CF. Art. 155. [...] § 2º, X – "Não incidirá [o ICMS]: [...] d) nas prestações de serviço de comunicação nas modalidades de radiodifusão sonora e de sons e imagens de recepção livre e gratuita;" (EC 42, de 19/12/2003).

religiosas ponham em risco a própria sociedade nem de promover o enriquecimento, algumas vezes ilegítimo, de seitas religiosas e de seus líderes, pela exploração da ingenuidade, do desespero e até mesmo da miséria de muitos.[145-146]

174. Embora isso não seja amparado pelas imunidades tributárias, diga-se, para terminar, que nada impede, desde que seja observada a regra do § 4º do art. 173 da Carta Magna, que entes federados estabeleçam, por lei ordinárias, isenções em favor de Igrejas e de suas organizações assistenciais e beneficentes concernentes a outras exações tributárias não protegidas por imunidades, por exemplo, taxas, ou concedam, também por leis próprias, exonerações de preços públicos.

VIII. CONCLUSÃO

175. Diante de todo o exposto, resta, sinopticamente, apresentar, objetivamente, as seguintes conclusões:

a) o direto fundamental constitucional de liberdade de crença religiosa, de proteção dos templos, de seus cultos, de suas liturgias e de atos assistenciais e caritativos (CF, art. 5º, *caput*, inciso VI), e, simultaneamente, o intuito constitucional de obstar que o Estado crie embaraços à liberdade de religião, aos cultos, às liturgias e aos atos assistenciais e beneficentes (CF, art. 19, *caput*, inciso I), tudo isso amparado por cláusula pétrea (CF, art. 60, § 4º, inciso IV), justificam que sejam reconhecidas, com as inovações redacionais

---

145. Como aconselha Ives Gandra da Silva MARTINS, *A proliferação de seitas que exploram a população, a título de servir a Deus, exige reflexão de juristas e autoridades.* (artigo já citado, na obra "Imunidades das instituições religiosas, p. 23.

146. Sacha Calmon Navarro COÊLHO opina no sentido da juridicidade da incidência dos impostos sobre as instituições religiosas, para evitar abusos, ou seja, em suas autorizadas palavras: "para evitar que sob a capa da fé se pratiquem atos de comércio ou se exercite *animus lucrandi* sem finalidade benemérita." (*O controle da constitucionalidade das leis e do poder de tributar na Constituição de 1988*, p. 399).

da Emenda Constitucional nº 132/2023, às entidades religiosas de qualquer culto e a suas organizações assistenciais e beneficentes imunidades de impostos (CF, art. 150, *caput*, inciso VI, alínea *b*), inclusa a imunidade em relação à contribuição sobre bens e serviços (CF, art. 149-B, “caput, I; e parágrafo único), e de contribuições para a seguridade social (CF, art. 195, § 7º) esta em relação às Igrejas e suas organizações beneficentes; além da imunidade sobre receitas de exportação aplicável aos templos de qualquer culto, às organizações confessionais de assistência social sem fins lucrativos e às entidades confessionais beneficentes (CF, art. 149, § 2º, I);

b) a República Federativa do Brasil é um estado laico e não, laicista ou ateu;

c) a Constituição Federal anterior previa como objetiva a imunidade religiosa de impostos em relação aos templos de qualquer culto (CF/1967, art. 31, III, “b”); já a Carta Política de 1988 transformou em subjetiva tal imunidade (CF, § 4º do art. 150);

d) no que tange ao **primeiro quesito**, cabe responder que a Emenda Constitucional nº 132/2023, ao incluir na Constituição Federal o art. 149-B, “caput”, inciso II e parágrafo único, manteve como subjetiva essa imunidade genérica de impostos, alargada a abrangência da imunidade do art. 150, VI, “b” para alcançar a nova Contribuição sobre Bens e Serviços – CBS;

e) já a novel redação da alínea “b” do inciso VI, alínea “b”, da Constituição Brasileira, determinada pela EC nº 132/2023, apenas tornou explícita neste preceptivo constitucional a imunidade que já existia das instituições de educação e de assistência social, sem fins lucrativos, do art. 150, VI, “c”, da Lei Maior;

f) concernente ao **segundo quesito**, cabe responder que não devem ser incluídos como amparados pelas imunidades tributárias religiosas as remunerações pagas para as pessoas físicas encarregados de prestarem ofícios religiosos nem o patrimônio em nome dessas pessoas físicas (CF, art. 150, "caput" II; art. 145, § 1º);

g) são apenas imunes os dízimos, doações e as remunerações de ofícios religiosos ou os serviços caritativos pagos para as instituições religiosas e para suas organizações assistenciais e beneficentes, bem como são imunes tão somente o patrimônio registrado em nome dessas entidades, sendo excluídos das imunidades as rendas destinadas aos encarregados de prestarem esses serviços e bens registrados em nome de pessoas físicas religiosas, como padres, pastores, rabinos, pais de santo, monges, etc.;

h) em resposta ao **terceiro quesito**, restou assentado que as imunidades tributárias são vedações ou negações absolutas ao poder de tributar, estabelecidas expressamente por normas constitucionais, em relação a determinadas pessoas, coisas ou certos fatos, não se tratando de simples renúncia fiscal;

i) por fim, no que tange ao **quarto quesito**, mostra-se aceitável que o Poder Executivo dos entes da Federação brasileira possa exigir das Igrejas e de suas organizações assistenciais e beneficentes a prévia e simples comunicação da existência delas e a informação de que cumprem os requisitos constitucionais e legais (CF, art. 150, VI, "b", § 4º; e mormente o art. 14 do CTN), sendo admissível, apenas, que possa expedir certificado ou ato de reconhecimento da existência e do cumprimento dos requisitos;

j) milita a presunção *juris tantum* de cumprimento dos requisitos legais a favor das Igrejas e de suas organizações assistenciais e beneficentes, cabendo ao Poder Executivo o ônus de provar o contrário, para denegar, suspender ou anular a incidência das imunidades, sendo assegurado sempre a essas entidades confessionais o devido processo legal (CF, art. 5º, LIV) e a prévia oportunidade do exercício do contraditório e da ampla defesa com os recursos a ela inerentes (CF/1988, art. 5º, LV).

l) as imunidades tributárias religiosas alcançam todo e qualquer credo, inclusive cemitérios que consubstanciam extensões de entidades de cunho religioso (CF, § 4º e alínea *b*, inciso VI, "caput" do art. 150), não se estendendo, todavia, à maçonaria nem, evidentemente, às entidades e aos cultos demoníacos (segundo induz, inclusive, o vetor interpretativo do preâmbulo da Constituição Brasileira);

m) o art. 195, § 7º, da CF estabelece uma imunidade de contribuições para a seguridade social em relação às Igrejas e às entidades prestadoras de beneficência de assistência social, sendo exigido, para tanto, que pelo menos parte desse serviço seja prestado gratuitamente;

n) as Igrejas que prestam atos de caridade concernentes às suas atividades ainda que parcialmente gratuitas de assistência social são, também, abrangidas pela imunidade de contribuições para a seguridade social das entidades beneficentes de assistência social;

o) em se tratando de instituições religiosas ou Igrejas e de suas organizações confessionais assistenciais de beneficência, excluídas desta imunidade as entidades de mera assistência social sem fins lucrativos, a doutrina com mais possibilidade de prevalecer no Poder Judiciário é no sentido de que não é exigível que sejam, integralmente, aplicados, apenas no Brasil, os seus recursos na manutenção dos seus objetivos institucionais.

p) lei complementar é o instrumento legal competente para regulamentar os requisitos quanto às características das entidades que o constituinte quis conceder imunidades tributárias (CF, inciso II do *caput* do art. 146; alínea "c" do inciso VI do "caput" do art. 150; e § 7º do art. 195);

q) lei ordinária é tipo legislativo competente para dispor acerca aspectos procedimentais referentes à certificação, fiscalização e controle administrativo em relação às imunidades religiosas.

r) a imunidade específica do art. 149, § 2º, I, da Constituição, tem recebido do STF uma interpretação teleológica restritiva, tendo proclamado assim a Corte Constitucional Brasileira que tal imunidade só alcança, atualmente, as contribuições cujos fatos geradores e bases de cálculo sejam as receitas decorrentes de exportação (PIS/COFINS), exclusas do merecimento dessa exoneração constitucional o lucro, o que proporciona a incidência da CSLL;

s) a imunidade do inciso I do § 2º do art. 149 da Constituição Federal pode ser considerada um pouco mais ampla em relação à imunidade do art. 195, §7º, no sentido de que existe aquela tanto em face dessas receitas terem sido obtidas pela exportação para o exterior ou para a ZFM, realizada por Igrejas ou suas organizações beneficentes, como também, quanto às receitas sejam obtidas por exportação promovida por organização de assistência social sem fins lucrativos, isto é, não necessariamente beneficente.

Referências

ARAÚJO, José Antônio Gomes de. A imunidade tributária e o caráter sem fins lucrativos das entidades de assistência social e de educação. In: GRUPENMACHER, Betina Treiger (Coord.). *Tributação*: democracia e liberdade. São Paulo: Noeses, 2014.

BALEEIRO, Aliomar. *Direito tributário brasileiro*, 11ª edição atualizada por Misabel Abreu Machado Derzi. Rio de Janeiro: Forense, 2006.

BASTOS, Celso Ribeiro; GANDRA, Ives Gandra da Silva. *Comentários à Constituição do Brasil, promulgada em 5 de outubro de 1988*. 3ª edição, 2º volume. São Paulo: Saraiva, 2004.

BORGES, José Souto Maior. *Isenções tributárias*. São Paulo: Sugestões Literárias, 1969.

BRANCO, Paulo Gustavo Gonet. MENDES, Gilmar Ferreira. *Curso de direito constitucional*, 13ª edição. São Paulo: Saraiva, 2018.

CARRAZZA, Roque Antônio, *Imunidades tributárias dos templos e instituições religiosas*. São Paulo: Noeses, 2015.

CARVALHO, Paulo de Barros. *Curso de direito tributário*. 28ª edição, São Paulo: Saraiva, 2017.

COÊLHO, Sacha Calmon Navarro. *Curso de direito tributário brasileiro*. 15ª edição, Rio de janeiro: Forense, 2016.

DERZI, Misabel Abreu Machado. Nota na obra de BALEEIRO, Aliomar, *Limitações constitucionais ao poder de tributar*. 8ª edição, Rio de Janeiro: Forense, 2010.

FERREIRA, Pinto. *Curso de direito constitucional*. 12ª edição. São Paulo: Saraiva, 2007

GOUVEIA, Jorge Bacelar. In *Direito, religião e sociedade no estado constitucional, opus citatum*, 2013.

COSTA, Regina Helena. *Curso de direito tributário:* Constituição e Código tributário Nacional. 8ª edição, São Paulo: Saraiva, 2018.

MARTINS, Ives Gandra da Silva. Imunidades condicionadas e incondicionada: inteligência do artigo 150, VI, e §4º e artigo 195, §7º, da Constituição Federal (Parecer), in "*Revista Dialética de Direito Tributário*" São Paulo: Dialética, 1998.

PHILLIPS, Robert. *Last Things First, Roman Catholic Books*, Fort Collins, Colorado, 2004, *apud* WOODS JR.,

Thomas E. *Como a Igreja Católica construiu a civilização ocidental*. São Paulo: Quadrante, 2008.

LIMA, Francisco Gérson Marques de. *Fundamentos constitucionais do processo*. São Paulo: Malheiros, 2002.

MELO, José Eduardo Soares de. *Contribuições sociais no sistema tributário*, 2ª ed. São Paulo: Malheiros, 1996.

MIRANDA, Francisco Cavalcanti Pontes de. *Comentários à Constituição de 1967; com a Emenda n. 1 de 1969*, 3ª edição, Rio de Janeiro: Forense, 1987.

PAULSEN Leandro. *Constituição e Código Tributário comentados à luz da doutrina e da jurisprudência*, 18ª edição, São Paulo: Saraiva, 2017.

PAULSEN, Leandro. *Comentários à EC 132/2023*, *e-book*, coordenação de Flávia Holanda Gaeta, São Paulo: Thomson Reuters Brasil, 2024.

PAULSEN, Leandro. *Curso de direito tributário completo*, 9ª edição, São Paulo: Saraiva, 1988.

SARAIVA FILHO, Oswaldo Othon de Pontes. *A interpretação do preâmbulo da Constituição Federal de 1988 - a alusão à expressão "sob a proteção de Deus" - e a autonomia do direito religioso brasileiro, conferida pela Lei Maior*, in "Preâmbulo da Constituição Federal", Ives Gandra da Silva MARTINS, Paulo de Barros CARVALHO e Luiz Gonzaga BERTELLI (coordenadores), São Paulo: Noeses, 2021.

SARAIVA FILHO, Oswaldo Othon de Pontes. A imunidade das instituições religiosas, in "Revista Fórum de Direito Tributário" - *RFDT* - nº 27, Belo Horizonte: Editora Fórum, maio e junho de 2007.

SARAIVA FILHO, Oswaldo Othon de Pontes. Comentário de jurisprudência, *Entidade de assistência social, embora imune, na condição de responsável tributário substituto, deve recolher o imposto retido na fonte devido por contribuinte, terceiro residente no exterior, não podendo este usufruir de benefício tributário personalíssimo*, in "Revista dos Tribunais", ano 107, vol. 991, São Paulo: Ed. Revista dos Tribunais - Thomson Reuters, maio de 2018.

SCALQUETTE, Rodrigo Arnoni. *História do direito:* perspectivas histórico-constitucionais da relação entre Estado e religião, São Paulo: Editora Atlas, 2013.

SILVA, José Afonso da. *Comentário contextual à Constituição*, 7ª edição, São Paulo: Malheiros, 2010.

SILVA JR., Antônio Carlos da Rosa. *Entre laicidade e laicismo:* por uma interpretação constitucional da relação entre o estado e a religião, in SILVA Jr. A.C.R. MARANHÃO, Ney; PAMPLONA FILHO, Rodolfo (coordenadores), "Direito e cristianismo: temas atuais e polêmicos", Rio de Janeiro: Editora Betel, 2014.

VIEIRA, Thiago Rafael & REGINA, Jean Marques. *Direito religioso:* questões práticas e teóricas, **3ª edição**, *ebook*, São Paulo: Vida Nova, 2020.

VIEIRA, Thiago Rafael. A previsão constitucional do direito religioso no Brasil e sua autonomia constitucional, in "*Dignitas – Revista Internacional do Instituto Brasileiro de Direito e Religião*", volume 1, nº 1, 2020.

VELLOSO, Andrei Pitten. Reserva de lei complementar para regulação de imunidades – A indevida limitação da reserva constitucional aos "lindes materiais" das imunidades, in "*Revista Fórum de Direito Tributário*" nº 71, Belo Horizonte: Editora Fórum, setembro e outubro de 2014.

IMUNIDADES DAS INSTITUIÇÕES RELIGIOSAS

ASSEGURAR O ANÚNCIO DO EVANGELHO

IMMUNITIES OF RELIGIOUS INSTITUTIONS

ENSURING THE PROCLAMATION OF THE GOSPEL

Prof. Dr. Pe. José Ulisses Leva[1]

Sumário: 1. Introdução - 2. A Laicidade e a Igreja Católica - 3. A Constituição Federal de 1988- 4. Emenda nº 132/2023 - 5. Conclusão – Referências.

1. Introdução

Outra vez a UJUCASP está se pronunciando sobre um tema oportuno e necessário para a sociedade e, também,

1. Doutor em História da Igreja pela Pontifícia Gregoriana de Roma. Professor na Pontifícia Universidade Católica de São Paulo – PUC/SP. Capelão da Capela de Nossa Senhora de Sion – Higienópolis.

para a Igreja de Cristo Jesus. O Tema para este ano de 2024 será sobre as Imunidades das Instituições Religiosas. Acrescentei ao tema uma referência importantíssima para o diálogo: Assegurar o Anúncio do Evangelho.

Como manter a presença e a manutenção da Igreja Una, Santa, Católica e Apostólica na República Federativa do Brasil, com novas atribuições tributárias? Desde 1891, como sabemos, o Estado brasileiro se declarou Laico. Entendemos que as pessoas que compõem a sociedade brasileira são religiosas e, majoritariamente, se declaram católicas. Como assegurar as Imunidades das Instituições Religiosas, garantidas pela Constituição Federal, promulgada em 1988? Como compreender a Emenda nº 132, de 20 de dezembro de 2023? Como garantir ao largo dos tempos a presença santificante da Igreja junto aos batizados? Como proporcionar a justa e equânime ação evangelizadora na sociedade? Essas perguntas são adequadas e pertinentes, para entendermos e respondermos favoravelmente ao contínuo empenho evangelizador da Igreja.

A Teologia está em parceria com o Direito. A Jubilar Faculdade de Teologia Nossa Senhora da Assunção[2] e a Editora NOESES se encontram e buscam respostas aos problemas do homem e mulher contemporâneos. A iniciativa de falarmos sobre: "*Imunidades das Instituições Religiosas*" é válida para os nossos dias. O Tema está permeado de questionamentos e, ao mesmo tempo, a sociedade está sequiosa de respostas. O enfrentamento diário de perguntas relacionadas à Imunidade das Instituições Religiosas, a priori, está nas mãos daqueles e daquelas que estudam o Direito, prontos para argumentar e responder, de forma satisfatória aos seus interlocutores. Mas, a Teologia, e, sobretudo, os membros da Igreja Católica, também, se ocupam

2. LEVA, J.U. A jubilar Faculdade de Teologia: testemunho na cidade. *Jornal o São Paulo*. Ano 69. Edição 3489. São Paulo, 20-26 de março de 2024, p 4.

das questões humanas. Desta forma, Teologia e Direito procuram posicionar-se no mundo frente aos mais variados embates impostos pela sociedade em que vivemos, oferecendo subsídios a todos que a procuram, nas suas variadas necessidades.

O ano de 2024, de fato, é um presente para todos nós. Estamos comprometidos em vivê-lo com intensidade. Há muitas efemérides a serem comemoradas e partilhadas ao longo desse tempo oportuno e jubilar. Para compor o Livro da NOESES deste ano, com alegria, nós recebemos as perguntas norteadoras, compiladas pelo egrégio Senhor, Ives Gandra da Silva Martins, para que nos posicionemos com os saberes da Teologia e do Direito.

Estamos falando sobre o Tema das Imunidades das Instituições Religiosas, e como assegurar o anúncio do Evangelho de Nosso Senhor Jesus Cristo na contemporaneidade. O ano de 2024 celebra os 75 anos da Faculdade de Teologia Nossa Senhora da Assunção, e recorda os 35 anos da promulgação da Carta Magna da República Federativa do Brasil, em 05 de outubro de 1988. A Emenda Constitucional nº 132, de 20 de dezembro de 2023, necessita assegurar os direitos inalienáveis da pessoa humana, sobretudo, aos que proclamam a Fé em Jesus Cristo. Na República Federativa, o Brasil tem garantido o Estado de Direito. Portanto, o Estado de Direito está constituído e corrobora com o bem público. Sendo assim, é tempo de comemorar as conquistas adquiridas pela sociedade brasileira e avançar em novas prerrogativas para o bem comum. Desta maneira, a Teologia e a UJUCASP dialogam continuamente, formando uma excelente parceria. Ambas falam das mesmas questões apresentadas pela sociedade, com saberes apropriados, e buscam, sinceramente, responder adequadamente aos problemas dos tempos contemporâneos.

Eis, portanto, as perguntas enunciadas pelo Dr. Ives Gandra da Silva Martins e que, seguramente, serão lidas, compreendidas e respondidas à medida do conhecimento de cada um dos articulistas deste Livro, para mais uma belíssima e valiosíssima obra da Editora NOESES.

> 1 – A emenda Constitucional nº 132/2023 sobre a reforma tributária alargou, na nova redação do art. 150 inciso VI letra "b" o espectro das imunidades das instituições religiosas em relação à Constituição anterior?
>
> 2 – Entre estas imunidades deve-se incluir a remuneração, pelos ofícios religiosos, dos encarregados de executá-los?
>
> 3 – Tais imunidades representam uma renúncia fiscal ou são, de rigor, uma vedação absoluta ao poder de tributar?
>
> 4 – As imunidades são definições constitucionais, que só podem ser reconhecidas pelo Poder Executivo ou seu gozo depende de concessão do Poder Público?

2. A Laicidade e a Igreja Católica

O Brasil, desde sempre, recebeu o Anúncio da mensagem de Jesus Cristo trazida pelos evangelizadores. A sociedade brasileira, de fato, é formada por muitas etnias e muitas compreensões religiosas.[3] Configura-se plural, mas mantém uma estrutura social religiosa. Os missionários católicos trouxeram o Evangelho de Jesus Cristo e procuraram levar a Palavra de Deus a todos os rincões desse imenso país.

Da Colônia, dependente de Portugal, ao Império, como Brasil Independente, até chegar ao advento da República, a Igreja Católica assegurou um lugar privilegiado na sociedade brasileira. Depois da Proclamação da República, em 15 de novembro de 1889, a Igreja, mesmo sem o amparo do Estado, isto é, o Padroado Régio, procurou se organizar,

3. LEVA, J.U. Pluralismo no Brasil do século XIX. Revista de Cultura Teológica, São Paulo, Ano XX, nº 77, p 11-25, jan/mar, 2012.

para continuar sua missão evangelizadora, presente junto aos habitantes desse colossal país.

De fato, o Estado brasileiro, em 1889, proclamou-se laico. Outrossim, a sociedade brasileira manteve-se profundamente religiosa. A Igreja Católica continuou seu projeto pastoral nas Dioceses e Paróquias. Assegurou sua presença nos gestos humanitários e assiduidade na vida espiritual dos fiéis. A Igreja afirmou sua estreita relação nas Escolas, Orfanatos, Hospitais e muitas outras Instituições por ela geridas e sustentadas.

3. A Constituição Federal de 1988

A Carta Magna do Brasil,[4] promulgada há pouco mais de 35 anos, ressalta a presença da religiosidade do povo brasileiro. O Preâmbulo da Constituição da República Federativa do Brasil, de 05 de outubro de 1988, descreveu a competência do Estado e invocou a proteção de Deus.

> Nós, representantes do povo brasileiro, reunidos em Assembleia Nacional Constituinte, para instituir um Estado Democrático, destinado a assegurar o exercício dos direitos sociais e individuais, a liberdade, a segurança, o bem-estar, o desenvolvimento, a igualdade e a justiça como valores supremos de uma sociedade fraterna, pluralista e sem preconceitos, fundada na harmonia social e comprometida, na ordem interna e internacional, com a solução pacífica das controvérsias, promulgamos, sob a proteção de Deus, a seguinte Constituição da República Federativa do Brasi".

Ao Estado Democrático do Brasil destina-se assegurar uma enormidade de compromissos que visam ao melhor da inteira sociedade brasileira, desde os direitos sociais, passando pelos direitos individuais, que devem ser regularizados na liberdade, na segurança e no bem-estar. O Estado

4. *Constituição de 1988 da República Federativa do Brasil.* 2ª Tiragem. São Paulo: Ltr Editora Ltda, 1989.

entende que mesmo sendo plural, busca o desenvolvimento na justiça e igualdade, para uma sociedade fraterna e sem preconceitos. Vela, também, pela a harmonia social, comprometida na ordem interna e assegurada sob a proteção de Deus.

Depois de 135 anos a ser comemorado, em 15 de novembro, a República, que se referendou laica, buscou suas competências nas habilidades emanadas da Fé, quando invocou a proteção de Deus. A Igreja Católica se manteve assídua e atuante desde sempre no Brasil. A Igreja chegou com as caravelas e mantém ainda hoje estreitas relações com os representantes da República Federativa do Brasil. O Governo não deve se esquecer da presença e da importância da Igreja Católica na formação humana e religiosa do povo brasileiro.

4. Emenda nº 132, de 20 de dezembro de 2023

A Emenda Constitucional nº 132, de 20 de dezembro de 2023, tende a alterar o Sistema Tributário Nacional? Qual será o impacto para a Igreja Católica da Emenda nº 132/2023? Quanto devemos compreender a Emenda nº 132/2023 para a vida da Igreja? Quais serão os desdobramentos na vida eclesial e como serão atingidos diretamente os fiéis católicos?

> Art. 150. ....
>
> ....
>
> VI - ....
>
> ....
>
> b) entidades religiosas e templos de qualquer culto, inclusive suas organizações assistenciais e beneficentes;
>
> ....

§ 2º A vedação do inciso VI, «a», é extensiva às autarquias e às fundações instituídas e mantidas pelo poder público e à empresa pública prestadora de serviço postal, no que se refere ao patrimônio, à renda e aos serviços vinculados a suas finalidades essenciais ou às delas decorrentes.

A Carta Magna foi pensada e redigida para que a sociedade brasileira gozasse de deveres e direitos. Promulgada, em 1988, a Constituição Brasileira mantém a sua eficácia e eficiência, para a manutenção do bem comum. Sob o olhar destinado "a assegurar o exercício dos direitos sociais e individuais, a liberdade, a segurança, o bem-estar, o desenvolvimento, a igualdade e a justiça como valores supremos de uma sociedade fraterna, pluralista e sem preconceitos, fundada na harmonia social e comprometida, na ordem interna e internacional, com a solução pacífica das controvérsias" e sob o olhar constatado da "proteção de Deus", depois de 35 anos, a Emenda nº 132/2023 está reafirmando o Estado Laico numa sociedade profundamente religiosa?

Em 2018, a Editora NOESES, publicou em Livro sobre o Tratado Brasil-Santa Sé.[5] Foi muito relevante o entendimento bilateral, entre o Estado brasileiro e a Santa-Sé, na compreensão dos egrégios juristas que compilaram os Artigos do Livro sobre o referido Tratado. Muito foi explicado dirimindo as dúvidas e buscando de forma assertiva chegar aos leitores sobre a posição da Igreja Católica no Brasil e a plena vivência e atuação na sociedade brasileira. Na ocasião, eu mesmo afirmei, que esse Tratado estava assegurando o pleno serviço evangelizador da Igreja inserida na sociedade brasileira. Eu disse da necessidade premente da Igreja e de seus membros serem possibilitados na atuação

5. MARTINS, Ives Gandra da Silva; CARVALHO, Paulo de Barros. *Tratado Brasil-Santa-Sé*. São Paulo: NOESES, 2018.

dos lugares de culto e nos demais outros serviços prestados às pessoas.[6]

5. Conclusão

A UJUCASP tem se pronunciando sobre temas oportunos e relevantes para o excelente exercício jurista na sociedade.[7] O Magistério do Papa Francisco tem se posicionado favoravelmente para uma adequada formação dos Presbitérios e sua participação e colaboração na sociedade.[8] A Igreja de Cristo Jesus tem assegurado contínua e reiteradamente, com os pronunciamentos dos bispos do Brasil, sua Unicidade, Santidade, Catolicidade e Apostolicidade na República Federativa do Brasil.[9] A Teologia também se posiciona diante de todos os temas propostos pela sociedade civil ou pelos governantes.[10]

Desde 1891,[11] como sabemos e sempre reiteramos, o Estado brasileiro se declarou Laico. Entendemos que as pessoas que compõem a sociedade brasileira são religiosas e, majoritariamente, se declaram católicas. Desde a conclusão do Concílio Ecumênico Vaticano II,[12] em 1965,

---

6. LEVA, J. U. Tratado Brasil-Santa-Sé: um serviço à evangelização ao homem todo e a todo homem. *Tratado Brasil-Santa Sé*. São Paulo: NOESES, 2018, p 165-179.

7. MARTINS, Ives Gandra da Silva; CARVALHO, Paulo de Barros. *Justiça Econômica e Social*. São Paulo: Noeses, 2017.

8. LEVA, J.U. A Universidade e o mundo contemporâneo. O Magistério da Igreja e o mundo contemporâneo. *Revista de Cultura Teológica*, São Paulo, Ano XXII, nº 83, p 215-226, jan/jun, 2014.

9. LEVA, J.U. Recepções interdisciplinares da Encíclica Fratelli Tutti. *Jornal O São Paulo,* 10 de outubro de 2023.

10. LEVA, J.U. A Teologia católica e a ética no consumo. In *Revista espaço ética,* São Paulo, Ano I, Nº 1, p 164-169, jan/jun, 2014.

11. MARTINS, P. C. M. Modernização e o ensino superior para padres da Província de São Paulo. Último Andar. São Paulo: Educ, (10), jun, 2004, p 43-57.

12. COMPÊNDIO DO VATICANO II. *Constituições, Decretos e Declarações.* 18. ed. Petrópolis: Vozes, 1986.

a Igreja posiciona-se permanentemente em diálogo com a contemporaneidade e os angustiantes problemas da humanidade. O magistério do papa Francisco tem garantido a salutar compreensão e atuação da Igreja Católica. O papa Francisco tem se posicionado abertamente à Evangelização dos povos[13] numa adequada formação dos Presbíteros na ambientação universitária[14] em continuidade ao Magistério da Igreja.[15]

Como manter as Imunidades das Instituições Religiosas, garantidas pela Constituição Federal, de 1988? Como compreender a Emenda nº 132, de 20 de dezembro de 2023? Como garantir ao largo dos tempos a presença santificante da Igreja junto aos batizados? Como proporcionar a justa e equânime presença evangelizadora na sociedade?

As Imunidades das Instituições Religiosas, sob o enfoque da Emenda nº 132, de 20 de dezembro de 2023, merecem algumas reflexões históricas e atuais. Reitero minha alegria e satisfação em colaborar com o valiosíssimo tema sugerido pelos membros da UJUCASP. Discernindo sobre as proposições apresentadas e percebendo os preocupantes questionamentos sobre as referências tributárias faço as minhas ponderações e as minhas considerações finais.

A Emenda nº 132/2023 deve propiciar um bom entendimento do Governo republicado com a Igreja Católica no Brasil. A Igreja de Cristo Jesus está presente desde a gênese do povo brasileiro, formado de muitas etnias indígenas, africanas, europeias e asiáticas. É preciso reconhecer que os bispos, padres seculares e regulares, os religiosos e os

---

13. PAPA FRANCISCO. *Exortação Apostólica Evangelii Gaudium*. São Paulo: Paulus-Loyola, 2013.

14. PAPA FRANCISCO. *Constituição Apostólica Veritatis Gaudium*. São Paulo: Paulinas, 2018.

15. CONGREGAÇÃO PARA A DOUTRINA DA FÉ. *Instrução sobre a Vocação Eclesial do Teólogo*. 5. ed. São Paulo: Paulinas, 2007.

fiéis católicos estiveram sempre do lado das pessoas que identificam a nação brasileira. É necessário lembrar também de certos exageros e imposições, sobretudo, aos povos originários e aos africanos, como também, a outros grupos étnicos, sobre a religiosidade a ser aceita e vivida. Oficialidade da Religião não deveria implicar imposição da Fé católica a todos os componentes da sociedade. Não podemos ser anacrônicos, mas precisamos respeitar a individualidade de cada ser humano.

A Emenda nº 132/2023 deve avalizar um bom entendimento do Governo republicano com a Igreja Católica no Brasil, respeitando a História do Brasil e a firme e constante atuação dos membros do episcopado, do clero secular e das inúmeras ordens e congregações religiosas, masculinas e femininas, que trabalharam para o bem dos homens e mulheres dessa grandiosa Nação. No Brasil Colônia, os bispos, os religiosos e as religiosas, eram missionários que vinham de Portugal. Se as vocações religiosas, inicialmente, não eram escolhidas entre os habitantes dessa terra, os missionários, homens e mulheres, deixavam suas terras para o exercício evangelizador como *Ad gentes*.

A Emenda nº 132/2023 deve afiançar um bom entendimento do Governo republicano com a Igreja Católica no Brasil, respeitando a continuidade da História do Brasil, quando da Independência das terras brasileiras e da manutenção de um Regente português no período Imperial. Na primeira regência, em 1824, foi dada a Primeira Constituição. A Igreja Católica continuou como a Igreja no Império e o Regime de Padroado foi assegurado, para a continuidade da evangelização em terras brasileiras. A segunda regência manteve laços estreitos para com a Igreja Católica. O período foi marcado pela entrada maciça de imigrantes europeus. Muitos missionários e missionárias, sobretudo europeus, chegaram e trabalharam incansavelmente junto à população brasileira, respeitando as etnias e suas crenças.

Instituições foram iniciadas para o atendimento material e espiritual de católicos e outros não católicos. Escolas e Orfanatos foram concedidos às novas congregações que chegaram em terras recém libertadas e que precisavam de mãos que formassem a têmpora brasileira. Muitas congregações religiosas femininas trabalharam nas Santas Casas de Misericórdia. Ainda hoje, muitos religiosos e inúmeras religiosas continuam a desempenhar um belíssimo trabalho humanitário e pastoral nas Santas Casas e Hospitais.

A Emenda nº 132/2023 deve endossar um bom entendimento do Governo republicano com a Igreja Católica no Brasil. Quando o Estado brasileiro, em 1889, proclamou a República e configurou o Estado laico, com a Constituição Republicana, de 1891, a Igreja não abandonou seus inúmeros afazeres apostólicos. A Igreja Católica continuou sua presença em terras brasileiras e mais vivamente trabalhou para o bem das pessoas que habitavam esse território. A Igreja Católica não se enfraqueceu diante de novas realidades que, diretamente a ela estavam ligadas, como a sustentação das entidades religiosas, garantidas pelo Padroado e as côngruas, que pagavam os trabalhos missionários que os bispos e os clérigos desempenhavam nas Dioceses e Paróquias.

A Emenda nº 132 deve ratificar um bom entendimento do Governo republicano com a Igreja Católica no Brasil, sobretudo porque, em 2010, foi assinado um Tratado bilateral, entre o Governo do Brasil e a Santa-Sé, garantindo a manutenção dos bens da Igreja, para a sustentação do bem maior, isto é, a proclamação da Boa Nova aos habitantes dessa Nação, seja nas Dioceses e Paróquias, como também nas muitas instituições administradas pelas Dioceses, Ordens e Congregações Religiosas, masculinas e femininas.

Portanto, quaisquer emendas apresentadas para serem analisadas, reiteradas ou modificadas da Constituição da República do Brasil, deve-se levar em consideração o bem maior de toda a população. Vivemos numa sociedade republicana e democrática. O Estado brasileiro reiterou sua laicidade, em 1988, mesmo sabendo da estrondosa religiosidade da população brasileira. A Igreja Católica e os fiéis católicos constituem a maior parcela institucional e populacional do Brasil. O Estado e os parlamentares precisam estar atentos às novas interpretações da Carta Magna, para não prejudicar a Igreja de Cristo Jesus no seu intento filantrópico e humanitário. Fundamentalmente, o Estado precisa garantir que a Igreja de Jesus Cristo, que trabalha na lisura e na competência das suas atribuições, possa seguir adiante com suas instituições, para garantir a caridade entre as pessoas e a contínua evangelização do ser humano que habita estas terras. "Ide, portanto, e fazei que todas as nações se tornem discípulos, batizando-as em nome do Pai, do Filho e do Espírito Santo e ensinando-as a observar tudo quanto vos ordenei. E eis que eu estou convosco todos os dias, até a consumação dos séculos!" (Mt 28, 19).

Referências

COMPÊNDIO DO VATICANO II. *Constituições, Decretos e Declarações*. 18. ed. Petrópolis: Vozes, 1986.

CONGREGAÇÃO PARA A DOUTRINA DA FÉ. *Instrução sobre a Vocação Eclesial do Teólogo*. 5. ed. São Paulo: Paulinas, 2007.

Constituição de 1988 da República Federativa do Brasil. 2ª Tiragem. São Paulo: Ltr Editora Ltda, 1989.

LEVA, J.U. Pluralismo no Brasil do século XIX. *Revista de Cultura Teológica*, São Paulo, Ano XX, nº 77, p 11-25, jan/mar, 2012.

LEVA, J.U. A Universidade e o mundo contemporâneo. O Magistério da Igreja e o mundo contemporâneo. *Revista de Cultura Teológica*, São Paulo, Ano XXII, nº 83, p 215-226, jan/jun, 2014.

LEVA, J.U. A Teologia católica e a ética no consumo. In *Revista espaço ética,* São Paulo, Ano I, Nº 1, p 164-169, jan/jun, 2014.

LEVA. J.U. Atividades Extensionistas no Colégio Sion. *Jornal O São Paulo,* 06 de outubro de 2023.

LEVA, J.U. Recepções interdisciplinares da Encíclica Fratelli Tutti. *Jornal O São Paulo*, 10 de outubro de 2023.

LEVA, J.U. A jubilar Faculdade de Teologia: testemunho na cidade. *Jornal o São Paulo*. Ano 69. Edição 3489. São Paulo, 20-26 de março de 2024, p 4.

MARTINS, P. C. M. Modernização e o ensino superior para padres da Província de São Paulo. Último Andar. São Paulo: Educ, (10), jun, 2004, p 43-57.

MARTINS, Ives Gandra da Silva; CARVALHO, Paulo de Barros. *Justiça Econômica e Social.* São Paulo: Noeses, 2017.

MARTINS, Ives Gandra da Silva; CARVALHO, Paulo de Barros. *Tratado Brasil-Santa- Sé.* São Paulo: Noeses, 2018.

MARTINS, Ives Gandra da Silva; BERTELLI, Luiz Gonzaga; CARVALHO, Paulo de Barros. Lei e Justiça. São Paulo: Noeses, 2023.

PAPA FRANCISCO. *Exortação Apostólica Evangelii Gaudium.* São Paulo: Paulus-Loyola, 2013.

PAPA FRANCISCO. *Constituição Apostólica Veritatis Gaudium.* São Paulo: Paulinas, 2018.

IMUNIDADE DAS ENTIDADES RELIGIOSAS E A EC Nº 132/2023

Marilene Talarico Martins Rodrigues[1]

Sumário: 1. Considerações Iniciais - 2. Aspectos Históricos da Imunidade - 3. Os Institutos da Imunidade e da Isenção - 4. A Imunidade Tributária e o Entendimento do STF - 5. A Neutralidade do Estado e o Dever Constitucional de Prestar Assistência Religiosa - 6. A Imunidade dos Templos a Partir da CF/88, a Interpretação do STF e a EC nº 132/23 - 7. A Exegese do § 4º do Art. 150 da CF/88 - 8. Comentários às Questões Formuladas para o Tema.

Palavras-chave: imunidade tributária; entidades religiosas; histórico das imunidades; imunidade e isenção; assistência religiosa; interpretação ampliativa do STF.

1. Considerações iniciais

O perfil do Estado Democrático de Direito é aquele que assegura os direitos e garantias ao cidadão perante o

1. Advogada e Consultora, especialista em Direito Tributário pelo Centro de Extensão Universitária - CEU Law School. Membro do Conselho Superior de Direito da FECOMÉRCIO/SP. Membro do IASP - Instituto dos Advogados de São Paulo. Membro da Diretoria da Academia Brasileira de Direito Tributário - ABDT. Membro do Instituto Brasileiro de Direito Tributário - IBDT. Membro da Academia Paulista de Letras Jurídicas - APLJ. Membro da União de Juristas Católicos de São Paulo - UJUCASP. Membro do Conselho Superior de Orientação do Instituto Brasileiro de Estudos de Direito Administrativo, Financeiro e Tributário - IBEDAFT. Tem participado de diversos Simpósios e debates sobre direito tributário com diversos trabalhos publicados.

Estado. Entre esses direitos e garantias, estão a **Liberdade Religiosa** que compreende também as entidades religiosas, como direitos fundamentais, garantidos pela Constituição.

A Constituição fixa vários balizamentos, que resguardam valores por ela considerados relevantes, com especial atenção aos direitos e garantias individuais. O conjunto dos princípios e normas que disciplinam esses balizamentos da competência tributária corresponde às chamadas "**limitações ao poder de tributar**".[2]

O fundamento das **imunidades tributárias**, portanto, é a preservação de valores importantes para a sociedade, tais como: liberdade religiosa; atuação de certas entidades que prestam relevantes serviços sociais, ao lado do Estado, acesso à informação, à liberdade de expressão etc. São as denominadas Entidades Religiosas, que fazem com que não seja considerada a capacidade econômica, revelada pela pessoa ou pela natureza da situação.

As imunidades tributárias devem ser interpretadas no sentido que melhor se adapte às finalidades da norma para as quais foram instituídas pela Constituição de 1988.

A teologia dessas imunidades para as entidades mencionadas nos arts. 150, VI, "b" e "c", § 4º e art. 195, § 7º da CF, foi de estimular a sociedade a colaborar com o Poder Público, no atendimento de necessidades básicas da sociedade, principalmente, nas áreas de **educação**, **saúde** e **assistência social**, que o constituinte considera de especial relevo, suprindo as insuficiências do Estado na efetivação desses direitos sociais, possibilitando melhores condições de vida aos cidadãos necessitados, direitos que tendem a realizar a igualdade de situações desiguais e valem como pressupostos de garantia de direitos individuais, na medida

2. AMARO, Luciano. *Direito Tributário Brasileiro*. São Paulo: Ed. Saraiva, 1997. p. 104.

em que criam condições materiais para o auferimento desses direitos.

Essas considerações sobre a imunidade valem também para o art. 150, VI, “b”, que menciona os “**templos de qualquer culto**”, e veda a instituição de impostos para as Igrejas, em razão da religiosidade do povo brasileiro.

Tanto é assim, que o Preâmbulo da Constituição proclama que ela invoca a **proteção de Deus**, para instituir um Estado Democrático, destinado a assegurar o exercício dos direitos sociais e individuais, a liberdade, a segurança, o bem-estar, o desenvolvimento, a igualdade e a justiça como valores supremos da sociedade brasileira.

A imunidade consagrada aos “**templos de qualquer culto**” tem por objetivo não permitir que o Estado imponha restrições à liberdade de culto, nem qualquer preconceito ou distinção entre os diversos cultos, de qualquer natureza religiosa.

2. Aspectos históricos da imunidade

Historicamente, a norma constitucional, expressa no art. 19, I, da CF/88, ao dispor que é vedado à União, aos Estados, ao Distrito Federal e aos Municípios: “estabelecer cultos religiosos ou igrejas, subvencioná-los, embaraçar-lhes o funcionamento ou manter com eles ou seus representantes relações de dependência ou aliança, ressalvada, na forma da lei, a colaboração de interesse público”, teve origem no **Decreto nº 119-A, de 07/01/1890**, promulgado pelo Governo Provisório da República, ao consagrar a **plena liberdade de cultos, declarou extinto o padroado**, com todas as prerrogativas anexas e **reconheceu a personalidade jurídica de todas as Igrejas e Confissões Religiosas**, proibindo a intervenção da autoridade Federal e dos Estados Federados.

Com a proclamação da República, em 15 de novembro de 1889, as relações entre Igreja e Estado, tiveram profundas modificações, com a separação entre o Estado e a Igreja, ou seja, houve separação da política e da religião, estabelecendo o **Estado Laico**, ao contrário da Constituição Imperial, que adotava a religião católica como religião oficial do Estado brasileiro.

O **Estado Laico** não significa não se ter religião. A tradição do povo brasileiro continuou sua crença na religião católica, onde sempre demonstrou sua fé, embora tenha ocorrido e declarada separação entre Estado e Religião, a liberdade religiosa de qualquer culto foi assegurada no país. A religião é algo imanente à condição humana, razão pela qual, ainda que o Estado se autoproclame laico, ele atenderá às diretrizes religiosas.

José Renato Nalini, sobre o tema lembra que "**se a religião nada influísse na vida civil, o Natal não poderia ser feriado, assim como a Sexta-feira Santa ou Sexta-feira da Paixão, a festa de Corpus Christi e o Dia da Padroeira**, festas eminentemente católicas".[3]

Tais exemplos encontram justificativa na tradição cultural e na vontade da maioria, postulado da Democracia. Além disso, no campo da religião, impera o comportamento com embasamento na **moral**. É o sentido consensual de moral que impõe condutas à população.

Alexandre de Moraes, sobre o conteúdo da liberdade religiosa, afirma ser "a consagração de maturidade de um povo e sustenta ser ampla a abrangência do preceito fundante, pois, sendo **a religião o complexo de princípios que dirigem os pensamentos, ações e adoração do homem para com Deus**, acaba por compreender a crença, **o dogma,**

3. *Liberdade Religiosa na Experiência Brasileira* in Direito à Liberdade Religiosa - Desafios e Perspectivas para o Século XXI. Coord. Valerio de Oliveira Mazzuoli e Aldir Guedes Soriano. Belo Horizonte: Ed. Fórum, 2009. p. 40.

a moral, a liturgia e o culto. O constrangimento à pessoa humana **de forma a renunciar sua fé representa o desrespeito à diversidade democrática de ideias filosóficas e a própria diversidade espiritual".**[4]

Ives Gandra da Silva Martins, sobre a liberdade religiosa, escreve: "Parece-me, pois, que à luz da Constituição Brasileira e dos ensinamentos da participação do leigo na vida religiosa e temporal, **a liberdade religiosa é um dos pilares da democracia brasileira**. Não sem razão os templos são imunes de impostos e qualquer discriminação é vedada pela lei suprema, conforme determinam o art. 3º, e o art. 150, inciso VI, letra "b", § 4º, do Texto Maior [...]". Faz-se, portanto, de uma vez por todas deixar claro uma coisa: "Estado laico" não significa que aquele que não acredita em Deus tenha direito de impor aos que acreditam sua maneira de ser, de opinar e de defender a democracia. Não significa, também, que a democracia só possa ser constituída por cidadãos agnósticos ou ateus. Não podem, ateus e agnósticos, defender a tese de que a verdade está com eles e, sempre que qualquer cidadão que acredita em Deus se manifeste sobre temas essenciais - como, por exemplo, o direito à vida, eutanásia, família etc. - sustentar que sua opinião não deve ser levada em conta, porque é inspirada por motivos religiosos [...]. Numa democracia, todos têm o direito de opinar: os que acreditam em Deus e os que não acreditam. Mas na democracia brasileira, foram os representantes do povo, reunidos numa Assembleia Constituinte considerada originária, que definiram que todo ordenamento jurídico nacional, **toda a Constituição, todas as leis brasileiras devem ser veiculadas "sob a proteção de Deus", não podendo, pois, o Estado, violar princípios éticos da pessoa humana e da família".**[5]

---

4. MORAES, Alexandre de. *Direito Constitucional*. 27ª edição. São Paulo: Ed. Atlas, 2007.

5. MARTINS, Ives Gandra da Silva. *Liberdade Religiosa após o Concílio*

Na liberdade de religião inclui-se a **liberdade de organização religiosa**. O Estado **não** pode interferir sobre a estrutura interna das associações religiosas.

Para evitar que o Estado crie embaraços à liberdade de religião, o constituinte estabeleceu a **imunidade tributária** sobre os templos de qualquer culto (art. 150, VI, "b", "c", § 4º, da CF).

3. Os institutos da imunidade e da isenção

A **imunidade** e a **isenção** são institutos distintos que não se confundem, embora por vezes percebe-se uma certa confusão entre eles.

A **imunidade está fora da competência tributária**. Pode ser entendida como limitação, uma restrição ao poder de tributar, por razões que o constituinte considera de especial relevo, para preservar valores religiosos, educacionais, sociais, culturais e econômicos, fundamentais à sociedade brasileira. É opção política que desonera de tributação valores fundamentais. Consiste na vedação constitucional ao poder de tributar. **Em função da norma constitucional, o legislador fica impedido de tributar nas formas estabelecidas na Lei Maior**, ou seja, no texto constitucional já delimita a área em que o poder tributante não pode atuar (art. 150, VI, CF/88).

É forma desonerativa de exclusiva utilização pelo constituinte.

A **isenção** é sempre um favor legal. O poder tributante que recebe competência da Constituição para tributar, pode, expressamente, mediante lei, abrir mão de determinada receita fiscal, com o que têm, alguns doutrinadores, entendido ser a isenção uma incidência qualificada. Aquele

---

Vaticano II in Direito à Liberdade Religiosa - Desafios e Perspectivas para o Século XXI. Coord. Valerio de Oliveira Mazzuoli e Aldir Guedes Soriano. Belo Horizonte: Ed. Fórum, 2009. p. 89-96.

ente político, que tem o **poder de tributar**, tem o **poder de isentar**. Trata-se de forma desonerativa de **exclusiva utilização pelos legisladores ordinários**.

Em outras palavras: a imunidade não é alterável, suprimível ou redutível por lei ordinária. Decorre de comando constitucional, a que os entes políticos devem obediência.

4. A imunidade tributária e o entendimento do STF

- Extensão do conceito de Templo
para o gozo de Imunidades -

Na vigência da Constituição pretérita, a imunidade tributária dos "templos de qualquer culto" era considerada objetiva (art. 19, III, "b", EC 1/69), ou seja: **interpretação restritiva**.

Com a promulgação da Constituição Federal de 1988, em razão do disposto no § 4º, do art. 150, a imunidade dos "templos de qualquer culto", adquiriu natureza mais ampla, abrangendo o **patrimônio**, a **renda** e os **serviços das pessoas jurídicas que prestam assistência social** ou das "igrejas, abrangidas na expressão "**templos**", de forma a **ampliar a imunidade, além do prédio do templo**.

O art. 150, inciso VI, "b" e "c" e o § 4º da CF/88, conforme antes mencionado, estabelecem a vedação para instituir impostos sobre [...] "b" - **templos de qualquer culto**; "c" - **patrimônio, renda ou serviços** dos partidos políticos, inclusive suas fundações, das entidades sindicais dos trabalhadores, **das instituições de educação e de assistência social, sem fins lucrativos, atendidos os requisitos da lei.**

E o § 4º do referido art. 150, estabelece:

§ 4º - As vedações expressas no inciso VI, alíneas b e c, compreendem somente o patrimônio, a renda e os serviços,

> **relacionados com as finalidades essenciais das entidades nelas mencionadas.**

A norma legal exterioriza, portanto, a preocupação do constituinte em não fazer distinção entre os diversos cultos e procura resguardar da tributação os templos, a que faz menção a letra "b" do inciso VI do art. 150 da CF, que deve ser interpretada, conjuntamente, com o art. 5º, incisos VI, VII e VIII da CF, que prescrevem:

> **VI - é inviolável a liberdade de consciência e de crença, sendo assegurado o livre exercício dos cultos religiosos e garantida, na forma da lei, a proteção aos locais de culto e a suas liturgias.**
>
> **VII - é assegurada, nos termos da lei, a prestação de assistência religiosa nas entidades civis e militares de internação coletiva.**
>
> **VIII - ninguém será privado de direitos por motivo de crença religiosa ou de convicção filosófica ou política, salvo se as invocar para eximir-se de obrigação legal a todos imposta e recusar-se a cumprir prestação alternativa, fixada em lei.**

O objetivo da norma constitucional é evitar qualquer impedimento ou dificuldade ao exercício da crença religiosa pelo cidadão. Por esta razão optou o legislador constituinte, por eximi-los dos ônus representado pela exigência de impostos.

5. A neutralidade do Estado e o dever constitucional de prestar assistência religiosa

A neutralidade estatal não obsta o cumprimento do dever constitucional de prestar assistência religiosa nos estabelecimentos civis e militares de internação coletiva, que deve ser feita pelas próprias entidades religiosas.

Durante muito tempo, discutiu-se sobre a interpretação da **imunidade dos templos**, se restritiva ou extensiva.

Decisão antiga do STF, proferida na vigência da Constituição Federal de 1946, no **RE nº 21.826-DF**, em que foi Relator o Ministro Barros Barreto, reflete uma **interpretação restritiva** da imunidade:

> **Templo. Liberdade de culto. Inadmissibilidade da extensão a terreno anexo à igreja. Aplicação do art. 31, V, b, da Constituição de (1946). A imunidade tributária sobre os templos de qualquer culto é restrita à igreja, isto é, ao seu edifício e dependências, não se estendendo, portanto, aos seus desdobramentos com características próprias, isolados daquela, como seja, o lote de terreno contíguo, vazio."** (2ª T., j. 02.07.1953 - RT 264/855)

Aliomar Baleeiro divergiu desse entendimento e sustentou interpretação mais **abrangente da imunidade**, observando que:

> **O templo não deve ser apenas igreja, sinagoga ou edifício principal, onde se celebra a cerimônia pública, mas também a dependência acaso contígua, o convento, os anexos por força de compreensão, inclusive a casa ou residência especial, do pároco ou pastor, pertencente à comunidade religiosa, desde que não empregados em fins econômicos.**[6]

6. A imunidade dos templos a partir da CF/88, a interpretação do STF e a EC Nº 132/2023

A partir da Constituição Federal de 1988, contudo, em que os direitos e garantias foram ampliados, a Suprema Corte passou a dar interpretação mais **abrangente** à **imunidade dos templos de qualquer culto**, para alcançar **todo patrimônio, renda e serviços** vinculados às finalidades essenciais das **entidades religiosas** (§ 4º, art. 150).

---

6. *Direito Tributário Brasileiro*. 11ª edição, atualizada por Misabel Abreu Machado Derzi. Ed. Forense, 1999. p. 137.

Interpretação mais apropriada com a finalidade das normas de imunidade, como demonstra a decisão, cuja ementa está assim redigida:

> **RE nº 325.822-2/SP**
>
> **Relator Originário**: MIN. ILMAR GALVÃO **Relator para o Acórdão**: Min. Gilmar Mendes **Recorrente**: Mitra Diocesana de Jales e Outras **Recorrido**: Prefeito Municipal de Jales
>
> Recurso extraordinário. 2. Imunidade tributária de templos de qualquer culto. Vedação de instituição de impostos sobre o patrimônio, renda e serviços relacionados com as finalidades essenciais das entidades. Artigo 150, VI, b e § 4º, da Constituição. 3. **Instituição religiosa. IPTU sobre imóveis de sua propriedade que se encontram alugados.** 4. A imunidade prevista no art. 150, VI, b, CF, deve abranger não somente os prédios destinados ao culto, mas, também, o patrimônio, a renda e os serviços "relacionados com as finalidades essenciais das entidades nelas mencionadas". 5. **O § 4º do dispositivo constitucional serve de vetor interpretativo das alíneas *b* e *c* do inciso VI do art. 150 da Constituição Federal.** Equiparação entre as hipóteses das alíneas referidas. 6. Recurso Extraordinário provido.

Nesse julgado, do voto do Relator para o Acórdão, **Ministro Gilmar Mendes**, merece destaque o seguinte trecho:

> Nos debates, **Moreira Alves sustentou que o § 4º do art. 150 da Constituição Federal quis fazer uma equiparação entre as letras *b* e *c* porque não precisaria repetir "patrimônio, renda ou serviços" já existentes na letra *c* e o fez justamente para abarcar a letra *b*, em que não se falava em patrimônio, renda ou serviço.**
>
> Exatamente este o raciocínio que desenvolvi em meu voto.
>
> A Constituição Federal atribui à União, aos Estados, ao Distrito Federal e aos Municípios o poder de tributar. No entanto, o seu exercício não se faz de modo absoluto; atribui-se a cada uma das pessoas jurídicas de direito público parcela de competência para dispor sobre determinadas matérias. Essas restrições chamam-se de **limitações ao poder de tributar**.

> Há, ainda, no texto constitucional, de modo não exaustivo, outras limitações: **princípio da legalidade, da anterioridade, da igualdade, da vedação de confisco** etc.
>
> [...]
>
> Ao fazer uma leitura compreensiva do texto constitucional, na linha preconizada pelo Ministro Moreira Alves, entendo que, de fato, o dispositivo **do art. 150, VI, b, há de ser lido com o vetor interpretativo do § 4º deste mesmo artigo da Constituição. Vê-se, pois, que a letra *b* se refere apenas à imunidade dos "templos de qualquer culto"; a letra c, ao "patrimônio, renda ou serviço". Portanto, o disposto no § 4º alcança o patrimônio, a renda ou serviços dos templos de qualquer culto, em razão da equiparação entre as letras *b* e *c*.**
>
> Nestes termos, dou provimento ao recurso extraordinário.

Entendeu a Suprema Corte, que o disposto no § 4º do art. 150 da CF, para efeitos de **imunidade tributária**, alcança o **patrimônio**, a **renda** ou **serviços dos templos de qualquer culto**, em razão da **equiparação entre as letras *b* e *c*, da norma constitucional.**

7. A exegese do § 4º do art. 150 da CF/88

O patrimônio objeto tutelado pela norma de imunidade constitucional deve ser entendido como todo o conjunto de bens e direitos da entidade. O patrimônio não é algo divisível, é uno, cada entidade possui um único patrimônio, que compreende seus direitos, bens e propriedades imóveis. Não faz sentido reduzir o conceito de patrimônio apenas àquela parcela correspondente à propriedade do templo, ou seja, onde está edificada a igreja, ou da sede da entidade no caso de entidade assistencial.

De Plácido e Silva, sobre o conceito de universalidade do patrimônio, escreve:

> Nesta acepção, o patrimônio é considerado uma universalidade de direito, constituindo, assim, uma unidade jurídica, abstrata e

> distinta dos elementos materiais que o compõem, de modo que podem ser estes alterados, pela diminuição ou aumento, ou mesmo desaparecerem, sem que seja afetada sua existência, que se apresenta juridicamente a mesma durante a vida do titular dos direitos ou relações jurídicas que o formam.
>
> [...]
>
> Que o patrimônio, desde que se apresenta como uma **universalidade, tem que ser único**, embora, por uma ficção jurídica se permita seu fracionamento, como nos casos dos **benefícios de inventário e na sucessão dos bens do ausente**.
>
> [...]
>
> Quer então significar que a totalidade do patrimônio somente se separa da pessoa quando esta morre, porque nas alienações de bens que formam seu conteúdo não há transferência de patrimônio, mas de parcelas dele.[7]

Também é relevante observar o conceito de patrimônio, desta vez do ponto de vista **econômico**.

Segundo **Lopes de Sá**: "Patrimônio deve ser entendido como **o conjunto de bens, débitos, créditos e dotações ou provisões que se acham à disposição de uma azienda em dado momento**".[8]

Desta forma, resta que o patrimônio, tomando-se o conceito econômico, não pode se restringir, de modo algum, apenas a um único bem, mas à totalidade dos bens e direitos a eles relativos.

Após estas considerações sobre o tema, passamos a examinar as questões propostas para o presente trabalho, como seguem:

---

7. DE PLÁCIDO E SILVA. *Vocabulário Jurídico*. 12ª edição. Volume III. Ed. Forense, 1997. p. 330.

8. LOPES DE SÁ. *Dicionário de Contabilidade*. 7ª edição. São Paulo: Ed. Atlas, 1986. p. 315.

1ª QUESTÃO: A Emenda Constitucional nº 132/2023, sobre a reforma tributária alargou, na nova redação, o art. 150, inciso VI, "b" o espectro das imunidades das instituições religiosas em relação à Constituição anterior?

Em matéria constitucional, as imunidades estão centradas no art. 150, inciso VI, letras "a", "b" e "c" e § 4º, assim redigidos:

> Art. 150 - Sem prejuízo de outras garantias asseguradas ao contribuinte, é vedado à União, aos Estados, ao Distrito Federal e aos Municípios:
>
> [...]
>
> VI - instituir impostos sobre:
>
> [...]
>
> b) templos de qualquer culto;
>
> c) patrimônio, renda ou serviços dos partidos políticos, inclusive suas fundações, das entidades sindicais dos trabalhadores, das **instituições de educação e de assistência social, sem fins lucrativos**, atendidos os requisitos da lei;
>
> [...]
>
> § 4º - As vedações expressas no inciso VI, alíneas b e c, compreendem somente o patrimônio, a renda e os serviços, relacionados com as finalidades essenciais das entidades nelas mencionadas.

Com a reforma tributária estabelecida pela **EC nº 132/2023**, o espectro das imunidades das instituições religiosas em relação à Constituição anterior (CF/88), foi ampliado, para **melhor interpretação do dispositivo constitucional**, nos seguintes termos:

> Art. 150 – [...]
>
> VI - [...]
>
> **b) entidades religiosas e templos de qualquer culto;**

> c) patrimônio, renda e serviços dos partidos políticos, inclusive suas fundações, das entidades sindicais dos trabalhadores, das instituições de educação e de assistência social, sem fins lucrativos, atendidos os requisitos da lei;
>
> [...]
>
> § 4º - As vedações expressas no inciso VI, alíneas "b" e "c", compreendem somente o patrimônio, a renda e os serviços, relacionados com as finalidades essenciais das entidades nelas mencionadas."

A expressão atendidos os requisitos de lei, do texto constitucional, no caso, refere-se à lei complementar, na forma do art. 14 do Código Tributário Nacional, (com eficácia de lei complementar, assim redigido:

> Art. 14 - O disposto na alínea "c" do inciso IV do artigo 9º é subordinado à observância dos seguintes requisitos pelas entidades nele referidas:
>
> I - **não distribuírem** qualquer parcela de seu patrimônio ou de suas rendas, a qualquer título;
>
> II - **aplicarem integralmente**, **no País**, os seus recursos na manutenção dos seus objetivos institucionais;
>
> III - **manterem escrituração de suas receitas e despesas** em livros revestidos de formalidades capazes de assegurar sua exatidão.

As delimitações estabelecidas pela Constituição devem ser observadas pelo legislador infraconstitucional, assim como as decisões do Supremo Tribunal Federal, que interpretaram as desonerações tributárias à luz da Constituição Federal e da Jurisprudência reiterada da Suprema Corte.

Conforme antes mencionado, na decisão proferida no **RE nº 325.822-2/SP**, foi declarada a imunidade tributária de **Instituições Religiosas** (Mitra Diocesana de Jales e Outras), em relação ao IPTU sobre imóveis de sua propriedade que se encontram alugados.

Referida decisão do STF, resultou na **Súmula nº 724**, assim redigida:

> **Súmula 724:**
>
> **Ainda que alugado a terceiros, permanece imune de IPTU o imóvel pertencente a qualquer das entidades referidas pelo art. 150, VI, c, da Constituição, desde que o valor dos aluguéis seja aplicado nas atividades essenciais de tais entidades.**

RESPOSTA À 1ª QUESTÃO: Embora a Súmula nº 724 do STF faça menção à imunidade das entidades referidas no art. 150, VI, letra "c", o que foi decidido pelo Supremo Tribunal Federal, que reconheceu a imunidade tributária mencionada no art. 150, VI, letras "b" e "c", numa **interpretação ampliativa** (RE nº 325.822-2/SP), conforme consta do voto do **Ministro Gilmar Mendes**, Relator para o Acórdão, que fazendo menção à concepção de patrimônio considerado como universalidade, preconizada pelo **Ministro Moreira Alves**, entendeu que, de fato o:

> **dispositivo do art. 150, VI, b, há de ser lido com o vetor interpretativo do § 4º deste mesmo artigo da Constituição. Vê-se, pois, que a letra *b* se refere apenas à imunidade dos "templos de qualquer culto"; a letra c, ao "patrimônio, renda ou serviço". Portanto, <u>o disposto no § 4º alcança o patrimônio, a renda ou serviços dos templos de qualquer culto, em razão da equiparação entre as letras *b* e c.</u>**
>
> **<u>Nestes termos, dou provimento ao recurso extraordinário.</u>**

Como se constata, a interpretação do STF já havia reconhecido a imunidade das entidades religiosas, ligadas aos templos.

Ocorre, porém, que mesmo assim, continuou a interpretação divergente da fiscalização, e os infindáveis processos judiciais sobre o tema.

Para **melhor esclarecer a imunidade tributária, a EC nº 132/2023, deu nova redação ao art. 150, VI, letra "b", para mencionar**:

> **"b) entidades religiosas e templos de qualquer culto."**

Assim, a Reforma Tributária, a que faz menção ao art. 150, VI, "b", apenas esclareceu aquilo que já havia sido decidido pelo STF, ao mencionar que a imunidade alcança não somente os "templos de qualquer culto", mas também as "**entidades religiosas**", inclusive suas organizações assistenciais e beneficentes, ligadas às entidades religiosas, como creches, asilos, orfanatos e comunidades terapêuticas.

2ª QUESTÃO: Entre estas imunidades deve-se incluir a remuneração, pelos ofícios religiosos, dos encarregados de executá-los?

Entendo que sim. A imunidade deve alcançar a remuneração pelos ofícios religiosos. Ao abraçar missão religiosa, fazendo votos próprios da congregação escolhida, o religioso ou o leigo de vida consagrada não possui vínculo empregatício por tais funções.

O vínculo que une o pastor ou sacerdote à sua igreja é de **natureza religiosa e vocacional**, relacionado à resposta a uma chamada interior e não ao intuito de percepção de remuneração terrena. A subordinação existente é de índole eclesiástica, e não empregatícia, e a retribuição percebida diz respeito exclusivamente ao necessário para a manutenção do religioso, conforme entendeu o TST, no AIRR nº 3652-2002-900-05-00, 4ª Turma, 02/04/2003.

O fato de **inexistente vínculo empregatício** nas atividades puramente religiosas não impede o reconhecimento de gastos pelas entidades com subsistência daqueles que praticam atividades religiosas, tais como: alimentação, vestuário, hospedagem, transporte, assistência médica, odontológica etc., necessários à sobrevivência do cidadão e o seu direito a uma existência digna.

O valor da pessoa humana é traduzido juridicamente pelo **princípio da dignidade humana**, na forma do art. 1º da CF/88:

> Art. 1º - A República Federativa do Brasil, formada pela união indissolúvel dos Estados e Municípios e do Distrito Federal, constitui-se um Estado Democrático de Direito e tem como fundamentos:
>
> I - **a soberania;**
>
> II - **a cidadania;**
>
> III - **a dignidade da pessoa humana;**
>
> IV - **os valores sociais do trabalho e da livre-iniciativa.**

Ora, não se pode falar em objetivos fundamentais da República Federativa do Brasil, a que faz menção o art. 3º da CF, de construir uma sociedade livre e solidária; e promover o bem de todos, sem reconhecer a cidadania e a dignidade pessoa humana e os valores do trabalho, entre os quais estão o direito a alimentos, como um direito de todo ser humano, pois **o bem jurídico protegido é a vida** e a **dignidade humana**, razão pela qual não poderão ser considerados como remuneração direta ou indireta os valores despendidos pelas entidades religiosas e de instituições de ensino a esse título.

Não há, portanto, relação de emprego na **prestação de serviços religiosos**, com finalidade exclusivamente **espiritual**, conforme as seguintes decisões do Tribunal Superior do Trabalho:

> **1) Prestação de serviços religiosos, inexistência de vínculo empregatício. O desenvolvimento de atividade puramente**

religiosa não enseja o reconhecimento de relação natureza trabalhista, eis que tal atividade é decorrente exclusivamente de vocação espiritual sem fins materiais. Recurso ordinário reconhecido e não provido. (TRT - 15ª Região, Acórdão 1.475 - Rel. Juiz José Octávio Bigatto, DOESP, 09-02-1995, p. 185).

2) **AGRAVO DE INSTRUMENTO - PASTOR EVANGÉLICO - RELAÇÃO DE EMPREGO - NÃO-CONFIGURAÇÃO - REEXAME DE PROVA VEDADO PELA**

SÚMULA Nº 126 DO TST. O vínculo que une o pastor à sua Igreja é de natureza religiosa e vocacional, relacionado à resposta a uma chamada interior e não ao intuito de percepção de remuneração terrena. A subordinação existente é de índole eclesiástica, e não empregatícia, e a retribuição percebida diz respeito exclusivamente ao necessário para a manutenção do religioso. Apenas no caso de desvirtuamento da própria instituição religiosa, buscando lucrar com a palavra de Deus, é que se poderia enquadrar a igreja evangélica como empresa e o pastor como empregado. No entanto, somente mediante o reexame da prova poder-se-ia concluir nesse sentido, o que não se admite em recurso de revista, a teor da Súmula nº 126 do TST, pois as premissas fáticas assentadas pelo TRT foram de que o Reclamante ingressou na Reclamada apenas visando a ganhar almas para Deus e não se discutiu a natureza espiritual ou mercantil da Reclamada. Agravo desprovido. (TST, AIRR 3652-2002-900-05-00, 4ª Turma, 02-04-2003, Rel. Min. Ives Gandra Martins Filho, DO, 09-05-2003).

3) "A **Quarta Turma do Tribunal Superior do Trabalho** negou seguimento ao recurso (agravo de instrumento) do pastor contra decisão de segundo grau, fundamentada no voto do relator, Ministro **Ives Gandra Martins Filho**. O vínculo que une o pastor à sua igreja é de natureza religiosa e vocacional e a subordinação é de caráter eclesiástico, e não empregatícia, disse o relator. Para ele, "*a retribuição percebida diz respeito exclusivamente ao necessário para a manutenção do religioso*" - "*Todas as atividades de natureza espiritual desenvolvidas pelos 'religiosos', tais como administração dos sacramentos (batismo, crisma, celebração de missa, atendimento de confissão, extrema unção, ordenação sacerdotal ou celebração do matrimônio) ou pregação da Palavra Divina e divulgação da fé (sermões, retiros, palestras, visitas pastorais, etc.), não podem ser consideradas serviços a serem retribuídos mediante uma contraprestação econômica, pois não há relação entre bens espirituais e materiais*", disse o relator. Ele destacou que **as pessoas se dedicam às atividades de natureza espiritual** "*o fazem com sentido de missão, atendendo a um chamado divino e nunca por uma remuneração terrena*".

De acordo com **Ives Gandra Martins Filho**, o reconhecimento do vínculo de emprego só é admissível quando há desvirtuamento da instituição, ou seja, quando a Igreja estabelece o comércio de bens espirituais, mediante pagamento. "*Pode haver instituições que aparentam finalidades religiosas e, na verdade, dedicam-se a explorar o sentimento religioso do povo, com fins lucrativos*", disse. Apenas nessa situação, ressaltou, é que se poderia enquadrar a igreja evangélica como empresa e o pastor como empregado. A **Quarta Turma do TST** não examinou eventual desvirtuamento da Igreja Universal porque a segunda instância não estabeleceu qualquer tese a respeito. Em recurso de revista, como o que foi apresentado pelo pastor, processualmente não cabe o reexame das provas.

O relator afirmou que, entre os juristas, há quase que unanimidade em não reconhecer a possibilidade de vínculo empregatício entre os ministros religiosos, sejam eles padres, pastores ou rabinos, e suas respectivas igrejas. **Ives Gandra Martins Filho** destacou ainda que, do ponto de vista jurídico, a organização do trabalho divide-se em seis modalidades: assalariado, eventual, autônomo, temporário, avulso ou voluntário. A última, o voluntário, é caracterizada pela prestação de serviços sem remuneração a entidade pública ou particular sem fins lucrativos, mediante termo de adesão, que não resulta em vínculo empregatício. Essa modalidade de trabalho foi regulada pela Lei nº 9.608/98 em resposta à crescente discussão em torno da existência de relação de emprego entre os que colaboram espontânea e gratuitamente com entidades religiosas ou filantrópicas, sejam sacerdotes, pastores, ou simples fiéis. Não se trata do caso do pastor, afirmou o relator. Ele disse que o **Tribunal Regional do Trabalho** da Bahia (5ª Região) fundamentou-se em provas para firmar o convencimento de que o pastor "***respondeu a uma vocação, sem finalidade remuneratória***." (AIRR 3652/2002) (**Site do TST**, 15/04/03)

4) ATIVIDADE PASTORAL NÃO É RELAÇÃO DE EMPREGO:

A prestação de serviços pelo pastor a entidade religiosa não pode ser tido como relação de emprego, porque sua natureza é exclusivamente religiosa, motivada por fatores espirituais que não se identificam ou se resumem em coisas materiais, tendo como fundamento a convicção religiosa e não a contraprestação econômica mensurável.

O trabalho religioso não é prestado à Igreja, mas à comunidade religiosa, com fins humanitários, buscando um ideal que transcende os limites do Direito do Trabalho, eis que ***ausentes os pressupostos dos artigos 2º e 3º da Consolidação das Leis do Trabalho.*** **Ao exercício de atividades religiosas aplica-se por analogia, o disposto na Lei nº 9.608/98, que regula o trabalho voluntário e afasta o reconhecimento da relação de emprego. RELAÇÃO DE EMPREGO - PASTOR - INEXISTÊNCIA.**

(TRT-RO-7939/00 - 1ª Turma - Rel. Juíza Jaqueline Monteiro de Lima Borges - Publ. MG 27.10.00)

Por serem os religiosos como qualquer cidadão, titulares de direitos fundamentais, assegurados pela CF/88, e **não** tendo vínculo empregatício na prestação de serviços religiosos, de congregação ou ordem religiosa, **são segurados obrigatórios da previdência social, na condição de "contribuinte individual"**, para poderem usufruir dos serviços da Previdência Social, caso necessitem.

Tal exigência do INSS de segurado como "contribuinte individual" é feita em razão de o **Tribunal Superior do Trabalho não reconhecer vínculo empregatício** aos religiosos e padres que laboram para diversas Igrejas e não são, em regra, considerados empregados de tais instituições, pois lhes faltam uma característica importante da relação de emprego, que é a onerosidade. Não há contrato de emprego sem a devida remuneração.

Assim considerado, o trabalho reveste-se de **natureza religiosa**, não havendo interesse material da pessoa que presta o serviço, mas um sentimento, uma espiritualidade.

RESPOSTA À 2ª QUESTÃO: Por todo o exposto e considerando o entendimento do Tribunal Superior do Trabalho, em diversos julgamentos, entre as imunidades tributárias, constantes do art. 150, VI, letras "b" e "c" e § 4º da CF/88, deve-se incluir a remuneração pelos ofícios religiosos.

3ª QUESTÃO: Tais imunidades representam uma renúncia fiscal ou são, de rigor, uma vedação absoluta ao poder de tributar?

As imunidades tributárias representam vedação constitucional ao poder de tributar, por supressão à competência impositiva. Por determinação constitucional, o legislador fica impedido de tributar certas pessoas, coisas ou atividades estabelecidas pela Lei Maior, na forma do art. 150, VI, letras "a", "b", "c", "d" e § 4º da CF/88, em relação aos impostos e o art. 195, § 7º da CF, em relação às Contribuições Sociais.

A outorga de competências tributárias que a Constituição Federal atribui aos entes federativos não é uma outorga sem limites. A Constituição fixa balizamentos que representam limitações ao poder de tributar, que ficam fora do campo de competência tributária e, portanto, fora do poder de tributar.

As imunidades tributárias decorrem de comando constitucional, a que os entes políticos devem obediência, não podendo ser alterável, suprimível ou redutível por lei ordinária, para efeitos de arrecadação tributária, devendo ser interpretadas no sentido que melhor se adapte às finalidades da norma para as quais foram instituídas pela Lei Maior.

RESPOSTA À 3ª QUESTÃO: As imunidades tributárias **não** podem representar **renúncia fiscal** ao poder de tributar, em razão de não ter sido atribuída **competência** aos entes federativos para tributar. O fundamento das imunidades, portanto, é a preservação de valores importantes para a sociedade, tais como: liberdade religiosa, atuação de certas entidades de educação e de assistência social, que prestam relevantes serviços sociais, ao lado do Estado.

Por esta razão, representam **vedação** absoluta ao poder de tributar, não podendo ser interpretada como renúncia ao poder de tributar. Não se pode renunciar algo que não se tem, que não está dentro da competência para tributar, por determinação constitucional, é proibido tributar.

4ª QUESTÃO: As imunidades são definições constitucionais, que só podem ser reconhecidas pelo Poder Executivo ou seu gozo depende de concessão do Poder Público?

A competência que os entes políticos recebem da Constituição Federal, consiste na possibilidade ou exercício do poder de tributar. Disciplinando o exercício do poder de tributar, cabe à Constituição, outorgar e distribuir competências, delimitá-las, classificar os tributos, disciplinar sobre sua partilha e arrecadações e estabelecer as garantias do contribuinte.

Nas imunidades tributárias, há supressão dessa competência tributária. **Em função da norma constitucional, o legislador fica impedido de tributar** certas pessoas, coisas ou atividades estabelecidas pela Lei Maior.

A imunidade tributária consiste na vedação constitucional ao poder de tributar. Os tributos são criados conforme a competência tributária que a Constituição atribui à União, aos Estados, ao Distrito Federal e aos Municípios. Esta outorga de competência não é uma outorga sem limites, com especial atenção aos direitos e garantias individuais, que representam as Limitações ao Poder de Tributar e podem ser aferidas nos princípios constitucionais tributários e nas imunidades tributárias: técnica por meio da qual, na definição do campo sobre o qual a Constituição Federal autoriza a criação de tributos, excepciona determinadas situações que ficam fora do campo de competência tributária e, portanto, **fora do poder de tributar**, como antes mencionado.

RESPOSTA À 4ª QUESTÃO: As imunidades tributárias têm origem na Constituição, **que não outorgam competência** para os entes políticos atuarem por meio de tributação. É vedado tributar na área demarcada, previamente, pela Constituição.

Por esta razão, as imunidades são definições que têm origem na Constituição e devem ser reconhecidas pelo Poder Executivo, uma vez que a sua outorga não depende de concessão do Poder Público.

Ao Poder Executivo, cumpre, tão somente, o reconhecimento da imunidade tributária e não criar embaraços por meio de interpretações divergentes, sob pena de inconstitucionalidade, assim como devem ser reconhecidas as decisões do STF sobre a matéria, evitando infindáveis discussões perante o Poder Judiciário.

Referências

AMARO, Luciano. *Direito tributário brasileiro*. São Paulo: Ed. Saraiva, 1997.

BALEEIRO, Aliomar. *Direito tributário brasileiro*. 11ª edição, atualizada por Misabel Abreu Machado Derzi. Ed. Forense, 1999. p. 137.

BRANCO, Paulo Gustavo Gonet. Aspectos da Teoria Geral dos Direitos Fundamentais in *Hermenêutica Constitucional e Direitos Fundamentais* - Gilmar Ferreira Mendes. 1ª edição. 2ª tiragem. Ed. Brasília Jurídica, 2002. p. 104.

CARVALHO, Paulo de Barros. *Curso de direito tributário*. 30ª edição. São Paulo: Ed. Saraiva. p. 203-205.

COÊLHO, Sacha Calmon Navarro. *Curso de direito tributário brasileiro*. 2ª edição. Rio de Janeiro: Ed. Forense.

DE PLÁCIDO E SILVA. *Vocabulário jurídico*. 12ª edição, Volume III. Ed. Forense, 1997.

FALCÃO, Amílcar de Araújo. *Fato gerador da obrigação tributária*. 2ª edição. São Paulo: Ed. RT, 1971. p. 117.

FERREIRA SOBRINHO, José Wilson. *Imunidade tributária*. Porto Alegre: Ed. Fabris, 1996.

HARADA, Kiyoshi. *Imunidade, não incidência e isenção* - Doutrina e Prática. 2ª edição. Ed. Max Limonad, 2023. p. 26.

LOPES DE SÁ. *Dicionário de contabilidade*. 7ª edição. São Paulo: Ed. Atlas, 1986. p. 315.

MARTINS, Ives Gandra da Silva. Imunidades Tributárias. *Caderno de pesquisas tributárias - Nova Série nº 4*. São Paulo: Ed. RT coedição Centro de Extensão Universitária, 1988. p. 31.

MARTINS, Ives Gandra da Silva (Coord.). *Cadernos de direito tributário e finanças públicas*. Vol. 1. São Paulo: Ed. RT, 1992.

MARTINS, Ives Gandra da Silva. *Liberdade Religiosa após o Concílio Vaticano II* in Direito à Liberdade Religiosa - Desafios e Perspectivas para o Século XXI. Coord. Valerio de Oliveira Mazzuoli e Aldir Guedes Soriano. Belo Horizonte: Ed. Fórum, 2009. p. 89-96.

MARTINS, Ives Gandra da Silva. *Caderno de pesquisas tributárias - Nova série nº* 15. Ed. RT, 2009.

MARTINS, Ives Gandra da Silva. *Caderno de pesquisas tributárias - Nova série nº* 16. Ed. RT, 2010.

MARTINS, Ives Gandra da Silva; MENDES, Gilmar Ferreira; NASCIMENTO, Carlos Valder do (Coords.). *Tratado de direito constitucional*. São Paulo: Ed. Saraiva, 2010.

MORAES, Alexandre de. *Direito constitucional*. 27ª edição. São Paulo: Ed. Atlas, 2007.

NALINI. José Renato. Liberdade religiosa na experiência brasileira. In *Direito à Liberdade Religiosa* - Desafios e Perspectivas para o Século XXI. Coord. Valerio de Oliveira Mazzuoli e Aldir Guedes Soriano. Belo Horizonte: Ed. Fórum, 2009. p. 40.

OLIVEIRA, Yonne Dolácio de. *Estudos tributários*. As Imunidades Genéricas. São Paulo: Ed. Resenha Tributária, 1974.

STF - BRASIL - DECISÕES:

RE nº 325.822-2/SP

Relator: Ministro Ilmar Galvão

Relator para o Acórdão: Ministro Gilmar Mendes

Súmula nº 724 - STF

EC nº 132/23

TRT - BRASIL - DECISÕES:

Acórdão 1.475 - 15ª Região Rel. Juiz José Octávio Bigatto

AIRR 3652-2002-900-05-00 - 4ª Turma

Rel. Min. Ives Gandra Martins Filho

RO-7939/00 - 1ª Turma

Rel. Juíza Jaqueline Monteiro de Lima Borges

IMUNIDADE TRIBUTÁRIA E ENTIDADES RELIGIOSAS: PONDERAÇÕES SOBRE A EMENDA CONSTITUCIONAL Nº 132/2023 E A MODIFICAÇÃO DA ALÍNEA "B" DO INCISO VI DO ART. 150 - UMA NOVA MATERIALIDADE PARA UMA ANTIGA IMUNIDADE

André L. Costa-Corrêa[1]

Notas introdutórias

A União dos Juristas Católicos de São Paulo, em face da Emenda Constitucional nº 132.2023 questiona se:

> Questão 01. A Emenda Constitucional n. 132/2023 sobre a reforma tributária alargou, na nova redação do artigo 150 inciso VI letra "b" o espectro das imunidades das instituições religiosas em relação à Constituição anterior?

---

1. Professor, conferencista e consultor em direito público. Mestre e Doutor em Direito pela Pontifícia Universidade Católica de São Paulo (PUC/SP). Especialista em Direito Tributário pela PUC/SP e pelo Centro de Extensão Universitária. Membro da Academia Paulista de Letras Jurídicas (APLJ) - cadeira 26. Membro da União dos Juristas Católicos de São Paulo, da International Fiscal Association, da Associação Brasileira de Direito Financeiro, do Conselho Superior de Direito da FECOMERCIO e do Núcleo de Estudos Estratégicos em Tributação (NEET).

Questão 02. Entre estas imunidades deve-se incluir a remuneração, pelos ofícios religiosos, dos encarregados de executá-los?

Questão 03. Tais imunidades representam uma renúncia fiscal ou são, de rigor, uma vedação absoluta ao poder de tributar?

Questão 04. As imunidades são definições constitucionais, que só podem ser reconhecidas pelo Poder Executivo ou seu gozo depende de concessão do Poder Público?

Para responder a tais questionamentos, compreende-se que seja necessário, preliminarmente, tecer, mesmo que brevemente, considerações sobre as imunidades tributárias para nortear as respostas que serão apresentadas às questões propostas e, sobretudo, para guiar o leitor não familiarizado com as questões tributárias.

Breves relatos sobre as imunidades tributárias

Imunidades tributárias são enunciados constitucionais que qualificam expressamente alguns fatos, pessoas, bens, coisas ou situações como intributáveis (i. e., que não são passíveis de sofrer tributação por determinadas espécies tributárias).

As normas de imunidade tributária previstas no texto constitucional visam a salvaguardar valores políticos, morais, culturais e sociais essenciais à sociedade brasileira,[2] na medida em que não permitem que os entes políticos tributem certos fatos, pessoas, bens, coisas ou situações relacionadas àqueles. São, portanto, uma **vedação absoluta ao exercício da tributação por configurarem uma "situação permanente de *não incidência* tributária**

2. Nesse sentido, ver: MORAES, Bernardo Ribeiro de. A imunidade tributária e seus novos aspectos, Imunidades tributárias, in *Imunidades tributárias* – Ives Gandra da Silva Martins (coord.). São Paulo: Editora Revista dos Tribunais / Centro de Extensão Universitária, 1998 (pesquisas Tributárias, Nova Série, n. 04), p. 105-142, p. 107-113.

constitucionalmente qualificada" sobre fatos, pessoas ou bens de elevado interesse nacional.[3]

São, assim, as normas de competência e as de imunidade, antípodas[4] porque a existência das normas de imunidade impede o exercício da competência tributária como forma de proteção daqueles valores fundamentais.

Destarte, as imunidades podem ser classificáveis,[5] quanto à forma de previsão ou modo de sua incidência, como sendo objetivas, subjetivas ou mistas.

Consequentemente, a tentativa de impor o surgimento de obrigação tributária aos fatos, às pessoas, aos bens, às coisas ou às situações que compõem as imunidades tributárias torna inconstitucional a lei tributária que eleja tais fatos, pessoas, bens, coisas ou situações como hipóteses de

---

3. Nesse sentido, ver: MARTINS, Ives Gandra da Silva. Imunidades tributárias, in *Imunidades tributárias* - Ives Gandra da Silva Martins (coord.). São Paulo: Editora Revista dos Tribunais / Centro de Extensão Universitária, 1998 (pesquisas Tributárias, Nova Série, n. 04), p. 31-51, p. 32.

4. Nesse sentido, ver: RE 578.562-9 (Min. Rel. Eros Grau, DJe 11.09.2008).

5. Costa afirma que as imunidades podem ser classificadas de inúmeras formas. Entre elas: podem ser classificadas como: (a) imunidades genéricas e específicas, levando em consideração os valores constitucionais protegidos ou quanto ao grau de intensidade e amplitude - sendo as gerais contempladas no art. 150, VI, da Constituição Federal (as quais protegem ou promovem valores constitucionais básicos e têm como diretriz hermenêutica a salvaguarda da liberdade religiosa, política, de informação) enquanto as específicas são "circunscritas, em geral a um único tributo" e "servem a valores mais limitados ou conveniências especiais"; (b) imunidades excludentes e incisivas, que leva em consideração a abrangência da vedação nelas contida - sendo que as imunidades excludentes reservam certa situação à tributação por um tipo de imposto (excluindo os demais) enquanto as incisivas são as preveem que certa situação só possa ser tributada por alguns impostos, excluindo os demais; (c) ontológicas e políticas, em razão de serem ou não consequências necessárias de um princípio (distinção de utilidade para a identificação das excludentes constitucionais de tributação) - sendo que as imunidades ontológicas são as reconhecidas de jure como consequência necessária de um princípio constitucional, enquanto as políticas são outorgadas para prestigiar outros princípios constitucionais; (d) explícitas e implícitas; e (e) incondicionadas e condicionáveis, em face da possibilidade de contenção da eficácia da norma constitucional que abriga a exoneração tributária (COSTA, Regina Helena. *Imunidades tributárias*: teoria e análise jurisprudencial do STF - 3ª edição, revista, atualizada e ampliada. São Paulo: Malheiros, 2015, p. 137-145).

incidência tributária, bem como torna inválido o lançamento tributário que pretenda aplicar a norma a esses fatos, pessoas, bens, coisas ou situações para exigir tributo.[6] Isso ocorre porque as imunidades tributárias, enquanto vedação constitucional absoluta ao poder de tributar, impedem o surgimento da obrigação tributária e, consequentemente, do crédito tributário.

Nesse sentido, Breyner pontua que "a imunidade atua conjuntamente com o enunciado atributivo de competência tributária para delimitar-lhe negativamente,[7] apenas adquirindo sentido jurídico em função daquele, e não quando analisada isoladamente, sendo então endógena à norma de competência tributária.[8]" Sobretudo, porque competência tributária é a aptidão jurídica para instituir *in abstracto* tributos que possuem a hipótese de incidência possível delimitada pela Constituição; servindo, assim, a imunidade como uma *limitação material ou pessoal à compreensão do significado dos lexemas substantivos ou dos enunciados que compõem as normas de competência tributária, a fim de excluir do significado possível da norma de competência a incidência da norma impositiva tributária* (seja na modalidade abstrata ou concreta) *sobre determinados fatos, pessoas, situações ou bens constitucionalmente identificados.*[9]

Destarte, o Min. Rel. Celso de Mello, quando do julgamento da ADIn 712 (DJ 19.02.1993), firmou posição de que:

---

6. Nesse sentido, ver: BREYNER, Frederico Menezes. *Benefícios fiscais e regressividade tributária, injustiça fiscal* – coord. Misabel Abreu Machado Derzi, João Paulo Fanucchi de Almeida Melo. Belo Horizonte: Del Rey, 2016, p. 155-175, p. 157.

7. Nesse sentido, ver: CARRAZZA, Roque Antonio. *Imunidades tributárias dos templos e instituições religiosas*. São Paulo: Noeses, 2015, p. 05.

8. BREYNER, Frederico Menezes. *Benefícios fiscais e regressividade tributária, injustiça fiscal* – coord. Misabel Abreu Machado Derzi, João Paulo Fanucchi de Almeida Melo. Belo Horizonte: Del Rey, 2016, p. 155-175, p. 157.

9. Nesse sentido, ver: CARRAZZA, Roque Antonio. *Imunidades tributárias dos templos e instituições religiosas*. São Paulo: Noeses, 2015, p. 07.

> O exercício do poder tributário, pelo Estado, submete-se, por inteiro, aos modelos jurídicos positivados no texto constitucional, que, de modo explícito ou implícito,[10] institui em favor dos contribuintes decisivas limitações à competência estatal para impor e exigir, coativamente, as diversas espécies tributárias existentes.
>
> [...]
>
> Desde que existem para impor limitações ao poder de tributar do Estado, esses postulados têm por destinatário exclusivo o poder estatal, que se submete à imperatividade de suas restrições.

Segundo Mesquita,[11] não somente os princípios constitucionais tributários devem ser considerados como limitações ao poder de tributar,[12] pois, igualmente, imunidades são "ferramentas de obstáculo intransponível desse poder conferido ao Estado" porque determinadas situações são *excluídas* do campo de competência dos entes tributantes[13] – ressalvando-se, porém, que enquanto imunidades atuam "no plano da definição da competência". Nesse caso, afirma o autor que para algumas situações a Constituição, lastreada em valores que reputa importantes, *excepciona a regra de competência tributária*, i. e., a Constituição trata de deixá-las de fora do alcance do poder de tributar do Estado. Razão pela qual é possível pensar "as imunidades sob

10. Carrazza, concordando com a possibilidade de existirem imunidades tributárias implícitas, afirma que a renda equivalente ao salário-mínimo deve ser imune à tributação da renda por ser a expressão do mínimo vital e por consubstanciar a dignidade da pessoa humana (CARRAZZA, Roque Antonio. *Imunidades tributárias dos templos e instituições religiosas*. São Paulo: Noeses, 2015, p. 13).

11. MESQUITA, Saulo. As limitações constitucionais ao poder de tributar, as razões de Estado e a modulação de efeitos em matéria tributária, in *A Constituição cidadã e o direito tributário:* estudos em homenagem, ao Ministro Carlos Ayres Britto – coord. Saul Tourinho Leal e Eduardo Lourenço Gregório Júnior, 1ª reimpressão. Belo Horizonte, Fórum, 2019, p. 449-469, p. 459-460.

12. Importante mencionar que toda imunidade é uma limitação ao poder de tributar, mas nem toda limitação ao poder de tributar é uma imunidade.

13. Ressalte-se, porém, que as imunidades se diferenciam das isenções não apenas pelo plano normativo de validade, visto que aquelas estão situadas em plano constitucional em vez do plano ordinário (legal), mas, dentre outras diferenças, pela impossibilidade de serem revogadas ou reduzidas após a sua inclusão no sistema jurídico.

dois prismas: **em um deles a imunidade tem natureza de norma tributária que limita a competência tributária do Estado** e, de outro, **constitui um direito público subjetivo daquele que por ela é beneficiado, direta ou indiretamente**" (destacamos) – a saber: um direito público subjetivo (fundamental[14]) de não tributação.[15]

Todavia, importante a advertência de Greco[16] quanto à compreensão da divergência entre imunidades e princípios, enquanto mecanismos de limitação ao poder de tributar do Estado. A saber:

> De imediato, entendo fundamental ter presente que limitações constitucionais não se confundem com princípios constitucionais. Neste ponto, aliás, o próprio Texto Maior é explícito ao separar estas duas categorias em Seções distintas dentro do Capítulo do Sistema Tributário.
>
> Mais do que uma simples distinção de taxionomia, existe uma diferença substancial entre princípios e limitações. Ambos têm por objeto o poder de tributar e ambos dispõem sobre o seu exercício. Embora o objeto de ambos seja o mesmo (= poder de tributar) dispõem sobre ele de modo diametralmente oposto. Os princípios veiculam diretrizes positivas a serem atendidas no exercício do poder de tributar, indicando um caminho a ser seguido pelo legislador ou pelo aplicador do Direito. Como diretrizes positivas, apontam algo desejado pelo ordenamento e que o Constituinte quer ver alcançado. As limitações (como seu próprio nome diz) têm função negativa condicionando o exercício do poder de tributar e correspondem a barreiras que não podem ser ultrapassadas pelo legislador infraconstitucional; ou seja, apontam para algo que o Constituinte quer ver não atingido ou

---

14. Consequentemente, as imunidades tributárias são alcançadas pela norma do §4º do art. 60 da Constituição Federal. Logo, diverge-se da posição que busca compreendê-las como meras garantias impróprias – posição que foi referendada, inclusive, pelo Supremo Tribunal federal quando do julgamento do RE 372.600 (Min. Rel. Ellen Gracie, DJU 23.04.2004).

15. Nesse sentido, ver: CARRAZZA, Roque Antonio. *Imunidades tributárias dos templos e instituições religiosas.* São Paulo: Noeses, 2015, p. 11.

16. GRECO, Marco Aurélio. Imunidade tributária, in *Imunidades tributárias* – Ives Gandra da Silva Martins (coord.). São Paulo: Editora Revista dos Tribunais / Centro de Extensão Universitária, 1998 (pesquisas Tributárias, Nova Série, n. 04), p. 710-721, p. 710.

protegido. Em suma, enquanto os princípios indicam um caminho a seguir, as limitações nos dizem por onde não seguir.

Porém, mesmo sendo importante, diferentemente do exposto por Greco, compreende-se que os princípios também possuem uma vetorização negativa, na medida em que dizem o que não pode ser feito pelo ente político tributante. Exemplo: quando a Constituição Federal estabelece, implicitamente, que deve ser protegido o mínimo vital dos contribuintes está a dizer que essa parcela da renda dos contribuintes ***não*** é passível de tributação. Quando a Constituição prevê que a tributação não pode retroagir a fim de tributar fatos pretéritos à instituição da lei tributária, na prática está a dizer que os fatos anteriores ***não*** são passíveis de tributação. Mas, como mencionado pelo referido autor, ambos os institutos "princípios" e "imunidade" são distintos.[17]

Então, para efeitos práticos, compreende-se, como Bernardo Ribeiro de Moraes, que "a imunidade tributária, portanto, vem a ser uma disposição de ordem constitucional no sentido de vetar, às entidades tributantes, a instituição de impostos em relação a determinadas pessoas, bens, coisas ou situações, com vista ao resguardo de princípios, interesses ou valores tidos como fundamentais pelo Estado.[18]" Resguardando, por conseguinte, "princípios, ideias-forças ou postulados essenciais ao regime político[19]" da incidência de tributação.

---

17. Em sentido diverso, Bernardo Ribeiro de Moraes ressalta que "a imunidade tributária não apenas complementa princípios albergados na Constituição, mas também constitui um princípio constitucional próprio, ligado que se acha à estrutura política, social e econômica do País" (MORAES, Bernardo Ribeiro de. A imunidade tributária e seus novos aspectos, Imunidades tributárias, in *Imunidades tributárias* – Ives Gandra da Silva Martins (coord.). São Paulo: Editora Revista dos Tribunais / Centro de Extensão Universitária, 1998 (pesquisas Tributárias, Nova Série, n. 04), p. 105-142, p. 107).

18. MORAES, Bernardo Ribeiro de. A imunidade tributária e seus novos aspectos, Imunidades tributárias, *in Imunidades tributárias* – Ives Gandra da Silva Martins (coord.). São Paulo: Editora Revista dos Tribunais / Centro de Extensão Universitária, 1998 (pesquisas Tributárias, Nova Série, n. 04), p. 105-142, p. 107.

19. MORAES, Bernardo Ribeiro de. A imunidade tributária e seus novos aspectos, Imunidades tributárias, in Imunidades tributárias – Ives Gandra da Silva Martins

Não obstante, por serem normas constitucionais, as normas de imunidade devem ser entendidas e aplicadas de acordo com os ***valores*** (segurança, liberdade, cidadania, solidariedade, educação e, dentre outros, de liberdade religiosa) e ***princípios constitucionais*** (como, por exemplo, segurança jurídica, proporcionalidade, razoabilidade, dignidade da pessoa humana e, dentre outros, capacidade contributiva). Sobretudo, porque, nos termos de Carrazza,[20] as normas que veiculam imunidades tributárias apresentam um "espírito todo próprio", o qual deve nortear a sua aplicação.

Isso se dá porque as normas de imunidade tributária são dotadas de elevada carga axiológica – inclusive, ao limitarem as normas de competência tributária, evidenciam que a proteção de determinados fatos, pessoas, situações ou bens é mais importante do que a mera arrecadação de recursos financeiros para os cofres públicos.[21] E, consequentemente, "têm a propriedade de aumentar a eficácia de direitos fundamentais.[22]" Sobretudo, porque as imunidades tributárias são salvaguardas, postas pela Constituição, contra a ação estatal de exigir determinados tributos. Devendo ser compreendidas como preceitos constitucionais de eficácia plena e aplicabilidade imediata – inclusive, por serem normas veiculadoras de direitos e garantias fundamentais (nos termos do § 1º do art. 5º da Constituição Federal de 1988).

(coord.). São Paulo: Editora Revista dos Tribunais / Centro de Extensão Universitária, 1998 (pesquisas Tributárias, Nova Série, n. 04), p. 105-142, p. 107.

20. CARRAZZA, Roque Antonio. *Imunidades tributárias dos templos e instituições religiosas*. São Paulo: Noeses, 2015, p. 10.

21. CARRAZZA, Roque Antonio. *Imunidades tributárias dos templos e instituições religiosas*. São Paulo: Noeses, 2015, p. 07.

22. CARRAZZA, Roque Antonio. *Imunidades tributárias dos templos e instituições religiosas*. São Paulo: Noeses, 2015, p. 08.

Nesse sentido, já foi dito anteriormente, quanto à imunidade prevista na alínea "c", do inciso VI, do art. 150 que:

> o legislador constituinte procurou [...], em **sentido amplo**, preservar de tributação "*pessoas ou bens e atividades, em que valores supremos da pessoa humana ou da convivência em sociedade pudessem restar afetados*"; a fim de preservar "*a manutenção da estruturação dos princípios fundamentais da Ordem Econômica e Social do Brasil*", e, também, como forma de concretizar e viabilizar a forma do Estado Democrático de Direito brasileiro, prevista nos arts. 1º e 3º da Constituição Federal. Em **sentido restrito**, preservar ideias, ideais, interesses, liberdade de ação, independência e programas, independentemente natureza destes, dos partidos políticos, inclusive de suas fundações, das entidades sindicais dos trabalhadores, das instituições de educação e de assistência social *lato sensu* da ingerência e de perseguições tributárias eventuais e momentâneas por quem detém o poder, sobre o patrimônio, a renda e os serviços desenvolvidos por aquelas instituições. Bem como, pode-se afirmar, também, que procurou, de forma transversa, incentivar a sociedade civil a organizar e desenvolver trabalhos complementares ou subsidiários ao Estado.[23]

Em face disso, a interpretação das imunidades tributárias deve ser extensiva, ampla,[24-25] generosa e teleológi-

---

23. COSTA-CORRÊA, André L. Tributação do Terceiro Setor: interpretação dos fundamentos sistemáticos para uma tributação diferenciada e análise das consequências desta para a tributação nacional, in Disciplina lega tributária do terceiro setor – Ives Gandra da Silva Martins (coord.). São Paulo: Editora Revista dos Tribunais / Centro de Extensão Universitária, 1999 (pesquisas Tributárias, Nova Série, n. 05), p. 380-395.

24. Compreende-se que as imunidades tributárias configuram efetiva garantia fundamental do indivíduo na seara tributária, pois, além de preservarem da tributação diretamente o seu patrimônio quando da realização de determinados fatos ou quando os contribuintes se constituem sob determinada forma, visa proteger esferas específicas da liberdade do indivíduo. Logo, igualmente como os direitos e garantias fundamentais que merecem interpretação extensiva, ampla, as imunidades tributárias, enquanto espécie daquelas, também gozam de ampla interpretação. Inclusive, inúmeros são os precedentes do Supremo Tribunal Federal nesse sentido, veja, por exemplo, o RE 221.239 (Rel. Min. Ellen Gracie), o RE 174.476 (Rel. Min. Maurício Corrêa) e, dentre outros, o RE 325.822 (Rel. Min. Gilmar Mendes).

25. Nesse sentido, ver: MORAES, Bernardo Ribeiro de. A imunidade tributária e seus novos aspectos, Imunidades tributárias, in Imunidades tributárias – Ives Gandra da Silva Martins (coord.). São Paulo: Editora Revista dos Tribunais / Centro de Extensão Universitária, 1998 (pesquisas Tributárias, Nova Série, n. 04), p. 105-142, p. 133.

ca,[26] na medida em que expressam a vontade do legislador constituinte (originário ou derivado) de preservar da tributação determinados valores de "particular significado político, social, religioso, econômico.[27]" Devendo o intérprete, consequentemente, identificar o bem jurídico tutelado pela norma de imunidade e optar pela interpretação que melhor o proteja, o garanta. Buscando garantir aos signos representativos das imunidades tributárias um significado que contenha o maior número possível de significações porque "a interpretação das imunidades tributárias deve se projetar no futuro e levar em conta os novos fenômenos sociais, culturais e tecnológicos. Com isso, evita-se o esvaziamento das normas imunizantes por mero lapso temporal, além de se propiciar a constante atualização do alcance de seus preceitos.[28]"

Transpassadas essas breves considerações sobre imunidades tributárias, passar-se-á à análise das questões propostas.

Questão 01. A Emenda Constitucional nº 132/2023 sobre a reforma tributária alargou, na nova redação do art. 150, inciso VI, letra "b" o espectro das imunidades das instituições religiosas em relação à Constituição anterior?

Previa originalmente a Constituição Federal de 1988 na alínea "b" do inciso VI de seu art. 150, que: *sem prejuízo de outras garantias asseguradas ao contribuinte, é vedado à União, aos Estados, ao Distrito Federal e aos Municípios instituir impostos sobre templos de qualquer culto.*

---

26. Nesse sentido, ver: RE 237.718, Rel. Min. Sepúlveda Pertence, DJ 06.09.2001.

27. CARRAZZA, Roque Antonio. *Imunidades tributárias dos templos e instituições religiosas.* São Paulo: Noeses, 2015, p. 16.

28. Vide RE 330.817, Rel. Min. Dias Toffoli, DJe 08.03.2017.

Logo, aparentemente, restringia-se a referida imunidade aos "*templos de qualquer culto*". Ou seja, em uma análise superficial, poder-se-ia afirmar que a referida imunidade seria objetiva, vez que estabelecida em função de um objeto ("templos de qualquer culto").

Em relação à expressão "templos de qualquer culto" cabem algumas considerações iniciais. No tocante ao signo "*templos*", pode-se afirmar que esse buscava proteger os *locais* de "culto" e de liturgia de "religiões", a fim de possibilitar com que houvesse a preservação da liberdade religiosa prevista no inciso VI do art. 5º, e no inciso I do art. 19 da Constituição Federal.[29] Em relação ao termo "culto", a Constituição buscou contemplar uma efetiva diversidade religiosa, de sorte a garantir a referida imunidade às distintas ou quaisquer crenças religiosas – não protegendo ou promovendo uma dada expressão religiosa (inclusive, porque o Estado brasileiro é laico e não promovente de uma específica religião). Ressalte-se, porém, que o termo "culto", previsto na mencionada imunidade, visa a proteger não apenas os locais de culto, mas, também, os locais de liturgia,[30] de práticas religiosas.[31]Devendo-se proteger todos os elementos que estejam diretamente relacionados com as entidades religiosas que estejam relacionados com o culto, com a liturgia, com sua preservação e promoção.

29. Nesse sentido, a jurisprudência do Supremo Tribunal Federal predica que a referência a "templos de qualquer culto" previsto na alínea "b", do inciso VI, do art. 150 da Constituição Federal, não alcança os templos maçônicos porque, apesar do designativo "templo", neles não se professam qualquer religião – vide os seguintes precedentes: RE 562.351 (Rel. Min. Ricardo Lewandowski, DJ 14.12.2012), ARE 866.402 AgR (Rel. Min. Celso de Mello, DJe 20.04.2015) e MI 6.631 AgR (Rel. Min. Celso de Mello, DJe 09.05.2019).

30. Nesse sentido, ver voto do Min. Rel. Eros Grau no RE 578.562-9 (DJe 11.09.2008).

31. Concorda-se com Silva que o termo "culto" pode ser representado como "um conjunto, organizado ou não, de ações, práticas e procedimentos de qualquer organização ou entidade cuja finalidade seja exercer ou levar alguém a exercer a função religiosa" (SILVA, Rubens Roriz da. A tributação das organizações religiosas no Brasil: por que elas poderiam pagar impostos? Rio de Janeiro: Lúmen Juris, 2021, p. 38-39).

Logo, pode-se afirmar que a referida expressão constitucional visa a garantir imunidade aos "templos de qualquer culto", sendo, portanto, ***em uma interpretação meramente literal***, mais importante a condicionante "culto" do que o lexema "templo". Ressalte-se, porém, que se concorda com o Min. Marco Aurélio[32] que "o pluralismo impede que o Poder Judiciário adote definição ortodoxa de religião", impondo-se a esse Poder uma "leitura compreensiva das práticas sociais a fim de identificá-las como religiosas ou não, em virtude de tanto o direito como a religião serem subprodutos da cultura". Razão pela qual é indispensável se compreender o lexema substantivo "culto" de forma mais ampla, a fim de incluir, quaisquer seitas ou práticas religiosas, espirituais.[33] Restando, pois, a importância do lexema "templo" apenas para excluir, sob uma interpretação literal, da imunidade *outros bens imóveis pertencentes a entidades religiosas que não fossem relacionados à prática de culto.*

A mencionada imunidade aos *templos de qualquer culto* busca ***proteger o direito fundamental à liberdade de consciência e de crença*** (previsto nos incisos VI, VII e VIII do art. 5º, da Constituição Federal). E, portanto, conferir imunidade tributária aos templos de qualquer culto implica a garantia de que os indivíduos, independentemente do credo, possam divulgar e manifestar sua religiosidade – pela prática

32. Vide voto do Min. quando do julgamento do AgReg no Mandado de Injunção 7.069 (Rel. Min. Luiz Fux, DJe 15.04.2024).

33. Nesse sentido, não se concorda com a posição de Silva de que as atividades das entidades religiosas precisam estar em sintonia com os princípios fundamentais expressos na Constituição Federal (como, por exemplo, os princípios da dignidade humana, da igualdade, da liberdade, dos direitos fundamentais individuais e coletivos) para que possam gozar da imunidade prevista na alínea "b" do inciso VI e no §4º, ambos do art. 150 da Constituição Federal (nesse sentido, ver: SILVA, Rubens Roriz da. *A tributação das organizações religiosas no Brasil: por que elas poderiam pagar impostos?* Rio de Janeiro: Lumen Juris, 2021, p. 39). Em especial, porque se houvesse a manutenção de tais requisitos para se gozar da imunidade tributária, haveria ofensa ao artigo 19, I, da Constituição Federal, por se considerar que tais requisitos seriam uma forma de embaraçar a prática religiosa de uma dada organização religiosa.

de cultos ou pela simples exteriorização da existência desses pela preservação de seus locais. Sendo que o conceito de religiosidade é amplo, pois abarca qualquer crença transcendental de pessoas ("que se reúnem com a certeza íntima de que estão moralmente obrigadas pelos mandamentos que dela emanam).[34]" Logo, *deveriam estar protegidos pela referida imunidade todos os bens das entidades religiosas que sejam, de alguma forma, direcionados à sua manutenção como mecanismo para a promoção da prática religiosa.*[35]

Razão pela qual, sistematicamente,[36] a referida imunidade passou a proteger, também, todas as instalações

---

34. CARRAZZA, Roque Antonio. *Imunidades tributárias dos templos e instituições religiosas*. São Paulo: Noeses, 2015, p. 25.

35. Nesse sentido, Carrazza afirma que "para que, como determina a Constituição Federal, a liberdade de culto venha adequadamente prestigiada, é imprescindível que a desoneração fiscal em tela se faça sentir sobre todas as situações relacionadas às práticas religiosas". E, também, que "nem se diga que, no texto constitucional, está escrito 'templos' (edifício onde se pratica o culto religioso) – e, portanto, o que foge disso é pura especulação dos interessados em dilargar o campo da imunidade ora em destaque. Tal entendimento não se sustenta, em face da interpretação sistemática dos precitados dispositivos e do próprio preâmbulo da Carta Suprema, que consagram a ideia de imunidade tributária da religião (conceito espiritual) e, não apenas, do imóvel (conceito material) aonde ela vem praticada. Logo, é preciso desonerar de impostos, não apenas o prédio onde o culto se desenvolve, mas tudo o que está relacionado à atividade religiosa" (CARRAZZA, Roque Antonio. *Imunidades tributárias dos templos e instituições religiosas*. São Paulo: Noeses, 2015, p. 26-27).

36. Deve-se levar em consideração no processo de interpretação dos enunciados normativos – e, sobretudo, na interpretação dos enunciados constitucionais – o axioma de que as expressões gráficas que conformam as regras normativas, por serem plurissignificativas e nem sempre tecnicamente precisas, devem ser interpretadas de forma sistemática para conferir-lhes coerência à unidade e à ordem do sistema jurídico. Isto é, os termos que compõem as regras constitucionais devem ser interpretados com base nos princípios gerais do sistema jurídico e dos subsistemas normativos, de forma que se extraia, dentre as diversas hipóteses abstratas de sentidos possíveis, a interpretação que lhe confira validade em razão da ordem e da unidade do sistema jurídico. Tal necessidade se faz porque inúmeros são os casos em que o legislador utilizou um termo, quando, na verdade, queria e deveria expressar outro sentido para manter a unidade e a ordem do sistema jurídico.

anexas aos templos,[37-38], desde que correlacionadas a práticas religiosas.[39-40] Passando-se a compreender que a referida imunidade protegia, também, o patrimônio, a renda e os serviços "relacionados com as finalidades essenciais das

37. Importante mencionar que a interpretação anterior do Supremo Tribunal Federal, ainda sob os mantos constitucionais das Cartas de 1967 e de 1946, era no sentido de que a imunidade protegia apenas e tão-somente o local do templo ou da "casa paroquial", não o terreno a ele destinado. Nesse sentido, ver: RE 85.139 (Rel. Min. Carlos Thompson Flores, j. 27.08.1976) e RE 21.826 (Rel. Min. Ribeiro da Costa).

38. Nesse sentido, ver: RE 325.822 (DJ 14.05.2004), Rel. para Acórdão Min. Gilmar Mendes.

39. Nesse sentido, ver: CARRAZZA, Roque Antonio. *Imunidades tributárias dos templos e instituições religiosas*. São Paulo: Noeses, 2015, p. 21.

40. Exemplo da extensão material da expressão "templos de qualquer culto" é a decisão do RE 578.562-9 (Min. Rel. Eros Grau, DJe 11.09.2008), visto que na mesma houve a compreensão de que "os cemitérios que consubstanciam extensões de entidades de cunho religioso estão abrangidos pela garantia comtemplada no artigo 150 da Constituição do Brasil. Impossibilidade da incidência do IPTU em relação a eles". Isso porque "a imunidade aos tributos de que gozam os templos de qualquer culto é projetada a partir da interpretação da totalidade que o texto da Constituição é, sobretudo do disposto nos artigos 5º, VI, 19, I e 150, VI. "b".
Importante mencionar, ainda, que o Min. Rel. Eros Grau, em seu voto, teceu as seguintes considerações sobre a extensão material do significado da expressão "templos de qualquer culto", a saber:
"[...]
5. Essas observações são relevantes porque diversa da que se há de aplicar aos cemitérios que consubstanciam extensões de entidades de cunho religioso é a norma de decisão que calha a situações nas quais empresas exploram a atividade de locação e/ou venda de jazigos. Vale dizer: no julgamento do presente recurso esta Corte não dirá, simplesmente, que cemitérios em geral estão abrangidos, ou não estão abrangidos, pela imunidade; diversamente, decidiremos se cemitérios que consubstanciam extensões de entidades de cunho religioso estão, ou não estão, por ela alcançados.
6. Pois é evidente que jazigos explorados comercialmente, por empresas dedicadas a esse negócio, não gozam da proteção constitucional de que se cuida. Ainda que a família e amigos próximos do ali enterrado possam cultuar a sua memória diante do jazigo. No caso se trata de situação diversa daquela a que neste apartado de meu voto faço alusão.
7. Deveras, o Cemitério Britânico é uma extensão da Capela destinada ao culto da religião anglicana, situada no mesmo imóvel. A recorrente – Sociedade da Igreja de São Jorge – Cemitério Britânico – é uma entidade filantrópica sem fins lucrativos, titular do domínio útil desse imóvel, dedicada à preservação da Capela e do Cemitério Britânico e jazigos, bem assim do culto da religião anglicana professada nas suas instalações Aqui há uma entidade religiosa, e filantrópica, voltada à celebração de culto".

entidades religiosas".[41] Tal amplificação do significado original da imunidade aos "templos de qualquer culto" visou, sobretudo, assegurar e estimular a liberdade de crença e a prática de cultos religiosos (direitos fundamentais consagrados no art. 5º, inciso VI, da Constituição Federal), a fim de se impedir a manutenção de obstáculos de ordem econômico-financeira ao exercício daquelas liberdades.[42]

Nesse sentido, inclusive, como se passou a garantir a imunidade aos impostos prediais aos imóveis pertencentes a entidades beneficentes que estivessem locados (nos termos do RE 257.700[43]) ou sendo utilizados como escritório ou como residência de membros de entidades de assistência social sem fins lucrativos (conforme o RE 221.395[44]). E, também, como se estendeu a imunidade para o imposto sobre serviços para os valores arrecadados com estacionamentos de veículos (RE 144.900[45]) e sobre a renda obtida na prestação de serviços de diversão pública (Agrag 155.822[46]). As

---

41. Importante mencionar, ainda, que a regra do § 4º do art. 150 da Constituição Federal passou a ser o vetor interpretativo para as alíneas "b" e "c" do inciso VI. Nesse sentido, o Min. Gilmar Mendes, quando do julgamento do RE325.822, definiu que ao se "fazer uma leitura compreensiva do texto constitucional, na linha preconizada pelo Moreira Alves, entendo que, de fato, o dispositivo do art. 150, VI, 'b', há de ser lido com o vetor interpretativo do § 4º deste mesmo artigo da Constituição. Vê-se, pois, que a letra 'b' se refere apenas à imunidade dos 'templos de qualquer culto'; a letra 'c', ao 'patrimônio, renda ou serviço'. Portanto, o disposto no § 4º alcança o patrimônio, a renda ou serviços de qualquer culto, em razão da equiparação entre as letras 'b' e 'c'".

42. Nesse sentido, concorda-se com o Min. Marco Aurélio que "a imunidade prevista na alínea 'b' do preceito, no que faz referência aos templos de qualquer culto, objetiva assegurar e estimular a liberdade de crença e a prática de cultos religiosos"; logo, "deve ser implementada aplicação do preceito voltada a abrigar da imposição fiscal quaisquer bens e serviços vinculados às atividades essenciais das entidades religiosas" (vide voto proferido quando do julgamento da ADIn 5.816, Rel. Min. Alexandre de Moraes, J. 05.11.2019).

43. Min. Rel. Ilmar Galvão, DJ 20.09.2000.

44. Min. Rel. Marco Aurélio, DJ 12.05.2000.

45. Min. Rel. Ilmar Galvão, DJ 26.09.1997.

46. Min. Rel. Ilmar Galvão, DJ 02.06.1995.

referidas ampliações passaram a ser aplicadas, também, às entidades religiosas por força de interpretação analógica em face da previsão do § 4º do art. 150 da Constituição Federal.

Ressalte-se, porém, que, apesar da extensão proposta ao significado da expressão "*templos de qualquer culto*" para abranger – por força do § 4º do art. 150 da Constituição Federal – o patrimônio, a renda e os serviços de entidades religiosas, houve, em um primeiro momento, a compreensão de que o patrimônio, a renda e os serviços deveriam estar, sim, ***vinculados às atividades (finalidades) essenciais de entidades religiosas.***[47-48]

Ressalte-se, porém, que, apesar de ainda não amplamente reconhecida pelo Supremo Tribunal Federal,[49] ho-

---

47. Nesse sentido, o Supremo Tribunal Federal, quando do julgamento do RE 325.822 (Rel. para Acórdão Min. Gilmar Mendes, DJ 14.05.2004), firmou posição no sentido de que:
"EMENTA. Recurso extraordinário. 2. Imunidade tributária de templos de qualquer culto. Vedação de instituição de impostos sobre o patrimônio, renda e serviços relacionados com as finalidades essenciais das entidades. Artigo 150, VI, 'b' e § 4º, da Constituição. 3. Instituição religiosa. IPTU sobre imóveis de sua propriedade que se encontram alugados. 4. A imunidade prevista no art. 150, VI, 'b', CF, deve abranger não somente os prédios destinados ao culto, mas, também, o patrimônio, a renda e os serviços 'relacionados com as finalidades essenciais das entidades nelas mencionadas'. 5. O § 4º do dispositivo constitucional serve de vetor interpretativo das alíneas 'b' e 'c' do inciso VI do art. 150 da Constituição Federal. Equiparação entre as hipóteses das alíneas referidas".

48. Nesse sentido, o Min. Marco Aurélio, quando do julgamento do RE 325.822 (Rel. para Acordão Min. Gilmar Mendes, DJ 14.05.2004), pronunciou-se no sentido de que "os bens, no caso, são destinados à finalidade do próprio templo. Não vejo, na espécie, uma pertinência maio, considerada a necessidade de distinguirem-se institutos, do disposto no artigo 19 da Constituição Federal, porque esse artigo, ao vedar à União, aos Estados, ao Distrito Federal e aos Municípios subvencionar cultos, pressupõe um ato positivo, um aporte, uma vantagem que seja outorgada, e, no tocante à imunidade, não há esse aporte". E, como "a Carta de 1988 trouxe a novidade do § 4º do artigo 150, sobre as vedações expressas no inciso VI, e, aí, houve referência explicita à alínea 'b', que cogita da imunidade quanto aos templos de qualquer culto. De acordo com o citado § 4º, tais vedações compreendem o patrimônio, a renda e os serviços relacionados de forma direta 'com as finalidades das entidades nelas mencionadas'. Havendo, portanto, o elo. A destinação, como versado nos autos, não se tem como afastar o instituto da imunidade".

49. Nesse sentido, ver: RE 237.718 (Rel. Min. Sepúlveda Pertence, DJ 06.09.2001).

diernamente, busca-se, doutrinariamente, mesmo que ainda não prevalecente, compreender como imune a entidade, na acepção de instituição, organização ou associação, mantenedora do templo religioso, do culto ou da crença, compreendida independentemente das coisas e pessoas objetivamente consideradas. Logo, busca-se a proteção total e efetiva do patrimônio, da renda e dos serviços das entidades religiosas, independentemente de estarem ou não relacionadas às suas atividades essenciais, por se compreender que deva prevalecer mais a compreensão subjetiva (i. e., quem detém os fatos signos presuntivos de riqueza passíveis de tributação) do que a mera fonte fatual desses (i. e., se derivada ou não das atividades essenciais da entidade religiosa), por se compreender que ao término todos os recursos serão efetivamente direcionados para as atividades religiosas.[50]

Importante mencionar, ainda, que o Min. Rel. Marco Aurélio, quando do julgamento do RE 221.395 (DJ 12.05.2000), lembrou os ensinamentos de Rui Barbosa Nogueira, em parecer acostado, de que "a razão de ser da imunidade constitucional está, em primeiro lugar, na viabilização da própria atividade que respalda a disciplina da matéria; em segundo lugar, é decorrência da capacidade econômica do contribuinte, tal como prevista no § 1º do artigo 145 da Constituição Federal". Logo, a ampliação teleológica da regra do § 4º do art. 150 da Constituição Federal visa a *viabilizar a atividade religiosa e proteger a baixa capacidade contributiva das entidades religiosas pela proteção do patrimônio, da renda e dos recursos arrecadados com serviços quando colocados à disposição das finalidades das entidades religiosas ou de suas práticas de culto, de liturgia.*

Ressalte-se, porém, que a expressão *"finalidades essenciais"* contida no § 4º do art. 150 da Constituição Federal é *impregnada* de um *juízo de valor subjetivo*. Mas, a ideia do

50. Nesse sentido, ver: SILVA, Rubens Roriz da. *A tributação das organizações religiosas no Brasil:* por que elas poderiam pagar impostos? Rio de Janeiro: Lúmen Juris, 2021, p. 48.

referido enunciado constitucional é, sobretudo, ***proteger a infraestrutura indispensável para o cumprimento das atividades elencadas nas alíneas "b" e "c" do inciso VI do art. 150 da Constituição Federal***. Porque sem a infraestrutura, é absolutamente inviabilizada a atividade prevista na regra de imunidade. E, no caso das entidades religiosas, como bem lembrado pelo Min. Celso de Melo, quando do julgamento do RE 221.395 (Rel. Min. Marco Aurélio, DJ 12.05.2000), "a imunidade tributária em questão – considerando-se, especialmente, a natureza da entidade que recorre – representa uma expressiva garantia de ordem constitucional, instituída com a finalidade de impedir que, no âmbito de uma república laica, o poder público venha a praticar inaceitável censura tributária sobre as atividades confessionais de uma instituição claramente comprometida com a difusão de determinada fé religiosa".

Apesar dessa compreensão, o Supremo Tribunal Federal, quando do julgamento da ADIn 5.816 (Rel. Min. Alexandre de Moraes, J. 05.11.2019), reafirmou a posição incidental de que "a imunidade de templos não afasta a incidência de tributos sobre operações em que as entidades imunes figurem como contribuintes de fato" porque "as imunidades subjetivas impedem a caracterização da relação tributária apenas na hipótese em que a entidade imune é contribuinte de direito do tributo" (nos termos do decidido no RE 608.872, Rel. Min. Dias Toffoli, j. 23.02.2017, Dje 26.09.2017[51]). Ressalte-se, porém, que se discorda da posição exarada na referida Ação Direta de Inconstitucionalidade porque se compreende que a não incidência sobre operações de serviços públicos estaduais próprios, delegados, terceirizados ou privatizados de água, luz, telefone e gás titularizadas por entidades religiosas é mera aplicação

51. No referido julgado, o Supremo Tribunal Federal, e sede de Repercussão Geral, afirmou a tese de que "a imunidade tributária subjetiva aplica-se a seus beneficiários na posição de contribuinte de direito, mas não na de simples contribuinte de fato, sendo irrelevante para a verificação da existência do beneplácito constitucional a repercussão econômica do tributo envolvido".

do regime da imunidade tributária prevista na alínea “b” do inciso VI do art. 150 da Constituição Federal; não sendo necessário perquirir sobre a qualidade de contribuinte de fato ou de direito ou sobre a avaliação da regra tributária para restituição de tributos indevidamente cobrados para se dar concretude à regra de imunidade tributária porque a mesma deve ser uma garantia material e não meramente formal às entidades religiosas.[52]

Em face dessas múltiplas interpretações sobre a extensão do enunciado da imunidade, recentemente, a Emenda Constitucional nº 132/2023 modificou a alínea “b” do inciso VI do art. 150 a fim de prever que a imunidade passe a ser sobre “*entidades religiosas* e templos de qualquer culto, *inclusive suas organizações assistenciais e beneficentes*”.

Razão pela qual cabe uma análise se a alteração promoveu uma modificação efetiva da materialidade da imunidade da letra “b” do inciso VI do art. 150 da Constituição Federal ou apenas promoveu, explicitamente, a interpretação teleológica anteriormente firmada pelo Supremo Tribunal Federal para a proteção do patrimônio, da renda e dos serviços essenciais das entidades religiosas.

Em relação à alteração inicial do retromencionado enunciado constitucional para se incluir “entidades religiosas” ao lado dos “templos de qualquer culto” é possível afirmar que houve, aparentemente, uma tentativa de se garantir a interpretação do Supremo Tribunal Federal de proteção efetiva aos entes religiosos, como forma de se proteger a prática religiosa (liberdade de consciência religiosa). Prevendo-se, agora, que a referida imunidade não é aplicável apenas e tão somente a uma condição de patrimônio (templos), mas, sim, às pessoas jurídicas dotadas de personalidade jurídica própria que tenham por objetivo a

52. Nesse sentido, veja o voto do Min. Marco Aurélio quando do julgamento da ADIn 5.816 (Rel. Min. Alexandre de Moraes, J. 05.11.2019).

prática de atividades religiosas. Buscou-se, assim, exteriorizar a interpretação já prevalente de que a referida imunidade era subjetiva, não protegendo objetivamente apenas um determinado tipo de bem (templo) dessas entidades.

Nessa hipótese, mesmo havendo a inclusão da expressão "entidades religiosas" em adição a um dos elementos objetivos de seu patrimônio ("templo"), compreende-se que não houve acréscimo material à imunidade originalmente prevista na alínea "b" do inciso VI do art. 150, da Constituição Federal.

Ressalte-se, ainda, que a expressão "entidades religiosas" deve ser compreendida com o significado de "organização religiosa,[53]" nos termos do inciso IV do art. 44 da Lei nº 10.406/2002 (Código Civil).[54]

---

53. Segundo Silva, "a expressão organização religiosa está acima dessa ideia de local físico, conforme já foi amplamente examinado. Em síntese e compulsando o que já foi apresentado anteriormente, é possível elencar quatro características que vão marcar de forma cabal a organização religiosa, quais sejam: ter uma estrutura de crença comunitária, ou seja, uma expressão de fé que possa ser vivenciada em comunidade; produzir e gerenciar gradualmente um patrimônio que pode ser material, imaterial ou ambos, ao longo de sua história; dispor de pessoas comprometidas com seus valores, seculares e espirituais; e estruturar registro público que propicie a publicização da entidade junto à sociedade e aos entes estatais" (SILVA, Rubens Roriz da. *A tributação das organizações religiosas no Brasil:* por que elas poderiam pagar impostos? Rio de Janeiro: Lúmen Juris, 2021, p. 34).

54. Concorda-se com Silva que "quando a Constituição expressa templo, considerando uma interpretação lato sensu, ou seja, abrangente, ela está referindo-se à pessoa jurídica de direito privado definida no Código Civil, [...], como sendo as organizações religiosas. Em um contexto teológico e sociológico, a imunidade em tela se subjetiva na entidade, pessoa jurídica, regularmente constituída em todos os níveis possíveis, federal, estadual, distrital e municipal, e que mantém como finalidade essencial (art. 150, § 4º da Constituição Federal) atividades religiosas. Num entendimento lato sensu e que suplanta a expressão igreja ou templo, entende-se como a pessoa jurídica de direito privado que tem por objetivos, finalístico e estatutário, de forma preponderante, a atividade religiosa. É constituída por pessoas, físicas ou jurídicas, que professam uma religião, uma crença, uma espiritualidade, uma filosofia de vida religiosa, um carisma; enfim, que vivem a prática da virtude da fé. Essa entidade reconhece, atende e busca cumprir o que está em seu estatuto, ou seja, os fundamentos essenciais dessa vivência de fé e de sua orientação confessional e ideológica específicas. Portanto, nessa visão ampliada do Código Civil brasileiro, uma Igreja é uma organização religiosa da mesma forma que uma ordem religiosa católica, ou até mesmo, uma

Quanto à parte final do enunciado constitucional (a saber: "organizações assistenciais e beneficentes"), compreende-se que a alteração visa, também, a dar concretude à série de interpretações promovidas pelo Supremo Tribunal Federal, que procurava conceder imunidade ao patrimônio, a renda e os serviços relacionados às entidades religiosas por força da aplicação sistemática do § 4º do art. 150.

Porém, a análise da nova redação da alínea "b" do inciso VI do art. 150 prevê, diferentemente da previsão do § 4º desse mesmo artigo, que a imunidade vige, também, para "**organizações beneficentes**" – tipo de entidade diversa das previstas na alínea "c", visto nessa alínea havia a previsão apenas e tão somente de "partidos políticos e suas fundações", "entidades sindicais dos trabalhadores", "instituições de educação sem finalidade lucrativa" e "entidades de assistência social sem finalidade lucrativa".

Então, aparentemente, há uma ampliação material da imunidade para organizações beneficentes relacionadas a entidades religiosas pelo novo enunciado constitucional da alínea "b" do inciso VI, do art. 150 da Constituição Federal.

Assim, se anteriormente havia a correspondência da proteção ao patrimônio, renda e serviços relacionados às *atividades essenciais das entidades religiosas e de suas organizações de assistência social sem finalidade lucrativa*, pergunta-se: a mera previsão atual de que a imunidade das entidades religiosas abarca, também, suas *organizações assistenciais* ***e*** *beneficentes*, modifica a possível interpretação anteriormente conferida às entidades de assistência social mantidas pelas entidades religiosas?

Convenção de igrejas que professam a mesma fé. Nesse sentido, bem abrangente, uma seita também poderia ser equiparada a uma organização religiosa" (SILVA, Rubens Roriz da. *A tributação das organizações religiosas no Brasil:* por que elas poderiam pagar impostos? Rio de Janeiro: Lúmen Juris, 2021, p. 29).

Se a interpretação a tal ampliação dos signos do enunciado for, unicamente, em caráter literal. Não. Mas, se em caráter teleológico, sim. Veremos.

Importante mencionar que se mantém essa compreensão mesmo se compreendendo que *organizações (entidades) beneficentes* possam ser compreendidas[55] como instituições que visam a: (a) assistir aos pobres e necessitados; (b) ***promover uma religião***; (c) promover educação ou ciência; (d) construir e manter edifícios públicos, monumentos ou obras; (e) diminuir encargos do governo; ou (f) promover o bem-estar social por organizações criadas para eliminar o preconceito e a discriminação, defender direitos humanos e civis garantidos em lei e para combater a deterioração de comunidades ou a delinquência juvenil - ou seja, que sejam compreendidas como **organizações que buscam recursos perante a sociedade civil para realizar ações de caráter humanitário, social ou de interesse religioso.**[56] E, mesmo se compreendendo que **entidades ou organizações de assistência social são aquelas que que praticam serviços socioassistenciais** – nos termos da Resolução nº 109/2009 do Conselho Nacional de Assistência Social (CNAS).[57] Ou seja, que sejam compreendidas como sendo as entidades, sem

55. Compreende-se que o termo "beneficente" costuma ter conotações distintas em diferentes países. Podendo, assim, ter um significado muito amplo ou restrito, a depender das implicações sociais.

56. Tal significado é encontrado, por exemplo, na legislação norte-americana – vide seção 501 (c) (3) do Internal Revenue Service ("IRS").

57. Em especial, aquelas que prestam: os: (1) serviço de proteção e atendimento integral à família, (2) serviço de convivência e fortalecimento de vínculos; (3) serviço de proteção social básica no domicílio para pessoas com defici6encia e idosas; (4) serviço de proteção e atendimento especializado a famílias e indivíduos; (5) serviço especializado em abordagem social; (6) serviço de proteção social a adolescentes em cumprimento de medidas socioeducativas de liberdade assistida e de prestação de serviços à comunidade; (7) serviço de proteção especial para pessoas com defici6encia, idosas e suas famílias; (8) serviço especializado para pessoas em situação de rua; (9) serviços de acolhimento institucional; (10) serviço de acolhimento em república; (11) serviço de acolhimento em família acolhedora; e (12) serviço de proteção em situações de calamidades públicas e emergenciais

fins lucrativos, que, isolada ou cumulativamente, prestam atendimento e assessoramento aos beneficiários abrangidos pela Lei nº 8.742/93, bem como as que atuam na defesa e garantia de direitos (conforme conceito previsto no art. 3º da Lei nº 8.742/93).[58] E, sobretudo, que ambas possam ser compreendidas como sinônimas por força da Lei nº 12.101/2009, na medida em que essa previu, em seu art. 1º, que uma *entidade beneficente de assistência social* eram as pessoas jurídicas de direito privado, sem fins lucrativos, que tinham a finalidade de *prestação de serviços nas áreas de assistência social, saúde ou educação* – que atendessem, dentre outras questões, que seu patrimônio fosse, em caso de dissolução ou extinção, conferido a outra instituição congênere sem fins lucrativos ou a entidades públicas. E mesmo que, aparentemente, entidades beneficentes de assistência social sejam compreendidas como *organizações assistenciais e beneficentes*. Explica-se.

Compreende-se que a Lei nº 12.101/2009[59] visava a dar concretude ao art. 203 da Constituição Federal, o qual prevê que a *assistência social* será prestada por meio de ações de: (a) proteção à família, à maternidade, à infância, à adolescência e à velhice; (b) o amparo às crianças e adolescentes ca-

58. Sendo que o § 1º do art. 3º da mencionada Lei define como atividades de atendimento as que, de forma continuada, permanente e planejada, prestam serviços e executam programas ou projetos e concedem benefícios de prestação social básica ou especial, dirigidos às famílias e indivíduos em situações de vulnerabilidade ou risco social e pessoal. Enquanto o § 2º do referido artigo prevê como atividades de assessoramento as que, de forma permanente e planejada, prestam serviços e executam programas voltados prioritariamente para o fortalecimento dos movimentos sociais e das organizações de usuários, formação e capacitação de lideranças, dirigidos ao público da política de assistência social. E o § 3º do art. 3º da mencionada Lei prevê que são atividades de defesa e de garantia de direitos as que, de forma continuada, permanente e planejada, prestam serviços e executam programas e projetos voltados prioritariamente para a defesa e efetivação dos direitos socioassistenciais, construção de novos direitos, promoção da cidadania, enfrentamento das desigualdades sociais, articulação com órgãos públicos de defesa de direitos, dirigidos ao público da política de assistência social.

59. Referida lei foi revogada pela Lei Complementar nº 187/2021.

rentes; (c) promoção da integração ao mercado de trabalho; (d) habilitação e reabilitação das pessoas portadoras de deficiência e de promoção de sua integração à vida comunitária; (e) garantia de benefício mensal à pessoa portadora de deficiência e ao idoso que comprovem não possuir meios para prover à própria manutenção ou de tê-la provida por sua família; e (f) redução da vulnerabilidade socioeconômica de famílias em situação de pobreza ou de extrema pobreza.

Logo, anteriormente, pela aplicação da interpretação extensiva do § 4º à alínea "b" do inciso VI, ambos do art. 150 da Constituição Federal, conferia-se apenas a imunidade às *entidades de assistência social sem finalidade lucrativa* – as quais, por força do art. 14 do Código Tributário Nacional, eram as: (i) que não distribuem qualquer parcela de seu patrimônio ou de suas rendas, a qualquer título; (ii) que apliquem integralmente, no País, os seus recursos na manutenção dos seus objetivos institucionais; e (iii) que mantenham escrituração de suas receitas e despesas em livros revestidos de formalidades capazes de assegurar sua exatidão. E que, por força da Lei revogada nº 12.101/2009, compreendia-se que as *entidades de assistência social* eram as *entidades beneficentes de assistência social.*

Porém, agora, pode-se compreender que são imunes as "entidades beneficentes de assistência social" e, também, as **entidades beneficentes**, desde que relacionadas a entidades religiosas, **que exerçam quaisquer atividades de benevolência** – ou seja, quaisquer entidades ou organizações, ligadas a entidades religiosas, que *promovam o bem a indivíduos ou animais e que possam ser compreendidas como medidas de responsabilidade social* (i. e., que busquem, por meio de ações éticas, promover a construção de uma sociedade mais justa). Incluindo-se no conceito de benevolência, as atividades de caridade e de filantropia.[60]

60. Compreende-se filantropia, para efeitos desse estudo, como sendo o ato de

Interpretação extensiva que visa a ampliar a proteção das práticas sociais das entidades religiosas.

Há, assim, uma ampliação material da imunidade da alínea "b" do inciso VI do art. 150 da Constituição Federal para ***proteger quaisquer entidades filantrópicas, de caridade ou de benevolência de entidades religiosas*** – independentemente de essas serem de *assistência social*. Protegendo-se, assim, não mais apenas as organizações de assistência social das entidades religiosas, mas, também, as *organizações beneficentes* – independentemente de terem ou não finalidade lucrativa.

Tal interpretação estaria, inclusive, em sintonia teleológica com os valores e objetivos fundamentais constitucionais de se erradicar a pobreza e a marginalização, de redução das desigualdades sociais e regionais e de se promover o bem de todos, sem preconceitos de origem, raça, sexo, cor, idade ou quaisquer outras formas de discriminação. E, sobretudo, de promoção da fraternidade e da solidariedade.

Concluindo-se, portanto, que a nova redação conferida pela emenda Constitucional nº 132/2023 à alínea "b" do inciso VI do artigo 150 da Constituição Federal confere uma ampliação da materialidade da imunidade para proteger, ao lado das organizações beneficentes de assistência social vinculadas às entidades religiosas, as organizações filantrópicas, de caridade ou de benevolência das entidades

---

promoção do bem-estar social por meio de ações voluntárias e/ou de doação financeira para causas sociais, que visam ajudar pessoas ou animais em situação de vulnerabilidade, apoiar organizações sem fins lucrativos e promover o desenvolvimento de comunidades. Filantropia está enraizada na compreensão de "generosidade", a qual identifica a ação realizada por indivíduos, fundações ou empresas que dedicam recursos, tempo e esforços para causas que consideram importantes. Envolvendo, inclusive, o engajamento ativo na resolução de problemas sociais, por meio da participação em projetos, programas e iniciativas que visem melhorar a qualidade de vida de pessoas, promover a igualdade de oportunidades, controlar as práticas governamentais e, dentre outras possibilidades, proteger o meio ambiente.

religiosas – mesmo que essas não pratiquem ações de "assistência social".

Questão 02. Entre estas imunidades deve-se incluir a remuneração, pelos ofícios religiosos, dos encarregados de executá-los?

Como mencionado alhures, as imunidades são subjetivas ou objetivas. Imunidades subjetivas aplicam-se a seus beneficiários na posição de contribuinte de direito, mas não na de mero contribuinte de fato, sendo irrelevante, conforme a Súmula 591 do Supremo Tribunal Federal, a verificação da existência do beneplácito constitucional a repercussão econômica do tributo envolvido. Imunidades objetivas são aquelas que protegem, portanto, produtos, sem proteger qualquer pessoa diretamente. Sendo que a imunidade prevista na alínea "b" do inciso VI do art. 150 da Constituição Federal é subjetiva, pois protege as entidades religiosas.

Em face disso, pode-se afirmar que a imunidade retromencionada é aplicada de forma restrita às entidades religiosas (incluindo-se as suas entidades beneficentes e as beneficentes de assistência social). Não beneficiando, por conseguinte, os indivíduos responsáveis pela execução dos ofícios religiosos – liturgias, cultos, práticas religiosas etc. Em especial, se compreendermos que as imunidades tributárias, enquanto "exceções" às competências tributárias dos entes políticos, devem ser interpretadas de forma literal e restritiva. E, se compreendermos, também, que a referida imunidade, enquanto imunidade subjetiva, visa a imunizar apenas e tão somente as entidades religiosas.

Mas, concorda-se com a Min. Regina Helena Costa[61] de que conferir interpretação literal e restritiva às imunida-

61. COSTA, Regina Helena. *Imunidades tributárias*: teoria e análise jurisprudencial do STF – 3ª edição, revista, atualizada e ampliada. São Paulo: Malheiros, 2015, p. 127.

des não seja o melhor enfoque a respeito da questão.[62] Porque as "normas imunizantes têm seus objetivos facilmente identificáveis pelo intérprete, porquanto estampados na Constituição, quase sempre de modo explícito"; assim, "a partir da identificação do objetivo (ou objetivos) da norma imunizante, deve o intérprete realizar a interpretação mediante a qual aquele será atingido em sua plenitude, sem restrições ou alargamentos do espectro eficacial da norma, não autorizados pela própria Lei Maior". Razão pela qual, "a interpretação há que ser teleológica e sistemática – vale dizer, consentânea com os princípios constitucionais envolvidos e o contexto a que se refere".

Justifica-se tal posição pela compreensão de que "é fundamental para que se apreenda o fenômeno das imunidades tributárias que tais elementos pré-jurídicos, em uma visão tridimensional do Direito, exteriorizando fatos relevantes, mereçam a devida valoração, para que se entenda a densidade da norma desonerativa de força constitucional, pois apenas à luz de sua importância é que se poderá interpretar as diversas questões[63]" relacionadas à sua extensão constitucional.

Destarte, tomando-se como referência a compreensão de que a tributação da remuneração dos encarregados pelos ofícios religiosos pode inviabilizar o exercício, por parte desses, das práticas religiosas e, consequentemente, inviabilizar, mesmo que de forma indireta, a liberdade religiosa. Acredita-se que, teleologicamente, ***conceder a imunidade da tributação da renda dos encarregados de execução das práticas religiosas seja um mecanismo eficaz e eficiente***

62. Nesse sentido, ver: MACHADO, Hugo de Brito. Imunidade tributária, in *Imunidades tributárias* – Ives Gandra da Silva Martins (coord.). São Paulo: Editora Revista dos Tribunais / Centro de Extensão Universitária, 1998 (pesquisas Tributárias, Nova Série, n. 04), p. 80-95, p. 87.

63. MARTINS, Ives Gandra da Silva. Imunidades tributárias, in *Imunidades tributárias* – Ives Gandra da Silva Martins (coord.). São Paulo: Editora Revista dos Tribunais / Centro de Extensão Universitária, 1998 (pesquisas Tributárias, Nova Série, n. 04), p. 31-51, p. 35.

de se promover a liberdade religiosa de culto e de preservação das entidades religiosas. Em face disso, mesmo que a referida imunidade não lhes seja aplicável pela redação da alínea "b" do inciso VI ou do § 4º, ambos do art. 150 da Constituição Federal, compreende-se que ***deveria haver a formalização da referida imunidade a fim de se proteger a renda derivada das práticas religiosas utilizada para a*** remuneração dos encarregados pelos ofícios religiosos.

Sobretudo, porque há previsão constitucional expressa que veda a União, aos Estados, ao Distrito Federal e aos Municípios "embaraçar" o funcionamento dos cultos religiosos e das Igrejas (inciso I do art. 19), na medida em que é inviolável, em nosso sistema constitucional, a liberdade de consciência e de crença, sendo assegurado o livre exercício dos cultos religiosos (inciso VI, art. 5º).

Assim – partindo-se da compreensão de que *a remuneração dos encarregados de executar os ofícios religiosos é decorrente da renda das entidades religiosas* e, portanto, *uma representação indireta da renda das entidades religiosas* –, compreende-se, de forma teleológica, que a previsão do § 4º do art. 150 cumulada com o inciso I do art. 19, ambos da Constituição Federal, *podem* conter o fundamento jurídico de validade para se conferir imunidade à remuneração dos encarregados pela execução dos ofícios religiosos; sobretudo, porque, como afirmado anteriormente, conferir imunidade à renda essencial para a manutenção da atividade religiosa pode conter tanto a ***renda das entidades religiosas em si*** – como já compreendido pelo Supremo Tribunal Federal, inclusive – ***como a renda dos seus membros que sejam indispensáveis às práticas religiosas*** – restando, porém, protegida, pela condicionante do próprio § 4º do art. 150, apenas e tão somente *a renda indispensável à prática das atividades religiosas*.

Em especial, como dito anteriormente, se se compreender que a finalidade da previsão do § 4º do art. 150 da Constituição Federal é, em última análise, *a preservação das atividades das entidades religiosas em face da previsão do inciso VI do art. 5º e do inciso I do art. 19, ambos da Constituição Federal,* e que a **preservação das atividades religiosas** (cultos, liturgias e demais atividades religiosas, como por exemplo, a prática dos sacramentos) **e das Igrejas** (e, também, da própria liberdade de consciência religiosa) **passa, necessariamente, pela prática religiosa e que essa depende, fundamentalmente, na maioria das crenças e cultos, da atividade de encarregados pelas práticas de ofícios religiosos.** E, que, portanto, tributar a renda daqueles que estão direta e exclusivamente vinculados às práticas dos ofícios religiosos é tributar, mesmo que de forma indireta, a renda das entidades religiosas, as quais estão vinculadas às atividades essenciais dessas – situação que deveria estar protegida, teleologicamente, pelo § 4º do art. 150 da Constituição Federal – e, também, uma forma de embaraçar o seu funcionamento.[64]

Compreendendo-se, pelo exposto, como passível a imunização da renda daqueles que estão direta e exclusivamente vinculados às práticas dos ofícios religiosos.

Cabe mencionar, inclusive, que conferir a interpretação teleológica para se conceder imunidade à renda daqueles que estão direta e exclusivamente vinculados às práticas dos ofícios religiosos cumpre com o "*teste*" teleológico proposto por Marco Aurélio Greco[65] – a saber: a de que "a

---

64. Quanto ao impedimento de se utilizar a tributação para se impor mecanismo oblíquo ou indireto para se embaraçar práticas religiosas o Brasil, ver: BARRETO, Aires Fernandino. *Imunidades tributárias:* só podem prevalecer interpretações que prestigiem os princípios constitucionais, in Imunidades tributárias – Ives Gandra da Silva Martins (coord.). São Paulo: Editora Revista dos Tribunais / Centro de Extensão Universitária, 1998 (pesquisas Tributárias, Nova Série, n. 04), p. 155-182, p. 158.

65. Greco afirmar que "na interpretação das normas que veiculam limitações, deve-se ter presente o duplo caráter que as limitações apresentam: de um lado, têm caráter dependente em relação ao poder de tributar; de outro lado, só existem porque o Constituinte, diante do binômio autoridade/liberdade, pretendeu proteger especialmente certos valores. Em função desta duplicidade de feições, a interpretação das limitações, ao mesmo tempo (e este é o grande desafio), não pode resultar nem numa conclusão que implique em ela se tornar maior do que o próprio poder que está sendo limitado (pois limitação não é negação do poder, mas restrição na sua amplitude e no seu exercício), nem pode dar à norma constitucional que a prevê um sentido tão restrito que iniba a proteção ao valor subjacente". (GRECO, Marco

interpretação das limitações, ao mesmo tempo (e este é o grande desafio), não pode resultar nem numa conclusão que implique em ela se tornar maior que o próprio poder que está sendo limitado (pois limitação não é negação do poder, mas restrição na sua amplitude e no seu exercício), nem pode dar à norma constitucional que a prevê um sentido tão restrito que iniba a proteção ao valor subjacente". Mantendo-se, portanto, a interpretação sugerida na exata medida necessária para a proteção total das entidades religiosas (bem como, de suas práticas litúrgicas).

Poder-se-ia, inclusive, afirmar que a imunidade da renda daqueles que estão direta e exclusivamente vinculados às práticas dos ofícios religiosos é uma imunidade implícita em nossos sistema constitucional tributário [66-67-68] – a qual possui

---

Aurélio. Imunidade tributária, in *Imunidades tributárias* – Ives Gandra da Silva Martins (coord.). São Paulo: Editora Revista dos Tribunais / Centro de Extensão Universitária, 1998 (pesquisas Tributárias, Nova Série, n. 04), p. 710-721, p. 711.

66. Costa afirma que "as imunidades implícitas, ao reverso, são aquelas que, mesmo diante da ausência de norma expressa que as abrigue, são extraíveis de princípios contemplados no ordenamento jurídico. Ilustram essa modalidade a imunidade recíproca, derivada da ausência de capacidade contributiva das pessoas políticas e da aplicação dos princípios federativo e da autonomia municipal, e a imunidade conferida às instituições de educação e de assistência social sem fins lucrativos, também fundada na ausência de capacidade contributiva desses entes e no princípio da isonomia. Perante o Direito Positivo, implícitas são as imunidades ontológicas, porquanto em ambas as hipóteses de normas imunizantes dedutíveis de princípios jurídicos verifica-se a ausência de capacidade contributiva dos entes imunes" (COSTA, Regina Helena. *Imunidades tributárias:* teoria e análise jurisprudencial do STF – 3ª edição, revista, atualizada e ampliada. São Paulo: Malheiros, 2015, p. 144).

67. Ressalte-se, inclusive, que o Supremo Tribunal Federal reconhece a existência de limitações constitucionais expressas e implícitas. Nesse sentido, por exemplo, quando do julgamento da ADIn 5.058 (Rel. Min. Alexandre de Moraes, julgamento 20.09.2019) houve o reconhecimento de que "o poder Constituinte derivado está inserido na própria Constituição Federal, pois decorre de uma regra jurídica de autenticidade constitucional e somente conhece as limitações constitucionais expressas e implícitas".

68. Sobre a possibilidade de existirem imunidades implícitas no sistema tributário brasileiro, ver: TORRES, Ricardo Lobo. *Os direitos humanos e a tributação*: imunidades e isonomia. Rio de Janeiro: Renovar, 1995, p. 72; TORRES, Ricardo Lobo. O mínimo existencial e os direitos fundamentais, in *Revista de Direito Administrativo*. Rio de Janeiro: Fundação Getulio Vargas, n. 177, jul.-et., 1999, p. 29-49.

seu fundamento de validade constitucional seja no *princípio da não obstância do exercício de direitos fundamentais por via da tributação*, seja pela previsão do § 2º do art. 5º da Constituição Federal, o qual reconhece a *existência de outros direitos e garantias fundamentais decorrentes do regime e dos princípios adotados pela própria Constituição*. Logo, passível de ser extraída, por interpretação, dos princípios e valores constitucionais, bem como dos objetivos de proteção da imunidade contida na alínea "b" do inciso VI e no § 4º, ambos do art. 150 da Constituição Federal.

Concluindo-se, portanto, que é possível se extrair uma imunidade implícita pela interpretação teleológica dos artigos constitucionais a fim de se imunizar a renda daqueles que estão direta e exclusivamente vinculados às práticas dos ofícios religiosos.

Questão 03. Tais imunidades representam uma renúncia fiscal ou são, de rigor, uma vedação absoluta ao poder de tributar?

Como já amplamente delimitado, compreende-se que as imunidades tributárias não representam uma renúncia fiscal – e, consequentemente, não são um "favor fiscal".[69] São, pois, as imunidades tributárias efetivas vedações absolutas ao poder de tributar. Logo, atuam para que não haja competência tributária aos entes políticos para se tributar porque delimitam negativamente aquela regra de poder, ainda no plano constitucional. Logo, se inexiste

69. Nesse sentido, ver: MARTINS, Ives Gandra da Silva. Imunidades tributárias, in *Imunidades tributárias* – Ives Gandra da Silva Martins (coord.). São Paulo: Editora Revista dos Tribunais / Centro de Extensão Universitária, 1998 (pesquisas Tributárias, Nova Série, n. 04), p. 31-51, p. 34; MORAES, Bernardo Ribeiro de. A imunidade tributária e seus novos aspectos, Imunidades tributárias, in Imunidades tributárias – Ives Gandra da Silva Martins (coord.). São Paulo: Editora Revista dos Tribunais / Centro de Extensão Universitária, 1998 (pesquisas Tributárias, Nova Série, n. 04), p. 105-142, p. 117.

poder, incoerente é dizer que houve renúncia fiscal – a qual somente pode existir quando há o exercício pleno e prévio do poder de tributar.

Questão 04. As imunidades são definições constitucionais, que só podem ser reconhecidas pelo Poder Executivo ou seu gozo depende de concessão do Poder Público?

As imunidades são definições constitucionais limitadoras do poder de tributar, conforme mencionado anteriormente. Logo, não dependem que qualquer concessão do Poder Público para o seu gozo. A imunidade tributária opera *ope legis* sem necessidade de concessões, autorizações ou despachos concedentes ou permissivos.[70] Ressalte-se, porém, que a própria Constituição prevê, em algumas hipóteses expressas, a necessidade de que condições infralegais sejam cumpridas pelos beneficiados para que possam gozar da referida imunidade –por exemplo, na hipótese da alínea "c" do inciso VI do art. 150, quando estabelece que partidos políticos, inclusive suas fundações, as entidades sindicais de trabalhadores e as instituições de educação e de assistência social, sem fins lucrativos, devem atender aos requisitos da lei. Mas, em tese, as normas de imunidade são de eficácia plena, logo capazes de produzir todos os seus efeitos, de forma imediata e integral; não dependendo de concessão pelo Poder Público, visto que decorrem da própria Constituição Federal.

---

70. Nesse sentido, ver: MORAES, Bernardo Ribeiro de. A imunidade tributária e seus novos aspectos, Imunidades tributárias, in *Imunidades tributárias* – Ives Gandra da Silva Martins (coord.). São Paulo: Editora Revista dos Tribunais / Centro de Extensão Universitária, 1998 (pesquisas Tributárias, Nova Série, n. 04), p. 105-142, p. 117.

Referências

BARRETO, Aires Fernandino. Imunidades tributárias: só podem prevalecer interpretações que prestigiem os princípios constitucionais, in *Imunidades tributárias* – Ives Gandra da Silva Martins (coord.). São Paulo: Editora Revista dos Tribunais / Centro de Extensão Universitária, 1998 (pesquisas Tributárias, Nova Série, n. 04), p. 155-182.

BREYNER, Frederico Menezes. Benefícios fiscais e regressividade tributária, injustiça fiscal – coord. Misabel Abreu Machado Derzi, João Paulo Fanucchi de Almeida Melo. Belo Horizonte: Del Rey, 2016, p. 155-175.

CARRAZZA, Roque Antonio. *Imunidades tributárias dos templos e instituições religiosas*. São Paulo: Noeses, 2015.

COSTA, Regina Helena. *Imunidades tributárias*: teoria e análise jurisprudencial do STF – 3ª edição, revista, atualizada e ampliada. São Paulo: Malheiros, 2015.

COSTA-CORRÊA, André L. Tributação do Terceiro Setor: interpretação dos fundamentos sistemáticos para uma tributação diferenciada e análise das consequências desta para a tributação nacional, in *Disciplina legal tributária do terceiro setor* – Ives Gandra da Silva Martins (coord.). São Paulo: editora Revista dos Tribunais / Centro de Extensão Universitária, 1999 (pesquisas Tributárias, Nova Série, n. 05), p. 380-395.

GRECO, Marco Aurélio. Imunidade tributária, in *Imunidades tributárias* – Ives Gandra da Silva Martins (coord.). São Paulo: Editora Revista dos Tribunais / Centro de Extensão Universitária, 1998 (pesquisas Tributárias, Nova Série, n. 04), p. 710-721.

MACHADO, Hugo de Brito. Imunidade tributária, in *Imunidades tributárias* – Ives Gandra da Silva Martins (coord.). São Paulo: Editora Revista dos Tribunais / Centro de

Extensão Universitária, 1998 (pesquisas Tributárias, Nova Série, n. 04), p. 80-95.

MARTINS, Ives Gandra da Silva. Imunidades tributárias, in *Imunidades tributárias* – Ives Gandra da Silva Martins (coord.). São Paulo: Editora Revista dos Tribunais / Centro de Extensão Universitária, 1998 (pesquisas Tributárias, Nova Série, n. 04), p. 31-51.

MESQUITA, Saulo. As limitações constitucionais ao poder de tributar, as razões de Estado e a modulação de efeitos em matéria tributária, in *A Constituição cidadã e o direito tributário*: estudos em homenagem, ao Ministro Carlos Ayres Britto – coord. Saul Tourinho Leal e Eduardo Lourenço Gregório Júnior, 1ª reimpressão. Belo Horizonte, Fórum, 2019, p. 449-469.

MORAES, Bernardo Ribeiro de. *A imunidade tributária e seus novos aspectos, Imunidades tributárias, in Imunidades tributárias* – Ives Gandra da Silva Martins (coord.). São Paulo: Editora Revista dos Tribunais / Centro de Extensão Universitária, 1998 (pesquisas Tributárias, Nova Série, n. 04), p. 105-142.

SILVA, Rubens Roriz da. *A tributação das organizações religiosas no Brasil*: por que elas poderiam pagar impostos? Rio de Janeiro: Lumen Juris, 2021.

TORRES, Ricardo Lobo. *Os direitos humanos e a tributação:* imunidades e isonomia. Rio de Janeiro: Renovar, 1995.

TORRES, Ricardo Lobo. O mínimo existencial e os direitos fundamentais, in *Revista de Direito Administrativo*. Rio de Janeiro: Fundação Getúlio Vargas, n. 177, jul.-et., 1999, p. 29-49.

O TRIBUTO E A RELIGIÃO NO ORDENAMENTO JURÍDICO BRASILEIRO

Maria Helena Barbosa Campos[1]

Maria Carolina Barbosa Campos Vita[2]

"Eu sirvo a Deus na simplicidade de meu coração. Não procuro saber mais que aquilo que é importante para a minha conduta. Quanto aos dogmas que não influem sobre as ações nem sobre a conduta, e pelas quais tanta gente se atormenta, eu de nenhum modo me angustio. Considero todas as religiões particulares como tantas instituições salutares que prescrevem em cada país um modo uniforme de honrar a Deus por meio de um culto público, e que podem todas ter suas razões em base ao clima, ao governo, ao gênio do povo, ou a alguma outra causa local que torna uma preferível à outra, conforme os tempos e lugares. Creio que todas são boas quando nelas se serve a Deus de modo conveniente. O culto essencial é o do coração."

Jean Jacques Rousseau,

Emilio ou da Educação.

---

1. Advogada, Mestre e Doutora em Direito Canônico pela Faculdade Lateranense de Roma, Teóloga, Bacharel em Filosofia, Palestrante, Membro da Ujucasp, Membro do IBDR, Catequista Infantil.

2. Advogada, Especialista em Direito Público, Membro da Ujucasp, Membro do IBDR,Catequista Infantil.

Surgimento dos Tributos

O tributo tem origem primitiva e estima-se tenha sempre caminhado com o desenvolvimento do homem, nas primeiras sociedades, desde a aparição dos primeiros chefes tribais e líderes guerreiros. Tem-se, portanto, a convicção de que a pioneira manifestação tributária tenha sido voluntária e, com a evolução da sociedade, tornou-se obrigatória.

Na maioria das civilizações antigas, por exemplo, a dos palestinos, assírios, egípcios e babilônios, não havia o que tributar, pois o rei possuía poder absoluto sobre o povo e todas as coisas, principalmente, as pessoas.

Nessa condição, o rei era proprietário de tudo e de todos. No entanto, em vez de cobrar tributos, optava por obrigar os súditos a trabalharem a seu favor, fornecendo ao povo, em contrapartida, o que necessitassem.

Leonardo Braz pontua em seu artigo que o sistema de tributação mais antigo que se tem conhecimento iniciou no terceiro milênio, muito antes de Cristo. Trata-se de um documento registrado em blocos de argila, descoberto durante uma escavação arqueológica realizada em Lagash, cidade localizada entre os rios Tigre e Eufrates e, pertencente ao antigo império sumeriano.

Vários outros objetos foram encontrados que indicam que o tributo foi instituído com a finalidade de financiar uma guerra iminente. Naquela época, a cobrança de impostos era feita de forma coercitiva, o que destacou a figura dos coletores de tributos, que passavam de residência em residência, podendo apreender bens e mercadorias daqueles que não os pagavam.

Estudos indicam ter sido voluntária a primeira manifestação tributária, em forma de presentes ou ofertas destinadas aos líderes ou chefes, por seus serviços ou sua atuação em favor das compulsórias, quando os vencidos de guerra eram forçados

> a entregar parte ou a totalidade de seus bens aos vencedores. Após essa época, começou a cobrança pelos chefes de Estado, sob a forma de tributos. (FERREIRA, 2017)

O viver em sociedade e sua evolução resultou na indispensabilidade de preservação da liberdade natural do homem, na necessidade de garantir a segurança e o bem-estar da vida coletiva.

A organização social certamente teria um custo que necessariamente seria pago por alguém ou por todos. Para que houvesse organização da sociedade e organização política da vontade coletiva, aquele tributo que anteriormente era dado de forma voluntária aos deuses ou ao líder tribal passou a ser obrigatório.

Com o passar do tempo, a fim de atender às mais diversas necessidades coletivas e tendo em vista o aumento das despesas públicas, tornou-se imprescindível ao Estado valer-se de uma fonte regular e permanente de recursos econômicos, utilizando-se assim, de seu *ius imperium* para retirar parcela da riqueza produzida pelos particulares.

Dessa forma, surgiu o tributo como o conhecemos hoje: a principal fonte dos ingressos públicos, necessários ao financiamento das atividades estatais. O ato de tributar tornou-se, juntamente com certos aspectos econômicos, a *conditio sine qua non* de existência do próprio Estado e consequentemente da própria sociedade, pois independentemente do modelo de governo adotado, a arrecadação de tributos revela-se como a principal fonte de receita pública.

Por outro lado, o recrudescimento da atividade arrecadadora do Estado, por intermédio do tributo, também gerou a luta dos povos contra a tributação não consentida.

No dizer de Harada: "O estudo histórico não deixa dúvidas de que a tributação foi a causa direta ou indireta de grandes revoluções ou grandes transformações sociais, como a Revolução Francesa, a Independência das Colônias Americanas e, entre nós a Inconfidência Mineira...”

Surge então, o Direito Tributário para que haja uma regulamentação específica no tocante à forma correta e justa de tributação nos mais variados casos e tipos de sociedades.

O Direito e valorização da liberdade religiosa

> Atualmente, o tema da liberdade religiosa permanece em evidência. A despeito de estarmos no século XXI, onde, espera-se, tenha a raça humana atingido certo grau de evolução, deparamo-nos constantemente com informações acerca de conflitos com motivação religiosa, que invadem discussões familiares, acadêmicas, jurídicas, humanitárias.
>
> É de causar perplexidade as notícias de que, ainda hoje, inúmeros países continuam perseguindo minorias religiosas, usando de força coercitiva para que seus cidadãos mudem ou aceitem as religiões, pelos líderes, exigidas. Pode-se dizer que as religiões continuam a influenciar a sociedade e, consequentemente, o direito, a política, a economia e demais setores da vida organizada.
>
> As pautas atinentes a temáticas religiosas tendem a serem espinhosas, tendo em vista que, quando se fala de religião, se adentra em um terreno particular muito complexo pois, muito além de questões sociais e políticas, envolvem temas muito sensíveis, credos e modo de vida, que conferem um verdadeiro sentido espiritual e existencial para aqueles que creem e que professam uma fé.
>
> Inúmeros são os acontecimentos que, no transcorrer da história humana, evidenciam que as questões religiosas têm contribuído para a formação jurídica e social dos Estados. É latente que as tais questões integram o interesse dos Estados, pois espraiam efeitos nas mais variadas direções. A comunidade política tem solidificado, principalmente a partir da Declaração Universal dos Direitos Humanos, entendimento que a liberdade religiosa é reconhecida como um direito fundamental, não podendo ou devendo ter seu exercício cerceado ou dificultado.

No nosso país, a influência da religiosidade está presente desde o descobrimento, passando por todas as Constituições, chegando, por fim, à relação colaborativa entre os

Estado Brasileiro e a Igreja Católica, por meio do Acordo Brasil-Santa Sé.

O Sumo Pontífice, Papa Francisco, nos exorta a respeito:

> Os ordenamentos jurídicos, estatais ou internacionais, são chamados a reconhecer, garantir e proteger a liberdade religiosa, que é um direito intrinsicamente inerente à natureza humana, à sua dignidade de ser livre, e é também indicador de uma sã democracia e uma das principais fontes da legitimidade do Estado.
>
> Continuando, o Papa Francisco declara que a liberdade religiosa, recebida nas constituições e nas leis e traduzida em comportamentos coerentes, favorece o desenvolvimento de relações de respeito recíproco entre as diversas Confissões e uma colaboração sadia com o Estado e a sociedade política, sem confusão de papéis nem antagonismos. No lugar do conflito global dos valores, torna-se possível deste modo, a partir de um núcleo de valores universalmente partilhados, uma colaboração global em vista do bem comum.

O direito à liberdade religiosa está ancorado nos direitos humanos, e a fim de garantir seu exercício, há uma responsabilidade dos Estados de proporcionarem meios nos quais tais direitos possam ser amplamente efetivados.

O Brasil é considerado um estado laico, em que todas as religiões e credos convivem em harmonia e possuem igual liberdade de manifestação, característica que advém de nossa formação histórica e social e que foi recepcionada pela Constituição.

Conforme ensinamento do Prof. Eduardo Sabbag:

> Tal pluralismo religioso, na seara das religiões, corrobora o Estado de Direito, que prima pela necessária equidistância entre o Estado e as Igrejas, servindo como "*um dos pilares do liberalismo e do Estado de Direito*". A laicidade implica que, havendo privilégio, todos os templos devem dele usufruir. (grifo do autor pag. 335)

A Constituição Federal prevê em seu art. 19:

> Art. 19. É vedado à União, aos Estados, ao Distrito Federal e aos Municípios:
>
> I- estabelecer cultos religiosos ou igrejas, subvencioná-los, embaraçar-lhes o funcionamento ou manter com eles ou seus representantes relações de dependência ou aliança, ressalvada, na forma da lei a colaboração de interesse público; [...].

A despeito da laicidade estatal, nossa Carta Magna traz forte reconhecimento e proteção das liberdades e práticas religiosas da população brasileira. Reconhece a relevância e essencialidade na atividade social desempenhada pelo exercício da religião, que ultrapassa a possibilidade de atuação do Estado em muitas esferas. Garante-lhe proteção e reflexamente estímulo às suas práticas por meio de mandamentos inseridos em diversos de seus dispositivos.

Neste sentido, o art. 5º, VI, estipula ser "inviolável a liberdade de consciência e de crença, assegurando o livre exercício dos cultos religiosos e garantindo, na forma da lei, a proteção aos locais de culto e suas liturgias".

Também o inciso VIII do mesmo artigo determina que "ninguém será privado de direitos por motivo de crença religiosa ou de convicção filosófica ou política, salvo se as invocar para eximir-se de obrigação legal a todos imposta e recusar-se a cumprir prestação alternativa, fixada em lei".

Esse norte protetivo em relação à religiosidade da população também foi recepcionado na matéria tributária, por meio das imunidades. A proteção tributária viabiliza a liberdade e a prática religiosa, não se onerando excessivamente suas entidades. As instituições religiosas, via de regra, não possuem finalidades lucrativas e muitas destas também prestam serviços assistenciais gratuitos (creches, orfanatos, asilos, locais de acolhimento de população vulnerável, programas de alfabetização, programas de recuperação de dependentes químicos etc...). Previne-se, por meio de desoneração, que eventual tributação por meio de impostos acabe por se constituir em entrave ao livre exercício das atividades relacionadas à prática da fé.

Em dezembro de 2023, foi promulgada a EC nº 132/2023, também conhecida como EC da Reforma Tributária, que trouxe significativas mudanças ao Sistema Tributário Nacional.

Em relação às Limitações ao Poder de Tributar, a Carta Constitucional, em seu art. 150, VI, alínea "b" recebeu nova redação.

Anteriormente, o texto constitucional estipulava a proibição de instituir impostos tão somente sobre "templos de qualquer culto". Após aprovação da referida EC, foi ampliado o rol dos beneficiários daquela imunidade, que passou a incluir, além de templos de qualquer culto, também entidades religiosas e suas organizações assistenciais e beneficentes.

O § 4º traz a ressalva de que a desoneração tributária se estende ao patrimônio, renda e serviços dos templos, desde que relacionados com as finalidades essenciais da instituição religiosa em questão.

O art. 150, VI, "b", da Constituição Federal assim dispõe:

> Art. 150. Sem prejuízo de outras garantias asseguradas ao contribuinte, é vedado à União, aos Estados, ao Distrito Federal e aos Municípios:
>
> [...]
>
> VI -Instituir impostos sobre:
>
> a) [...]
>
> b) entidades religiosas e templos de qualquer culto, inclusive sobre suas organizações assistenciais e beneficentes;
>
> [...]

> § 4º. As vedações expressas no inciso VI, alíneas "b" e "c", compreendem somente o patrimônio, a renda e os serviços relacionados com as finalidades essenciais das entidades nele mencionadas.

A expressão "entidades religiosas" se refere às organizações ou instituições religiosas, dotadas de personalidade jurídica própria de direito privado, formadas por pessoas e bens que têm como objetivo comum a prática religiosa de determinada confissão.

A terminologia "templos de qualquer culto", por outro lado, nos parece vaga, genérica, aí podendo ser enquadradas as mais diversas manifestações religiosas.

Frise-se que o legislador garante a proteção tributária das manifestações religiosas, desde que voltadas para práticas transcendentais que alberguem valores harmônicos com os pilares do ordenamento pátrio (dignidade da pessoa humana, respeito, igualdade, liberdade etc.). Não há que se falar em proteção constitucional para práticas religiosas e seitas que estejam dissociadas dos valores contidos na nossa Constituição Federal. Cultos demoníacos, seitas com sacrifícios humanos, liturgias que incitem violência, racismo ou fanatismos prejudiciais não gozam da proteção ou de imunidade tributária.

O termo "templo" não necessariamente se limita ao local físico da prática religiosa.

O Prof. Aliomar Baleeiro ensina que templo de qualquer culto compreende o edifício e suas instalações ou pertenças adequadas àquele fim. Templo, assim, compreende o próprio culto e tudo quanto vincula o órgão à função. Esclarece também que o patrimônio das instituições religiosas abrange seus bens imóveis e móveis, desde que afetados a essas finalidades. Assim, templo não é apenas a Igreja, sinagoga ou edifício onde são celebradas as cerimônias relacionadas à prática espiritual, estando aí incluídas também casa paroquial, sala da catequese, convento, residência do pároco, carro do pároco, não se permitindo a cobrança de impostos sobre tais bens.

A Teoria Moderna revela uma interpretação ampliativa e traduz templo como entidade, no sentido de que esta deve ser encarada como instituição ou organização mantenedora das manifestações e práticas religiosas que a justifiquem.

O art. 150, § 4º, traz a ressalva de que a desoneração tributária em questão se refere ao patrimônio, renda e serviços que estejam relacionados com as finalidades essenciais das entidades mencionadas.

Nas palavras da Profª Regina Helena da Costa:

> *Finalidades Essenciais* são aquelas inerentes à própria natureza da entidade - vale dizer, os propósitos que conduziram à sua instituição. Finalidades essenciais dos templos de qualquer culto, portanto, são a prática do culto, a formação de religiosos, o exercício de atividades filantrópicas e a assistência moral e espiritual aos fiéis.
>
> (grifo da autora pag. 113)

Ao tratarmos do patrimônio, estão aí incluídos bens imóveis e móveis, recursos e outros meios necessários à realização do culto religioso.

Merece menção a questão que envolve os imóveis de propriedade de entidades religiosas.

Os imóveis das entidades religiosas utilizados para a realização de cultos não podem ser gravados por meio de impostos. Também aqueles destinados à realização de suas atividades estão amparados pela imunidade.

Neste sentido, é a orientação jurisprudencial firmada pelo Supremo Tribunal Federal:

> CONSTITUCIONAL. TRIBUTÁRIO. AGRAVO REGIMENTAL EM AGRAVO DE INSTRUMENTO. IPTU. IMUNIDADE DE

TEMPLOS. PRÉDIOS SEPARADOS DAQUELES EM QUE SE REALIZAM OS CULTOS. FUNCIONAMENTO E FINALIDADES ESSENCIAIS DA ENTIDADE. RECURSO PROTELATÓRIO. MULTA. AGRAVO IMPROVIDO. I-A imunidade prevista na Constituição que tem como destinatário os templos de qualquer culto deve abranger os imóveis relacionados com a finalidade e o funcionamento da entidade religiosa. Precedentes. II-Recurso Protelatório. Aplicação de Multa. III- Agravo Regimental improvido. (STF, AI em AgR 690712/RJ, Primeira Turma, rel. Min. Ricardo Lewandowski, j. 13.08.2009).

DIREITO TRIBUTÁRIO. IPTU. IMUNIDADE. INSTITUIÇÕES RELIGIOSAS. IMÓVEIS. TEMPLO E RESIDÊNCIA DE MEMBROS. CONSTITUCIONALIDADE. PRECEDENTES. 1. O fato de os imóveis estarem sendo utilizados como escritório e residência de membros da entidade não afasta a imunidade prevista no art. 150, VI, c, § 4º, da Constituição Federal. 2. Agravo Regimental a que se nega provimento. (STF, ARE cm AgR 895972/RJ, Primeira Turma, rel. Min. Roberto Barroso, j. 23.02.2016).

Em relação aos demais imóveis de propriedade da instituição religiosa, que não são utilizados na realização dos cultos ou atividades correlatas, também eles estão resguardados dos impostos?

Há que se verificar o caso em tela. O Prof. Eduardo Sabbag preconiza que dois requisitos deverão ser observados a fim de que exista a desoneração fiscal. O primeiro deles é o reinvestimento integral do montante pecuniário aferido na consecução dos objetivos institucionais da Igreja. Outro aspecto a ser observado é a total inexistência de prejuízo à livre concorrência, não se admitindo cunho empresarial na atividade econômica desempenhada. Vale dizer, o Princípio da Livre-Concorrência acaba por limitar a imunidade em questão.

Imunidade Tributária, Renúncia Fiscal, Isenção

Vale lembrar que a imunidade tributária não se confunde com a renúncia ou isenção fiscal.

O termo "renúncia" traz a ideia de abandono de direito do qual se é titular. A renúncia fiscal se dá na hipótese de o governo abrir mão do recebimento de parte ou totalidade de tributos devidos, em prol de estímulos à economia ou programas sociais que serão desenvolvidos pelo setor privado ou por entidades não governamentais.

Renúncia fiscal engloba benefícios concedidos a contribuintes potenciais, que representem a perda de arrecadação ao Estado. São formas de renúncia fiscal a anistia, subsídio, remissão, isenção em caráter não geral, alteração de alíquota ou modificação de base de cálculo que implique redução discriminada de tributos ou contribuições e outros benefícios que correspondam a tratamento diferenciado.

Por *isenção*, temos que entender a dispensa, pelo sujeito ativo da relação tributária, do tributo que lhe seria devido, por mera liberalidade, através da lei. Somente pode isentar quem tem a competência direta de tributar. Tal fenômeno se dá no plano infraconstitucional. Trata-se de uma redução do âmbito de tributação a ser implementada, em regra, pela pessoa política competente para instituir o tributo.

Para que se fale em concessão de determinada isenção, é pressuposto indispensável que o tributo já tenha sido instituído, pois a isenção consiste numa redução de um dos critérios da norma padrão de incidência tributária. Logo, enquanto esta não tiver sido instituída, não há o que ser reduzido.

A isenção só pode advir da lei, assim como a ela pode ser aplicado um tempo de duração, ocasionando a chamada lei temporal; acaso não preveja tempo, a isenção é por tempo ilimitado, até que seja revogada. A isenção, ainda quando prevista em contrato, é sempre decorrente de lei que especifique as condições e requisitos exigidos para a sua concessão, os tributos a que se aplica, e, sendo caso, o prazo de sua duração. (CTN art. 176)

A *imunidade* se revela um instituto de ordem constitucional, de modo que não comporta temperamentos. Não há que se confundir imunidade com tipo de renúncia fiscal. Na imunidade, se está diante de vedação magna à instituição do tributo, que nunca nascerá. Não se renuncia àquilo que nunca vai existir.

Por sua vez, o benefício da isenção se materializa na vontade do legislador ordinário, mediante a dispensa legal do recolhimento do tributo, que é devido em razão de hipótese de incidência prevista em lei.

A imunidade tributária, em razão de seus efeitos, configura-se como uma limitação constitucional ao poder de tributar. Nesse sentido, ensina o eminente tributarista Ives Gandra da Silva Martins:

> A imunidade, portanto, descortina fenômeno de natureza constitucional que retira do poder tributante o poder de tributar sendo, pois, instrumento de política nacional que transcende os limites fenomênicos da tributação ordinária. Nas demais hipóteses desonerativas, sua formulação decorre de mera política tributária de poder público, utilizando-se de mecanismo ofertado pelo Direito. Na imunidade, portanto, há um interesse nacional superior a retirar, do campo de tributação, pessoas, situações, fatos considerados de relevo, enquanto nas demais formas desonerativas, há apenas a veiculação de uma política transitória, de índole tributária definida pelo próprio Poder Público, em sua esfera de atuação.

O ilustre constitucionalista José Afonso da Silva sustenta que as imunidades fiscais, instituídas por razões de privilégio, ou de considerações de interesse geral (neutralidade religiosa, econômicos, sociais ou políticos), excluem a atuação do poder de tributar. Nas hipóteses imunes de tributação, inocorre fato gerador da obrigação tributária. Nisso diferem imunidades e isenções, pois, relativamente a estas, dá-se o fato gerador da obrigação tributária, mas o contribuinte fica apenas isento do pagamento do tributo.

Como nos ensina Edgard Neves da Silva,

> As imunidades foram criadas estribadas em considerações extrajurídicas, atendendo à orientação do poder constituinte em função de ideias políticas vigentes, preservando determinados valores, políticos e religiosos, educacionais, sociais, culturais e econômicos, todos eles fundamentais à sociedade brasileira. Dessa forma assegura-se, retirando das mãos do legislador infraconstitucional, a possibilidade de, por meio da exação imposta, atingi-los.
>
> Resguarda o equilíbrio federativo, a liberdade política, religiosa, de associação, do livre pensamento, e de expressão, a expansão da cultura, o desenvolvimento econômico etc., e, assim, não deve se considerar a imunidade como um benefício, um favor fiscal, uma renúncia à competência tributária ou um privilégio, mas sim uma forma de resguardar e garantir os valores da comunidade e do indivíduo.

O Prof. Eduardo Sabbag, acerca da matéria, teoriza no seguinte sentido: (pag. 287)

> [...] a norma imunizante, burilada pelo legislador constituinte, em nome do "cidadão destinatário", visa preservar valores políticos, religiosos, sociais e éticos, colocando a salvo da tributação certas situações e pessoas (físicas e jurídicas).
>
> Isso equivale a afirmar que existem estruturas fundamentais ao regime que não serão tributadas pela tributação, em homenagem à norma imunizadora.
>
> A imunidade para tributos representa uma delimitação negativa da competência tributária. É que o legislador constituinte adotou a técnica de traçar, de modo cuidadoso, as áreas que refutam a incidência das exações tributárias, levando-se em consideração nosso sistema rígido de distribuição de competências impositivas. Sendo assim, a imunidade não exclui nem suprime competências tributárias, uma vez que estas representam o resultado de uma conjunção de normas constitucionais, entre elas, as de imunidade tributária.

Em relação à natureza jurídica das normas imunizantes, o professor Oswaldo Othon registra que existem três correntes da doutrina que merecem conhecimento:

A primeira afirma que a imunidade tributária seria uma não incidência qualificada pela Constituição. Duas críticas principais se abatem sobre tal posicionamento:

1) a contradição consistente no fato de uma norma constitucional, feita para incidir como qualquer outra, não incidir;
2) definir imunidade como não incidência constitucionalmente qualificada é confundir o efeito com a causa, uma vez que a imunidade tributária proíbe a instituição de tributos sobre certos fatos, já a não incidência é a consequência dessa proibição.

Outra teoria entende imunidade tributária como limitação constitucional ao poder de tributar. Duras críticas recebem por parte da doutrina, principalmente pelo fato de que a imunidade não limita competência, mas é na verdade uma das múltiplas formas da demarcação da competência.

Bernardo Ribeiro de Moraes teoriza que:

> [...] a imunidade tributária não limita competência. A imunidade tributária como regra de estrutura (no caso não há conduta a ser normatizada), não exclui, nem suprime nada à competência (poder de legislar) quando aparece, pois, a competência já vem com as demarcações fixadas pela Constituição. Na Constituição, o quadro das competências tributária já nasce pronto e acabado.

A limitação ou supressão de competência tributária somente poderia ser aceita caso a competência tributária existisse antes, previamente, para ser suprimida ou excluída depois, o que não ocorre com as regras de imunidade tributária.

Assim, no entender do autor, aceitar a imunidade tributária como limitação da competência tributária constitucionalmente qualificada, seria tomar o efeito pela causa. Imunidade tributária é vedação constitucional, que proíbe seja instituído imposto para certos casos. A competência tributária, no caso, já nasce delimitada, nada se suprimindo.

Uma questão tem provocado aceso debate na doutrina: a imunidade só se refere aos impostos, ou, ao contrário, há imunidades de outras espécies tributárias?

Nosso querido e ilustre professor Ives Gandra da Silva Martins defende que:

> A imunidade diz respeito aos impostos. Não se aplica às outras espécies tributárias. Há uma razão para que assim seja posto que as demais espécies são vinculadas a determinadas atividades. As taxas têm ou uma faceta contraprestacional de serviços públicos e divisíveis ou outra de exercício do poder de polícia.
>
> A contribuição de melhoria é apenas cabível em havendo melhoria de imóvel para seu pagador. As demais contribuições especiais vinculam-se à sua finalidade. As sociais destinadas à seguridade social, as de intervenção no domínio econômico para regulá-la e as de interesse de categorias sociais para mantê-las.
>
> Por outro lado, o empréstimo compulsório apenas se justifica nos casos de calamidade pública, guerra externa ou investimento público relevante. Em outras palavras ensina o professor que as demais espécies tributárias não podem ser objeto de imunidade constitucional porque estão vinculadas a suas finalidades específicas.

Por fim, parte expressiva da doutrina nacional compreende a natureza jurídica das imunidades como vedação constitucional à instituição de tributos que recaiam sobre determinadas situações (pessoas, bens, fatos, etc.) definidas pela Constituição, ou seja, as normas referentes a imunidades tributárias são regras que impõem a incompetência das pessoas políticas para a instituição de tributos que alcancem certas situações.

No que diz respeito à imunidade religiosa, muito já se discutiu a título de seu enquadramento sendo que parte da doutrina a reconhecia como objetiva, vez que determinava a não tributação sobre templos de qualquer culto. Por outro lado, interpretação diversa pretende preconizar a predominância do contido no art. 150, § 4º, que menciona a imunidade religiosa como aquela existente sobre as finalidades essenciais das entidades mencionadas.

Desta divergência tem prevalecido na doutrina e na jurisprudência o reconhecimento de seu caráter pessoal, fixando-se que, para as hipóteses em que haja menção a patrimônio, renda e serviço, estar-se-ia tratando de não incidência subjetiva.

Questão a ser debatida é se, entre as imunidades religiosas, deve-se incluir também a remuneração daqueles que são encarregados pela execução dos ofícios religiosos?

Em observância aos princípios constitucionais e que impregnam todo ordenamento pátrio, entendemos que não. Os valores percebidos por religiosos (salários, côngruas, prebendas pastorais etc.), relacionados ao desempenho de suas funções laborais devem ser tributados. Não há que se falar em benefício fiscal nesse caso.

O Manual de Normas Administrativas e Diretrizes Pastorais da Arquidiocese de São Paulo, publicado em 25 de janeiro de 2024, ao tratar sobre a administração da Igreja assim dispõe em seu art. 2º:

"O operário é digno de seu salário." (Lc, 10, vers. 7). O presbítero que dedica sua vida ao ministério presbiteral deve poder viver do ministério ao qual se dedica.

"Não sabeis que os que trabalham no santuário comem do que é do santuário e, os que servem ao altar têm parte do altar? Assim ordenou também o Senhor aos que pregam o Evangelho, que vivam do Evangelho." (1Cor, 9, vers. 14; 1Tm 5, 17). Toda tradição da Igreja assim procedeu.

O Concílio Vaticano II confirma este princípio no documento conciliar *Presbyterorum Ordinis* 3, 20. E o Código de Direito Canônico explicita esta perene tradição quando afirma:

> a."Os clérigos, já que se dedicam ao ministério eclesiástico, têm direito a uma remuneração adequada à sua condição, levando-se em conta a natureza do próprio ofício e as condições de lugar e tempo, e com a qual possam prover às necessidades da própria vida e à justa retribuição daqueles de cujo esforço necessitam" (CDC - cân. 281, § 1º). "Deve-se também assegurar que possam usufruir da assistência social, que atenda convenientemente às suas necessidades, em caso de doença, invalidez ou velhice" (CDC, Cân, 281, § 2º).

O Princípio da Igualdade impõe aos poderes públicos um tratamento igual de todos os seres humanos perante a lei e uma proibição de discriminações infundadas, sem prejuízo de impor diferenciações de tratamento entre pessoas, quando existam especificidades relevantes que careçam de proteção.

Entre nós, o princípio da isonomia foi prescrito no *caput* do art. 5º da Carta Constitucional, assim dizendo:

> Art. 5º. Todos são iguais perante a lei, sem distinção de qualquer natureza, garantindo-se aos brasileiros e aos estrangeiros residentes no país, a inviolabilidade do direito à vida, a liberdade, a igualdade, a segurança e a propriedade.

Nas palavras do professor Eduardo Sabbag, é de fácil constatação a insigne posição ocupada pelo princípio da isonomia em comparação com os princípios e normas constitucionais.

A propósito, a pujança normativa da cláusula relativa à igualdade no texto constitucional, evidencia-se na escolha do legislador constituinte em inaugurar com direito à igualdade, a enumeração dos direitos e garantias, previstos no art. 5º do texto constitucional. Com isso, a ordem constitucional doméstica prevê que o princípio da igualdade ocupando destacado lugar na enumeração de tais garantias individuais, a saber, o próprio *caput* do art. 5º regerá todos os outros direitos que a ele sucedem.

A Profª. Regina Helena da Costa nos ensina que (pag. 83):

> A Constituição da República preceitua, em seu art. 5º, *caput,* que todos são iguais perante a lei, sem distinção de qualquer natureza e, em seu inciso I, que homens e mulheres são iguais em direitos e obrigações, nos termos nela previstos.
>
> A ideia de igualdade irradia seus efeitos por todo ordenamento jurídico e é considerada por muitos, seu princípio mais relevante.

Na seara tributária, o Princípio da Isonomia consiste em aquinhoar igualmente os iguais e desigualmente os desiguais, na medida em que se desigualam.

Referida igualdade está expressa no art. 150, II, nos seguintes termos:

> É vedado [...] instituir tratamento desigual entre contribuintes que se encontrem em situação equivalente, proibida qualquer distinção em razão da ocupação profissional ou função por ele exercida, independentemente da denominação jurídica dos rendimentos, títulos ou direitos.

O princípio da igualdade tributária também é conhecido como princípio da proibição dos privilégios odiosos, na medida em que visa a coibir a odiosidade tributária, manifestável em comandos normativos discriminatórios, veiculadores de favoritismos por meio de tributação.

As funções religiosas, a despeito da característica transcendental, são atividades profissionais pelas quais os ministros religiosos são devidamente remunerados. Como se admitir a diferente valoração entre as muitas profissões? Como se beneficiar tributariamente uma atividade em detrimento de outras milhares de atividades laborais? Materializar-se-ia grave afronta à Carta Magna e a todos os valores ali contidos.

Na questão que se enfrenta, também é indispensável a identificação daqueles que seriam os encarregados pela execução dos ofícios religiosos.

Sabemos que existe uma extensa e variada gama de cultos e diferentes crenças religiosas professadas pela população. Muitas dessas ainda vivenciadas no campo da informalidade. No último censo realizado em 2010, foi constatado que aproximadamente 92% da população brasileira pratica alguma religião.

É razoável supor que em qualquer templo, culto, igreja ou espaço dedicado às manifestações religiosas existam uma ou mais pessoas responsáveis pela execução e condução da liturgia referente àquela crença. Ou seja, a depender da fé professada, um verdadeiro caleidoscópio de religiosos que variam desde arcebispos, padres, diáconos, freiras, bispos, rabinos, pastores, pajés, pai de santo, curandeiros, benzedeiras, médiuns, etc. e um vasto número de figuras que podem ser consideradas responsáveis pela execução de algum tipo de ofício religioso. Relembrando que a nossa Constituição Federal protege a liberdade religiosa de quaisquer tipos de crenças e cultos, e que todos deverão receber idêntico tratamento em relação a salvaguardas e benefícios.

Caso se entenda que a imunidade tributária deve atingir também a remuneração dessa categoria de pessoas responsáveis pela execução dos ofícios religiosos, a nosso ver, se estaria diante de grave afronta ao Princípio da Igualdade, supondo-se serem aqueles "trabalhos" dotados de maior relevância em detrimento de outros e, materializando o benefício de um privilégio indevido, em evidente desacordo com o espírito da nossa Carta Magna.

A Constituição Federal, no art. 153, § 2º, I, contempla o Imposto de Renda, de competência da União e acrescenta que este será informado pelos critérios de generalidade, universalidade e progressividade na forma da lei.

A generalidade determina que tal gravame a todos se destina, ou seja, aqueles que auferirem renda ou proventos de qualquer natureza são contribuintes do imposto, sem discriminações injustificadas.

A universalidade comanda que quaisquer modalidades de renda ou proventos, não importando sua origem, estão dentro do alcance desse imposto. Assim, o Imposto de Renda não comporta seletividade, ou seja, deverá ser aplicado independentemente da natureza do rendimento percebido.

A progressividade prevê que o imposto aplicado deverá ser proporcional à riqueza de cada um, ou seja, quanto maior for o acréscimo patrimonial, maior será a tributação. A alíquota aplicada será proporcional ao aumento do valor da riqueza tributada.

Em tempo, também o princípio da capacidade contributiva explicitado no art. 145, § 1º da Constituição Federal determina que, "sempre que possível os impostos terão caráter pessoal e serão graduados consoante a capacidade econômica do contribuinte [...]".

Entre os religiosos, podemos observar diferentes realidades quanto aos seus rendimentos. Existem aqueles que têm baixíssima renda, não se enquadrando nem mesmo na alíquota mínima do imposto de renda. A aplicação da progressividade busca promover a justiça tributária, não se falando em recolhimento do imposto.

Por outro lado, também existe uma distinta categoria de religiosos, cujos ganhos patrimoniais oriundos da prática da fé são gigantes, extrapolando milhões e que certamente devem ser tributados de acordo com a progressividade do imposto e observando-se sua capacidade contributiva.

Não nos parece razoável ou justo que tais ganhos sejam acobertados pela imunidade prevista no art. 150, VI, "b", da Carta da República. Os religiosos são contribuintes e assim deverão ser tratados.

Considerações sobre a Proposta da Emenda Constitucional 05/2023 (PEC 05/2023)

Está em tramitação, na Câmara dos Deputados, o texto da Proposta de Emenda à Constituição PEC 05/2023, de autoria do deputado federal Marcelo Crivella (Republicanos/RJ). O texto apresentado amplia significativamente o alcance da imunidade tributária que beneficiará instituições religiosas.

Pretende o legislador constituinte que agora, além da imunidade já existente para aquilo considerado essencial ao exercício das atividades de entidades religiosas e templos de qualquer culto, também sejam albergadas sob a desoneração tributária as aquisições de itens necessários para a construção de patrimônio e a prestação de serviços das entidades religiosas. Em suma, isenta de tributação também compras de itens, bens e serviços afeitos à manutenção e construção do patrimônio de igrejas e templos.

O autor da proposta, em sua justificativa, sustenta que os tribunais superiores têm sedimentado o entendimento de que mesmo os insumos necessários à formação do patrimônio, a prestação de serviços e geração de rendas pelas entidades beneficiadas, gozam da imunidade outorgada pela constituição. Termina sua justificação declarando que o que se propõe com essa PEC 05/2023 é a textualização daquilo que o STF já expressou como interpretação adequada, de forma a garantir a total efetividade à garantia constitucional e evitar desnecessários embates administrativos e judiciais, razão pela qual solicita que seus pares o apoiem e aprovem essa emenda com celeridade.

Para Crivella, a aprovação da PEC 05/2023 é relevante também para impedir que instituições religiosas tenham estruturas precárias, especialmente em locais mais pobres. Segundo ele, é uma maneira do Estado contribuir indiretamente, como foi feito no passado.

A efetividade do benefício fiscal, caso aprovada, será garantida através de intrincado sistema, onde as entidades religiosas pagarão com impostos pelos bens e serviços abrangidos pela PEC 05/2023 para, posteriormente, pedirem a devolução dos tributos que foram pagos, o que será feito por créditos tributários depositados em conta corrente.

Nos termos da proposta, uma lei complementar definirá como funcionará a devolução e quais as condições necessárias para a isenção desses tributos. Ficará a cargo do Conselho Nacional de Políticas Fazendária (CONFAZ) e, posteriormente, o Comitê Gestor do Imposto Sobre Valor Agregado (IVA) definirá regras para unificar entendimentos acerca dessa imunidade em todo o território nacional.

Desde que foi apresentada pela primeira vez, a medida sofreu algumas alterações. No texto inicial, constava, ainda, o aumento da imunidade para organizações de assistência social sem fins lucrativos e partidos políticos, o que não avançou com sua tramitação.

Tal exclusão, especialmente em relação às organizações de assistência social, a nosso ver, aponta falha na Emenda Constitucional pretendida. Ora, se a Constituição Federal atualmente estende imunidade às entidades assistenciais desde que vinculadas a entidades religiosas ou templos, por que não a garantir também àquelas organizações de assistência social, que, mesmo sem liame ou identidade religiosa, também proporcionam benefícios assistenciais relevantes, suprindo muitas vezes, até mesmo prestações que deveriam advir do Estado?

Isso fragiliza até mesmo o próprio princípio de liberdade religiosa tão defendido pela nossa Carta Magna. Especialmente em relação à população de baixa renda, vulnerável social e economicamente, que, eventualmente, sendo beneficiária de alguns dos auxílios prestados por entidades assistenciais, poder vir a sofrer pressões de filiação a algum tipo de templo religioso, estes albergados sob o beneplácito daquela imunidade.

No fim de fevereiro, a PEC 05/2023, já havia sido aprovada em uma Comissão Especial. A proposta também passou pela Comissão de Constituição e Justiça, tendo atendido a todos seus requisitos: constitucional, legal, jurídico, regimental e de técnica legislativa, mostrando-se apta para apreciação e deliberação.

A previsão do Deputado Crivella é de que a PEC 05/2023, seja aprovada por ampla maioria. O texto conta com 43 autores e mais de 330 apoiadores. Para chegar ao Senado, precisa de ao menos, 308 votos em dois turnos. Publicamente, o governo tem se posicionado a favor da Emenda, cujo impacto fiscal ainda está sendo calculado. Estimativas, contudo, projetam uma perda de arrecadação de 1 a 3 bilhões de reais.

A proposta amplia a desoneração já prevista na Constituição pois, além da imunidade para o que é essencial ao exercício de sua atividade, as igrejas não poderão ser tributadas pelas aquisições de itens que são "necessários" para construir o patrimônio e à prestação de serviços das entidades religiosas.

Isso significa que a imunidade poderá impedir a cobrança de tributos incidentes sobre a energia elétrica dos templos, a compra de material de construção e, até mesmo, para microfones e caixas de som.

Da maneira como está estruturada neste momento, a PEC 05/2023 determina imunidade tributária ao CNPJ de instituições religiosas e organizações de assistência ligadas a elas, como creches, asilos e comunidades terapêuticas. Assim, se uma igreja quiser reformar grandiosamente a sede de um desses locais, poderá receber de volta, junto à

Receita Federal, o valor pago em impostos na compra de materiais de construção quando a obra estiver pronta.

Muita cautela há de ser adotada, pois observa-se que a Emenda, caso aprovada, abrirá possibilidade de grandes abusos financeiros por grupos que ostentem um CNPJ de entidade religiosa.

De acordo com esse raciocínio, hipoteticamente, imaginemos a seguinte situação: a compra de um jatinho particular de determinada instituição religiosa poderá fazer jus ao benefício da imunidade tributária, justificando-se ser ele necessário para a formação do patrimônio daquela ou por destinar-se a entregas de bíblias, por exemplo.

Já se podem vislumbrar incontáveis ações e processos dessa natureza, bem como, sem dúvida, um aumento de instituições que pretendam ser reconhecidas como religiosas a fim de poderem usufruir desse impactante e sedutor benefício fiscal.

Não nos esqueçamos de que a PEC 05/2023, a despeito de ostentar a bandeira da proteção e liberdade religiosa, também importará em estratosférico aumento patrimonial e enriquecimento de determinados grupos. Importa saber se essa realidade atenderá aos anseios e interesses da população brasileira.

Conclusão:

Após cuidadosa reflexão acerca dos objetivos e nortes traçados pela Carta Constitucional e pelo ordenamento pátrio, resta notória a especial proteção que foi garantida às questões referentes à religiosidade da população brasileira e ao seu livre exercício.

Os textos constitucionais, infraconstitucionais, a atuação dos aplicadores das leis, as interpretações dos tribunais superiores, em conjunto, já laboram no sentido de prezar pela efetividade e fruição dos direitos religiosos e de seus desdobramentos.

Não há que se falar em aumentar ainda mais os benefícios garantidos àquelas instituições. A viabilidade do funcionamento de entidades religiosas e templos de qualquer culto não se encontra atrelada a uma maior desoneração fiscal além das já existentes.

Registre-se ainda que, geralmente, templos e igrejas têm sua manutenção total ou em grande parte custeada pelas contribuições financeiras gratuitas dos fiéis, membros de suas comunidades através de coletas, ofertas, doações, organização de quermesses etc. Ainda consideremos também que grande parte do trabalho ali desenvolvido é prestado pelos mesmos fiéis, que o fazem voluntariamente.

Também, em se tratando de igrejas e templos de menor poder econômico, deve-se considerar que, em casos necessários, sempre há o repasse de subsídios da administração central do grupo religioso do qual fazem parte.

Concluímos que o ordenamento pátrio já prevê, de maneira clara e suficiente, institutos protetivos aptos a garantirem a liberdade religiosa do povo brasileiro. A prática da fé, qualquer que seja a crença, não deve ter por esteio maior, o enriquecimento ou a força econômica das instituições religiosas responsáveis pela sua propagação.

Referências

Âmbitojurídico.com.brcaderno/direitotributário/imunidades-tributárias-conceitos-e-características. Acesso em: 14 maio 2024. 15:34.

BALEEIRO, Aliomar. *Limitações constitucionais ao poder de tributar.* Rio de Janeiro: Forense, 1991.

BRAZ, Leonardo, O. A origem dos tributos e suas razões de arrecadação frente a evolução social. Disponível em: Jusbrasil.com.br/a-origem-dostributos-e-suas-razões-de-arrecadação-frente-a-evolução-social/176901Acesso em: 20 abr. 2024, 15:41.

CAPARROZ, Roberto. *Direito tributário esquematizado.* 4ª Edição. São Paulo: Saraiva jur, 2020.

CARVALHO, Paulo B. *Curso direito tributário,* 14ª Edição. São Paulo: Saraiva, 2002.

CATECISMO DA IGREJA CATÓLICA. 5ª Edição. Edições CNBB, Brasília, 2022.

COMPÊNDIO DO VATICANO II. *Constituições, decretos, declarações. Decreto Presbyterorum Ordinis.* 29ª Edição. Editora Vozes, 2000.

COSTA, Regina H. *Curso Direito Tributário.* Constituição e Código Tributário Nacional. 7ª Edição. São Paulo: Saraiva jur, 2017.

FRANCO, Marcus V. L. *Revista do Tribunal Regional 1ª Região.* Brasília, v. 15, n. 1, jan, 2003.

FRANCISCO, Papa. *Discurso no Congresso Internacional "Liberdade Religiosa segundo o Direito Internacional e o Conflito Global de Valores".* In: *Acta Apostolicae Sedis (AAS)* 106 (2014) 546-547.

HARADA, Kiyoshi. *Direito financeiro e tributário.* 9ª Edição. São Paulo: Atlas, 2002, p. 290.

Imunidades Tributárias Genéricas – *A exoneração.* Disponível em: Jusbrasil.com.br/artigos/imunidades-tributárias-genéricas/713109690. Acesso em: 13 maio 2024, 14:41.

LEITE FILHO, Nelson. *Da incidência e não incidência, isenção e imunidade.* São Paulo: Livraria e Editora Universitária de Direito Ltda, 1986.

Manual de Normas Administrativas e Diretrizes Pastorais da Arquidiocese de São Paulo. Cúria Metropolitana – São Paulo – Vol. I, 2024. Pgs. 10/11.

MARTINS, Ives da Silva G. *Imunidades tributárias.* São Paulo: Revista dos Tribunais/Centro de Extensão Universitária, 1998.

MARTINS, Ives da Silva G. *O Tributo.* Rio de Janeiro: Forense, 2007.

MORAES, Bernardo R. *Revista do Tribunal Regional Federal 1ª Região.* Brasília, v. 15, n. 1, jan, 2003.

OLIVEIRA, João Lucas R. Disponível em: *Jusbrasil.com.br/artigos/origem-do-direito-tributário/847675046.* Acesso em: 14 abr. 2024, 17:21.

OTHON, Oswaldo. *Revista do Tribunal Regional Federal 1ª Região.* Brasília, v. 15, n. 1, jan, 2003.

PEREIRA, João Luis S. – *jltributário.com.br>2024/03/15>artigo-da-semana.* Visto em: 08 maio 2024, 9:39.

PORTAL DA TRANSPARÊNCIA. *Portal da Transparência. gov. br* – Acesso em: 16 maio 2024 às 13:44.

SABBAG, Eduardo de M. *Elementos do direito, direito tributário.* 8ª Edição. São Paulo: Premier Máxima, 2007.

SABBAG, Eduardo de M. *Manual de direito tributário.* 7ª Edição. São Paulo: Editora Saraiva, 2015, pg. 287.

SANTOS, Ivanaldo. SILVA, Ricardo G. *Acordo Brasil-Santa Sé: Instrumento de Solidificação da Liberdade Religiosa.* São Paulo: Noeses, 2018, pgs. 259/263.

SILVA, José Afonso. *Curso de direito constitucional positivo.* 23ª edição. São Paulo: Malheiros Editores, 2004. Pg. 700

(Notas de Atualização ao Limitações Constitucionais ao Poder de Tributar, de Aliomar Baleeiro.7 ed. Rio de Janeiro:-Forense,1997, p. 311-312)

URBANO, Arthur. O surgimento e desenvolvimento do direito tributário. Análise dos tributos e suas divisões e os princípios constitucionais tributários. Disponível em: Jus.com.br/artigos/33731/o-surgimento-e-desenvolvimento-do-direito-tributário. Acesso em: 14 abr. 2024, 17.51.

IMUNIDADE DOS TEMPLOS REVISITADA A PARTIR DE SEUS FUNDAMENTOS AXIOLÓGICOS E CONCEITOS DE DIREITO CANÔNICO E PRIVADO

Matheus Perez Toniolli[1]

Gabriel Lessa Marques da Silva[2]

Resumo: O presente artigo, aproveitando-se da ocasião dada pela reforma tributária pela EC nº 132/2023, revisita temas controversos relativos à imunidade das instituições religiosas, investigando também se houve mudança no

---

1. Bacharel em Direito pela PUC-SP, pós-graduando em Direito Tributário pelo IBDT e membro da UJUCASP.

2. Bacharel em Direito pela PUC-SP, advogado.

paradigma constitucional com a reforma. Em primeiro lugar, a regra de imunidade dos templos e entidades religiosas será analisada sob a ótica dos valores que a fundamentam, na sequência, analisa-se a imunidade em face de outras técnicas exonerativas e dos conceitos e relações de direito privado, e, por fim, termina-se com o exame dos institutos de direito canônico utilizados frequentemente pelas entidades religiosas em face das competências impositivas outorgadas aos entes políticos pela Constituição Federal.

Palavras-chave: Imunidade dos Templos - Reforma Tributária - Direito Privado - Contratos - Relações Jurídicas - Incidência econômica - Substituição tributária.

1. Introdução, imunidade dos templos e reforma tributária

O tema da imunidade dos templos religiosos encerra inúmeras controvérsias, na medida em que envolve não somente discussões jurídicas sobre a interpretação e incidência das normas de imunidade, mas também discussões de caráter econômico, ideológico, político e, sobretudo, religioso.

Em uma sociedade plural e democrática, é natural que as pessoas divirjam e tenham opiniões diferentes sobre assuntos das mais diversas ordens, permitindo, inclusive, que as pessoas sejam avessas à religião, porém, é certo que o constituinte de 1988 fez uma escolha: consagrou o direito à liberdade religiosa (vide o preâmbulo da Constituição Federal, e incisos VI e VIII do art. 5º), e, a fim de melhor garantir esse direito fundamental, refletindo-o em matéria tributária, consagrou a imunidade dos templos religiosos (art. 150, inciso VI, alínea *b*). Sendo, ademais, indubitável de que se tratam de cláusulas pétreas uma vez que garantem direitos fundamentais (art. 60, § 4º, IV).

Dessa maneira, tratando-se de um trabalho que se pretenda verdadeiramente jurídico, deve-se partir do texto constitucional, e a opção pela defesa dos valores e direitos religiosos na Constituição é indiscutível. Não é necessário, a princípio, o retorno a discussões de cunho filosófico, político, econômico ou moral sobre o tema, porque o direito positivo afasta qualquer dúvida sobre o assunto. Isso não significa que os valores não interessam às discussões jurídicas, e sim que o texto permite claramente identificar qual foi o valor consagrado pelo direito posto.

Não obstante, mesmo do ponto de vista do direito positivo, o número de controvérsias é rico, e gerou dúvidas quanto à extensão da imunidade dos templos, sobremaneira devido à dúvida quanto ao conceito de *templo*. A título de exemplo, Pontes de Miranda, em uma visão literalista, comentando a Constituição de 1967, chega a afirmar que a referida imunidade só albergaria o prédio físico dedicado ao culto (PONTES DE MIRANDA, 1987, t. 2, p. 425).

Essa posição, todavia, foi superada pelo § 4º do art. 150, da atual Constituição, que determina que a imunidade dos templos alberga o patrimônio, a renda e os serviços desde que relacionados com suas finalidades essenciais. Além disso, parte da doutrina defendia que os imóveis das entidades religiosas locados, ainda que indiretamente ligados à finalidade religiosa, não estariam abrangidos pela imunidade, entendimento superado no acórdão que julgou RE 325.822/SP.

Ademais, outra questão controvertida era sobre a necessidade de lei complementar para a regulamentação da imunidade das entidades religiosas. Ora, a imunidade é uma limitação constitucional ao poder de tributar e o art. 146, inciso II, da Constituição Federal, é cristalino ao exigir lei complementar para editar normas gerais sobre a matéria, porém havia certa dúvida diante da menção meramente à "lei", desacompanhada do adjetivo "complementar", nos arts. 150, inciso VI, letra c, e 195, § 7º, da CF.

No artigo *As Imunidades Religiosas e as Imunidades Constitucionais*, o professor Ives Gandra retrata o histórico da controvérsia, a qual culminou no reconhecimento da necessidade de lei complementar para regulamentar a matéria.[3]

Assim, essas e outras controvérsias merecem ser retomadas em face à mudança do texto constitucional promovida pela reforma tributária na Emenda Constitucional nº 132/2023. Em matéria de imunidade das entidades religiosas, a referida emenda trouxe duas alterações que, à primeira vista, tratam de maneira mais direta sobre o assunto, a alteração da alínea *b* do art. 150, VI, e a adição do inciso VII ao § 1º do art. 155:

> Art. 150. Sem prejuízo de outras garantias asseguradas ao contribuinte, é vedado à União, aos Estados, ao Distrito Federal e aos Municípios:[...]
>
> VI - instituir impostos sobre: [...]
>
> b) entidades religiosas e templos de qualquer culto, inclusive suas organizações assistenciais e beneficentes;
>
> Art. 155. Compete aos Estados e ao Distrito Federal instituir impostos sobre: [...] I - transmissão causa mortis e doação, de quaisquer bens ou direitos;
>
> § 1º O imposto previsto no inciso I: [...]
>
> VII - não incidirá sobre as transmissões e as doações para as instituições sem fins lucrativos com finalidade de relevância pública e social, inclusive as organizações assistenciais e beneficentes de entidades religiosas e institutos científicos e tecnológicos, e por elas realizadas na consecução dos seus objetivos sociais, observadas as condições estabelecidas em lei complementar.

---

3. Assim, leciona o ilustre jurista: "Não é, portanto razoável a interpretação de que seria desnecessária lei complementar para regular as desonerações do art. 195, § 7º, da CF/88, ante a ausência do adjetivo 'complementar', quer porque seria despiciendo o adjetivo, pois a matéria já estava definida no art. 146, inciso II, quer porque, se não fosse imprescindível a lei complementar, a lei ordinária haveria de ser 'federal' - para evitar o absurdo de a matéria passar a ser da competência das três esferas da Federação, criando verdadeiro caos, em termos de limitações ao poder de tributar - e tal vocábulo tampouco qualifica o substantivo 'lei', no texto do artigo" (MARTINS, 2015,p. 8).

De tal sorte, o primeiro questionamento ao se deparar com esses dispositivos é se houve efetivamente alguma mudança na regra de imunidade dos templos ou se sua extensão permanece a mesma após a reforma tributária. Com efeito, Hugo de Brito Machado Segundo, ao comentar os dispositivos aludidos, entende que não houve mudança:

> A nova redação dada ao inciso "b" do art. 150, VI, da CF/88, que consagra a chamada imunidade religiosa, é a rigor desnecessária, mas visa a explicitar a compreensão de que a imunidade abrange a entidade religiosa, e não apenas o prédio ou imóvel em que se realizam celebrações religiosas. [...]
>
> No art. 155, releva mencionar, ainda, apenas a explicitação de que as doações e transmissões feitas a entidades imunes não serão tributadas pelo imposto. Considerando-se que o contribuinte, no caso de transmissão *causa mortis*, é o herdeiro, ou o legatário, e que tais entidades já são imunes por força do art. 150, VI, "c", da CF/88, a disposição é a rigor desnecessária, embora sempre útil diante da renitência do Fisco em respeitar a Constituição, e da complacência do Judiciário com isso. (MACHADO SEGUNDO, 2024)

Kiyoshi Harada, por outro lado, ao comentar o inciso VII do art. 155 pontua o seguinte:

> O inc. VII coloca fora do campo de incidência as transmissões e as doações para as instituições sem fins lucrativos com finalidade de relevância social, incluindo as organizações assistenciais e beneficentes de entidades religiosas e institutos científicos e tecnológicos, e por elas realizadas na consecução de seus fins sociais, observadas as condições estabelecidas em lei complementar. Trata-se, na verdade, de imunidade condicionada de difícil compreensão que certamente irá ocupar um bom tempo na jurisprudência de nossos tribunais, até pacificação. (HARADA, 2024, p. 15).

Em relação à alteração promovida pela alínea *b* do inciso VI do art. 150, malgrado o aumento do texto, com o fim de deixar claro que a imunidade abrange não só o imóvel, e sim a entidade, tem-se por evidente que não houve aumento do escopo da regra. Entende-se, pois, que a eficácia da EC nº 132/2023 nesse ponto é meramente declaratória.

Sobre o inciso VII do art. 155, por outro lado, a partir dos autores supracitados, instala-se controvérsia na doutrina sobre se houve ou não aumento do campo da imunidade das entidades religiosas ou se se trata de mera explicitação do conteúdo da regra imunizante presente no texto constitucional antes da reforma.

Nesse sentido, pode parecer a alguém que se trata de criação de imunidade híbrida, visto que combina um elemento objetivo, a transmissão *causa mortis* (fato jurídico) ou a doação (negócio jurídico), com um elemento subjetivo, qual seja, o donatário se tratar de instituição sem fins lucrativos com finalidade de relevância pública e social, inclusive as organizações assistenciais e beneficentes de entidades religiosas.

Desse modo, como a imunidade prevista no art. 150, VI, "b", é eminentemente subjetiva, enquanto que a referida no inciso VII, do art. 155, é híbrida, combinando um elemento subjetivo com um elemento objetivo, poderia muito bem parecer que o constituinte derivado criou nova hipótese de imunidade. Outro argumento de grande relevo que corrobora esse entendimento é o de que a regra é inovadora, pois, no paradigma constitucional anterior, somente a entidade donatária ou herdeira seria imune, sendo que, com o novo texto também estaria imune o doador.

Inobstante, entende-se que também nesse ponto houve tão somente explicitação, e não alargamento, da imunidade dos templos. Afinal, já no texto anterior, é possível observar na jurisprudência precedentes que entendiam as doações e transmissões feitas às entidades religiosas como albergadas pela regra de imunidade. Por exemplo, no acórdão que julgou o ARE 1059196,[4] foi reconhecida a imunidade da Mi-

4. AGRAVO INTERNO NO RECURSO EXTRAORDINÁRIO COM AGRAVO. TRIBUTÁRIO. ITCMD. IMUNIDADE. PRESUNÇÃO DE DESTINAÇÃO DO

tra Diocesana de Cachoeira do Sul de ITCMD, sobre bens que recebeu em herança. Além disso, a decisão reconheceu que a destinação dos bens às atividades essenciais deve ser presumida, cabendo ao fisco demonstrar eventual desvio de finalidade.

Em relação ao argumento de que no panorama constitucional anterior não haveria imunidade ao doador, entende-se que também não procede, haja vista que a imunidade dos templos, embora insista-se em classificá-la como unicamente subjetiva, deve abranger todas as relações com os entes imunes, sob pena de permitir que o legislador se utilize de artimanhas para frustrar os valores e objetivos constitucionais.

Vale dizer, no caso da doação para entidades religiosas, se a norma imunizante dos templos abrangesse tão somente a entidade religiosa donatária, bastaria o legislador ordinário eleger o doador como contribuinte e a finalidade da norma imunizante, (de impedir que a liberdade de culto e as atividades das entidades tributárias sejam oneradas com tributos), estaria frustrada. Com efeito, não faz sentido admitir que uma regra constitucional seja contornada pelo legislador ordinário com artifício tão simples. Desta feita, essa interpretação restritiva, exclusivamente se o donatário for sujeito passivo, merece ser abandonada.

Portanto, em relação à imunidade das entidades religiosas, entende-se aqui que não houve qualquer inovação com a EC nº 132/2023, mas tão somente o realce e

---

PATRIMÔNIO, DA RENDA E DOS SERVIÇOS ÀS FINALIDADES ESSENCIAIS DAS ENTIDADES IMUNES. CABE AO FISCO PROVAR EVENTUAL DESVIO DE FINALIDADE. REEXAME DE MATÉRIA FÁTICA. INVIABILIDADE EM SEDE EXTRAORDINÁRIA. INCIDÊNCIA DA SÚMULA 279 DO STF. REITERADA REJEIÇÃO DOS ARGUMENTOS EXPENDIDOS PELA PARTE AGRAVANTE. MANIFESTO INTUITO PROTELATÓRIO. APLICAÇÃO DA MULTA PREVISTA NO ARTIGO 1.021, § 4º, DO CPC/2015. AGRAVO INTERNO DESPROVIDO.
(ARE 1059196 AgR, Rel. Min. LUIZ FUX, Primeira Turma, julgado em 31/10/2017).

explicitação de questões já pacificadas sobre a imunidade dos templos. A eficácia da emenda é meramente declaratória, dado que não houve mudança na extensão do campo da imunidade, a reforma somente explicitou pontos já pacíficos na jurisprudência.

Embora a maior parte das controvérsias sobre a imunidade dos templos já esteja pacificada, e não haja nada de novo propriamente com a Emenda Constitucional nº 132/2023, a reforma tributária é uma ocasião perfeita para que o tema seja revisitado sob outras perspectivas ainda pouco exploradas.

Destarte, o objetivo do presente artigo é precisamente esse, revisitar controvérsias relativas à imunidade dos templos sob a perspectiva de seus fundamentos axiológicos e sob o prisma do direito canônico, o qual retrata os atos típicos de entidade religiosa, e do direito privado, pois foi o meio empregado pelo constituinte para discriminar as competências tributárias dos entes políticos.

Em primeiro lugar, a regra de imunidade dos templos e entidades religiosas será analisada sob a ótica dos valores que a fundamentam, na sequência, investiga-se a imunidade em face de outras técnicas exonerativas e dos conceitos e relações de direito privado, e, por fim, termina-se com o exame dos institutos de direito canônico utilizados frequentemente pelas entidades religiosas em face das competências impositivas outorgadas aos entes políticos pela Constituição Federal.

2. Fundamentos axiológicos e interpretação da regra de imunidade dos templos

Nesse contexto, diante da natureza tridimensional do fenômeno jurídico, em razão da dialética de implicação-polaridade, o fato e o valor, exigindo-se mutuamente, porém mantendo-se o caráter de irredutibilidade de cada esfera, dão origem à estrutura normativa (REALE, 2002, p. 67), a qual consagra valores em face de uma realidade histórica concreta.

Desse modo, importante distinguir a essência do direito, enquanto objeto da justiça, de sua existência, a qual se dá pelo fenômeno normativo, isto é, juízos hipotéticos disjuntivos,[5] reconstruídos pelo intérprete a partir das fontes do direito positivo. No entanto, as referidas fontes do direito são limitadas e informadas pela essência do direito.[6] Em outras palavras, o direito positivo é informado por valores pré ou metapositivos.

Mesmo Becker, autor tido como positivista,[7] reconhece a influência do direito natural no plano de criação da regra jurídica (pré-jurídico, e, ao nosso ver, pré-positivo), ou seja, como matéria-prima importante para a *Arte de elaboração do Direito Positivo* (BECKER, 2018, p. 84). A visão do festejado jurista sobre a relação entre o direito natural e o direito positivo é a seguinte:

---

5. Dado um fato (F), deve ser uma prestação (P), ou dada a não prestação (nP), deve ser a sanção (S).

6. A esse respeito, entendemos o seguinte: "Seja pela lógica da natureza das coisas, seja pela lógica culturalista, a juridicidade precede a positividade na medida em que a existência do direito é limitada pela sua essência, isto é, o direito positivo, ato de ser perante a essência do direito, prevê consigo a sanção, a qual está, sem dúvidas, intimamente ligada ao fenômeno jurídico experienciado na realidade, mas a sanção é elemento acidental do direito" (TONIOLLI, 2022, p. 72).

7. Em nossa opinião de maneira equivocada, pois Becker reconhece a existência do direito natural, mas relega-o exclusivamente ao plano pré-jurídico, isto é, da criação do direito. Vale ressaltar que a obra de Becker recebeu a influência de autores reconhecidamente jusnaturalistas, como Jean Dabin e Jacques Maritain, o que resvala em seu próprio reconhecimento do direito natural, e sua consequente influência no momento legislativo (pré-jurídico). Assim, entende-se que, no máximo, poderia ser chamado de positivista metodológico ou positivista cognitivista. Infelizmente, ganhou a pecha de positivista porque defende a aplicação do princípio da legalidade contra as teorias invertebradas do direito tributário, posição completamente compatível com a defesa e reconhecimento do direito natural.

> Toda e qualquer diretriz do Direito Natural concentra no seu âmago um excesso de conteúdo deontológico que provoca uma natural e necessária "*ripugnanza*" à sua consagração integral pelo Direito Positivo. Noutras palavras, a diretriz oferecida pelo Direito Natural sofre *necessariamente uma deformação restringidora no plano jurídico.*
>
> Esta deformação: a) ocorre no momento da construção da norma jurídica cuja ideia germinal ou fecundante foi a diretriz jusnaturalista; b) e permanece no momento hermenêutico quando se investiga a incidência da regra jurídica (BECKER, 2018, p. 92).

Nesse contexto, a situação exposta não é diferente quando tratamos das regras de imunidade, sobremaneira da imunidade das instituições religiosas, vez que a regra parte de um valor consagrado pelo direito natural, a liberdade de crença e culto, e é *deformada* pelo processo de positivação, dada a impossibilidade de seu conteúdo axiológico ser perfeitamente transposto para instrumento humano, e, portanto, falho, que é o direito positivo.

Melhor seria empregar o termo *conformar* em vez de *deformar*, porque, embora haja sempre uma perda do conteúdo axiológico mais geral e indeterminado, no momento de criação do direito positivo, há uma conformação dos valores à conjuntura histórica concreta, o que se opera de maneira analógica. Ao passo que, no momento de aplicação da norma positivada aos fatos há novamente uma conformação dos fatos ao valor *deformado* ou *conformado* pela norma com a incidência.

Discordamos, ademais, de Becker no que diz respeito ao momento *b* supraelencado, haja vista que, malgrado as próprias limitações do direito positivo em consagrar valores do direito natural, e do intérprete em aplicá-las, deve-se retornar aos valores, a fim de que a finalidade da norma não seja frustrada por uma interpretação literalista do texto posto.

Para a imunidade dos templos, como nas demais imunidades constitucionais, essa constatação se confirma, vez que o próprio texto constitucional (art. 150, VI, *b*) impele o intérprete para as finalidades essenciais das entidades religiosas, as quais, por óbvio, não estão elencadas no texto constitucional. Vale dizer, o texto aponta para valores não encerrados no texto, e que transcendem a sua literalidade e positivação.

Por isso, deve haver fatalmente um retorno ao valor fundante das imunidades no momento da interpretação, dada a sua forte carga axiológica. Isso pode ser feito, sobretudo, valendo-se dos métodos de interpretação extensiva e teleológica. Nesse sentido, o próprio STF, no RE 325.822/SP, e em demais precedentes, admite a interpretação extensiva e teleológica para as imunidades, de maneira que sejam efetivamente garantidos os valores que justificam a razão de ser da norma imunizante no caso concreto.

3. Características do instituto da imunidade em face de outras técnicas de exoneração

O fenômeno jurídico da tributação responde a um sistema lógico, característica típica das ciências especulativas racionais. A sistemática desse fenômeno e da relação jurídico-tributária dele decorrente é bem desenhada na teoria cunhada por Paulo de Barros Carvalho como *regra-matriz de incidência*. Vê-se o fenômeno da incidência pelos seus critérios material, pessoal, espacial, temporal e quantitativo, com classificação dos antecedentes e consequentes normativos.

São conhecidas as variadas técnicas exonerativas existentes: isenção, alíquota zero, *etc*. Todas elas geram o efeito prático de redução da carga tributária, mas, para isso, partem inexoravelmente do pressuposto lógico de existir um campo tributário, isso é, de existir ao menos em tese a possibilidade de incidência tributária, ou seja, de que haja um fato jurídico tributário.

E é nisso que reside a principal diferença com a imunidade.

A imunidade é uma exoneração muito mais potente porque ela fulmina a própria possibilidade de competência para instituir endonormas tributárias sobre determinados fatos, vez que, constitucionalmente caracteriza um campo de não competência. Como resume Schoueri: "[...] em síntese, que, em virtude da imunidade, sequer surge, para o ente tributante, a possibilidade de tributar determinada situação." (SCHOUERI, 2024, p. 137).

Não se trata, ressalte-se, de uma manobra interpretativa de contribuintes. A estrutura do sistema jurídico tributário e, mais, do sistema constitucional tributário brasileiro é que consolida esse método. Destaca-se a seguinte lição de José Souto Maior Borges:

> O direito constitucional tributário ou direito tributário constitucional está constituído, então, por um complexo de regras constitucionais referentes à matéria tributária. Na justa observação de Albert Hensel, o direito tributário constitucional ocupa-se menos do poder tributário em si do que da sua limitação com a finalidade de construir um metódico sistema tributário complexo. (BORGES, 2007, p. 23).

O referido doutrinador salienta ainda mais o caráter dogmático dos institutos jurídicos de exoneração tributária, rechaçando, com vigor, a visão meramente economicista de seus efeitos:

> Falar em privilégio ou em favor, nessas hipóteses, dando aos termos sentido figurado, é introduzir na linguagem científica imprecisões e equívocos. O que se verifica, consoante exposto, é uma radical incompatibilidade entre os antigos privilégios e o ordenamento constitucional vigente no país. (BORGES, 2007, p. 68).

Insta pontuar que o aspecto dogmático-jurídico das imunidades não está adstrito somente ao recorte do subsistema tributário, mas está imbricado com todo o direito constitucional brasileiro, vez que as imunidades são materializações de valores eleitos na Constituição Federal e "[...] encerram em si a veiculação de direitos fundamentais e consubstanciam garantias institucionais" (SERRANO, 2023, p. 58), ou, ainda:

> [...]. é incontestável que, quando a imunidade tributária prestigia valores consagrados na Constituição Federal, não há espaço jurídico para emendas constitucionais que os fragilizem, restrinjam ou, pior, anulem. Por maior razão, isso não pode ser feito por meio de atos normativos infraconstitucionais ou interpretações "muito a propósito". Enfim, as situações de imunidade tributária jamais podem ser ignoradas. (CARRAZZA, 2015, p. 18)

A imunidade geralmente é classificada como subjetiva ou objetiva. Assim, há imunidades que fulminam a possibilidade de se cogitar tributação de determinadas pessoas ou de determinados fatos, bens ou situações. Há quem sustente um *tertium genus*, qual seja, das imunidades ditas "mistas", que versariam sobre situações, bens e fatos ligados a determinadas pessoas; todavia, como visto desde a introdução deste artigo, tal posicionamento parece não ser sufragado.

Aliás, digno de nota que mesmo a divisão singela entre imunidades subjetivas ou objetivas é imersa em confusão e gera problemas interpretativos por desajuste de prisma. A regra imunizante é uma regra jurídica. Verdade que todo o texto comporta, por sua própria natureza, interpretação, contudo, quando a interpretação já se encontra enviesada *ab initio* com a necessidade de enquadramento em alguma pré-classificação, isso desvirtua a ciência e o fenômeno jurídico.

O texto imunizante é direto e claro. Se o constituinte elegeu um substrato fático singelo, não existe razão para o tornar complicado. A análise teleológica, olvidam-se muitos, já foi realizada pelo constituinte, devendo o intérprete técnico, antes de impor uma classificação e a sustentar por um enquadramento extra ou metaconstitucional, buscar o alcance da regra constitucional dentro do próprio texto da Constituição ou, mais, na concretude do próprio texto analisado.

Há verdadeira sanha doutrinária de liquefazer o que é sólido e solidificar o que já foi colocado como fluído.

No tocante às imunidades, isso é particularmente perigoso. O constituinte brasileiro é conhecido pela prolixidade e detalhamentos. Quando o constituinte é direto e claro, acorre-se com surpreendente pressa para se condicionar o incondicionado, subjugar, por via intelectual metodologicamente questionável, o que foi criado para não ser subjugado.

Em um Estado Democrático de Direito, entende-se e até se estimulam as divergências quanto ao estado da arte constitucional. Mas as boas intenções *de lege ferenda* nunca podem confundir o intérprete técnico do que está em *lege lata*.

Se o texto posto hoje elenca em seu substrato uma pessoa pela imunidade, inexiste campo para tributação sobre essa pessoa. Sem mais. Em termos jurídicos, deve ficar claro que inexistem "beneficiados" por normas imunizantes. A norma apenas contempla fatos conjugados com as finalidades constitucionais (valores).

Aliás, a força imunizante é tamanha que a norma confere direito subjetivo público para resguardo da tributação. Nesse sentido:

> A imunidade tributária, então, pode ser definida como a exoneração, fixada constitucionalmente, trazida em norma expressa impeditiva da atribuição de competência tributária ou extraível, necessariamente, de um ou mais princípios constitucionais, que confere direito público subjetivo a certas pessoas, nos termos por ela delimitados, de não se sujeitarem à tributação. (COSTA, 2015, p. 58).

Podem, sim, ser as imunidades condicionadas, que "[...] dependem de norma infraconstitucional integrativa para disciplinar a matéria, mediante lei complementar nos termos do art. 146, II, da CF" (MARTINS e RODRIGUES, 2014).

A condição, entretanto, está contida na norma imunizante, e não fora dela. É o caso da imunidade prevista no art. 150, IV, "c", que expressa e literalmente destaca que devem ser "atendidos os requisitos da lei". Cuide-se apenas de frisar que a norma é resultante da totalidade sistêmica do ordenamento jurídico, assim, o § 4º, do art. 150, integra a resultante normativa ao condicionar "As vedações expressas no inciso VI, alíneas 'b' e 'c', compreendem somente o patrimônio, a renda e os serviços, relacionados com as finalidades essenciais das entidades nelas mencionadas."

Destarte, a normatividade das imunidades não advém meramente do seu *topos* constitucional, mas também do respeito técnico e cívico que clama a claridade do texto talhado pelo constituinte.

4. Direito Tributário, Direito Privado e Imunidade

O cânone da incidência una, direta e total do ordenamento jurídico é basilar questão teórica de Direito. É dizer, toda a disciplina legal incide sempre em sua totalidade, quando cumpridas as exigências que a própria Lei elege.

Becker, ao tratar do cânone hermenêutico da totalidade do sistema jurídico, esclarece que a lei "[...] age sobre as demais leis do sistema, estas, por sua vez, reagem; a resultante lógica é a verdadeira regra jurídica da lei que provocou o impacto inicial." (BECKER, 2018, p. 122).

Há, então, um elenco de fatos que servirão de suporte para a incidência abstrata do Direito. Trata-se do conhecido *suporte fático*, ou *fattispecie*, *tatbestand*, que, preenchido, traz a inexorável incidência jurídica.

Nesse panorama, a distinção entre Direito Público e Privado parece sempre ter sido colocada do ponto de vista prático-didático. O direito referente ao Estado - público -, o referente aos particulares - privado; isso desde o direito romano[8].

---

8. Já se via no *Digesto* - Ulpiano, 1, 1, 1, 2 - e nas *Institutas* de Justiniano - 1, 1, 4.

Acontece que a maioria das situações que geram signos presuntivos de riqueza são as ocorridas entre particulares, o que gerou um desenvolvimento milenar e denso do Direito Privado sobre as formas jurídicas que revestem essa circulação de riquezas. Assim, o Direito Privado é conhecidamente o grande ramo de organização jurídico-sistemática dessas relações.

Os conceitos e definições de pessoas, bens, coisas, negócios jurídicos, contratos *etc.*, é o principal objeto do Direito Privado, mesmo antes da era das codificações. E antes da era das constituições.

A solidez do Direito Privado, pode se dizer, foi amparo às constituições, que usufruem de seus conceitos e definições já consolidados.

No Brasil não é diferente. A nossa tradicional constitucionalização do sistema tributário pauta-se nos conceitos de Direito Privado. Isso por si é lógico: uma constituição não se propõe a alterar a realidade com palavras mágicas, mas respeita que um contrato é um contrato, patrimônio é patrimônio, coisa é coisa, pessoa é pessoa; daí corolário aceitar as definições de Direito Privado.

Ainda, pela teleologia do Direito e, portanto, de qualquer Constituição ou lei que se quer moral e naturalmente válida, de se buscar a Justiça e a isonomia, a base privatística para os efeitos tributários deve ser a mesma para todos e, mais, deve ser uma base sólida.

Notadamente em um país de dimensões continentais.

O CTN, mesmo que de maneira despicienda do ponto de vista lógico-jurídico, como visto, mas atento às dificuldades de uniformização tributária em nosso gigantesco país que conta com milhares de distintos fiscos, reforçou a ideia de apego às definições de Direito Privado em seus arts. 109 e 110, assim redigidos:

> Art. 109. Os princípios gerais de direito privado utilizam-se para pesquisa da definição, do conteúdo e do alcance de seus institutos, conceitos e formas, mas não para definição dos respectivos efeitos tributários.
>
> Art. 110. A lei tributária não pode alterar a definição, o conteúdo e o alcance de institutos, conceitos e formas de direito privado, utilizados, expressa ou implicitamente, pela Constituição Federal, pelas Constituições dos Estados, ou pelas Leis Orgânicas do Distrito Federal ou dos Municípios, para definir ou limitar competências tributárias.

Pois bem, como se sabe, a atual Constituição Federal delimita as competências tributárias. Isto é, a Constituição traça o "mapa" jurídico sobre o qual poderão ou não ser instituídos tributos. Nada é admitido fora desse "mapa".

A imunidade é um campo de não competência constitucionalmente qualificado, ou seja, é uma demarcação "extra mapa", no qual nenhuma tributação pode ser sequer cogitada.

Assim, a real análise da competência ou mesmo da delimitação criada pelas imunidades depende da detida apreciação dos conceitos e definições dadas pelo Direito Privado. Esse panorama é necessário para entendermos o alcance da imunidade em comento no presente artigo.

5. Relações Jurídicas de direito privado, substituição tributária, tributos indiretos, contribuinte de fato e de direito e imunidade

Toda ciência social debruça-se, direta ou indiretamente, sobre relações. No direito, é basilar o conceito de relação jurídica, que, sinteticamente, "[...] é o vínculo que o direito reconhece entre pessoas ou grupos, atribuindo-lhes poderes e deveres. Representa uma situação em que duas ou mais pessoas se encontram, a respeito de bens ou interesses jurídicos" (AMARAL, 2018, p. 257).

As relações obrigacionais e reais estão inseridas nesse conceito e são as que, via de regra, geram signos presuntivos de riqueza que serão contemplados nas normas tributárias.

Sucede que o possível emaranhado de relações jurídica e economicamente relevantes é inabarcável. Em apenas uma cadeia de fornecimento já há tantos negócios, que o número de contratos entre particulares muitas vezes supera as centenas.

Mas cada relação jurídica é distinta e separada das outras, tendo, no máximo, causa comum ou dependente.

A arrecadação fiscal não está alheia a essa dinâmica. Por isso, há técnicas de tributação que visam, em termos práticos, a concentrar o foco fiscalizatório em determinados pontos da cadeia, com fito de tornar possível e mais efetivo o controle. No mais das vezes, o que se vê é uma transferência da responsabilidade tributária, ou de substituição da sujeição passiva, inclusive atribuindo a particulares um dever de fiscalização antes inerente ao Estado.

O próprio CTN não restringe o sujeito passivo da relação obrigação principal ao contribuinte, podendo ser designado responsável, nos termos do art. 121:

> Art. 121. Sujeito passivo da obrigação principal é a pessoa obrigada ao pagamento de tributo ou penalidade pecuniária.
>
> Parágrafo único. O sujeito passivo da obrigação principal diz-se:
>
> I - contribuinte, quando tenha relação pessoal e direta com a situação que constitua o respectivo fato gerador;
>
> II - responsável, quando, sem revestir a condição de contribuinte, sua obrigação decorra de disposição expressa de lei.

Um pouco adiante, aliás, o CTN também anuncia a possibilidade de transferência da responsabilidade:

> Art. 128. Sem prejuízo do disposto neste capítulo, a lei pode atribuir de modo expresso a responsabilidade pelo crédito tributário a terceira pessoa, vinculada ao fato gerador da respectiva obrigação, excluindo a responsabilidade do contribuinte ou atribuindo-a a êste em caráter supletivo do cumprimento total ou parcial da referida obrigação.

Desse artigo, Renato Lopes Becho extrai que está prevista também a substituição tributária:

> A substituição tributária não foi acolhida com essa nomenclatura pelo legislador do CTN. Contudo, interpretamos que ela está contida no art. 128 do referido Código, além da disciplina constitucional (art. 150, § 7º). O art. 128 do CTN, portanto, cumpre dois papéis: permite a substituição tributária (por fato passado, ou diferimento) e limita as possibilidades de o legislador estipular outras responsabilidades que não aquelas já dispostas no mesmo Código. (BECHO, 2014, p. 39).

A substituição tributária foi bem sintetizada em densa monografia de Ricardo Siqueira de Carvalho como "uma técnica jurídica mediante a qual a lei atribui a um terceiro, desde logo, a incumbência de entregar ao Estado o tributo que deriva de um fato jurídico realizado por outro." (CARVALHO, 2021. p. 25).

Outro fato que denota os efeitos tributários nas relações jurídicas é o que se costuma chamar de tributos indiretos, classificação criticável[9] que se pauta na transladação dos efeitos econômicos da tributação, separando o contribuinte "de direito" do "de fato".

---

9. "Fica, portanto, bastante claro o erro de se atribuir a todo e qualquer imposto "indireto" (critério já demonstrado duvidoso) o fato de promover a translação. Sem dúvida, é possível que a transferência do ônus econômico ocorra, mas esta é apenas uma possibilidade, diante das diversas que poderiam ocorrer." (SCHOUERI, 2024, p. 295).

Convém investigar como tais institutos interagem com a imunidade.

5.1 Possibilidade de o ente imune ser responsável, substituto ou substituído

Vistos apenas pelo ângulo de praticabilidade atécnica de *quem irá pagar a conta*, a questão não parece ser dificultosa. Mas quando a atenção é dirigida à estrutura das normas tributárias, enxerga-se nuances técnicas de alta complexidade.

Isso porque é possível enxergar que a norma de responsabilização é uma norma que incidirá sobre uma estrutura já previamente juridicizada pela regra-matriz da obrigação principal, ou seja, tem caráter de complementariedade. Nesse sentido, o escólio de Misabel Derzi:

> Toda vez que estamos diante da eleição de um responsável por lei, estamos em face de duas normas jurídicas interligadas. A primeira é a norma básica ou matriz, a que nos referimos anteriormente, que disciplina a obrigação tributária principal ou acessória. A segunda é a norma complementar ou secundária, dependente da primeira, que se presta a alterar apenas o aspecto subjetivo da consequência da norma anterior, uma vez ocorrido o fato descrito em sua hipótese. Nesse sentido, podemos falar em hipótese ou fato gerador básico ou matriz e em fato gerador secundário, complementar e dependente.
>
> Se não ocorrer o fato descrito na hipótese de incidência da norma básica ou matriz, ou mesmo ocorrendo e estando extinta a obrigação do contribuinte, então também inexistirá a obrigação do responsável tributário. (DERZI, 2013, p. 1121).

De fato, quando se trata de responsabilidade, a apreciação dogmática do fenômeno deve se atentar à estrutura da regra-matriz principal, primeva, para, então, analisar se há espaço para a norma de transferência de responsabilidade. Isso é reconhecido pelo STF:

> [...]. A responsabilidade ou a substituição tributária não alteram as premissas centrais da tributação, cuja regra-matriz continua a incidir sobre a operação realizada pelo contribuinte. Portanto, a imunidade tributária não afeta, tão somente por si, a relação de responsabilidade tributária ou de substituição e não exonera o responsável tributário ou o substituto. [...]. (RE 202987, Relator(a): JOAQUIM BARBOSA, Segunda Turma, julgado em 30-06-2009).

Nesse contexto, tratando sob a ótica da regra-matriz de incidência, tem-se que, na responsabilidade, há incidência de duas normas, a norma referente à obrigação principal, e, na sequência, diante de fato posterior, a incidência da norma de responsabilidade que inclui o responsável no polo passivo da relação jurídica tributária.

Na substituição tributária, por outro lado, sob o novo paradigma inaugurado pelo professor Sacha Calmon, ocorre um só fato jurídico tributário: o crédito tributário já nasce com o substituto como sujeito passivo, visto que se encontra no aspecto subjetivo localizado no consequente da regra-matriz, enquanto que o substituto é quem desencadeia o fato gerador, enquadrando-se no aspecto pessoal do antecedente da regra-matriz (COELHO, 2018, p. 220).

Dito isso, a problemática da imunidade em matéria de responsabilidade é a seguinte: considerando que o ente tributante não pode legislar sobre norma que insira o ente imune na regra-matriz de incidência referente à obrigação principal, pode ele inseri-lo em norma que prevê dever, o qual, se não cumprido, atrai a responsabilidade pela obrigação principal?

Malgrado a norma de responsabilidade tributária seja distinta da norma que dá origem à obrigação principal, entende-se que não, na contramão da jurisprudência, porque a competência para instituir normas de responsabilidade tributária deve estar necessariamente vinculada à competência tributária referente à obrigação principal. Se não há competência para instituir impostos nas hipóteses de imunidade, não deve haver também competência para instituir a responsabilidade relativa aos impostos para os entes imunes. O mesmo raciocínio é extensivo aos casos de sucessão.

A controvérsia, no caso da substituição tributária, é outra, porém de resolução e explicação mais simples: a imunidade abrange tão só a impossibilidade de se estabelecer norma jurídica relativa ao ente ou situação imune no âmbito do antecedente, qual seja, da tipificação da hipótese de incidência, ou também abrange a impossibilidade de inserir situação ou ente imune no consequente da regra-matriz de incidência?

É evidente que se regra de imunidade abrangesse somente o antecedente (aspecto pessoal), bastaria o legislador ordinário, em todas as relações com entes imunes, estabelecer substituição, inserindo-os no consequente (aspecto subjetivo) da regra-matriz. Como a competência abrange o poder de legislar para estabelecer o antecedente e o consequente da regra-matriz, a imunidade abarca a incompetência do ente imune para legislar e inserir o ente imune no antecedente e no consequente. Por conseguinte, o ente imune não pode ser substituto ou substituído.

A propósito, há entendimento nesse sentido. No aresto abaixo, em caso de imunidade recíproca (art. 150, VI, "a") foi impedido que ente público fosse substituto, sob o argumento que isso desvirtuaria o instituto:

> [...]. SUBSTITUIÇÃO TRIBUTÁRIA. IMUNIDADE RECÍPROCA. ART. 150, VI, 'A', DA CF/88. INTERPRETAÇÃO AMPLA. GARANTIA DA FEDERAÇÃO. RESPONSABILIDADE DA UNIÃO PELO PAGAMENTO DE ISS POR SERVIÇO PRESTADO POR TERCEIRO. INADMISSIBILIDADE. [...]. 3. Inviável o intuito do Município de, por via transversa, transpor a União para a condição de sujeito passivo de tributo que o Legislador Constituinte determinou expressamente não fosse a mesma sujeita. É defeso aos entes políticos (União, Estados e Municípios), dissimuladamente, criar forma de imposição tributária, ainda que por meio de lei, de forma a colocar no polo passivo da

relação obrigacional tributária entes, que, por disposição constitucional imunizante, estão fora do âmbito da competência impositiva. Precedentes desta Corte" – Tribunal Regional Federal da 4ª Região, Apelação Cível n. 2001.72.00.003049-0, 1a Turma, Relatora Maria Lúcia Luz LEIRIA, DJ 29.06.2005.

Como pode ser visto, a questão é muito problemática, e, frequentemente, enseja a confusão do instituto da responsabilidade com o da substituição tributária. De todo modo, entende-se que o legislador não pode se valer de responsabilidade, sucessão ou substituição tributária a fim de driblar a norma constitucional de imunidade.

5.2 A incidência econômica não está albergada pela imunidade?

Quanto à transladação dos efeitos econômicos dos tributos ditos "indiretos", a questão é mais pacificada. O Plenário do STF fixou, em 2017, a seguinte tese de repercussão geral no Tema 342:

> A imunidade tributária subjetiva aplica-se a seus beneficiários na posição de contribuinte de direito, mas não na de simples contribuinte de fato, sendo irrelevante para a verificação da existência do beneplácito constitucional a repercussão econômica do tributo envolvido.

O raciocínio empregado é que os reflexos econômicos não estão albergados pelo âmbito jurídico tributário, sendo fato estranho à análise técnica da abrangência da imunidade. O contribuinte "de fato" pode arcar com custos "operacionais" passados no preço, mas não compõe a relação jurídico-tributária, sendo um indiferente jurídico suas condições e *status*.

Entretanto, a possibilidade do ente econômico não ser albergado pela imunidade gera o mesmo problema observado no exame dos institutos anteriores, ou seja, a possibilidade de o legislador ordinário se valer de artifícios para driblar a regra constitucional.

Nesse sentido, basta que legislador nunca eleja o ente imune como contribuinte de direito para tributá-lo pela via oblíqua como contribuinte de fato. Vale inclusive ressaltar que o próprio CTN no art. 166 reconhece a legitimidade do contribuinte que assumiu de fato o encargo econômico para a restituição do indébito. Assim, infelizmente, o entendimento de que a imunidade não alcança o ente quando na posição de contribuinte de fato cria ampla discricionaridade para que o legislador ordinário possa burlar a regra de imunidade.

6. Atos e relações jurídicas típicos dos entes religiosos e imunidade

Tendo em vista que as normas tributárias incidem sobre situações jurídicas de direito privado, é imprescindível a análise pormenorizada de institutos comuns na vida das instituições religiosas, com a finalidade de analisar a extensão da imunidade nas relações analisadas.

Nesse sentido, é importante observar como são qualificados os referidos atos pelo direito canônico e pelo direito civil brasileiro, a fim de verificar se se enquadram no campo de competência dos entes tributantes. Para tanto, merecem ser observadas as normas que outorgam competência tributária combinadas com as suas limitações, dado que, como visto anteriormente, não há dois momentos lógicos distintos do ponto de vista jurídico, um em que há regras de competência, e outro em que há regras limitadoras da competência tributária. A competência tributária já nasce limitada, uma vez que resulta da conjugação das regras de competência com as limitações constitucionais ao poder de tributar.

Por isso, para o estudo da imunidade das entidades religiosas e do campo de competência tributária de que dispõem os entes políticos, tem-se como imprescindível perscrutar os conceitos de direito privado empregados pela Constituição Federal para definir ou limitar regras de competência, as normas imunizantes e os negócios e relações jurídicas normalmente verificados no seio das instituições religiosas.

Nessa toada, passamos para a análise de institutos próprios das entidades religiosas, para, em cada caso, observar se há ou não campo para o exercício da competência dos entes tributantes, a partir da natureza jurídica do ato em exame.

6.1 Natureza jurídica remuneratória da côngrua

Em primeiro lugar, a côngrua, consoante estabelece o Código de Direito Canônico, promulgado em 25 de janeiro de 1983 por S. João Paulo II, deriva da necessidade natural dos clérigos de receberem remuneração em decorrência do seu trabalho e para fazer face às suas despesas:

> Cân. 281 — § 1. Os clérigos, quando se dedicam ao ministério eclesiástico, merecem uma remuneração condigna com a sua condição, tendo em conta tanto a natureza do seu múnus, como as circunstâncias dos lugares e dos tempos, com a qual possam prover às necessidades da sua vida e à justa retribuição daqueles de cujo serviço necessitam (CDC, 1983, p. 49).

Dito isso, conforme nos parece, a côngrua está albergada pelo conceito de renda expresso no art. 43 do CTN, tendo em vista que constitui aquisição de disponibilidade jurídica e econômica proveniente do trabalho sacerdotal. Dessa maneira, também considerando que a imunidade da instituição religiosa não engloba seus membros, entendemos que a renda dos sacerdotes não estaria incluída no campo de incidência da imunidade.

Em sentido contrário, podem ser invocados uma série de argumentos. Primeiramente, pode-se argumentar que, sendo a atividade sacerdotal e religiosa imune, a renda proveniente de sua atividade não poderia ser tributada nos termos do art. 150, VI, "b", da CF. Ora, sem o sacerdote não há templo, não há, no mais das vezes, possibilidade de culto, nem mesmo instituição religiosa. Contudo, está claro que uma coisa é o templo e o culto, e outra coisa é a remuneração devida ao sacerdote pela sua atividade profissional.

Importante, a esse respeito, também recordar a vedação traçada pelo princípio da isonomia em matéria tributária, inscrita no art. 150, inciso II, da CF, que veda o tratamento desigual dos contribuintes em razão da atividade profissional, independentemente da denominação jurídica dos seus rendimentos.

Outro argumento, a fim de defender a imunidade da côngrua, desenvolvido em parecer pelo professor Ives Gandra da Silva Martins e Marilene Talarico Martins Rodrigues, se refere à côngrua como uma doação feita espontaneamente pelos fiéis para o sustento dos sacerdotes:

> Entendemos que a natureza jurídica das atividades pastorais é de imunidade tributária. O vínculo que une o pastor à igreja é de natureza religiosa e vocacional. A imunidade tributária também abrange a côngrua que está fora de tributação, por tratar-se de doação espontânea para ser aplicada inteiramente nos objetivos institucionais da igreja (MARTINS e RODRIGUES, 2017, p. 41).

No entanto, entendemos que a côngrua não constitui doação dos fiéis, e sim a remuneração devida pela Igreja ao sacerdote, condigna com a sua condição e para a manutenção de seu sustento. Desse modo, é claro que o valor remuneratório devido ao sacerdote será, via de regra, proveniente do dízimo pago pelos fiéis à Igreja, porém esse fato não desqualifica o caráter remuneratório da côngrua. Importante destacar, entretanto, que entendemos que a instituição religiosa pode se submeter ao dever acessório de reter o imposto de renda devido na fonte pelo pagamento da côngrua ao sacerdote, porém não deve figurar como responsável tributário sob pena de infração à regra imunizante.

6.2 Dízimo não é doação

Em relação ao dízimo, por outro lado, é verba indubitavelmente imune, vez que se trata da maior fonte de renda das entidades religiosas e deve estar relacionado com suas finalidades essenciais nos termos do 150, VI, "b", da CF. Ademais, o inciso VII, do § 1º, do art. 155, da CF, adicionado pela reforma tributária, espanca qualquer dúvida sobre a imunidade de doações realizadas às entidades religiosas.

Mesmo diante da certeza de que o dízimo é verba imune, para um estudo completo sobre a imunidade dos entes religiosos, é certo que merece a devida atenção por se tratar de fato típico do quotidiano religioso. Nesse contexto, conforme o Código de Direito Canônico, exprimindo o quinto mandamento da Igreja, o dízimo constitui obrigação do fiel de prover as necessidades da Igreja:

> Cân. 222 — § 1. Os fiéis têm a obrigação de prover às necessidades da Igreja, de forma que ela possa dispor do necessário para o culto divino, para as obras de apostolado e de caridade, e para a honesta sustentação dos seus ministros (CDC, 1983, p. 37).

Destarte, a qualificação do dízimo como doação em sentido estrito do ponto de vista jurídico é equivocada, e só é escorreita se utilizada em sentido amplo, como qualquer vantagem atribuída a alguém sem contrapartida. Isso porque, ao contrário do que se pensa, nem toda liberalidade constitui doação.

Assim, a doação é um negócio jurídico tipificado no art. 538 a 564 do Código Civil, a qual requer *animus donandi*, vale dizer, a intenção do doador de enriquecer o donatário sem qualquer contrapartida. No caso do dízimo, entretanto, a motivação é um dever íntimo de fé e de consciência que surge para com Deus e sua Igreja:

> Nesta figura, há o *animus donandi* e no dízimo não. Quando se pensa em *animus donandi*, a expressão indica a vontade indispensável do doador de enriquecer o donatário. No dízimo, certamente não se pretende enriquecer a Igreja ou a entidade que o recebe. É ato de fé e de caridade, de amor ao próximo, de dividir o que se recebeu como gratidão a Deus e certeza de se estar fazendo o bem (SIMÃO, 2013, p. 10384)

Por conseguinte, o professor José Simão qualifica o dízimo como um ato metajurídico, tendo em vista que é ato do mundo concreto que não é qualificado pelo direito e não interessa ao mundo jurídico (SIMÃO, 2013, p. 10372), assim como gentilezas, presentes e atos feitos por pura caridade.

Dado que o dízimo não é doação, não pode ser ao dízimo aplicado o regime jurídico da doação, e, por conseguinte, não é suscetível de revogação por qualquer das hipóteses ali previstas. Nessa toada, seguindo o entendimento doutrinário ora exposto, decidiu o STJ, no julgamento do REsp n. 1.371.842/SP, que não se aplica o regime jurídico da doação ao dízimo:

> RECURSO ESPECIAL. AÇÃO DE REVOGAÇÃO DE DOAÇÃO COM RESTITUIÇÃO DE VALORES. DÍZIMOS E OUTRAS CONTRIBUIÇÕES. IMPROCEDÊNCIA DO PEDIDO. 1.- A contribuição do dízimo como ato de voluntariedade, dever de consciência religiosa e demonstração de gratidão e fé não se enquadra na definição do contrato típico de doação, na forma em que caracterizado no art. 538 do Código Civil, não sendo, portanto, suscetível de revogação. 2.- Ademais, a doação *lato sensu* a instituições religiosas ocorre em favor da pessoa jurídica da associação e não da pessoa física do pastor, padre ou religioso que a representa. Desse modo, a rigor, a doação não pode ser revogada por ingratidão, tendo em vista que o ato de um membro - pessoa física - não tem o condão de macular o pagamento do dízimo

realizado em benefício da entidade, pessoa jurídica. 3.- Recurso Especial improvido. (REsp n. 1.371.842/SP, relator Ministro Sidnei Beneti, Terceira Turma, julgado em 19/11/2013)

Quando a Constituição Federal atribuiu competência aos Estados e ao Distrito Federal para imposto sobre doação, referiu-se à doação enquanto negócio jurídico de direito privado, isto é, à doação em sentido estrito, enquanto verdadeiro conceito de direito privado (art. 110, do CTN) em que há negócio jurídico e *animus donandi*.

Do mesmo modo que a Constituição se refere a negócios jurídicos de direito privado quando discrimina as demais espécies de impostos, o mesmo ocorre com o ITCMD. Isto é, não se refere à doação em sentido amplo ou, pior ainda, em sentido econômico, mas ao sentido jurídico de doação.

Outro fator ainda concorre para a intributabilidade dos dízimos e outras figuras meta-jurídicas, tal como a esmola, qual seja, a ausência de capacidade contributiva revelada pelo ato, uma vez que, ao contrário da doação, em que está presente o *animus donandi*, a intenção de enriquecer o donatário, na esmola e no dízimo, a intenção é cumprir dever de consciência com desprendimento e caridade.

Não há, pois, manifestação de um signo presuntivo de riqueza, apreciável economicamente, mas de ato dotado de caridade, não apreciável em termos econômicos, de modo a não se submeter ao regime jurídico da doação presente no Código Civil, e não poder ser tributado sob ofensa ao princípio da capacidade contributiva.

Dessa maneira, ainda que não houvesse imunidade dos templos religiosos, é certo que o dízimo não poderia ser alvo de tributação pelos tributos discriminados na Constituição Federal, pois não se enquadra no conceito constitucional de doação, e, nem mesmo poderia por eventual exercício de competência residual da União, dada a ofensa aos princípios da capacidade contributiva e do direito à liberdade de culto.

6.3 Missa não é serviço, e espórtula não é remuneração

Tal como ocorre com o dízimo, não há dúvida de que a missa e a espórtula paga com o fim de que a missa seja aplicada para uma determinada intenção estão abrangidos pela imunidade dos templos, visto que intrinsecamente ligados com o fim da Igreja. Inobstante, abstraindo-se a regra da imunidade, é interessante perquirir se se enquadram na materialidade de algum dos tributos discriminados no texto constitucional, notadamente do ISS, porque, à primeira vista, poderiam parecer, respectivamente, serviço e sua remuneração.

Destarte, a caracterização da espórtula, também denominada estipêndio, está perfeitamente delimitada no Código de Direito Canônico:

> Cân. 945 — § l. Segundo o costume aprovado pela Igreja, é lícito a qualquer sacerdote, que celebre ou concelebre a Missa, receber o estipêndio oferecido para que a aplique por determinada intenção.
>
> § 2. Muito se recomenda aos sacerdotes que, mesmo sem receberem estipêndio, celebrem Missa por intenção dos fiéis, particularmente dos pobres.
>
> Cân. 946 — Ao oferecerem o estipêndio para que a Missa seja aplicada por sua intenção, os fiéis contribuem para o bem da Igreja e, com essa oferta, participam no cuidado dela em sustentar os seus ministros e as suas obras.
>
> Cân. 947 — *Evite-se inteiramente qualquer aparência de negócio ou comércio com os estipêndios das Missas* (CDC, 1983, p. 169).

Ora, como ensinado pelo Papa Francisco, "[...] a missa não se paga. É o sacrifício de Cristo, que é gratuito. A redenção é gratuita. Se quiser fazer uma oferta, pode, mas não é pagamento" (FRANCISCO, 2018). À luz disso, não há dúvidas de que a espórtula não se trata de pagamento pela missa, e que não há nenhum negócio ou comércio com o oferecimento de estipêndios para que se aplique à missa determinada intenção. Aliás, o pagamento por bens espirituais constituiria simonia,[10] que, além de ser pecado grave contra o primeiro mandamento, é punida pelo Código de Direito Canônico.

Assim como ocorre como o dízimo, pelo teor espiritual da missa e da espórtula, percebe-se que são atos metajurídicos, porque são realidades que desbordam do mundo do direito. Ou melhor, o dízimo, espórtula e a missa estão juridicizados na medida em que o ordenamento jurídico garante a liberdade de culto, e, portanto, o direito e a liberdade de que assegurem essas práticas religiosas, porém são atos metajurídicos, na medida em que a sua estrutura interna de funcionamento não é regida pelo direito privado.

Seguindo as lições de Aires F. Barreto, sobre o conceito jurídico de serviço, tem-se que é uma obrigação de fazer, economicamente apreciável, passível de produzir utilidade para outrem, não exercido sob subordinação, e regida pelo direito privado (BARRETO, 2011, p. 30). Não sendo a missa e a espórtula passíveis de apreciação ou utilidade econômica e não sendo regidos pelo direito privado, não se enquadram no conceito de serviços para fins de ISS.

É conhecida a polêmica entre a defesa do conceito econômico e o conceito jurídico de serviço, porém, para fins da hipótese em tela, pouco importa qual deve ser o conceito adotado, uma vez que a missa não é suscetível de valoração econômica, e a espórtula ou estipêndio, sob pena de ofensa aos próprios preceitos da religião, não pode ser confundida com remuneração pela missa.

---

10. SIMONIA (Simonia) — *Compra e venda de realidades espirituais ou anexas às espirituais por um preço temporal* (CDC, 1983, p. 394)

Para o cristão católico, o valor da missa é infinito, mas totalmente gratuito do ponto de vista econômico, pois é o próprio Cristo que se entrega gratuitamente, como sublinhou o Papa Francisco na entrevista supracitada. Por conseguinte, não só pela regra expressa da imunidade dos templos, e pelo fato de não se enquadrar nos impostos discriminados na Constituição, mas em decorrência do princípio da capacidade contributiva, a espórtula e a missa não poderiam ser objeto de regra de competência ou de incidência de norma jurídica tributária sob pena de ofensa à capacidade contributiva.

De tal sorte, o objetivo do presente tópico foi, a partir de atos tipicamente realizados no âmbito da Igreja, demonstrar que, *ainda que não houvesse regra imunizante para as entidades religiosas*, esses atos não poderiam ser tributados quer porque não se enquadram em nenhum dos conceitos de direito privado empregados pela Constituição para discriminar regras de competência, quer porque, sendo atos de ordem espiritual e de caridade, não revelam signos presuntivos de riqueza, de modo que sua tributação implicaria ofensa ao princípio da capacidade contributiva.

Exceção, entretanto, merece ser feita à côngrua, haja vista que se enquadra perfeitamente no conceito de renda, por ser rendimento oriundo do trabalho, e o mandamento constitucional de isonomia tributária veda expressamente o discrímen em razão da profissão ou denominação do rendimento.

7. Conclusão

De todo o exposto, tem-se realçada a força dogmática das imunidades - que não são, de maneira alguma, privilégios, do ponto de vista jurídico. A análise técnica da imunidade prevista no art. 150, VI, "b", é permeada de necessário estudo da estrutura da norma tributária e do sistema constitucional tributário, bem como de conceitos de direito civil adotados na Constituição para delimitações de competência, sem olvidar, ainda, os valores pré-positivos conformados pela norma imunizante.

Assim, somente amparados por todo esse extenso aparato jurídico, é possível averiguar a abrangência das imunidades frente às técnicas de tributação - notadamente, a responsabilidade e substituição tributárias -, à trasladação dos efeitos econômicos nos tributos "indiretos", e aos negócios típicos de instituições religiosas.

Desse modo, verificou-se que, se a imunidade dos templos religiosos não for devidamente interpretada a partir de seus fundamentos axiológicos e em face das relações de direito civil e canônico, o legislador ordinário poderia se valer de vários instrumentos para burlar a limitação constitucional ao poder de tributar por meio de diversos artifícios oriundos de sujeição passiva, tais como a escolha de sujeito passivo não imune, de modo a tornar o ente imune contribuinte econômico, a responsabilização e a substituição tributária. Todavia, como a interpretação da imunidade deve ser ampla, não merecem prosperar esses expedientes inconstitucionais.

Por fim, percebe-se que os atos tipicamente praticados no quotidiano das instituições religiosas, quanto à sua estrutura interna, não interessam ao fenômeno jurídico, e não podem ser submetidos à apreciação econômica. Portanto, ainda que não houvesse regra imunizante expressa, a maior parte dos atos praticados na vida religiosa continuariam sem a possibilidade de tributação, dado que não se inserem nas competências discriminadas pela Constituição, e, ainda que pelo exercício constitucional de competência residual fosse criado tributo sobre os atos religiosos, seria inconstitucional por ofensa ao princípio da capacidade contributiva e ao direito à liberdade de culto.

Referências

AMARAL, Francisco. *Direito civil:* introdução.10 ª Ed. São Paulo: SRV Editora LTDA, 2018.

BARRETO, Aires Fernandino. *ISS: Intributabilidade das atividades-meio: imperativo Constitucional.* In: BARRETO, Aires Fernandino. *Direito tributário contemporâneo: Estudos em Homenagem a Geraldo Ataliba.* São Paulo: Malheiros, 2011.

BECHO, Renato L. *Responsabilidade tributária de terceiros: CTN, arts. 134 e 135*, 1ª edição. São Paulo: SRV Editora LTDA, 2014.

BECKER, Alfredo Augusto. *Teoria geral do direito tributário.* 7ª ed. São Paulo: Noeses, 2018.

BORGES, José Souto Maior. *Teoria geral da isenção tributária.* 3. ed. 2. tir. São Paulo: Malheiros Editores, 2007.

CARVALHO, Ricardo Siqueira D. *Substituição Tributária:* estrutura e função. São Paulo: Grupo Almedina, 2021.

CARRAZZA, Roque Antonio. *Imunidades tributárias dos templos e instituições religiosas.* São Paulo: Noeses, 2015

CÓDIGO DE DIREITO CANÔNICO, promulgado por João Paulo II, Papa. Tradução Conferência Episcopal Portuguesa. 4 ed. Braga: Editorial Apostolado da Oração, 1983.

COELHO, Sacha Calmon Navarro. *Teoria geral do tributo, da interpretação e da exoneração tributária.* Belo Horizonte: Fórum, 2018.

COSTA, Regina Helena. *Imunidades tributárias.* 3. ed. São Paulo: Malheiros Editores, 2015.

DERZI Misabel Derzi, Notas de atualização, in Aliomar Baleeiro, *Direito Tributário Brasileiro,* 13. ed. Rio de Janeiro: Forense, 2015.

FRANCISCO, Papa. *Papa: "a Redenção não é a pagamento"*. Disponível em: https://www.vaticannews.va/pt/papa/news/2018-03/audiencia-geral-oracao-eucaristica-.html. Acesso em : 15 maio 2024 às 6h30.

HARADA, Kiyoshi. *Comentários à reforma tributária aprovada pela EC n. 132/2023:* artigo por artigo. 1 ed. São Paulo: Rideel, 2024.

MACHADO SEGUNDO, Hugo de Brito. *Reforma tributária comentada e comparada:* emenda constitucional 132, de 20 de dezembro de 2023. 1. ed. Barueri-SP: Atlas, 2024. *E-book.*

MARTINS, Ives Gandra da Silva. *As Imunidades Religiosas e as Imunidades Constitucionais in* MARTINS, Ives Gandra da Silva; CARVALHO, Paulo de Barros. (Coords.). *Imunidades das Instituições Religiosas*. São Paulo: Noeses, 2015.

MARTINS, Ives Gandra da Silva; RODRIGUES, Marilene Talarico Martins. *Imunidades tributárias*. Revista CIEE Alma Mater, ago. 2014

MARTINS, Ives Gandra da Silva; RODRIGUES, Marilene Talarico Martins. *Imunidade tributária dos templos de qualquer culto (art. 150, VI, b, da CF) e a sua extensão à remuneração dos sacerdotes e pastores inclusive a doações - Côngrua paroquial - Desoneração do I.R. Fórum de Contratação e Gestão Pública* [recurso eletrônico]. Belo Horizonte, v. 17, n. 194, fev. 2018.

PONTES DE MIRANDA, Francisco Cavalcanti. *Comentários à Constituição de 1967*. Rio de Janeiro: Forense, 1987.

REALE, Miguel. *Lições preliminares de direito*. 27ª ed. São Paulo: Saraiva, 2002.

SERRANO, Mônica de Almeida M. *Liberdade religiosa e a imunidade tributária*. São Paulo: Grupo Almedina, 2023.

SIMÃO, José Fernando. Natureza jurídica do dízimo e da doação: aparente semelhança, mas grandes e insuperáveis diferenças. in *RIDB*, nº 9, 2013.

TONIOLLI, Matheus Perez. A Fraternidade e a dignidade da pessoa humana no pensamento humanista e na Constituição Federal de 1988. Disponível em: https://sapientia.pucsp.br/bitstream/handle/32701/1/TCC%20-%20Monografia%20-%20Matheus%20Perez%20Toniolli_Matheus%20Perez%20Toniol.pdf.

A IMUNIDADE TRIBUTÁRIA COMO FERRAMENTA PARA GARANTIR E PROTEGER A LIBERDADE DE CRENÇA, OS LOCAIS DE CULTO E OS ESPAÇOS LITÚRGICOS

Haroldo Domingos Bertoni Filho[1]

Roberto Victalino de Brito Filho[2]

Resumo: O presente artigo tem por objetivo apresentar algumas considerações sobre a tributação e os direitos fundamentais, com foco nas imunidades tributárias e a proteção jurídica destes direitos.

Abstract: This article aims to present some considerations about taxation and fundamental rights, focusing on tax immunities and the legal protection of these rights.

Palavras-chave: Imunidade Tributária – Liberdade Religiosa – Liberdade de Consciência e de Crença

1. Doutorando em Direito Processual e Constitucional Tributário pela PUC-SP, Mestre em Direito Processual e Constitucional Tributário pela PUC-SP. Advogado em São Paulo.

2. Advogado, Mestre em Direito Político e Econômico pela Universidade Mackenzie; Pós-Graduado em Direito Constitucional e Direito do Trabalho; Professor Universitário; Membro da UJUCASP – União dos Juristas Católicos de São Paulo.

Keywords: Tax Immunity – Religious Freedom – Freedom of Conscience and Belief

Sumário: 1. Introdução: Os direitos fundamentais na Constituição – 2. O instituto das imunidades tributárias como proteção aos direitos fundamentais – 3. A imunidade e a proteção à liberdade de credo – 4. Conclusão – 5. Referências.

1. Introdução: os direitos fundamentais na Constituição

É sabido que a Constituição de um país representa a materialização das normas jurídicas estruturantes de um Estado. Neste sentido, não há ineditismo em se afirmar que no texto constitucional estão gravados não somente as características essenciais da Constituição de um Estado (como a forma e regime de governo, composição das estruturas administrativas essenciais e o próprio processo de construção do ordenamento jurídico), como também – e principalmente – os valores fundantes de todo o direito.

Tais valores representam um norte ideal que influenciará todo o ordenamento jurídico a ser construído sob a égide daquele pacto político, simbolizando um marco político-cultural que traduz os anseios da sociedade, representada pela constituinte.

Em outros dizeres, a Carta Política concentra em seu corpo as linhas mestras – fruto da convergência política do momento da constituinte – daquilo que será *a posteriori* definido como pertencente ou não ao ordenamento jurídico.

Não à toa, é seguro se sustentar que essas decisões comportam caráter intrínseco da Constituição, já que servirão de balizadores aos fins buscados, garantindo que, independentemente do cenário futuro, aquelas condições – erigidas como indispensáveis – serão atendidas.

Estes valores[3] são aqueles que a doutrina nacional denominou por princípios, representando os comandos estruturais ao direito, incumbidos de positivar os interesses traçados pelo constituinte. Ou seja, as ideologias que moveram o processo legislativo instituidor da constituição, uma vez cristalizadas, passariam a atuar como espécie de norma jurídica de condição hierárquica superior, incumbida de influenciar no Direito a ser produzido.

Esse entendimento é ilustrado por Geraldo Ataliba:[4]

> Os princípios são linhas mestras, os grandes nortes, as diretrizes magnas do sistema jurídico. Apontam os rumos a serem seguidos por toda a sociedade e obrigatoriamente perseguidos pelos órgãos do governo (poderes constituídos). Eles expressam a substância íntima do querer popular, seus objetivos e desígnios, as linhas mestras da legislação, da administração. Por estas não

---

3. Nunca fora de tempo rememorar as reflexões de Renato Lopes Becho sobre a conceituação dos valores: "[...] as interessantes assertivas de Kant deixaram-nos, contudo, com uma dúvida: onde estão os valores, aquela parte da filosofia moral que procura distinguir o bom do mau, as ações que devemos realizar e aquelas que devemos evitar e outros temais que tais? A metafísica dos costumes kantiana é por assim dizer, altamente técnica. Em outras palavras, o tratamento que o filósofo de königsberg confere aos costumes parece situá-los muito mais como um tema da teoria do conhecimento do que como uma parte da teoria dos valores, conforme a classificação feita por Miguel Reale (divisão da filosofia em teoria do conhecimento, teoria dos valores e metafísica) e apresentada por nós no capítulo anterior. Mas essa aparência não corresponde à realidade, pois a lei universal da liberdade, anteriormente exposta, configura uma fundamentação valorativa. Na divisão entre teoria do conhecimento e teoria dos valores, há talvez uma impropriedade. De certa forma, colhemos em Reale a confirmação de que os valores permeiam toda a filosofia. Apresentando diretamente o ponto que estamos sustentando, os julgamentos valorativos, fundamentalmente, ocorrem constantemente. Por isso, os costumes podem ser classificados, na teoria kantiana, em um patamar distinto da separação entre teoria do conhecimento e teoria dos valores, conforme inicialmente Reale expôs. Lembremo-nos que o mestre apresentou, primeiramente, a divisão da filosofia em (a) 'teoria do conhecimento, ou da validade do pensamento em sua estrutura e com relação aos objetos (Lógica e Ontognoseologia)'; (b) 'teoria dos valores ou axiologia (Ética, Estética, Filosofia da Religião, Filosofia Política, Filosofia Econômica etc.)' e (c) metafísica. Entretanto, em outra passagem, Reale (1996, p. 399) afirma que 'toda ação, seja ela de natureza teorética, estética ou ética, tendo a um valor, para realizá-lo, garanti-lo ou para negá-lo'[...)]". BECHO, Renato Lopes. *Filosofia do direito tributário.* São Paulo: Saraiva, 2010, p. 52/53.

4. ATALIBA, Geraldo. *República e Constituição.* 3ª ed. São Paulo: Malheiros, 2011. P. 34

> podem ser contrariados; tem que ser prestigiados até as últimas consequências.

Também das lições de Celso Antônio Bandeira de Mello[5] se extrai entendimento equivalente:

> [...] é, por definição, mandamento nuclear de um sistema, verdadeiro alicerce dele, disposição fundamental que se irradia sobre diferentes normas compondo-lhes o verdadeiro espírito e servindo de critério para sua exata compreensão e inteligência, exatamente por definir a lógica e a racionalidade do sistema normativo, no que lhe confere tônica e lhe dá sentido humano. É o conhecimento dos princípios que preside a intelecção das diferentes partes componentes do todo unitário que há por nome sistema jurídico positivo. Violar um Princípio é muito mais grave que transgredir uma norma. É a mais grave forma de ilegalidade ou inconstitucionalidade, conforme o escalão do princípio atingido, porque representa insurgência contra todo o sistema, subversão de seus valores fundamentais, contumélia irremissível a seu arcabouço e corrosão de sua estrutura mestra.

Em que se pese em nossa visão a expressão "princípios" possa conduzir o aplicador a um equívoco,[6] é inegável sua difusão e importância dentro da doutrina brasileira, razão pela qual, por questões de corte metodológico, adotaremos nesse trabalho tal terminologia.

Esses princípios vão permear as normas jurídicas decorrentes, emprestando a elas a condição de validade, sem a qual, é possível sustentar sua inexistência perante o ordenamento posto. Tratam, por consequência, de um esforço político, de caráter programático, que efetivamente

---

5. MELLO, Celso Antônio Bandeira de. *Curso de direito administrativo*. 17ª Ed. São Paulo: Malheiros, 2004. P. 408

6. Entendemos que mais adequado seria a substituição da expressão 'princípios' por normas programáticas, buscando evitar uma confusão com a instituição de princípios como espécies normativas que comportam grau de ponderação, em contraposição às regras, que sempre trabalham dentro da lógica do 'tudo ou nada' (*all-or-nothing*).

desenha as possibilidades futuras de atuação do legislador infraconstitucional que não poderá se afastar de tais limitações.

Importa dizer que, embora toda norma constitucional goze de superioridade hierárquica[7] frente ao resto do ordenamento, em nem todos os dispositivos constitucionais verificamos essa qualidade.[8]

Relevante, portanto, distinguir que, somente para certo tipo de previsões constitucionais será possível determinar a natureza estruturante[9] aqui mencionada já que, para a outra parcela do texto da Lei Maior (a que se ocupa de elementos mais concretos como a disciplina da produção

---

7. Desnecessário aqui nos alongarmos nas características de superioridade hierárquica da norma constitucional, bastando rememorar que tal condição advém da sua posição como fundamento de validade de todo o restante do ordenamento jurídico.

8. A muito mencionada previsão do art. 242, § 2º, da CF/88 sobre a manutenção em órbita federal do Colégio Pedro II bem elucida o fato de, em nossa Constituição conviverem normas de alto grau de concretude (e, portanto, distantes da lógica dos princípios) e normas de condição estritamente principiológica, ou, como por nós preferido, de caráter programático.

9. Também aqui, cabe a menção de que, em nosso entender, a inserção de normas de caráter principiológico (ou programático) no texto constitucional reflete a aderência da Constituição de 1988 à lógica pós-positivista, também chamada de neoconstitucionalista. Tal movimento, oriundo da revisão do positivismo no pós-segunda guerra mundial, se ocupou de tentar mitigar o excessivo rigor positivista com a inserção de alguns elementos extraídos do direito natural. Nesta esteira, busca-se inserir, no texto constitucional, garantias que sirvam de balizamento à aplicação do direito. Para sustentar essa posição, nos valores aqui de citação da visão de Becho: "A lei pode servir para retirar a dignidade da pessoa humana, como o direito nazista funcionou a qualquer prova, até mesmo para Hans Kelsen. As considerações juspositivistas, por exemplo, de que a personalidade humana é um atributo do Direito, leva à possibilidade de que o Direito não atribua a personalidade humana a todas as pessoas. As normas tributárias estão sujeitas à validade conforme estabelecido por normas de hierarquia superior. Com os princípios fundamentais de proteção dos indivíduos enraizados na Constituição, é lógico concluir que o sistema tributário nacional deve se submeter às garantias essenciais aos cidadãos. Em outras palavras, dado que a Constituição aborda amplamente a preservação das liberdades individuais, incorporando garantias que protegem as pessoas contra os excessos do Estado, mesmo os que sejam legalmente justificados, ela tornou impossível interpretar qualquer norma que entre em conflito com esses fundamentos, que são a base última de validade de todo o sistema jurídico.

normativa ou as características gerais do Estado) não há como se atribuir um caráter valorativo superior. Por outro lado, aos princípios constitucionais, deverá haver toda atenção possível para garantir sua influência na produção jurídica e na regulação da vida comum de acordo com seus preceitos.

As liberdades individuais são uma clássica exemplificação de tais institutos, já que conferem aos cidadãos uma proteção frente ao eventual desmedido exercício de opressão estatal. Ou seja, ao criar proteções constitucionais com alto grau de abstração, a Constituição não protege seus cidadãos de apenas determinados eventos concretos, mas, por meio de uma linguagem mais aberta, busca dar guarida a toda uma espécie de garantias que, não deverão, de modo algum, serem atingidas.

Note-se que tais liberdades são um marco evolutivo na linha histórica da própria evolução social, já que, reconhecendo a importância do indivíduo, e sua condição de fragilidade frente ao poder estatal, preserva-se sua dignidade e um mínimo inatingível por todos os que o cercam. Essa lógica evolutiva é bem capturada no pensamento de Raul Machado Horta[10] que assim se posiciona:

> A fixação dos direitos individuais foi obra de séculos, que demandou a lenta maturação do pensamento filosófico; a superação da ideia medieval dos direitos corporativos; o declínio do Estado monárquico absolutista. A ideia se localiza no próprio alvorecer do pensamento humano, que procura afirmar-se por intermédio da liberdade criadora do espírito. A consagração formal, técnica e jurídica dos direitos individuais é mais recente no tempo, coincidindo com a organização constitucional do Estado.

---

10. HORTA, Raul Machado. Os direitos individuais na Constituição. *Revista de informação legislativa*, v. 14, n. 55, p. 21-38, jul./set. 1977 | *Revista brasileira de estudos políticos*, n. 47, p. 49-75, jul. 1978 | Revista da Faculdade de Direito da Universidade Federal de Minas Gerais, v. 25, n. 18, p. 9-34, maio de 1977 | *Revista forense*, v. 73, n. 258, p. 1-10, abr./jun. 1977 | *Revista jurídica da Procuradoria Geral do Distrito Federal*, n. 24, p. 29-46, jul./set. 1979

> A Constituição surgiu para realizar a dupla tarefar originária: organizar os poderes do Estado, dentro de pauta de competências fixadas previamente e declarar os direitos naturais, imprescritíveis e inalienáveis do homem. [...] A técnica formal de consagração dos direitos individuais veio revelar, no seu documento mais famoso, a preocupação de conferir preeminência, na organização do Estado, aos princípios informadores da ordem individualista.

Tem-se, portanto, que a oferta de tais garantias é, em absoluto, uma expressão do efetivo aperfeiçoamento do próprio Estado de Direito.[11]

Assumindo a posição hierarquicamente superior da Constituição – e o conteúdo protetivo dos princípios nela refletidos – tem-se por consequência a construção de um verdadeiro marco interpretativo a todo o ordenamento jurídico que, por referência hermenêutica, deverá se valor do farol constitucional para criar novas normas jurídicas (abstratas ou concretas, como as decisões judiciais) tomando por partida a Lei Maior. Essa estrutura também foi enunciada por Geraldo Ataliba,[12] que assim escreveu:

> [...] mister interpretar a Constituição, pondo em prática a lúcida e rigorosa ensinança do professor e Min. Leitão de Abreu, segundo a qual a exegese há de partir do Texto Maior para o menor e não o contrário, como tantas vezes se faz. É que, como norma inaugural e primeira na ordenação jurídica, não pode a Constituição ser interpretada à luz da lei. Pelo contrário, é imperioso abstrair a legislação, para corretamente apreender-se o exato conteúdo do texto constitucional. A lei é que deve adequar-se à Constituição, e não esta àquela; isso é cediço em regimes de Constituição rígida, como o brasileiro. Este postulado hermenêutico começo com J. Marshall, passa por Ruy e vem até

11. O Estado de Direito é geralmente caracterizado pela doutrina, em suma, pela presença de dois elementos: a limitação do poder estatal e o respeito aos direitos fundamentais do homem.

12. ATALIBA, Geraldo. GIARDINO, Cléber. Núcleo da Definição Constitucional do ICM (Operações, circulação e saída). *Revista de Direito Tributário*. Nºs. 25/26, Ano VII, Julho/Dezembro de 1983, p. 101.

nossos dias, nas lições de Victor Nunes, Seabra Fagundes, Celso Antônio e todos os publicistas de prol.

Ocorre que não basta a boa intenção do constituinte em erigir proteções. Mesmo aqueles princípios de caráter essencialmente programáticos necessitam de instrumental mínimo para sua efetivação. Em outros dizeres, para que certas garantias sejam preservadas, não basta que essas exerçam uma *força negativa* no ordenamento, impedindo a construção de normas jurídicas que a contradigam, mas também, é essencial que se possa garantir a tais proteções uma inviolabilidade fática frente a outros possíveis ataques normativos.

Isto é, a manutenção das garantias individuais deverá ser tutelada de forma a não sofrer mitigações indiretas por outras atividades estatais, por exemplo, a tributação.

Neste sentido, ressaltamos que as normas tributárias estão sujeitas à validade conforme estabelecido por normas de hierarquia superior. Com os princípios fundamentais de proteção dos indivíduos enraizados na Constituição, é lógico concluir que o sistema tributário nacional deve se submeter às garantias essenciais aos cidadãos.

Em outras palavras, dado que a Constituição aborda amplamente a preservação das liberdades individuais, incorporando garantias que protegem as pessoas contra os excessos do Estado, mesmo os que sejam legalmente justificados, ela tornou impossível interpretar qualquer norma que entre em conflito com esses fundamentos, que são a base última de validade de todo o sistema jurídico.

É evidente que a tributação não deve ser empregada como meio de infringir direitos fundamentais. Seria legalmente absurdo excluir tais direitos do escopo da reforma constitucional, permitindo que sejam violados por meio da legislação ordinária que estabelece os tributos.

A inconstitucionalidade de uma norma com essa abordagem seria clara, pois infringiria diretamente o próprio direito fundamental em questão, ou até mesmo uma restrição ao poder de tributar, abarcando as imunidades expressas e não apenas as implícitas. Assim, as imunidades estão delimitadas por um conjunto finito, preciso e explícito de normas jurídicas.

Isto é, torna-se imprescindível que as garantias constitucionais influam no ordenamento jurídico bloqueando pretensões jurídicas contrárias aos direitos tutelados assim como que outros institutos não as atinjam, ainda que de forma indireta.

Desta forma, a efetivação das garantias fundamentais depende (e em certa medida também se reafirma por meio) da proteção imposta ao ordenamento jurídico de confrontar, ou em alguma maneira mitigar, sua atuação.

Para tanto, e focando nosso olhar especificamente no que toca à atividade fiscal[13] do Estado, encontraremos, nas imunidades tributárias, o meio de efetivação da proteção do avanço do poder do Leviatã[14] sobre a esfera particular dos súditos (ora cidadãos).

Ou seja, se em outras manifestações do direito, a proteção às liberdades individuais se dá pela incompatibilidade

13. Conforme anteriormente mencionado, a atual ordem jurídica impede a interpretação de qualquer norma que entre em conflito com aquela que serve como o fundamento último de validade para todo o sistema legal. Esse avanço transcende o vício positivista ao estabelecer condições inabaláveis que direcionam a condução do sistema legal por um caminho diferente daquele concebido pelo Constituinte, alinhando-se com os objetivos da República. Não é mais viável considerar a tributação de forma isolada da realidade em que está inserida; portanto, o exercício da atividade fiscal deve estar em conformidade com os princípios e garantias expressos na Constituição, os quais são fundamentais para os objetivos da República. Não se trata mais apenas de um exercício de poder unilateral, como já foi sustentado no passado, uma vez que não é mais aceitável conceber a validade de qualquer ato estatal sem que haja um correspondente benefício para o indivíduo.

14. Aqui em referência ao título da obra de Thomas Hobbes.

de atos ao ordenamento constitucionalmente trazido, na seara tributária, encontraremos a proteção ao indivíduo manifesta nas imunidades.

Assim, como melhor explicitaremos na sequência, o texto da Lei Maior se ocupa de imunizar manifestações daqueles direitos intrínsecos à personalidade humana.

Este raciocínio é diretamente aplicável à proteção à liberdade de credo que, sendo reconhecidamente uma liberdade individual insculpida no texto da Lei Maior, encontra sua proteção na imunidade tributária do art. 150, inciso VI, alínea "b".[15]

Imperioso, portanto, que nos debrucemos brevemente sobre o instituto das imunidades, de modo a melhor entender sua extensão e assim, avançar sobre as características típicas da imunidade dos templos religiosos.

2. O instituto das imunidades tributárias como proteção aos direitos fundamentais

Como anteriormente mencionado, a imunidade é o recurso empregado pelo Constituinte para impedir que a tributação possa ser atingir direitos elegidos como fundamentais.

O tema é bastante importante, já que representa uma expressa abdicação do exercício do poder de tributar,[16]

---

15. Art. 150. Sem prejuízo de outras garantias asseguradas ao contribuinte, é vedado à União, aos Estados, ao Distrito Federal e aos Municípios:
VI - instituir impostos sobre:
b) entidades religiosas e templos de qualquer culto, inclusive suas organizações assistenciais e beneficentes;

16. Quanto à tributação como uma manifestação de poder, rememoramos a lição de Ezio Vanoni: "O tributo é manifestação do poder do Estado sobre todos quantos estejam sujeitos àquele poder: Mayer interpreta portando o poder financeiro do Estado como um poder paralelo ao poder de polícia, que utiliza os mesmos meios que este, e do qual se diferencia unicamente em razão de seus fins: o poder de polícia

razão pela qual muitos importantes posicionamentos merecem posição de destaque em nossa análise.

Na visão de Tácio Lacerda Gama,[17] as imunidades podem ser definidas como:

> enunciados constitucionais que integram a norma de competência tributária, delimitando seus contornos para impedir a incidência de tributos sobre certas situações, pessoas e coisas.

Desde logo, é possível se atribuir, nesta primeira definição, a natureza restritiva das imunidades, atuando como um óbice à exação. Contudo, Misabel Derzi,[18] em seu labor de atualizar a obra de Aliomar Baleeiro, avança um pouco mais no sentido que nos parece adequado ao conceituar a imunidade como sendo:

> regra constitucional expressa que estabelece a não competência das pessoas políticas da Federação para tributar certos fatos e situações, de forma amplamente determinada, delimitando negativamente, por meio de redução parcial, a norma de atribuição do poder tributário.

Relevante aqui notarmos a menção à "não competência" já que, de modo mais técnico, a Professora categoriza o modo de atuação da imunidade tributária.

A dinâmica aqui denominada como da "não competência" parece-nos harmônica com a lógica de imposição dos

visa a boa ordem da comunidade, e o poder financeiro visa obter para o Estado os meios econômicos que lhe são necessários." VANONI, Ezio. *Natureza e Intepretação das leis tributárias*. Tradução de Rubens Gomes de Sousa. Rio de Janeiro: Edições Financeiras S.A. p. 94.

17. GAMA, Tácio Lacerda. A imunidade dos templos de qualquer culto: análise crítica de algumas controvérsias e soluções dadas pela jurisprudência, *Revista Brasileira de Direito Tributário*, v.1, São Paulo, 2016, p. 217.

18. BALEEIRO, Aliomar. *Direito tributário brasileiro*, 11ª ed. rev. e atual. Rio de Janeiro: Forense, 2005, p. 116

limites legislativos dentro do ordenamento, guardando correspondência com a visão teórica clássica do assunto, como bem esclarece Carlos Augusto Daniel Neto:[19]

> H.L. Hart, em seu clássico 'The Concepto of Law', explica que a existência de poderes legislativos dentro do sistema estatal não implica que os mesmos sejam ilimitados – assim, uma Constituição escrita pode restringir esse poder não apenas ditando como se deve legislar (que o autor não reconhece como limitações, e sim como normas secundárias), mas também excluindo totalmente certas matérias do âmbito de competência legislativa e impondo limitações em seu conteúdo. [...] Portanto, infere-se disto que a imunidade não é um dever, mas a ausência de um poder jurídico – situando-se no plano da atribuição de competências, e não no plano de controle de condutas jurídicas.

Preciosas também são as palavras de Paulo de Barros Carvalho,[20] que define o instituto como sendo:

> classe finita e imediatamente determinável de normas jurídicas, contidas no texto da Constituição Federal, e que estabelecem, de modo expresso, a incompetência das pessoas políticas de direito constitucional interno para expedir regras instituidoras de tributos que alcancem situações específicas e suficientemente caracterizadas.

Também, presente a lógica da exclusão da competência na sempre louvável lição de José Eduardo Soares de Melo,[21] onde parece-nos ainda mais evidente o recorte proposto pelo Constituinte na esfera de atuação fiscal dos entes políticos, senão vejamos:

---

19. DANIEL NETO, Carlos Augusto. As Imunidades Tributárias Isencionais. Coord. Elizabeth Nazar Carrazza. Org. Isabela Bonfá de Jesus. *Atualidades do Sistema Tributário Nacional*. São Paulo: Quartier Latin, 2015, p. 125/128.

20. CARVALHO, Paulo de Barros. *Curso de direito tributário*, 17ª ed., São Paulo: Saraiva, 2005, p. 185.

21. MELO, José Eduardo Soares de. *Curso de direito tributário*. 10ª ed. São Paulo: Dialética, 2012, p. 110.

> A imunidade consiste na exclusão de competência da União, Estados, Distrito Federal e Municípios para instituir tributos relativamente a determinados atos, fatos e pessoas, expressamente previstos na Constituição Federal. Do mesmo modo que outorga as competências para instituir tributos sobre determinadas materialidades, a própria Constituição também estabelece outras específicas situações que são afastadas dos gravames tributários.

A lógica operacional da competência tributária atuando como um mecanismo de repartição do poder tributante também é bem explicitado pelo magistério de Hugo de Brito Machado Segundo,[22] que sustenta:

> [...] o poder de tributar, quando reconhecido, delimitado e, eventualmente, dividido em seu exercício por normas constitucionais, no âmbito de um Estado de Direito, chama-se competência tributária. Em Estados que adotam a estrutura federal, em que há uma divisão vertical no exercício do poder entre um ente central e entes periféricos, a competência tributária decorre não apenas da apontada limitação, mas também da divisão do exercício do poder de criar tributos entre os entes federativos. É o caso do Brasil, cujo texto constitucional atribui competência para instituir tributos à União, aos Estados-membros, ao Distrito Federal e aos Municípios.

Note-se que novamente são reforçados elementos como a divisão do exercício do poder exacional, o que é consoante com a lógica por detrás da competência. Isso porque, em nosso entender, a faculdade de tributar é decorrente da própria soberania, sendo, para melhor regulação das atividades estatais e harmonia dos poderes políticos função distribuída entre União Federal, Estados-Membros e Municípios, repartido[23] entre estes pela Carta Magna.

---

22. MACHADO SEGUNDO, Hugo de Brito. *Manual de direito tributário.* 10ª ed. São Paulo: Atlas, 2018, p. 31.

23. Relevante mencionar que essa repartição é ainda mais evidente quando da aplicação da lógica federativa, já que ressalta a não sujeição – inclusive orçamentária – entre tais entes políticos.

É o que também explicitam com maestria as lições de Roque Antonio Carrazza:[24]

> [...] as pessoas políticas somente podem criar os tributos que lhe são afetos, se os acomodarem aos respectivos escaninhos constitucionais, construídos por meio de regras positivas (que autorizam tributar) e negativas (que traçam os limites materiais e formais da tributação). Entre as regras negativas, permitimo-nos destacar as que cuidam das imunidades tributárias, vale dizer, das proibições (incompetências) para que os entes onerem com exações fiscais certas pessoas, seja em função de suas naturezas jurídicas, seja porque coligadas a determinados fatos, bens ou situações. As imunidades tributárias encerram limitações, postas na própria Constituição Federal, à ação estatal de criar tributos, justamente porque atendem a interesses maiores da sociedade. Sendo mais específicos, as imunidades tributárias acarretam, nas situações por elas descritas no texto constitucional, a incompetência das pessoas jurídicas de direito público interno, para expedirem regras que tenham por objeto a tributação.

Portanto, não restam dúvidas que a imunidade tributária opera na esfera da não competência do legislador ordinário para instituir impostos nos casos especificados no texto da Constituição brasileira. Nesse contexto, surge um direito subjetivo para o destinatário da norma, ou seja, o direito de não ser submetido à tributação.

A Lei Maior atribuiu aos entes políticos a competência para instituir tributos dentro de suas áreas de atuação, os quais são exercidos de acordo com o que determina a Lei Suprema. No contexto da competência, é reconhecido que toda atribuição implica simultaneamente uma permissão (um poder) e uma limitação. A permissão diz respeito à possibilidade abstrata de criar tributos – nos limites impostos, enquanto as restrições evitam que ultrapassem marcos políticos estabelecidos; do contrário, o exercício dessa competência seria inválido e considerado inconstitucional.

---

24. CARRAZZA, Roque Antonio. *Imunidades tributárias dos templos e instituições religiosas*. São Paulo: Noeses, 2015, p. 5/6.

Em outros dizeres, a Constituição Federal de 1988, ao especificar as áreas nas quais os entes políticos não podem exercer suas competências tributárias, os impede, por meio de regras negativas de competência, de tributar certas áreas estabelecidas como imunes na Constituição Federal. O instituto das imunidades tributárias é descrito como um "obstáculo criado pela Constituição para evitar que a legislação ordinária tribute determinado evento ou classe de pessoas que não estão sujeitas à tributação conforme estabelecido na própria Constituição".

Desta forma, por consequência lógica, a combinação das motivações por detrás de cada imunidade, bem como a sustentação teórica de sua instituição (como abdicação do exercício do poder de tributar) nos parece suficiente para sustentar seu uso como um mecanismo de proteção aos direitos fundamentais.

No mesmo contexto, é inadequado interpretar a imunidade como uma forma de "renúncia fiscal" ou "favor fiscal". Os entes políticos não têm a capacidade de renunciar ou conceder algo que nunca foi de sua propriedade, especialmente quando se trata de direitos consagrados pela ordem constitucional vigente.

Mais adequado, de fato, é atribuir às imunidades, a condição de mecanismos de garantia aos direitos individuais, destacados pelo inciso IV do § 4º do art. 60 da Constituição, e que, por consequência, gozam da condição de cláusulas pétreas.

Essa posição está bem acompanhada nos ensinamentos de Ives Gandra da Silva Martins,[25] que assim se posiciona:

25. MARTINS, Ives Gandra da Silva. Imunidades Tributárias e Renúncia Fiscal. *Valor Econômico*, São Paulo, 22/04/2004, disponível em: http://www.gandramartins.adv.br/project/ives-gandra/public/uploads/2012/12/26/cfdd25ca2004051_as_imunids_tribs_e_os_govs.pdf, acesso em: 07 maio 2024.

> Se os governos, ante as imunidades tributárias, estão impedidos de tributar, na verdade, não renunciam a nada; limitam-se a respeitar a Constituição, pois, não tendo recebido do povo poder para tanto, não têm, nem jamais terão, o direito de tributar aquelas áreas interditadas pela Carta política do país.

Têm-se, portanto, que as imunidades não refletem outra coisa senão uma forma de proteção e reafirmação das garantias individuais. No mesmo sentido, a professora Misabel Abreu Machado Derzi[26] ensina:

> [...] as imunidades somente se explicam e se justificam se buscarmos os princípios que as inspiram. [...] os princípios limitam o poder de tributar, porque subordinam o exercício válido e eficiente da competência a critérios e requisitos; as imunidades (que só ganham sentido em razão dos princípios que as inspiram) limitam-no, porque reduzem a extensão das normas atributivas de poder, em relação a certos fatos determinados, modelando a competência.

Essa visão também é compartilhada nas lições de Heleno Taveira Torres[27] que assim sustenta:

> A norma de imunidade tributária desempenha papel de relevo dentro do contexto do sistema tributário, na medida em que visa a garantir a aplicabilidade de valores jurídicos no ordenamento. Em termos estritamente normativos, as imunidades tributárias são garantias constitucionais dirigidas imediatamente à regulação das condutas dos legisladores, que estabelecem proibição de exercício da competência tributária no âmbito material autorizado pela Constituição, e, em contrapartida, destinadas mediatamente aos respectivos beneficiários, atribuindo a estes direitos

---

26. BALEEIRO, Aliomar. *Direito tributário brasileiro*, 11ª ed. rev. e atual. Rio de Janeiro: Forense, 2005, p. 120

27. TORRES, Heleno Taveira. Imunidade Tributária e Tributos 'Indiretos': O Caso das Entidades de Saúde. Coord. PARISI, Fernanda Drummond. TORRES, Heleno Taveira e MELO, José Eduardo Soares de. ESTUDOS DE DIREITO TRIBUTÁRIO em homenagem ao Professor ROQUE ANTÔNIO CARRAZZA. São Paulo: Malheiros, 2014, v. 1, p. 251.

> públicos subjetivos de não tributação sobre os bens do patrimônio, serviços ou situações declarados imunes.

Desta forma, não há o que se falar no sentido de se tratar de uma espécie de benefício. Na mesma esteira – e por consequência lógica – não existe qualquer relação entre a fruição de uma imunidade e a atividade reguladora ou interpretativa da administração pública.

Isso porque, já que não se fala, em efetivo, de uma benesse, mas de uma limitação à atuação estatal, em nada a Administração poderia interpretar. Nem mesmo o legislador ordinário teria qualquer condão de regular uma imunidade, exceto nas hipóteses em que a própria norma imunizante autorizasse.[28]

3. A imunidade e a proteção à liberdade de credo

Considerando aquilo anteriormente exposto, é possível dizer que as imunidades buscam proteger, dos efeitos da pressão fiscal, alguns direitos fundamentais elegidos pela Lei Maior.

Desta forma, por exemplo, a livre disseminação da cultura e a liberdade de pensar estão protegidas pela imunidade dos livros. Já a liberdade de credo encontra sua proteção na redação do Art. 150, VI, "b" cuja redação, recentemente alterada pela Emenda Constitucional nº 132/2023, tomamos a liberdade de reproduzir:

> Art. 150. Sem prejuízo de outras garantias asseguradas ao contribuinte, é vedado à União, aos Estados, ao Distrito Federal e aos Municípios:
>
> VI - instituir impostos sobre:

28. Por exemplo, no caso do art. 150, VI, "c", da Constituição Federal que, delega à lei a regulamentação da imunidade.

b) entidades religiosas e templos de qualquer culto, inclusive suas organizações assistenciais e beneficentes;

Note-se que o reconhecimento da necessidade de conferir especial tratamento tributário a temas relacionados à fé é bastante antiga, e encontra escoro em diversas manifestações políticas, como bem esclarece Luís Eduardo Schoueri:[29]

> Esta liberdade tem raízes bastante fortes. Começou a ser pactuada em tratados bilaterais que revogavam a ideia de que deveria prevalecer a religião de quem governasse (*cuius regio eius religio*). A ideia de tolerância religiosa foi também fortalecida pelos Tratados de Augsburgo (de 1555), de Westphalia (de 1648) e de Viena (de 1815). Inicialmente concebido como um direito coletivo, após a Conferência de São Francisco de 1945 e o estabelecimento das Nações Unidas, a liberdade de religião passou a ser considerada como orientadora para a defesa de direitos individuais, baseando-se na ideia da proibição da discriminação. O primeiro documento das Nações Unidas que lidou especificamente com direito de religião foi a Declaração Universal de Direitos Humanos, de 1948, mais especificamente em seu artigo 18. [...] Outro texto importante para a liberdade de religião é o Pacto Internacional de Direitos Civis e Políticos de 1966, principalmente devido à sua força vinculante, já que é mais que mera declaração. Os principais artigos que tratam da liberdade de religião nesse Tratado são os de número 18, 19, 20 e 27.

Neste particular, alguns comentários merecem ser tecidos. Em sua redação original, este dispositivo limitava-se a imunizar os templos onde eram oficiados os cultos de determinada fé, sem, contudo, delimitar sobre quais cultos o benefício se estenderia, como bem enunciava o magistério de Sacha Calmon Navarro Coelho:[30]

---

29. SCHOUERI, Luís Eduardo. *Direito tributário*. 8ªed. São Paulo: Saraiva, 2019, p. 435/436.

30. COÊLHO, Sacha Calmon Navarro. *Comentários à Constituição de 1988* – Sistema Tributário. 10ª ed. Rio de Janeiro: Forense, 2006, pp. 331-332.

> Templo, do latim *templum*, é o lugar destinado ao culto. Em Roma era lugar aberto, descoberto e elevado, consagrado pelos augures, sacerdotes da adivinhação, a perscrutar a vontade dos deuses, nessa tentativa de todas as religiões de religar o homem e sua finitude ao absoluto, a Deus. Hoje, os templos de todas as religiões são comumente edifícios. [...] Onde quer que se oficie um culto, aí é o templo. [...]. O templo, dada a isonomia de todas as religiões, não é só a catedral católica, mas a sinagoga, a casa espírita kardecista, o terreiro de candomblé ou de umbanda, a igreja protestante, shintoísta ou budista e a mesquita maometana. Pouco importa tenha a seita poucos adeptos. Desde que uns na sociedade possuam fé comum e se reúnam em lugar dedicado exclusivamente ao culto da sua predileção, este lugar há de ser um templo e gozará de imunidade tributária.

Repise-se que a redação original, assim como bem capturado pela doutrina não trazia uma denominação específica quanto a qual religião seria atingida pela norma imunizante, desde que elementos como a fé comum e o uso do imóvel para seu exercício, fossem encontrados.

Como já sopesado, não se pode negar que a liberdade religiosa, de consciência e de crença são direitos fundamentais consagrados no art. 5º da Constituição. O poder constituinte original decidiu proteger essas liberdades contra qualquer forma de violação. Essa decisão decorre da separação entre Igreja e Estado, estabelecida desde a proclamação da República e ainda em vigor hoje em dia. Seria um retrocesso considerar a possibilidade de confundir o Estado com qualquer entidade religiosa contemporânea no Brasil. Afinal, as crenças variam de acordo com as convicções e formações individuais de cada pessoa.

O texto da Constituição de 1988 é claro quanto à laicidade da República Federativa do Brasil. O país é, portanto, um Estado laico, o que significa que é proibido ao Poder Público, em todas as esferas, estabelecer cultos religiosos ou igrejas, assim como financiá-los ou criar obstáculos ao seu funcionamento. Além disso, é constitucionalmente proibido ao Estado estabelecer relações de dependência ou aliança com entidades religiosas ou seus representantes, exceto quando a colaboração mútua for necessária para atender ao interesse público primário, conforme estabelecido em lei.

O Poder Público, portanto, deve adotar uma postura neutra em relação às entidades religiosas. Por um lado, não deve financiá-las com recursos públicos em prol de seus interesses transcendentais. Por outro lado, está proibido de criar obstáculos ao seu funcionamento. No entanto, isso, de forma alguma, implica que a Constituição Federal negue a existência de qualquer divindade ou desvalorize a fé. Como mencionado anteriormente, a liberdade religiosa e de crença são protegidas constitucionalmente.

Essa necessidade também é observada por Ives Gandra da Silva Martins:[31]

> [...] ao contrário de muitas Constituições socialistas ou islâmicas, em que a tolerância é preconceituosa e as pessoas são perseguidas, se pretenderem não seguir a pragmática e materialista orientação dos detentores do poder, dos princípios estratificados nos textos dos partidos ou ainda da fé dos que creem em Maomé.

Na mesma esteira, o pensamento de Roque Antonio Carrazza[32] nos socorre, reafirmando a natureza laica do Estado brasileiro:

> Vai daí que, o Estado brasileiro é incontendivelmente laico, vale dizer, não confessional. Todavia, como já sinaliza o preâmbulo de nossa Carta Magna (que invoca 'a proteção de Deus', no sentido de 'Ser Transcendental'), está longe de ser ateu ou inimigo da fé. Pelo contrário, respeita todas as religiões – conquanto delas se mantenha equidistante – e dá às pessoas a opção de, sem

---

31. MARTINS, Ives Gandra da Silva. As Entidades Religiosas e as Imunidades Constitucionais. Coord. MARTINS, Ives Gandra da Silva e CARVALHO, Paulo de Barros. *Imunidade das Instituições Religiosas*. São Paulo: Noeses, 2015, p. 22.

32. CARRAZZA, Roque Antonio. *Imunidades tributárias dos templos e instituições religiosas*. São Paulo: Noeses, 2015, p. 38.

> sofrerem gravames fiscais, vieram a praticá-las ou, até, a não praticarem nenhuma, seja por negarem a existência de Deus (ateus), seja por duvidarem de sua existência (agnósticos).

Aires F. Barreto e Paulo Ayres Barreto,[33] em clássico trabalho sobre o tema das imunidades, também se posicionam a favor da plenitude dos credos abrangidos pela imunidade, repousando seu entendimento em outros princípios, como o da isonomia republicana:

> As imunidades não se destinam a privilegiar nenhuma entidade, mas, sim, a proteger ou promover valores constitucionais prestigiados em diversas passagens do Texto Máximo. Na república igualitária que adotamos, não há pessoas físicas ou jurídicas privilegiadas; há, isto sim, valores protegidos ou promovidos, em razão de sua significação social. Não há, portanto, novidade ou modificação do campo de aplicação do princípio.

Portanto, acreditamos estar em boa companhia ao nos posicionar pela não distinção entre crenças para o gozo da imunidade constitucional, já que esta representa uma reafirmação da liberdade individual da pluralidade de cultos.

Ainda, assumindo que a imunidade traduz uma garantia individual tutelada pelo constituinte, resultando em uma "não competência" tributária, parece-nos ser possível afirmar que não há qualquer grau de discricionaridade do poder público em sua concessão. Isto é, não há margem de atuação do administrador público para, por meio de instrumentos autorizativos infralegais (como decretos ou portarias) regular (limitando) o exercício da imunidade, condicionando seu gozo àqueles que professam determinada fé, em detrimento de outra.

Isso porque as imunidades se operam em um plano de abstração suficiente que impede sequer a pretensão

33. BARRETO, Aires. *Imunidades tributárias:* limitações constitucionais ao poder de tributar / Aires Barreto, Paulo Ayres Barreto. 2 ed. São Paulo: Dialética, 2001. Pg. 30

tributária do legislador infraconstitucional o que, por consequência lógica, também limita

O Brasil, como um Estado democrático cujos princípios e garantias estão explicitamente definidos na Constituição, detém o direito de tributar, conforme estabelecido nas competências tributárias previstas em sua estrutura federativa, que abrange cada entidade estatal (União, Estados, Distrito Federal e Municípios). Em outras palavras, a competência tributária é a prerrogativa das entidades políticas de criar, de forma abstrata, tributos, dentro dos limites e previsões estabelecidos na Constituição.

Enquanto a Constituição Federal confere competência tributária às pessoas jurídicas de direito público para instituir tributos, também impõe uma série de restrições ao poder de tributar. Estas limitações são estabelecidas pelos princípios constitucionais que regem a imunidade tributária.

Outros interessantes temas poderiam ser aqui debatidos, mas, por opção metodológica, nos ateremos a apenas um deles: qual é a extensão da imunidade em questão?

Isso porque, em que se pese a alteração promovida pela Emenda Constitucional nº 132/2023, que ampliou a extensão da imunidade de "templos de qualquer culto" para a experimentada por "entidades religiosas e templos de qualquer culto, inclusive suas organizações assistenciais e beneficentes", há muito tempo a doutrina vem tratando de verdadeiro sentido (e por consequência os limites de sua extensão) da imunidade em questão.

A evolução do Estado ao longo do tempo acompanhou distintas fases em relação à liberdade fiscal. A primeira fase surgiu com o advento do Estado Patrimonial, também conhecido como patrimonialismo, que teve início no século XIII e perdurou até o início do século XIX. Durante esse período, as imunidades tributárias limitavam o poder do Rei, impedindo a tributação absoluta sobre o senhorio e os templos religiosos, como forma de reconhecimento aos direitos preexistentes à organização estatal.

No contexto do patrimonialismo, a liberdade tributária estava fragmentada entre a realeza, o senhorio e a Igreja. Para adquirir essa liberdade, era necessário garantir imunidades, regalias e permissões para a cobrança extraordinária de tributos. Assim, a nobreza e o clero não eram tributados, exceto em casos excepcionais, e a fiscalização do príncipe era periférica e normativa. Esta fase se caracterizava pela liberdade estamental ou corporativa, além da liberdade fiscal, com isenções fiscais concedidas de maneira seletiva como favores aos aliados do Rei.

O fim do patrimonialismo ocorreu entre os séculos XVIII e XIX, dando lugar ao absolutismo. Nesse contexto, a liberdade fiscal deixou de pertencer à sociedade estamental e passou a ser atribuída ao príncipe, visando à centralização política e financeira e à eliminação da fiscalização periférica dos estamentos. No entanto, a fiscalidade no estado absolutista não se limitava ao príncipe, pois também fazia parte da liberdade da burguesia ascendente, visando à conquista de riquezas, à liberdade no trabalho e ao estímulo ao lucro.

Com as revoluções do século XVIII, estabeleceu-se o "Estado de Direito" (liberalismo), marcando uma transformação no conceito de imunidade tributária. Essa transformação consistiu em passar de uma limitação do poder do Rei pela Igreja e pela natureza para uma limitação do poder tributário do Estado, reconhecendo os direitos preexistentes de cada indivíduo. Assim, o Estado moderno aboliu as imunidades do antigo regime e as substituiu pelas imunidades dos cidadãos.

O art. 150, inciso VI, "b", em sua redação original e § 4º, da Constituição Federal de 1988 abordavam as imunidades tributárias dos templos de qualquer culto, revelando nuances significativas quanto à amplitude dos benefícios previstos nesse dispositivo constitucional. Neste contexto, diferentes correntes doutrinárias interpretaram essa disposição constitucional de maneira distinta, destacando-se quatro abordagens principais: ideológica, teleológica, objetiva, instrumental e mista.

A Corrente Teleológica interpretava o dispositivo constitucional de forma abrangente, considerando que o patrimônio abrange não apenas a renda, mas também os serviços ligados às finalidades das entidades religiosas. Nessa perspectiva, os adeptos dessa corrente entendem que a imunidade tributária abrange uma ampla gama de aspectos, como imóveis, móveis, rendimentos, serviços e até lucros, desde que diretamente relacionados à promoção dos cultos.

Por outro lado, a Corrente Objetivista sustentava que apenas as construções urbanas e rurais utilizadas para os cultos religiosos estavam isentas de impostos. Segundo essa interpretação, a imunidade tributária se limitaria aos impostos sobre os bens imóveis, não se estendendo às receitas e aos serviços. De acordo com essa corrente, não seria necessária uma estrutura arquitetônica específica, bastando que os cultos fossem realizados regularmente em determinados locais.

A título de exemplo, Sacha Calmon Navarro Coelho já manifestou entendimento buscando atribuir o caráter literal (considerando a redação original do dispositivo) – e restritivo – à imunidade:[34]

> E a casa do padre? Esta também não goza de imunidade. Não é templo, é moradia (embora de um sacerdote, que nem por isso deixa de ser um cidadão, com os direitos e deveres comuns à cidadania). O escopo é imunizar o templo e não o babalorixá,

34. COÊLHO, Sacha Calmon Navarro. *Comentários à Constituição de 1988* – Sistema Tributário. 10ª ed. Rio de Janeiro: Forense, 2006, pp. 331-332.

> o padre, o rabino, o ministro protestante em seus haveres. [...] Imune é o templo, não a ordem religiosa.

Já a Corrente Instrumental, liderada por Hugo de Brito Machado e outros doutrinadores, defendia que a imunidade tributária deveria abranger todo o patrimônio, rendimentos e serviços relacionados às atividades essenciais das entidades religiosas, garantindo que a realização dos cultos não seja prejudicada. Nessa visão, toda a atividade financeira das instituições religiosas estaria isenta de impostos, desde que direcionada para fins religiosos.

Por fim, a Corrente Mista adotava uma abordagem equilibrada, combinando elementos das correntes teleológica e objetivista. Preconizava a imunidade tributária não apenas para os locais de culto, mas também para outros espaços onde ocorrem os cultos, como as residências dos líderes religiosos. Além disso, ao contrário da corrente objetivista, os seguidores dessa corrente admitem a imunidade tributária para bens móveis e animais utilizados na divulgação da religião.

A mencionada mudança no texto constitucional buscou endereçar a questão, tornando mais ampla a redação de modo a restar expressa a previsão da instituição de impostos sobre as entidades religiosas (pessoas jurídicas), seus templos (imóveis) e suas organizações assistenciais e beneficentes (pessoas jurídicas de caráter assistencial que, a rigor, já gozariam de imunidade específica).

Contudo, ao que nos parece, a manutenção do § 4º do art. 150 da Constituição Federal ainda permite um certo grau de questionamento quanto ao gozo da imunidade, já que a condiciona à relação com as finalidades essenciais das instituições religiosas.

Note-se que, a rigor, uma instituição religiosa não deveria ter outro fim, senão o de professar e divulgar sua fé.

Mesmo quando atua de forma assistencial, inequivocamente o faz como meio de promover entre seus fiéis – ou quem possa vir a sê-los – sua doutrina e dogmas. Desta forma, a nosso rigor, não caberia qualquer grau de ponderação sobre o que pertence, ou não, à finalidade religiosa.

Parece-nos que o sentido da imunidade extrapola um caráter objetivo determinado pelo legislador, já que busca proteger a manifestação da fé como um todo. À mesma conclusão chegou Roque Antonio Carrazza,[35] quando afirma:

> Mais que o templo propriamente dito – isto é, o local destinado a cerimônias religiosas -, o benefício alcança a própria entidade mantenedora (a Igreja), além de se estender a tudo quanto esteja vinculado às liturgias (batizados, celebrações religiosas, vigílias etc.). E nem se diga que no texto constitucional está escrito "templos" (locais de culto) – e, portanto, o que foge disso é pura especulação dos interessados em dilargar o campo da imunidade em tela. Tal entendimento não se sustenta em face da interpretação sistemática dos dispositivos acima citados e do próprio preâmbulo da Carta Suprema.

Não é outro o entendimento adotado por Ricardo Lobo Torres,[36] quando afirma

> A imunidade dos templos de qualquer culto classifica-se como subjetiva, sem embargo de a própria Constituição lhe traçar alguns limites objetivos. A imunidade se subjetiviza na pessoa jurídica, regularmente constituída, que promova a prática do culto ou mantenha atividades religiosas. Titular da imunidade é a instituição religiosa e não o templo considerado objetivamente; mas só será imune na dimensão correspondente ao templo e ao culto.

---

35. CARRAZZA, Roque Antonio. *Curso de direito constitucional tributário*. 32ª. ed., São Paulo: Malheiros, 2019, p. 883

36. TORRES, Ricardo Lobo. *Os direitos humanos e a tributação* – Imunidades e Isonomia. Rio de Janeiro: Renovar, 1995, p. 63.

Neste sentido, cabe dizer que parte importante da doutrina sustenta que a interpretação das normas imunizantes deva ser feita de forma a buscar sua essência, evitando-se restrições ou ampliações de sentido, de modo a se extrair sua finalidade dentro de um contexto normativo-constitucional. Essa visão, por exemplo, é extraída das lições de Regina Helena Costa,[37] abaixo transcritas:

> As normas imunizantes têm seus objetivos facilmente identificáveis pelo intérprete, porquanto estampados na Constituição, quase sempre de modo explícito. A partir da identificação do objetivo (ou objetivos) da norma imunizante deve o intérprete realizar a intepretação mediante a qual aquele será atingido em sua plenitude, sem restrições ou alargamentos do espectro eficacial da norma, não autorizados pela própria Lei Maior. Em outras palavras, a interpretação há que ser teleológica e sistemática – vale dizer, consentânea com os princípios constitucionais envolvidos e o contexto a que se refere.

Contudo, em que se pese o brilhantismo da professora, nossa interpretação segue linhas distintas, já que entendemos que, ao falarmos de norma que trata de imunidade, a técnica interpretativa deverá ser a de maior amplitude possível, dado que reforça a finalidade buscada pelo Constituinte. Nesse caminho, estamos em boa companhia, como evidenciam as lições de Carrazza:[38]

> [...] a interpretação dos preceitos imunizantes há de ser o quanto possível ampla e generosa (Geraldo Ataliba), isto é, favorável ao contribuinte, posto expressarem a vontade do Constituinte – explicitamente manifestada – de preservar da tributação valores de particular significado político, social, religioso, econômico etc. O exegeta e o aplicador devem, pois, identificar o bem jurídico tutelado pela imunidade tributária e optar pela interpretação que melhor o garanta.

---

37. COSTA, Regina Helena. *Imunidades tributárias* – Teoria e Análise da Jurisprudência do STF. 3ª ed. São Paulo: Malheiros, 2015, p. 127

38. CARRAZZA, Roque Antonio. *Curso de direito constitucional tributário*. 32ª ed. São Paulo: Malheiros, 2019, p. 615.

Também, a jurisprudência, ainda que por vezes assuma postura mais restritiva, já assumiu posições próximas a este entendimento, como no julgado abaixo reproduzido:

> CONSTITUIÇÃO FEDERAL. Extraia-se da Constituição Federal, em interpretação teleológica e integrativa, a maior concretude possível. IMUNIDADE – "LIVROS, JORNAIS, PERIÓDICOS E O PAPEL DESTINADO À SUA IMPRESSÃO" – ARTIGO 150, INCISO VI, ALÍNEA "D", DA CARTA DA REPÚBLICA – INTELIGÊNCIA. A imunidade tributária relativa a livros, jornais e periódicos é ampla, total, apanhando produto, maquinário e insumos. A referência, no preceito, a papel é exemplificativa e não exaustiva. (RE 202.149, Primeira Turma, Rel. Min. Menezes Direito, Rel. para o acórdão Min. Marco Aurélio. Julgamento: 26/04/2011. Publicação: 11/10/2011)

Por esta razão, nosso entendimento é que a imunidade trazida pelo art. 150, inciso VI, "b", deverá comportar sua máxima interpretação possível, estendendo-se à toda ação, efeito ou conduta relacionado ao exercício da fé, liberdade individual protegido pelo constituinte.

4. Conclusão

Como evidenciado, a imunidade das instituições religiosas não se resume a uma opção fiscal, mas sintetiza verdadeira manifestação da proteção à liberdade de culto, razão pela qual, não é possível sua interpretação restritiva. Desta forma, ainda que as mudanças trazidas pela Emenda Constitucional 132/23 tenham alargado, em alguma maneira, as aplicações da norma imunizante, cabe aos aplicadores buscarem sua máxima efetividade, resguardando o sentido real de tal proteção.

Referências

ATALIBA, Geraldo. GIARDINO, Cléber. Núcleo da Definição Constitucional do ICM (Operações, circulação e saída). *Revista de Direito Tributário*. Nºs. 25/26, Ano VII, Julho/Dezembro de 1983

ATALIBA, Geraldo. *República e Constituição*. 3ª ed. São Paulo: Malheiros, 2011.

BALEEIRO, Aliomar. *Direito tributário brasileiro*. 11ª ed. rev. e atual. Rio de Janeiro: Forense, 2005

BARRETO, Aires. *Imunidades tributárias*: limitações constitucionais ao poder de tributar / Aires Barreto, Paulo Ayres Barreto. 2 ed. São Paulo: Dialética, 2001

BECHO, Renato Lopes. *Filosofia do direito tributário*. São Paulo: Saraiva, 2010

CARRAZZA, Roque Antonio. *Curso de direito constitucional tributário*. 32ª ed. São Paulo: Malheiros, 2019

CARRAZZA, Roque Antonio. *Imunidades tributárias dos templos e instituições religiosas*. São Paulo: Noeses, 2015.

CARVALHO, Paulo de Barros. *Curso de direito tributário*, 17ª ed., São Paulo: Saraiva, 2005

COÊLHO, Sacha Calmon Navarro. *Comentários à Constituição de 1988* – Sistema Tributário. 10ª ed. Rio de Janeiro: Forense, 2006

COSTA, Regina Helena. *Imunidades tributárias* – Teoria e Análise da Jurisprudência do STF. 3ª ed. São Paulo: Malheiros, 2015.

DANIEL NETO, Carlos Augusto. As Imunidades Tributárias Isencionais. Coord. Elizabeth Nazar Carraza. Org. Isabela Bonfá de Jesus. *Atualidades do Sistema Tributário Nacional*. São Paulo: Quartier Latin, 2015.

GAMA, Tácio Lacerda. A imunidade dos templos de qualquer culto: análise crítica de algumas controvérsias e soluções dadas pela jurisprudência, *Revista Brasileira de Direito Tributário*, v.1, São Paulo, 2016.

HORTA, Raul Machado. Os direitos individuais na Constituição. Revista de informação legislativa, v. 14, n. 55, p. 21-38, jul./set. 1977 | Revista brasileira de estudos políticos, n. 47, p. 49-75, jul. 1978 | Revista da Faculdade de Direito da Universidade Federal de Minas Gerais, v. 25, n. 18, p. 9-34, maio de 1977 | Revista forense, v. 73, n. 258, p. 1-10, abr./jun. 1977 | Revista jurídica da Procuradoria Geral do Distrito Federal, n. 24, p. 29-46, jul./set. 1979

MACHADO SEGUNDO, Hugo de Brito. *Manual de direito tributário.* 10ª ed. São Paulo: Atlas, 2018.

MARTINS, Ives Gandra da Silva. As Entidades Religiosas e as Imunidades Constitucionais. Coord. MARTINS, Ives Gandra da Silva e CARVALHO, Paulo de Barros. Imunidade das Instituições Religiosas. São Paulo: Noeses, 2015

MARTINS, Ives Gandra da Silva. Imunidades Tributárias e Renúncia Fiscal. Valor Econômico, São Paulo, 22/04/2004, disponível em: http://www.gandramartins.adv.br/project/ives-gandra/public/uploads/2012/12/26/cfdd25ca2004051_as_imunids_tribs_e_os_govs.pdf, acesso em 07.05.2024.

MELLO, Celso Antônio Bandeira de. *Curso de direito administrativo.* 17ª Ed. São Paulo: Malheiros, 2004.

MELO, José Eduardo Soares de. *Curso de direito tributário.* 10ª ed. São Paulo: Dialética, 2012

SCHOUERI, Luís Eduardo. *Direito tributário.* 8ª ed. São Paulo: Saraiva, 2019

TÔRRES, Heleno Taveira. Imunidade Tributária e Tributos 'Indiretos': O Caso das Entidades de Saúde. Coord. PARISI, Fernanda Drummond. TORRES, Heleno Taveira e MELO, José Eduardo Soares de. ESTUDOS DE DIREITO TRIBUTÁRIO em homenagem ao Professor ROQUE ANTONIO CARRAZZA. São Paulo: Malheiros, 2014, v. 1

TORRES, Ricardo Lobo. *Os direitos humanos e a tributação* – Imunidades e Isonomia. Rio de Janeiro: Renovar, 1995.

RELAÇÃO TRIBUTÁRIA ENTRE ESTADO E ORGANIZAÇÕES RELIGIOSAS: UM ESTUDO COMPARADO

Ricardo Gaiotti Silva[1]

Mariane Góes Silva[2]

Resumo: Em diferentes momentos da história, a imunidade tributária foi considerada um privilégio, mas ela não é um tema novo; já existiam imunidades tributárias, no Império Romano, na Idade Média. A imunidade era concedida a determinadas classes da sociedade, como a nobreza e o clero. Com o nascimento do "estado liberal", as imunidades tributárias principalmente no que diz respeito às chamadas imunidades "religiosas", foram tomando um novo contorno. Na história do Brasil não é diferente; quando estudamos as Constituições brasileiras, observamos que em diversos momentos a relação entre as religiões e o Estado se deu de forma distinta. Logo, o tema das imunidades tributárias às organizações religiosas foi tratado de forma diferente, dependente sobretudo da relação entre as religiões e os Estados. O tema, portanto, é complexo. Exige-se

---

1. Advogado, Mestre em Teoria Geral do Direito e Filosofia do Direito (PUC/SP); Mestre em Direito Canônico pela Universidad Pontificia de Salamanca (España); Doutor em Direito pela Universidad de Alcalá (España). Membro da UJUCASP e Membro do Instituto Universitario de Investigación en Estudios Latinoamericanos de la Universidad de Alcalá (el IELAT)
Endereço para acessar este CV: http://lattes.cnpq.br/3257968988947564

2. Advogada, graduada pela Universidade Cândido Mendes; Pós-graduada em Direito Contratual pela PUC-SP. E-mail: marianegoes@yahoo.com.br

o estudo das relações entre as religiões e os Estados, os modelos adotados em tais relações. Neste sentido, este estudo pretende, a partir das Constituições brasileiras, apresentar um histórico do tema das imunidades tributárias no Brasil, apresentando também como o tema é abordado pelo sistema jurídico de países como Argentina, Espanha, Itália, Estados Unidos e Japão.

Palavras-chave: imunidade tributária; igrejas; organizações religiosas; liberdade religiosa; religião.

Abstract: At different times in history, tax immunity was considered a privilege, but it is not a new topic, tax immunities already existed, in the Roman Empire, in the Middle Ages, immunity was granted to certain classes of society, such as the nobility and the clergy, with the birth of the "liberal state", tax immunities, especially concerning the so-called "religious" immunities, took on a new shape. The history of Brazil is no different, when we study the Brazilian Constitution, we observe that at different times the relationship between religions and the State occurred differently, throughout the issue of tax immunities religious organizations were treated differently, depending on all of the relationships between religions and States. The topic, therefore, is complex and requires the study of relations between religions and States, and the models adopted in such relations. In this sense, this study intends, based on the Brazilian Constitutions, to present a history of the topic of tax immunities in Brazil, also presenting how the topic is approached by the legal system of countries such as Argentina, Spain, Italy, the United States and Japan.

Keywords: tax immunity; churches; religious organizations; religious freedom; religion.

1. Introdução

Em diversos momentos históricos, as imunidades tributárias foram consideradas arbitrariedades, isto é, uma espécie de privilégio concedido pelas autoridades, quer seja, o Imperador, Rei, e pelo próprio Estado, a certas organizações que de alguma forma eram beneficiadas diretamente pelo poder.

A imunidade tributária não é um tema recente. Já no Império Romano, ela estava presente sobre o nome de *immunitas*. Na Idade Média, as imunidades eram concedidas a determinadas categorias sociais, como nobres e clero. Estes privilégios tributários acabavam por contribuírem para as desigualdade e abusos de poder. De certa maneira, ao longo da história, observamos que estes privilégios acabaram sendo um dos motivos para a chamada Revolução Francesa, como consequência do nascimento do "estado liberal", culminando na ideia da separação entre Igreja e o Estado, presentes em inúmeros estados modernos.

Sendo assim, após a Revolução Francesa, podemos dizer que com a consolidação dos direitos fundamentais, a imunidade tributária deixou de ter uma característica de privilégio e passou a ser vista como uma espécie de compensação a algumas instituições que eram consideradas importantes para Estado Democrático de Direito, dentre essas, as religiões se destacam como "beneficiárias" das imunidades tributárias. Com efeito, a imunidade tributária colabora com outros direitos fundamentais, entre eles, o da liberdade religiosa.

De certa maneira, a história das imunidades tributárias correlacionadas com a religião possui suas raízes na própria história do relacionamento entre Estados e as religiões, e para a compreensão das atuais imunidades previstas no ordenamento jurídico brasileiro, é importante darmos um passo atrás e apresentarmos os principais modelos existentes na relação entre Estados e religiões. Além disso, indicaremos a partir das Constituições brasileiras como as imunidades "religiosas" foram apresentadas, e por fim, através de um estudo comparado, observamos como tal imunidade também estão previstas em Constituições de países como Argentina, Itália, Estados Unidos e Japão.

2. Os modelos e problemas na relação entre Estados e religiões

Em vista da compreensão da relação tributária entre um Estado e as entidades religiosas no ordenamento jurídico de um certo Estado, faz-se necessário compreender os modelos da relação entre as religiões e os Estados, e identificar a distinção entre laicidade e laicismo.

Atualmente, nos Estados modernos, basicamente existem três formas de relação entre as religiões e os Estados, quais sejam: de colaboração, de confissão e de separação.[3] O primeiro modelo colaborativo parte do princípio de que por terem as religiões e os Estados interesses e competências em relação ao homem, fiel e cidadão, se torna possível a construção de acordos de colaboração, e o principal efeito é o reconhecimento do fenômeno religioso como um direito fundamental,[4] apesar do Estado não "professar" nenhum credo oficial e manter a sua "laicidade", acaba por valorizar e proteger o dado religioso.

O segundo modelo confessional é aquele que compatibiliza o reconhecimento da liberdade religiosa com uma declaração de confessionalidade sociológica, partindo do fato de que grande parte da população professa tal religião. Muitas vezes esse modelo priva a liberdade religiosa, sobretudo a das minorias.

Por fim, o modelo de separação ocorre naqueles países onde está proibida a religião do Estado, alguns apesar da separação, o próprio Estado garante a liberdade religiosa, tendo as confissões religiosas natureza semelhante à das associações civis. Em outros Estados, tal separação é total,

---

3. DIÉGUEZ, Myriam M. Cortés; PRISCO, José San José (coords.). Derecho Canónico II – El derecho en la misión de la Iglesia. Madrid: Biblioteca de Autores Cristianos, 2006, pg. 357.

4. A título exemplificativo, diversos países possuem uma religião oficial, como a Inglaterra (Anglicana); Dinamarca, Noruega e Islândia (Luterana); Malta e Mônaco (Católico). Outros embora não possuem uma religião oficial, adotam o sistema de colaboração. Por exemplo: Alemanha, Itália, Espanha, Portugal. Contudo, a situação mais complicada para a liberdade religiosa ocorre principalmente nos países teocráticos, onde a lei estatal decorre diretamente da lei religiosa. Esse fenômeno é visto em muitos países muçulmanos, que adotam leis civis como um aspecto do Corão. O grande problema é que, por se tratar de uma lei civil/religiosa, muitas vezes os membros de outras religiões, embora cidadãos, não conseguem alcançar cargos públicos e outros direitos.

e o Estado é averso à religião, a não ser que ela esteja submissa ao Estado.

Como se não bastasse, na relação entre religiões e os poderes estatais, há também que se observar o modelo constitucional seguido por cada Estado, por isso, se faz necessária distinguir laicidade de laicismo, que são duas linhas muito tênues.

A laicidade permite a convivência pacífica entre o "sagrado" e o "civil", pois não reduz a religiosidade apenas à esfera privada, uma vez que considera o homem um ser social. Sendo assim, para a laicidade "proteger" as religiões é de certa forma proteger o homem, destinatário da liberdade religiosa como um direito fundamental.

Já o laicismo provoca aversão total às religiões nos Estados laicos, pois acaba por eliminar ou extinguir as religiões, muitas vezes, o laicismo acaba por incentivar perseguições e privações de direitos.

Quando se trata de países "laicos", há o grande risco de se confundir funções públicas com funções eclesiais. Quando isso ocorre, é prejudicial para as duas partes. Como nos ensina John Locke, "quem mistura o céu e a terra, coisas tão remotas e opostas, confundem essas duas sociedades, as quais em sua origem, objetivo e substancialmente são por completo diversas".[5]

No caso específico, a Constituição Federal de 1988 prevê expressamente a laicidade do Estado frente à religião, ou seja, confirma que não há nenhum privilégio a qualquer confissão religiosa em relação à organização estatal. Porém, a Constituição contempla e garante a liberdade religiosa como um direito fundamental dos cidadãos, destacando

---

5. LOCKE, John. Carta Acerca da Tolerância. *Coleção Os Pensadores,* Abril Cultural. Trad. de Anoar Aiex, 1983, p. 10.

a importância da religião na consecução deste direito em nosso país.[6]

Em outras palavras, o Brasil é um país laico, e neste sentido, diversos constitucionalistas distinguem o laicismo da laicidade. Entre eles, apresentamos o pensamento de André Ramos Tavares, que afirma:

> O laicismo significa um juízo de valor negativo, pelo Estado, em relação às posturas de fé. Baseado, historicamente, no Racionalismo e Cientificismo, é hostil à liberdade de religião plena, às suas práticas amplas. A França, e seus episódios de intolerância religiosa, podem ser aqui lembrados como exemplo mais evidente de um Estado que, longe de permitir consagrar amplamente a liberdade de religião e o não comprometimento religioso do Estado, compromete-se ao contrário com uma postura de desvalorização da religião, tornando o Estado inimigo da religião, seja ela qual for. Já a laicidade, como neutralidade, significa a isenção acima referida.[7]

Desta forma, afirmar que um Estado é laico não significa que ele é avesso à religião. Além disso, mesmo que não privilegie ou tenha uma religião oficial, ele tem o dever de garantir o pleno exercício da atividade religiosa, pois se trata de um direito humano fundamental.

Há, desta forma, uma dimensão positiva da liberdade de religião, segundo o qual o Estado deve assegurar a permanência de um espaço para o desenvolvimento adequado de todas as confissões religiosas. Cumpre a ele empreender esforços e zelar para que haja essa condição estrutural propícia ao desenvolvimento pluralístico das convicções pessoais sobre religião e fé.[8] Sendo que as imunidades

---

6. SOUZA, Josias Jacintho. *Separação entre Religião e Estado no Brasil*: Utopia Constitucional? 2009. 209 fl. Tese (Doutorado em Direito). Pontifícia Universidade de São Paulo, São Paulo, 2009.

7. TAVARES, André Ramos. *Curso de direito constitucional.* 12. ed. São Paulo: Saraiva, 2014. p. 490.

8. TAVARES, André Ramos. *Curso de direito constitucional.* 12. ed. São Paulo: Saraiva, 2014. p. 489.

"religiosas" possuem fundamento nesta ideia, que embora exista separação entre os Estados e as religiões, podem existir colaboração entre eles, em vista da proteção dos direitos fundamentais dos cidadãos.

3. Relação tributária entre os Estados e as organizações religiosas

3.1 No Brasil

Após este breve relato histórico, passamos para o estudo concreto da relação tributária entre Estado e as organizações religiões religiosas no Brasil. O ordenamento tributário brasileiro carrega características da história da colonização, onde Portugal instituiu uma maneira de cobrança de tributos massiva e desordenada, além de refrear o desenvolvimento produtivo no Brasil.

Outra característica importante advém da influência da Igreja Católica no Brasil, a época colonial vigorava o chamado Padroado Régio, que era uma espécie de acordo entre a Igreja Católica e o Estado, que:

> consistia basicamente em uma troca de favores, privilégios, convenções mútuas entre a Igreja Católica e o Estado. Por um lado, a Igreja "justificava" o poder dos governantes; por outro, recebia proteção da autoridade civil, que, entre outras coisas, mandava construir igrejas e, intervia diretamente na nomeação de cargos eclesiásticos.[9]

Como consequência da relação colonial entre Portugal e Brasil, o padroado também vigeu na colônia, competindo ao Rei português, portanto, arrecadar o dízimo cobrado no

---

9. SILVA, Ricardo Gaiotti. *A colaboração entre Igreja e Estado no Brasil à luz da liberdade religiosa*. São Paulo: 2016.

Brasil. Vale destacar que, nessa época, o dízimo não se restringia ao dízimo eclesiástico; havia uma subdivisão, que abrangia o dízimo predial – incidia sobre a produção agrícola; o dízimo pessoal – incidia sobre a remuneração da mão de obra; e o dízimo misto – incidia sobre a produção animal.[10]

O pagamento dos "dízimos" era uma obrigação praticamente para todos, contudo, existia algumas isenções especiais, como os jesuítas que naquele tempo eram isentos.[11]

No Brasil, o padroado se estendeu pelo período colonial e imperial, inclusive a primeira Constituição brasileira – Constituição Política do Império do Brasil de 25 de março de 1824 –[12]estabelecia em seu artigo 5º, a Religião Católica Apostólica Romana como "oficial", enquanto às demais seriam permitidos apenas os cultos domésticos ou particulares em uma casa para isso destinada, porém esses ambientes não podiam ter alguma forma de templo.

Enfim, este período histórico, conhecido como Padroado essencialmente, consistia numa troca de boa vontade, privilégios e acordos entre a Igreja Católica e o Estado. Por um lado, a Igreja "justificava" o poder do governante; por outro lado, ela recebia proteção das autoridades, que, entre outras coisas, ordenaram a construção de templos e intervieram diretamente no estabelecimento de cargos eclesiásticos.

No fundo, o que parecia um benefício acabou por ser um verdadeiro fardo para ambos os lados, porque por um lado, o Estado foi obrigado a manter a Igreja Católica, o que causou muitos encargos econômicos e políticos. Por outro lado, a Igreja não era livre para agir porque muitas vezes está

---

10. OLIVEIRA, Oscar de. *Os dízimos eclesiásticos do Brasil*: nos períodos da colônia e do império. Belo Horizonte: UFMG, 1964.

11. Ibidem,

12. Constituição Política do Império do Brasil, de 25 de março de 1824. Disponível em: http://www.planalto.gov.br/ccivil_03/Constituicao/Constituicao24.htm. Acesso em: 04 maio 2024.

aprisionada pelos desejos de seus governantes. Além disso, este modelo também ignora outras religiões, ignorando os direitos dos não católicos e de outras instituições religiosas.

Por fim, a Constituição de 1824 pouco tratou dos assuntos tributários; apenas determinou que "ninguém será isento de contribuir para as despesas do Estado em proporção de seus haveres", extinguindo, assim, a imunidade que a nobreza tinha.

3.1.1 Novo tempo: o fim do padroado

Um novo tempo se iniciou com o Decreto 119-A, de 7 de janeiro de 1890, e se solidificou na Constituição de 1891, que resultou em uma profunda mudança na estrutura do Estado, pois o vedou de estabelecer, subvencionar ou embaraçar o exercício de cultos religiosos, sem deixar de proteger a liberdade do indivíduo quanto à manifestação de sua crença.

O Decreto 119-A proibia expressamente a intervenção da autoridade federal e dos e Estados federados em matéria religiosa. Além disso, consagrou a plena liberdade de cultos, extinguiu o padroado e estabeleceu outras providências.[13] Dessa forma, o Estado brasileiro afastou o Padroado com todas as suas prerrogativas e instituiu a liberdade religiosa abrangendo todas as religiões.

O objeto do Decreto119-A refletia o pensamento do Congresso brasileiro, que já se encontrava influenciado pelas ideias europeias e norte-americana de separação entre religião e Estado. Este documento acabou por ser um embrião de um tema que seria inserido na primeira Constituição Republicana, promulgada em 24 de fevereiro de 1891.[14]

---

13. Decreto 119-A de 7 de janeiro de 1890. Disponível em: http://goo.gl/sq7f6i. Acesso em: 04 maio 2024.

14. SOUZA, Josias Jacintho. *Separação entre Religião e Estado no Brasil:* Utopia constitucional? 2009. 198 fl. Tese (Doutorado em Direito). Pontifícia Universidade de São Paulo, São Paulo, 2009.

Quanto à religião, a Constituição Republicana de 1891 consolidou as diretrizes do Decreto 119-A. Disciplinava:

> Art. 11. É vedado aos Estados, como à União: [...] 2. estabelecer, subvencionar ou embaraçar o exercício de cultos religiosos; [...]
>
> Art. 72. A Constituição assegura a brasileiros e a estrangeiros residentes no País a inviolabilidade dos direitos concernentes à liberdade, à segurança individual e à propriedade, nos termos seguintes:
>
> § 29. Os que alegarem motivo de crença religiosa com o fim de se isentarem de qualquer ônus que as leis da República imponham aos cidadãos, e os que aceitarem condecoração ou títulos nobiliárquicos estrangeiros perderão todos os direitos políticos.[15]

Com a Proclamação da República (1889), um novo texto constitucional foi promulgado. Devido às mudanças no cenário social, cultural e político, a Constituição de 1891 tratou do tema tributário com mais robustez e trouxe algumas imunidades. Também assegurou a liberdade de crença e de culto (art.72, § 3º), conferindo aos indivíduos o direito de praticar, no particular ou em público, qualquer religião.

Nascia assim um Estado laico, cuja laicidade tinha origem constitucional. Sobre Estado laico, Jean Baubérot e Micheline Milot definem como:

> um arranjo do político no qual a liberdade de consciência se encontra, em conformidade com uma vontade de igual justiça para todos, garantida por um Estado neutro em relação a diferentes concepções da vida ideal que coexistem na sociedade.[16]

Nota-se, portanto, que a Constituição de 1891 é um marco no que diz respeito à relação religiões e o Estado,

---

15. Constituição da República dos Estados Unidos do Brasil de 24 de fevereiro de 1891. Disponível em: http://goo.gl/4erJmu. Acesso em: 04 maio 2024.

16. BAUBERÓT, J.; MILOT, M., 2011 apud Giumbelli, E. Fronteiras da laicidade. São Paulo: 2012.

uma vez que sedimentou a laicidade do Estado brasileiro e o direito à liberdade religiosa.

Um novo tempo iniciou-se com a Constituição de 1934, essa que produziu efeitos nas demais constituições brasileiras (1937, 1946, 1967 e 1969) e vai até a atual de 1988. A Constituição de 1934 pode ser vista como um divisor de águas na trajetória da laicidade brasileira.

Na Constituição anterior, a laicidade caracterizava-se por uma separação rígida, que, no final do século XIX, havia sido concebida para cumprir a tarefa de impor e garantir o fim do consórcio que havia entre o Estado e a Igreja Católica. Nesta fase, a tônica era negativa, pois visava a destruir uma união, afastando os dois polos de poder que por tanto tempo permaneceram unidos.[17]

Mas, a partir da Constituição de 1934, o Estado começa a se transformar em um poderoso ator econômico e em um dinâmico agente social. Deste modo, era recomendável que ele redefinisse os termos da separação que o mantinha longe das confissões religiosas, surgindo, assim, a ideia de separação com colaboração, ou seja, afasta-se da tônica negativa da laicidade para a tônica positiva.[18]

A Constituição de 1934 ainda trouxe diversos dispositivos, aproximando essa relação entre Estado-Igreja – facultou o ensino religioso nas escolas, atribuiu efeitos civis ao casamento religioso e possibilitou a colaboração recíproca entre as duas instituições. Todavia, não chegou a estipular expressamente imunidade tributária às entidades religiosas; apenas repetiu o texto da Constituição de 1891,

17. CASAMASSO, Marco Aurélio Lagreca. *Política e Religião*: O Estado Laico e a Liberdade Religiosa à luz do Constitucionalismo Brasileiro. 2006. 294 fl. Tese (Doutorado em Direito). Pontifícia Universidade de São Paulo, São Paulo, 2006.

18. CASAMASSO, Marco Aurélio Lagreca. *Política e Religião:* O Estado Laico e a Liberdade Religiosa à luz do Constitucionalismo Brasileiro. 2006. 294 fl. Tese (Doutorado em Direito). Pontifícia Universidade de São Paulo, São Paulo, 2006.

vedando a União, o Distrito Federal, os Estados e Municípios "a estabelecer, subvencionar ou embaraçar o exercício de cultos religiosos".[19]

Em 1937, outra Constituição foi outorgada, instaurando o Estado Novo. Entretanto, não inovou em matéria tributária.

Já a Constituição de 1946[20] operou uma verdadeira reviravolta das garantias e liberdades individuais. Reestabeleceu as normas democráticas e dispôs uma série de imunidades tributárias, dentre elas: "templos de qualquer culto bens e serviços de Partidos Políticos, instituições de educação e de assistência social, desde que as suas rendas sejam aplicadas integralmente no País para os respectivos fins."

Verifica-se que, naquela Carta, o constituinte ampliou a forma de relação entre religião e Estado, inserindo que os poderes públicos podiam manter relação com organizações religiosas, desde que "sem prejuízo da colaboração recíproca em prol do interesse coletivo". Outra novidade trazida por esse texto constitucional refere-se à imunidade tributária, proibindo o Estado em todos os seus níveis de lançar impostos sobre os "templos de qualquer culto".[21]

Assim, pela primeira vez, um texto constitucional brasileiro apresentou expressamente a imunidade tributária religiosa, retirando dos entes públicos o poder de tributar os templos, independentemente da fé professada.

A Constituição de 1967[22] foi a sexta do Brasil e a quinta da República. Procurou institucionalizar e legalizar o

---

19. Ibidem.

20. BRASIL, Constituição da República dos Estados Unidos do Brasil de 18 de setembro de 1946. Disponível em: http://goo.gl/EygEs5. Acesso em: 04 maio 2024.

21. SOUZA, Josias Jacintho. Separação entre Religião e Estado no Brasil: Utopia Constitucional? 2009. 207 fl. Tese (Doutorado em Direito). Pontifícia Universidade de São Paulo, São Paulo, 2009.

22. BRASIL, Constituição Federal do Brasil de 1967. Disponível em: https://www.planalto.gov.br/ccivil_03/constituicao/constituicao67.htm. Acesso em: 04 maio 2024.

regime militar, aumentando o controle do Executivo sobre os poderes Legislativo e Judiciário, criando assim uma hierarquia constitucional centralizadora.

Destaca-se que com art. 20, inciso III, que replicou a disposição sobre a imunidade tributária das entidades religiosas, mas ao longo do texto trouxe outras questões importantes atinentes ao tema. No capítulo V, tratou do sistema tributário, conferindo às leis complementares e resoluções do Senado a atribuição de editar as normas gerais de direito tributário, os critérios, os limites e a forma de cobrança de cada tributo. A verdade é que esta lei já existia, mas com forma de lei ordinária: o Código Tributário Nacional (CTN).[23]

Fruto da reforma tributária de 1965, o CTN entrou em vigor no ano seguinte sob a égide da Constituição de 1946, ou seja, ainda não havia a figura da lei complementar no Brasil. Dessa forma, a Constituição de 1967 recepcionou o CTN na forma de lei complementar.

Sendo assim, desde 1946, o ordenamento jurídico brasileiro possui expressamente o instituto da imunidade tributária religiosa na Constituição e, desde 1966, na legislação infraconstitucional (art. 9º, IV, alínea "b" do CTN).

Com o fim da ditadura militar, a Assembleia Nacional Constituinte foi outra vez convocada para elaborar novo texto constitucional, agora que refletisse a realidade do país, que passava por um processo de redemocratização. Então, em 1988, entrou em vigor a Constituição Cidadã, reestabelecendo e inaugurando direitos e garantias fundamentais.

Entre os anos de 1967[24] e 1987, a relação entre religião e o Estado brasileiro pode ser resumida da seguinte maneira:

---

23. LEI Nº 5.172, DE 25 DE OUTUBRO DE 1966. Dispõe sobre o Sistema Tributário Nacional e institui normas gerais de direito tributário aplicáveis à União, Estados e Municípios. Disponível em: https://www.planalto.gov.br/ccivil_03/leis/l5172compilado.htm. Acesso em: 04 maio 2024.

24. BRASIL, Constituição da República Federativa do Brasil de 1967. Disponível em: http://goo.gl/0IJruu. Acesso em: 04 maio 2024.

a) o princípio da separação entre religião e Estado é reafirmado nos termos de todas as Constituições anteriores; b) o princípio da liberdade de consciência e, portanto, religiosa, foi consagrado, permitindo a todos os crentes o exercício de cultos religiosos que não contrariassem a ordem pública e os bons costumes; c) ninguém seria privado de qualquer dos seus direitos por motivo de crença religiosa ou de convicção política; d) foi garantida assistência religiosa às Forças Armadas e aos estabelecimentos de internação coletiva; e) o princípio do casamento indissolúvel continuou consagrado; f) o ensino religioso seria de matrícula facultativa, oferecido como disciplina nos horários normais das escolas públicas.[25]

Enfim, o itinerário descrito acima preparou o "terreno" para a Constituição de 1988, essa que disciplinou explicitamente o direito à liberdade religiosa como um direito humano e fundamental, portanto, também de responsabilidade do Estado. De certa forma, a própria história "constitucional" brasileira já aponta que excluir o dado religioso da realidade pública pode ser uma verdadeira afronta aos direitos almejados pelo povo brasileiro.

3.1.2 A imunidade tributária na Constituição da República Federativa do Brasil de 1988

A Constituição da República Federativa do Brasil de 1988[26] delineou um novo regime de laicidade, qual seja, o regime da laicidade pluralista. A novidade decorre de dois fatores principais. O primeiro refere-se ao fato de que o atual Estado laico brasileiro tem como interlocutores não

25. Resumo proposto por Josias Jacintho, destacamos apenas algumas características das expostas pelo autor. SOUZA. Cf. Josias Jacintho. *Separação entre Religião e Estado no Brasil:* Utopia Constitucional? 2009. 208 fl. Tese (Doutorado em Direito). Pontifícia Universidade de São Paulo, São Paulo, 2009.

26. BRASIL, Constituição da República Federativa do Brasil de 1988. Disponível em: https://www.planalto.gov.br/ccivil_03/constituicao/constituicao.htm. Acesso em 04/05/2024.

uma, mas diversas confissões religiosas. O segundo diz respeito aos princípios constitucionais da cidadania, da dignidade da pessoa humana e do pluralismo político, que repercutem sobre a liberdade religiosa, potencializando-a.[27]

Em seu art. 5º, inciso VI, declara o direito à liberdade religiosa, assegurada por diversas garantias, entre elas a imunidade tributária prevista no art. 150, VI, alínea "b".

Significa dizer que:

> além de assegurar o direito à liberdade em gênero e em espécie, a Constituição cercou-o, ainda, de certas proteções contra a atuação tanto do legislador como dos agentes públicos de execução das leis. São as garantias materiais, rubrica genérica sob a qual se agrupam normas de objeto variado, mas finalidade semelhante. Dentre elas, estão as regras limitadoras das espécies normativas que podem definir crimes, as que impedem a criminalização de certas condutas e as que limitam o poder do Estado na privação da liberdade do indivíduo.[28]

Assim, o constituinte visando a dar efetividade à liberdade religiosa, impôs uma norma ao Poder Público para se abster de instituir tributos sobre os templos de qualquer culto. Hoje, por meio da Emenda Constitucional nº 132/2023, a imunidade foi ampliada e recai sobre as "entidades religiosas e templos de qualquer culto, inclusive suas organizações assistenciais e beneficentes".

Obviamente, ao longo de todos esses anos de vigência da Constituição de 1988, inúmeras divergências recaíram sobre esse dispositivo, dando origem à súmula vinculante e uma vasta jurisprudência sobre o assunto.

---

27. CASAMASSO, Marco Aurélio Lagreca. *Política e Religião:* O Estado Laico e a Liberdade Religiosa à luz do Constitucionalismo Brasileiro. 2006. 374 fl. Tese (Doutorado em Direito). Pontifícia Universidade de São Paulo, São Paulo, 2006.

28. BARROSO, Luís Roberto. Tutela e efetividade do direito constitucional à liberdade. Revista do Ministério Público / Ministério Público do Estado do Rio de Janeiro, n. 13, p. 215-230, jan./jun. 2001.

Nesse sentido, dispõe a Súmula Vinculante nº 52:

> Ainda quando alugado a terceiros, permanece imune ao IPTU o imóvel pertencente a qualquer das entidades referidas pelo art. 150, VI, "c", da Constituição Federal, desde que o valor dos aluguéis seja aplicado nas atividades para as quais tais entidades foram constituídas.[29]

Apesar da súmula se referir à imunidade tributária da alínea "c", que favorece os partidos políticos e suas fundações, os sindicatos, as instituições de educação e de assistência social sem fins lucrativos, aplica-se também o enunciado à alínea "b", que abrange as entidades religiosas e organizações assistenciais e beneficentes:

> Imunidade tributária de templos de qualquer culto. Vedação de instituição de impostos sobre o patrimônio, renda e serviços relacionados com as finalidades essenciais das entidades. Artigo 150º, VI, 'b' e § 4º, da Constituição. 3. Instituição religiosa. IPTU sobre imóveis de sua propriedade que se encontram alugados. 4. A imunidade prevista no art. 150, VI, 'b', CF, deve abranger não somente os prédios destinados ao culto, mas, também, o patrimônio, a renda e os serviços 'relacionados com as finalidades essenciais das entidades nelas mencionadas'. 5. O § 4º do dispositivo constitucional serve de vetor interpretativo das alíneas 'b' e 'c' do inciso VI do art. 150 da Constituição Federal. Equiparação entre as hipóteses das alíneas referidas.

Além da imunidade tributária conferida às entidades religiosas, a Constituição de 1988 também possibilitou aos entes federativos concederem, por meio de lei complementar, isenções fiscais, de acordo com suas competências:

> Art.150, § 6º - Qualquer subsídio ou isenção, redução de base de cálculo, concessão de crédito presumido, anistia ou remissão, relativos a impostos, taxas ou contribuições, só poderá ser

29. BRASIL. Supremo Tribunal Federal. Súmula Vinculante nº 52. Disponível em: https://portal.stf.jus.br/jurisprudencia/sumariosumulas.asp?base=26&sumula=2610. Acesso em: 13 maio 2024.

> concedido mediante lei específica, federal, estadual ou municipal, que regule exclusivamente as matérias acima enumeradas ou o correspondente tributo ou contribuição, sem prejuízo do disposto no art. 155, § 2.º, XII, *g*.[30]
>
> Art.155, § 2º, XII, *g* – cabe à lei complementar: regular a forma como, mediante deliberação dos Estados e do Distrito Federal, isenções, incentivos e benefícios fiscais serão concedidos e revogados.

Logo, é comum estados e municípios editarem leis isentando as organizações religiosas do pagamento de impostos, como ICMS e IPTU. Inclusive, quase todos os estados da federação possuem lei vedando o repasse do valor do ICMS das concessionárias para estas entidades, com exceção de alguns, como o estado de São Paulo.

Destaca-se que, por se tratar de um imposto que pressupõe uma interdependência entre estados, o ICMS só pode sofrer isenção mediante convênio entre os entes, observadas as disposições da Lei Complementar nº 24/75 e da Lei Complementar 160/2017.

Aliás, essa questão sobre isenção do ICMS é controvertida. A denominada Guerra Fiscal acaba acionando o Supremo Tribunal Federal constantemente para dirimir conflitos sobre o tema. No julgamento do Recurso Extraordinário 608872/MG, o STF fixou uma tese importante para o tema da imunidade tributária religiosa:

> A imunidade tributária subjetiva aplica-se a seus beneficiários na posição de contribuinte de direito, mas não na de simples contribuinte de fato, sendo irrelevante, para a verificação da existência do beneplácito constitucional, a repercussão econômica do tributo envolvido.[31]

---

30. BRASIL. Constituição da República Federativa do Brasil de 1988. Disponível em: https://www.planalto.gov.br/ccivil_03/constituicao/constituicao.htm. Acesso em: 04 maio 2024.

31. BRASIL. Supremo Tribunal Federal. Recurso Extraordinário 608872. Relator Min. Dias Toffoli. 2017. Disponível em: https://portal.stf.jus.br/processos/detalhe.asp?incidente=3837900. Acesso em: 13 fev. 2024.

Significa dizer que não cabe verificar se o ente imune é ou não contribuinte de fato, pois a repercussão econômica do tributo não está em questão. Se a Constituição determina que é vedado cobrar impostos das entidades religiosas, é porque nega competência para tanto.[32]

Visando a simplificar o sistema tributário sobre o consumo e acabar com essa guerra fiscal entre os estados, a Emenda Constitucional nº 132 trouxe a Reforma Tributária, extinguindo cinco tributos – entre eles o ICMS – e instituindo outros novos. De toda maneira, a imunidade religiosa permaneceu no texto constitucional, sendo, inclusive, ampliada, como citado anteriormente.

Por fim, é preciso citar a capacidade de auto-organização e de autodeterminação das confissões religiosas. O Estado brasileiro não fica inerte ao dado religioso, tendo em vista que ao prever o tema da imunidade religiosa, o ordenamento jurídico brasileiro colabora com a laicidade do Estado, em certo sentido, promove a liberdade religiosa, bem como os direitos inerentes a ela.

Além disso, deve ser destacado que existe no Brasil um Acordo entre o Estado brasileiro e Santa-Sé,[33] sendo que tal documento visa a proteger o direito à liberdade religiosa não somente dos católicos, mas de todos os "religiosos", inclusive das minorias religiosas, que de certa forma são atingidas e amparadas por meio desse acordo. Com efeito, os direitos presentes no Acordo não podem ser exclusivos dos fiéis católicos, uma vez que outras religiões devidamente reconhecidas como tal possuem também garantidos os mesmos direitos que a Igreja Católica, por exemplo,

---

32. PAULSEN, Leandro. Curso de direito tributário. 8. Ed. São Paulo: Saraiva, 2017.

33. Acordo Brasil/Santa Sé – Decreto n. 7.107, de 11 de Fevereiro de 2010. Disponível em: <http://goo.gl/Q66pIR>. Acesso em: 05 maio 2024.

imunidades tributárias, anistia de impostos[34] e regime diferenciado trabalhista para os ministros de culto.

Da mesma forma, os direitos específicos referentes à liberdade religiosa concedidos à Igreja Católica e expressos no Acordo devem ser estendidos às demais religiões, o que torna esse instrumento jurídico um verdadeiro amparo para as minorias que, indiretamente, são protegidas por meio do *status* jurídico internacional da Igreja Católica.

Desta maneira, mesmo que as demais confissões religiosas não possuam a personalidade jurídica internacional, o que não lhe confere a capacidade de serem titulares de acordos internacionais ao modelo do Brasil com a Santa Sé, elas são legitimadas pelo Estado como associações (organizações religiosas)[35] e, portanto, como pessoas jurídicas de direito privado, o que lhes dá o direito de desenvolver inúmeras atividades colaborativas com o Estado brasileiro, por exemplo, fundar e manter escolas e hospitais, receber doações, inclusive de dinheiro público, ter imunidades tributárias, entre outros.

Enfim, a partir do itinerário histórico das Constituições brasileiras, observa-se que a relação entre o Estado e as religiões afetou diretamente o tema da imunidade religiosa, podemos dizer que atualmente observamos que existem um sistema colaborativo entre o Estado e as religiões.

Após a abordagem do tema da imunidade tributarias no Brasil, passemos a analisar como o tema é abordado em países como Argentina; Itália; Estados Unidos da América e Japão.

---

34. Lei n. 13.137, de 19 de junho de 2015. Disponível em: http://goo.gl/I0BPGh. Acesso em: 07 nov. 2015.

35. Cf. art. 44, IV, do Código Civil Brasileiro, lei n. 10.406, de 10 de janeiro de 2002. Disponível em: http://goo.gl/vlFAoV. Acesso em: 05 maio 2024.

4. República Argentina

A relação entre Estado e religiões na República Argentina também foi marcada pelo Padroado – porém, o chamado Padroado espanhol. Assim como no Brasil, esta relação foi pendular ao longo da história, mas, por força de Acordo[36] com a Santa Sé e pela própria cultura enraizada no país, permanecem em sua Constituição dispositivos que privilegiam a Igreja Católica em detrimento de outras instituições religiosas.

Além de invocar a proteção de Deus no preâmbulo, a Constituição declara expressamente que “o governo federal apoia o culto apostólico católico romano.”[37] Esse dispositivo já foi tema de muita discussão no Poder Judiciário argentino e a Suprema Corte entendeu que o termo “apoio” é, de fato, uma obrigação estatal de apoiar a Igreja Católica, inclusive economicamente.

Assim, algumas leis disciplinam essa relação entre Estado e Igreja Católica, como a Lei 22.950 de outubro de 1983, que determina que o governo federal contribua para a formação do clero.[38]

> ARTÍCULO 1º - El Gobierno Nacional contribuirá a la formación del Clero Diocesano, para lo cual los Señores Obispos residenciales o quienes hagan canónicamente sus veces percibirán en concepto de sostenimiento mensual por cada alumno de nacionalidad argentina del Seminario Mayor perteneciente a la propia jurisdicción eclesiástica, el equivalente al monto que

36. Acordo Argentina/Santa Sé. Disponível em: <https://www.vatican.va/roman_curia/secretariat_state/archivio/documents/rc_seg-st_19661010_santa-sede-rep-argent_sp.html >. Acesso em: 05 maio 2024.

37. ARGENTINA. Constitución de la nación argentina de 1853. Artículo 2º. Disponível em: https://www.casarosada.gob.ar/nuestro-pais/constitucion-nacional. Acesso em: 07 maio 2024.

38. ARGENTINA. Ley 22.950, de 1983. Culto: Clero Diocesano - regimen de sostenimiento Iglesia Católica. Disponível em: https://www.argentina.gob.ar/normativa/nacional/ley-22950-196519. Acesso em: 07 maio 2024.

corresponda a la Categoría 10 del Escalafón del Personal Civil de la Administración Pública Nacional.

Apesar desse viés confessional, o Estado Argentino garante constitucionalmente a liberdade de se praticar qualquer religião e, nos últimos vinte anos, a jurisprudência da Suprema Corte Argentina tem defendido ostensivamente a liberdade religiosa.[39]

Diferentemente do Brasil, a Constituição da Argentina não dispõe sobre imunidade tributária religiosa; o ordenamento infraconstitucional é que traz as isenções fiscais. A Lei de Imposto de Renda prevê em seu art. 20, alínea "e" que os lucros das instituições religiosas são isentos de imposto de renda, mas, para tanto, precisam do Certificado de Isenção de Imposto de Renda emitido pela Receita Federal.[40-41]

Além disso, a lei possibilita a dedução de até 5% do lucro líquido, do respectivo exercício fiscal, em razão de doações feitas ao tesouro nacional, provincial ou municipal, ao Fundo Partidário Permanente, aos partidos políticos reconhecidos e às instituições religiosas.[42]

Como também há repartição de competências – tributos instituídos pelo governo federal, pelas províncias e pelos municípios – cabe cada um destes entes dispor sobre a

---

39. SANTIAGO, A. La jurisprudencia de la Corte Suprema argentina en materia de libertad religiosa: Principales fallos dictados a lo largo de las distintas etapas de la historia del máximo tribunal (1863–2020). Disponível em: https://iws.gov.pl/wp-content/uploads/2021/05/ALFONS1.pdf. Acesso em: 13 maio 2024.

40. ARGENTINA. Ley 20.628, de 1973. Ley de Impuesto a las Ganancias. Disponível em: https://www.argentina.gob.ar/normativa/nacional/ley-20628-17699. Acesso em: 07 maio 2024.

41. ARGENTINA. Resolución General Conjunta 4573/2019. Secretaria de Culto. Disponível em: https://www.argentina.gob.ar/normativa/nacional/resoluci%C3%B3n-4573-2019-327914 Acesso em: 07 maio 2024.

42. Inciso c, Ley 20.628, de 1973. Ley de Impuesto a las Ganancias. Disponível em: https://www.argentina.gob.ar/normativa/nacional/ley-20628-17699. Acesso em: 07 maio 2024.

isenção tributária religiosa. O Código Fiscal da Província de Buenos Aires, por exemplo, estipula isenções aos templos religiosos, desde que reconhecidos pela autoridade competente como tais.[43]

5. Espanha

A estreita relação entre Estado e as religiões durou vários séculos, principalmente, a relação estreita entre a Espanha a Igreja Católica. Porém, a Espanha viveu diversos momentos históricos os quais não é objeto deste estudo, que culminaram na atual relação entre o Estado espanhol e as religiões.

A atual Constituição espanhola declara expressamente o direito à liberdade ideológica, religiosa e de culto; dispõe que o Estado é não confessional, mas mantém relação de cooperação com a Igreja Católica (art.16).[44]

Nos ensina o Relatório: Liberdade Religioso no Mundo (2023).[45]

> O artigo 16.º da Constituição da Espanha[46] de 1978 garante a liberdade de religião e de culto. Este direito fundamental é regulamentado pela Lei Orgânica 7/1980 sobre a Liberdade Religiosa, bem como por outras leis e decretos setoriais.[47]

---

43. ARGENTINA. Ley 10.397, de 1986 - Código Fiscal. Disponível em: https://www.argentina.gob.ar/sites/default/files/infoleg/klmnoprs-tuvw-leyp-rovb-1110397f1pdf%20name%3AB1110397F1.PDF.pdf. Acesso em: 07 maio 2024.

44. ESPANHA. Constitución española, 1978. Disponível em: https://www.senado.es/web/conocersenado/normas/constitucion/index.html. Acesso em: 07 maio 2024.

45. ACN – Ajuda à Igreja que Sofre, "Relatório de Liberdade Religiosa no Mundo 2022". Disponível em: https://www.acn.org.br/espanha/. Acesso em: 07 maio 2024.

46. Spain 1978 (rev. 2011), Constitute Project, https://www.constituteproject.org/constitution/Spain_2011?lang=en (acessado em 6 de janeiro de 2023).

47. Salvo indicação em contrário, nas respectivas notas de fim de página, todas as informações sobre as leis e decretos que regulam a liberdade religiosa foram retiradas de: Miguel Rodríguez Blanco, "Código de Libertad Religiosa", Boletín Oficial

Entre estes últimos contam-se o Real Decreto 2/2015, de 23 de outubro, que revê a Lei do Estatuto dos Trabalhadores (artigos 4.º, 17.º e 54.º); a Lei Orgânica 1/1996, de 15 de janeiro, sobre a Proteção Jurídica dos Menores, que altera parcialmente o Código Civil e o Código de Processo Civil (artigos 2.º, 3.º, 6.º e 9.º-D); a Lei Orgânica 3/2018, de 5 de dezembro, sobre a Proteção de Dados Pessoais e Garantia dos Direitos Digitais (artigo 9.º); a Lei Orgânica 4/2000, de 11 de janeiro, sobre os Direitos e Liberdades dos Estrangeiros na Espanha e a sua Integração Social (artigos 3.º, 23.º e 41. 1.h); a Lei Orgânica 9/2011, de 27 de julho, sobre os Direitos e Deveres dos Membros das Forças Armadas (artigos 4.º e 9.º); o Real Decreto 2001/1983, de 28 de julho, sobre o Regulamento das Horas de Trabalho, Dias Especiais de Trabalho e Intervalos (artigo 45.º); e o Real Decreto 684/2010, de 20 de maio, que aprova o Regulamento de Honras Militares (quarta disposição adicional).

A Espanha faz parte de vários tratados internacionais que protegem a liberdade de religião, como a Declaração Universal dos Direitos do Homem (artigo 18.º), o Pacto Internacional sobre os Direitos Civis e Políticos (artigo 18.º), a Convenção das Nações Unidas sobre os Direitos da Criança (artigo 14º), a Convenção Europeia dos Direitos do Homem (artigo 9.º), a Carta dos Direitos Fundamentais da União Europeia (artigo 10.º), e a Carta Social Europeia (revista) (artigos 21.º, 22.º, 24.º e E).

A Espanha tem acordos com diferentes grupos religiosos. Assinou uma série de tratados internacionais com a Santa Sé, em nome da Igreja Católica, sobre as nomeações episcopais e a igualdade de todos os cidadãos perante a lei, incluindo o clero e os religiosos; sobre questões jurídicas; assuntos econômicos, educativos e culturais; reconhecimento de estudos não relacionados com a Igreja realizados em universidades católicas; assistência religiosa nas Forças Armadas e serviço militar de clérigos e religiosos, bem como sobre questões de interesse comum na Terra Santa.

O ano de 2022 marca o 30.º aniversário das leis que o Governo espanhol assinou com as outras religiões do país, a Lei 24/1992 com a Federação das Entidades Religiosas Evangélicas da Espanha, a Lei 25/1992 com a Federação das Comunidades Judaicas da Espanha e a Lei 26/1992 com a Comissão Islâmica da Espanha.

Outras leis que afetam a liberdade religiosa são a Lei Orgânica 1/2002 sobre o Direito de Associação, de 22 de março; a Lei 50/2002,

---

del Estado (BOE), Edición actualizada a 5 de abril de 2024. Disponível em: https://www.boe.es/biblioteca_juridica/codigos/codigo.php?id=104_Codigo_de_Libertad_Religiosa&modo=2. Acesso em: 07 maio 2024.

de 26 de dezembro, sobre fundações; o Real Decreto 589/1984, de 8 de fevereiro, sobre as Fundações Religiosas da Igreja Católica; o Real Decreto 1384/2011, de 14 de outubro, que aplica o artigo 1.º do Acordo de Cooperação do Estado com a Comissão Islâmica da Espanha; o Real Decreto 932/2013, de 29 de novembro, que regulamenta a Comissão Consultiva para a Liberdade Religiosa; o Real Decreto 593/2015, de 3 de julho, sobre o enraizamento dos grupos religiosos na Espanha; o Real Decreto 594/2015, de 3 de julho, que regulamenta o Registro de Entidades Religiosas, completado pela Resolução de 3 de dezembro de 2015, da Direção-Geral de Cooperação Jurídica Internacional e Relações com as Religiões, sobre a inscrição de entidades católicas no Registro de Entidades Religiosas, e pela Diretiva de 4 de junho de 2014 emitida pela Direção-Geral de Cooperação Jurídica Internacional e Relações com as Religiões, que estabelece determinados procedimentos em relação ao Registro de Entidades Religiosas.

Sempre que as circunstâncias possam dificultar o acesso à assistência religiosa, o Governo espanhol facilitará a sua prestação. Isto inclui as prisões, ao abrigo da Ordem de 24 de novembro de 1993, baseada no Acordo sobre a assistência religiosa católica nas prisões, e do Decreto Real 710/2006, de 9 de junho, para a assistência religiosa evangélica, judaica e islâmica nas prisões; nos hospitais, ao abrigo da Ordem de 20 de dezembro de 1985, baseada no Acordo sobre a assistência religiosa católica nos hospitais públicos; nos centros de detenção juvenil, ao abrigo do Real Decreto 1774/2004, de 30 de julho, que aprova o Regulamento da Lei Orgânica 5/2000, de 12 de janeiro, que regula a responsabilidade penal dos menores (artigos 39.º e 41.º), e nos centros de detenção para estrangeiros, ao abrigo do Real Decreto 162/2014, de 14 de março, que aprova o regulamento de funcionamento e o regime interno dos centros de detenção para estrangeiros (artigo 45.º).

Na Espanha, a Lei nº 49/2002 também dispõe de um regime tributário especial às organizações religiosas e de assistência social. Ao optar por este regime poderão gozar de várias isenções enumeradas na lei: imposto sobre rendimentos provenientes de exploração econômica, desde que desenvolvidas em conformidade com o seu objeto ou finalidade específica; imposto sobre as doações e donativos recebidos para colaborar nos fins da entidade; imposto sobre a renda proveniente do patrimônio móvel e imobiliário da entidade, tais como dividendos e participações nos lucros de empresas, juros, royalties e rendas; imposto sobre os rendimentos derivados de aquisições ou transferências, a qualquer título, de bens ou direitos, incluindo os obtidos por ocasião da dissolução e liquidação da entidade etc.[48]

Enfim, dado tal contexto, a Espanha mantém acordo com diversas religiões, entre elas a Igreja Católica, com as Entidades Religiosas Evangélicas, com a Comunidade Judaica e com a Comissão Islâmica da Espanha.

6. Itália

A Constituição Italiana[49] em seus arts.7º e 8º preveem que Estado e Igreja Católica são instituições independentes e soberanas, sendo a relação entre eles regulada pelo Tratado de Latrão (Tratado de Santa Sé), bem como todas as confissões religiosas são igualmente livres perante a lei. No mesmo sentido, o art.19 dispõe:

> Todos têm direito de professar livremente a própria fé religiosa em qualquer forma, individual ou associada, de propagá-la e de praticar privada ou publicamente o seu culto, desde que não se trate de ritos contrários aos bons costumes.

Claramente, essa menção específica à Igreja Católica se dá em razão da influência desta sobre a Itália, especialmente porque a história de Roma se confunde com a história da Igreja. Roma foi a capital dos Estados Papais (território central da península da Itália), governados pelo Papa. Na Idade Média, as terras foram doadas à Igreja pelo Rei, mas com a criação do Reino de Itália, o governo italiano

48. ESPANHA. Ley 49 de 2002. Régimen fiscal de las entidades sin fines lucrativos y de los incentivos fiscales al mecenazgo. Disponível em: https://www.boe.es/buscar/act.php?id=BOE-A-2002-25039. Acesso em: 05 jul. 2024.

49. Constituição da República Italiana. Disponível em: https://www.senato.it/sites/default/files/media-documents/COST_PORTOGHESE.pdf. Acesso em: 05 maio 2024.

travou uma disputa com o Papa a fim de reconquistar o território. Esse conflito – Questão Romana - só teve fim em 1929, com o referido Tratado de Latrão.

Por este tratado, a Itália reconheceu formalmente o Vaticano como Estado soberano, cuja autoridade é o Papa, e a Santa Sé reconheceu Roma como capital da Itália, renunciando os territórios que havia recebido mediante indenização. Fazia parte deste tratado também a Concordata de 1929, que legitimava o catolicismo como religião oficial do Estado Italiano: "A Itália reconhece e reafirma o princípio consagrado no art. 1º do Estatuto do Reino 4 de março 1848, em que a religião católica, apostólica e romana é a única religião do Estado."[50]

Em 1947, a assembleia constituinte elaborou a Constituição italiana, que entrou em vigor no ano seguinte, incorporando o Tratado de Latrão e a Concordata de 1929. Mais tarde, o texto da Concordata foi substituído pelo Acordo de Villa Madama de 1984, que reafirmou a soberania tanto do Estado quanto da Igreja, e deixou de prever a religião católica como a oficial do Estado, tornando a Itália, então, um Estado laico.

Em que pese o processo de laicidade do Estado italiano não tenha sido linear, atualmente, o texto constitucional garante a liberdade religiosa, não determina religião oficial, mas apresenta os reflexos da influência da Igreja Católica na construção do ordenamento jurídico. De outro modo, a jurisprudência do Tribunal Constitucional há anos vem reafirmando o direito à liberdade religiosa, em todas as suas vertentes, para todas as religiões.

---

50. ITÁLIA. Esecuzione del Trattato, dei quattro allegati annessi e del Concordato, sottoscritti in Roma, fra la Santa Sede e l'Italia, l'11 febbraio 1929. Disponível em: https://presidenza.governo.it/USRI/ufficio_studi/normativa/L.810_27.05.1929.pdf/. Acesso em 05 maio 2024.

No âmbito tributário, o art. 20 da Constituição veda o Estado de dispensar tratamento desfavorável ou discriminatório a associações ou entidades religiosas, não podendo prejudicá-las com medidas fiscais.[51] Trata-se dos princípios da igualdade e da liberdade de associação, que preconiza que as instituições religiosas não podem receber tratamento diferente ou mais oneroso do que os organismos não religiosos.

A Constituição também traz a repartição de competências entre as províncias, municípios, cidades e regiões, sendo que todos "têm autonomia financeira em relação às receitas e às despesas, respeitando o equilíbrio dos próprios orçamentos, e contribuindo para garantir o cumprimento dos vínculos econômicos e financeiros derivantes do ordenamento da União Europeia."[52]

Na esfera infraconstitucional, existem diversas leis que disciplinam as isenções fiscais das quais as entidades religiosas podem se beneficiar. O Decreto 601 de 1973, por exemplo, reduz pela metade o imposto sobre renda das "pessoas coletivas" (sociedade anônima, sociedade coletiva, cooperativa etc.) desde que preencham dois requisitos: tenham personalidade jurídica e tenham por finalidade assistência social, caridade, desenvolvimento científico e/ou educacional.[53]

Destaca-se que o decreto não concede isenção para entidades religiosas em si, mas, na prática, muitas se beneficiam porque possuem personalidade jurídica e desenvolvem estas atividades mencionadas. É o que está na Circular nº 15/E de 2022: a concessão da isenção prevista no art.6º do Decreto 601/1973 não se baseia em critério meramente subjetivo, ou seja, não basta ser uma dessas entidades, é

51. ITÁLIA. Costituzione italiana edizione in lingua portoghese. Roma: 2018.

52. Ibidem.

53. ITÁLIA. Decreto nº 601, 29 settembre 1973.

necessário também que ela desenvolva uma daquelas atividades para que se justifique a isenção. [54]

Interessante ressaltar que boa parte da legislação sobre isenção tributária religiosa tem natureza de acordo bilateral, principalmente entre o Estado e a Igreja Católica. Esta é, inclusive, uma crítica que a doutrina faz ao ordenamento jurídico italiano:

> Esse modelo, baseado na celebração de acordos bilaterais entre o Estado italiano e as confissões religiosas, era apropriado para o período histórico durante o qual a CRI viu a luz (1947), em que as realidades confessionais em Itália se limitavam essencialmente à Igreja Católica, a alguns grupos protestantes e às comunidades hebraicas. Hoje, pelo contrário, estão presentes no país inúmeros grupos religiosos, frequentemente de tipo congregacional, não integrados em uma estrutura hierárquica e sem uma entidade nacional que os represente, tornando-se, assim, impossível a celebração de um correspondente número de acordos bilaterais, que fragmentariam o tecido normativo e fomentariam a proliferação de privilégios. Apesar de não responder satisfatoriamente às novas exigências de liberdade e igualdade reclamadas por uma porção cada vez mais considerável da sociedade, esse sistema bilateral mantém-se em vigor. [55]

Mesmo quando não se trata de acordos bilaterais, a legislação ainda menciona especificamente à Igreja Católica. É o caso da Lei nº 128/2012 – que regulamenta as relações entre Estado e Igreja Apostólica na Itália, implementando o art. 8º, § 3º na Constituição -, da Lei 222/1985 – disciplina os bens eclesiásticos na Itália e o sustento do clero – e do próprio Decreto 601 de 1973, que prevê isenções de várias espécies, como isenções agrícolas e de operações de crédito, mas quando dispõe sobre as isenções subjetivas refere-se isoladamente à Santa Sé.

---

54. ITÁLIA. Circolare nº 15/E. Riduzione a metà dell'aliquota IRES ex articolo 6 del d.P.R. 29 settembre 1973, nº 601.

55. ARGIOLAS, Davide. A liberdade religiosa em itália: vinho novo em odres velhos. Espaço Jurídico Journal Of Law, Chapecó, vol. 15, n. 02, p. 363-386, jul./dez. 2014.

7. Estados Unidos da América

Os Estados Unidos da América foram um dos primeiros países a solidificar a ideia de separação entre o Estado e as religiões. Nos Estados Unidos, o separatismo é entendido como garantia de liberdade; por isso, o poder público se declara incompetente para determinar de algum modo a religião ou a confissão dominante. Um exemplo claro está presente já na primeira emenda constitucional americana, que proíbe tanto o estabelecimento de uma religião como a proibição de seu exercício. A Constituição americana não é laicista nem oposta à religião, ou seja, existe nela a ideia concreta da liberdade e da tolerância religiosa.[56]

Pode-se dizer que os Estados Unidos da América já em sua gênese de constituição como Estado foi um dos principais países que melhor tratou as temáticas trazidas pelos contratualistas, sobretudo no que diz respeito à tolerância, ao laicismo e à liberdade religiosa.

Desde muito cedo, os americanos aprenderam que a liberdade religiosa era um fator primário para a união do Estado, mas, para isso, haveria de promover e se ensinar a cultura da tolerância, divergindo um pouco do conceito dos contratualistas, uma vez que todos pregavam a tolerância, mas o limite era a vontade do soberano ou a paz e a ordem civil.

Além disso, os americanos laicos consideravam que a profissão de fé era uma das características do próprio ser, homem no mundo, ou seja, o homem também era direcionado por suas convicções e, assim, por meio dela, colaboraria diretamente na construção do mundo e da sociedade. Os americanos, apoiados nas ideias da reforma protestante e impulsionados pelo "Liberalismo", não a nível moral, mas principalmente econômico, construíram sua nação

56. PRIETO, Vicente. *Relaciones Iglesia-Estado:* La perspectiva del Derecho canónico. Salamanca: Publicaciones Universidad Pontificia de Salamanca, 2005, p. 42.

fundamentados na liberdade e na fé "cristã" tolerante aos demais credos.

Esse pioneirismo refletiu nas legislações locais, que tão cedo – comparado aos outros países – dispuseram sobre isenção tributária religiosa. Como exemplo, pode-se citar a Declaração de Direitos do Povo da Virgínia – considerada a primeira declaração moderna de direitos – é um documento que precede a Independência dos Estados Unidos, mas já apresenta um rol de direitos individuais limitando o poder do Estado.

Em seu art.18, prevê a liberdade de religião e de culto, que não podia "ser embaraçado nem punido pelo magistrado, a menos, que, sob pretexto de religião, ele perturbe a paz ou a segurança da sociedade."[57]

Após a declaração de independência das treze colônias (1776), a Virgínia continuou sendo precursora neste tema, instituindo isenção de impostos sobre a propriedade das "casas de adoração divina". Depois, Nova Iorque e o Distrito de Columbia (D.C.) adotaram a mesma medida.

Justamente por não mencionar expressamente se a Igreja poderia intervir oficialmente nas decisões políticas, foi editada a primeira emenda constitucional, em 1791, que trouxe a "*Establishment Clause*", vedando o Estado estabelecer uma religião oficial ou dar preferência a uma dada religião, bem como criar qualquer lei que proíba a liberdade religiosa.[58]

Hoje, mesmo com as 27 emendas, a Constituição é uma Carta sintética, logo não trata das imunidades tributárias; este assunto fica a cargo da legislação infraconstitucional.

---

57. Declaração de Direitos do Povo da Virgínia, 12 de junho de 1776. Disponível em: https://www.archives.gov/founding-docs/virginia-declaration-of-rights. Acesso em: 13 maio 2024.

58. ESTADOS UNIDOS DA AMÉRICA. Constituição Dos Estados Unidos, 1787. Disponível em: https://www.archives.gov/founding-docs/constitution-transcript.

Assim, a seção 501(c)(3) do "*Internal Revenue Code*" (IRC), traz uma lista de entidades isentas do imposto de renda (imposto federal), sendo vedado a estas entidades participar de campanhas políticas: corporações, fundos ou fundações comunitárias, que desenvolvem atividades exclusivamente religiosas, científicas, esportivas, literárias, educacionais, de caridade ou para proteção aos animais, desde que nenhuma parte dos lucros líquidos seja revertida em benefício de qualquer acionista privado ou indivíduo em particular.[59]

As doações feitas por particulares às entidades de caridade (sentido amplo) também são deduzidas do imposto de renda, nos termos da seção 170(c)(2)(B) do IRC.[60]

Vale ressaltar que a legislação não exige que as entidades religiosas tenham um registro específico para que obtenham a isenção fiscal; aquelas que atendem aos requisitos da seção 501(c)(3) são automaticamente consideradas isentas. Porém, se estas entidades desejarem receber doações de particulares que, por sua vez, queiram dedução no imposto de renda, elas precisam estar formalmente reconhecidas.

Quanto ao imposto sobre a propriedade – *tax property*, similar ao IPTU – é de competência de cada estado instituir as isenções e discipliná-las, embora caiba as cidades e aos condados recolherem o tributo. Em alguns estados, existem as chamadas "*Property tax exemptions and deferrals* – isenções e diferimentos de impostos sobre a propriedade" – do *tax property* sobre os bens móveis e imóveis de organizações religiosas desde que sejam utilizados apenas para as atividades-fim da instituição.

---

59. ESTADOS UNIDOS DA AMÉRICA. Int. Rev. Code of 1954, § 501(c) (3). Disponível em: https://www.govinfo.gov/content/pkg/STATUTE-68/pdf/STATUTE-68A-Pg1.pdf. Acesso em: 13 maio 2024.

60. ESTADOS UNIDOS DA AMÉRICA. Int. Rev. Code of 1954, § 170(c)(2)(B). https://www.govinfo.gov/content/pkg/STATUTE-68/pdf/STATUTE-68A-Pg1.pdf. Acesso em: 13 maio 2024.

Além disso, as organizações religiosas podem emprestar ou alugar a sua propriedade isenta para organizações sem fins lucrativos ou escolas, para que estas realizem eventos pontuais e beneficentes. Entretanto, qualquer receita proveniente de aluguel ou doações recebidas em razão do empréstimo não pode exceder as despesas de manutenção e operação da parte do imóvel que está sendo emprestada ou alugada.

A isenção tributária religiosa já foi duramente criticada e teve sua constitucionalidade questionada inclusive por Presidentes que passaram pelo governo norte-americano. Para estes críticos, beneficiar as organizações religiosas com isenção fiscal é uma forma do Estado subsidiar religiões, indo de encontro ao que reza a Primeira Emenda Constitucional. Ademais, ao desonerar essas entidades, o Estado cria um *défict* na receita que obriga a população, incluindo as pessoas sem religião, a suportá-lo.

Esses argumentos nunca foram acolhidos pela Suprema Corte. No caso Walz contra o Fisco da Cidade de Nova York (1970),[61] a Corte decidiu que o objetivo da lei que cria isenções fiscais não é patrocinar religiões, pelo contrário, é promover o pluralismo religioso, a liberdade de culto e ajudar na criação e manutenção de importantes entidades sociais que sem essa isenção talvez não existiriam.

Além disso, a Corte afirmou que isenções tributárias às organizações religiosas não violam a laicidade do Estado, pois o laço que se cria entre Igreja e Estado é mínimo, até menor do que se houvesse tributação sobre as organizações religiosas.

---

61. ESTADOS UNIDOS DA AMÉRICA. Supreme Court: Walz v. Tax Comm'n of City of New York, 397 U.S. 664 (1970). Disponível em: https://supreme.justia.com/cases/federal/us/397/664/. Acesso em: 13 maio 2024.

8. Japão

Diferentemente de todos os países estudados até aqui, o Estado japonês se desenvolveu sob a influência de uma cultura ocidental,. Durante o século XVI, Portugal até tentou introduzir o cristianismo no Japão, chegando a converter um número expressivo de japoneses, inclusive de famílias tradicionais. Mas, o governo impôs resistência e expulsou os missionários portugueses.

Atualmente, 46,8% da população japonesa é adepta ao xintoísmo, e 46,4% ao budismo,[62] e vive sob a Constituição de 1947, que assegura um Estado laico com liberdade religiosa:

> Artigo 20. A liberdade religiosa é garantida a todos. Nenhuma organização religiosa deverá receber qualquer privilégio do Estado nem exercer qualquer autoridade política. Nenhuma pessoa será obrigada a se associar de qualquer ato religioso, celebração, ritual ou prática. O Estado e seus órgãos deverão se abster de qualquer educação religiosa ou qualquer atividade religiosa.[63]

A Constituição também prevê, em seu art. 89, que "nenhum bem ou verba pública deverá ser despendido ou apropriado para o uso, benefício ou manutenção de qualquer instituição ou associação religiosa, ou qualquer instituição beneficente ou educacional que não esteja sob o controle da autoridade pública."

Estes dispositivos, no entanto, não impedem que essas instituições sejam beneficiadas com isenções fiscais. E, de fato, é o que ocorre. Na legislação infraconstitucional, o Japão concede isenções fiscais à diversas entidades, inclusive às pessoas que querem contribuir financeiramente.

62. US. DEPARTMENTO OF STATE. 2022 Report on International Religious Freedom: Japan. Disponível em: https://www.state.gov/reports/2022-report-on-international-religious-freedom/japan. Acesso em: 13 maio 2024.

63. JAPÃO. Constituição do Japão, 1947. Disponível em: https://www.br.emb-japan.go.jp/cultura/constituicao.html. Acesso em: 13 maio 2024.

A "Lei do imposto de renda" dispõe sobre os limites de doações que um particular (pessoa física ou jurídica) pode fazer a estas instituições com a respectiva dedução de imposto. Uma pessoa física, por exemplo, pode ter redução de até 40% em seu imposto de renda. [64]

A legislação classifica as entidades em: Associações e Fundações; Associações e Fundações de Interesse Público; Corporações Especiais sem Fins Lucrativos (SNCs) e Organizações de Interesse Público ("Article 34 Organizations").

Todas essas entidades visam à promoção de atividades de interesse público, porém, seguem regimes jurídicos e fiscais distintos.

A Lei nº 49 de 2006 regulamenta as Associações e Fundações de Interesse Público - organizações privadas que desempenham atividades de interesse público, inclusive religiosas -, determinando que tais entidades devem ter autorização da Comissão de Corporações de Interesse Público para que estejam aptas a receber isenções fiscais, bem como os doadores que desejam ajudá-las consigam fazer a dedução tributária. [65]

Já as "*Specified Nonprofit Corporations*" (SNCs), que também desenvolvem atividades de interesse público, não têm fins lucrativos, também são beneficiadas com isenção tributária, mas, conforme a Lei nº 7 de 1998, não podem ter o objetivo de educação religiosa, disseminar crenças e realizar cerimônias; são destinadas à promoção da ciência, tecnologia, cultura, esporte, turismo, igualdade de gênero, proteção ao consumidor etc.[66]

---

64. JAPÃO. Act nº. 33 of 1965: Income Tax Act. Section 4: article 78. Disponível em: https://www.japaneselawtranslation.go.jp/en/laws/view/3120/en. Acesso em: 13 maio 2024.

65. JAPÃO. Act nº 49 of 2006: Act on Authorization of Public Interest Incorporated Associations and Public Interest Incorporated Foundations. Disponível em: https://www.japaneselawtranslation.go.jp/en/laws/view/3762/en. Acesso em: 13 maio 2024.

66. JAPÃO. Act nº 7 of 1998: Act on Promotion of Specified Non-profit Activities. 1998. Disponível em: https://www.japaneselawtranslation.go.jp/en/laws/view/3028/

Quanto às organizações religiosas, elas são consideradas "Corporações Religiosas", estas estão inseridas no conceito de Corporações de Interesse Público do art. 34 do Código Civil:

> Uma associação ou fundação sem fins lucrativos que esteja envolvida em atividades acadêmicas, artísticas, beneficentes, religiosas ou qualquer outro assunto de interesse público poderá ser constituída como pessoa jurídica com a permissão do órgão governamental competente.[67] (tradução nossa)

De acordo com o art. 2º da Lei das Corporações Religiosas, estas, sim, possuem objetivo principal disseminar ensinamentos religiosos, realizar cerimônias e doutrinar fiéis.[68] São templos, conventos, mosteiros ou qualquer estabelecimento onde se realize cultos – "casa de cultos".

As corporações religiosas são isentas de impostos corporativos, de imposto sobre a propriedade de seus templos, bem como da renda proveniente de ofertas monetárias. Assim, dispõe o art. 84 da referida lei que no caso de se de promulgar, alterar ou revogar leis e regulamentos relativos a impostos e outros encargos públicos sobre corporações religiosas, ou no caso de realização de investigação, deve-se respeitar as características e costumes religiosos, dispensando especial atenção a fim de não prejudicar a liberdade religiosa.

---

en#:~:text=Article%201The%20purpose%20of,specified%20non%2Dprofit%20activities%20that. Acesso em: 13 maio 2024.

67. JAPÃO. Act nº 89 of 1896: Civil Code. Disponível em: https://www.cas.go.jp/jp/seisaku/hourei/data/CC4.pdf. Acesso em: 13 maio 2024.

68. JAPÃO. Act nº 126 of 1951: Religious Corporations Act. Disponível em: https://www.japaneselawtranslation.go.jp/en/laws/view/3898/en. Acesso em: 13 maio 2024.

Conclusão

Observamos ao longo do texto que o modelo tributário na relação entre os Estados e as religiões não é uniforme, cada país, em diferentes momentos históricos, aborda tal tema de formas distintas, por isso, para o estudo de tais questões é necessário observar a relação existente entre aquele determinado Estado e as religiões, respeitando, assim, o modelo constitucional, e a abordagem que cada um concede às religiões.

No Brasil, existe um desenvolvimento histórico no tema das imunidades tributárias que possam ser apresentados a partir do estudo das Constituições brasileiras, onde a primeira priorizava a religião católica em relação às demais religiões, até chegarmos ao modelo atual, onde existe uma colaboração entre o Estado brasileiro e as religiões, sem oferecer nenhum tipo de privilégio a nenhuma denominação religiosa.

Visando a simplificar o sistema tributário sobre o consumo e acabar com essa guerra fiscal entre os estados, a Emenda Constitucional nº 132 trouxe uma Reforma Tributária, extinguindo cinco tributos – entre eles o ICMS – e instituindo outros novos. De toda maneira, a imunidade religiosa permaneceu no texto constitucional, sendo assim, a imunidade foi ampliada e recai sobre as "entidades religiosas e templos de qualquer culto, inclusive suas organizações assistenciais e beneficentes".

Nos demais países, estudados, observamos que embora exista, de forma geral, uma separação entre as religiões e os Estados, encontramos modelos nos quais as organizações religiosas são apresentadas como uma espécie de organizações assistenciais e beneficentes, outras, em virtude do direito à liberdade religiosa, tais organizações possuem imunidades tributárias presentes no texto Constitucional, e por fim, modelos onde apesar da suposta laicidade do

Estado, determinadas religiões ainda são privilegiadas em detrimento de outras instituições religiosas.

Portanto, o tema das imunidades tributárias das organizações religiosas é bastante complexo e interessante, que não se resume na ideia de privilégio, ou espécie de benevolência dos Estados, considerando que as organizações religiosas possuem atuação direita na proteção dos direitos fundamentais, tais imunidades permitem que essas entidades atuem diretamente como parceiras dos Estados em vista da proteção dos direitos dos cidadãos.

Referências

ACN – Ajuda à Igreja que Sofre, "Relatório de Liberdade Religiosa no Mundo 2022". Disponível em: https://www.acn.org.br/espanha/. Acesso em: 07 maio 2024.

ARGENTINA, Acordo Argentina/Santa Sé. Disponível em: <https://www.vatican.va/roman_curia/secretariat_state/archivio/documents/rc_seg-st_19661010_santa-sede-rep-argent_sp.html >. Acesso em: 05 maio 2024.

___________. Constitución de la nación argentina de 1853. Artículo 2º. Disponível em: https://www.casarosada.gob.ar/nuestro-pais/constitucion-nacional. Acesso em: 07 maio 2024.

___________. Ley 20.628, de 1973. Ley de Impuesto a las Ganancias. Disponível em: https://www.argentina.gob.ar/normativa/nacional/ley-20628-17699. Acesso em: 07 maio 2024.

___________. Ley 22.950, de 1983. Culto: Clero Diocesano - regimen de sostenimiento Iglesia Católica. Disponível em: https://www.argentina.gob.ar/normativa/nacional/ley-22950-196519. Acesso em: 07/05/2024.

ARGIOLAS, Davide. A liberdade religiosa em itália: vinho novo em odres velhos. Espaço Jurídico Journal Of Law, Chapecó, vol. 15, n. 02, p. 363-386, jul./dez. 2014.

BAUBÉROT, J.; MILOT, M. 2010. Laïcités sans frontières. Paris: Seuil.

BARROSO, Luís Roberto. Tutela e efetividade do direito constitucional à liberdade. Revista do Ministério Público / Ministério Público do Estado do Rio de Janeiro, n. 13, p. 215-230, jan./jun. 2001.

BLANCO, Miguel Rodríguez Blanco. "Código de Libertad Religiosa". Boletín Oficial del Estado (BOE), Edición actualizada a 5 de abril de 2024. Disponível em: https://www.boe.es/biblioteca_juridica/codigos/codigo.php?id=104_Codigo_de_Libertad_Religiosa&modo=2. Acesso em: 07/05/2024.

BRASIL. Acordo Brasil/Santa Sé – Decreto n. 7.107, de 11 de Fevereiro de 2010. Disponível em: <http://goo.gl/Q66pIR>. Acesso em: 05 maio 2024.

___________. Constituição da República dos Estados Unidos do Brasil de 24 de fevereiro de 1891. Disponível em: http://goo.gl/4erJmu. Acesso em: 04 maio 2024.

___________. Constituição Política do Império do Brasil, de 25 de março de 1824. Disponível em: http://www.planalto.gov.br/ccivil_03/Constituicao/Constituicao24.htm. Acesso em: 04 maio 2024.

___________. Constituição da República dos Estados Unidos do Brasil de 18 de setembro de 1946. Disponível em: http://goo.gl/EygEs5. Acesso em: 04 maio 2024.

___________. Constituição Federal do Brasil de 1967. Disponível em: https://www.planalto.gov.br/ccivil_03/constituicao/constituicao67.htm. Acesso em: 04 maio 2024

___________. Constituição da República Federativa do Brasil de 1988. Disponível em: https://www.planalto.gov.br/ccivil_03/constituicao/constituicao.htm. Acesso em: 04/05/2024.

___________. Decreto 119-A de 7 de janeiro de 1890. Disponível em: http://goo.gl/sq7f6i. Acesso em: 04 maio 2024.

___________. Supremo Tribunal Federal. Súmula Vinculante n° 52. Disponível em: https://portal.stf.jus.br/

jurisprudencia/sumariosumulas.asp?base=26&sumula=2610. Acesso em 13 maio 2024.

__________. Supremo Tribunal Federal. Recurso Extraordinário 608872. Relator Min. Dias Toffoli. 2017. Disponível em: https://portal.stf.jus.br/processos/detalhe.asp?incidente=3837900. Acesso em: 13 fev. 2024.

CASAMASSO, Marco Aurélio Lagreca. *Política e Religião:* O Estado Laico e a Liberdade Religiosa à luz do Constitucionalismo Brasileiro. 2006. 294 fl. Tese (Doutorado em Direito). Pontifícia Universidade de São Paulo, São Paulo, 2006.

DIÉGUEZ, Myriam M. Cortés; PRISCO, José San José (coords.). *Derecho Canónico II* – El derecho en la misión de la Iglesia. Madrid: Biblioteca de Autores Cristianos, 2006, pg. 357.

ESTADOS UNIDOS DA AMÉRICA. Constituição Dos Estados Unidos, 1787. Disponível em: https://www.archives.gov/founding-docs/constitution-transcript.

__________. Declaração de Direitos do Povo da Virgínia, 12 de junho de 1776. Disponível em: https://www.archives.gov/founding-docs/virginia-declaration-of-rights. Acesso em: 13 maio 2024.

ESPANHA. Constitución española, 1978. Disponível em: https://www.senado.es/web/conocersenado/normas/constitucion/index.html. Acesso em: 07 maio 2024.

__________. Ley 49 de 2002. Régimen fiscal de las entidades sin fines lucrativos y de los incentivos fiscales al mecenazgo. Disponível em: https://www.boe.es/buscar/act.php?id=BOE-A-2002-25039. Acesso em: : 05 jul. 2024.

ITÁLIA. Constituição da República Italiana. Disponível em: https://www.senato.it/sites/default/files/media-documents/COST_PORTOGHESE.pdf. Acesso em 05 maio 2024.

__________. Esecuzione del Trattato, dei quattro allegati annessi e del Concordato, sottoscritti in Roma, fra la Santa Sede e l'Italia, l'11 febbraio 1929. Disponível em:

https://presidenza.governo.it/USRI/ufficio_studi/normativa/L.810_27.05.1929.pdf/. Acesso em 05 maio 2024.

JAPÃO. Constituição do Japão, 1947. Disponível em: https://www.br.emb-japan.go.jp/cultura/constituicao.html. Acesso em: 13 maio 2024.

___________. Act nº 126 of 1951: Religious Corporations Act. Disponível em: https://www.japaneselawtranslation.go.jp/en/laws/view/3898/en. Acesso em: 13 maio 2024.

LOCKE, John. Carta Acerca da Tolerância. Coleção Os Pensadores, Abril Cultural. Trad. de Anoar Aiex, 1983.

OLIVEIRA, Oscar de. *Os dízimos eclesiásticos do Brasil:* nos períodos da colônia e do império. Belo Horizonte: UFMG, 1964.

PAULSEN, Leandro. *Curso de direito tributário.* 8. Ed. São Paulo: Saraiva, 2017.

PRIETO, Vicente. *Relaciones Iglesia-Estado*: La perspectiva del Derecho canónico. Salamanca: Publicaciones Universidad Pontificia de Salamanca, 2005.

SANTIAGO, A. La jurisprudencia de la Corte Suprema argentina en materia de libertad religiosa: Principales fallos dictados a lo largo de las distintas etapas de la historia del máximo tribunal (1863–2020). Disponível em: https://iws.gov.pl/wp-content/uploads/2021/05/ALFONS1.pdf. Acesso em: 13 maio 2024.

SILVA, Ricardo Gaiotti. *A colaboração entre Igreja e Estado no Brasil à luz da liberdade religiosa.* Dissertação (Mestrado em Direito). Pontifícia Universidade de São Paulo, São Paulo, 2016.

SOUZA, Josias Jacintho. *Separação entre Religião e Estado no Brasil:* Utopia Constitucional? 2009. 209 fl. Tese (Doutorado em Direito). Pontifícia Universidade de São Paulo, São Paulo, 2009.

TAVARES, André Ramos. *Curso de direito constitucional.* 12. ed. São Paulo: Saraiva, 2014. p. 490.

ENTIDADES LIGADAS AO SERVIÇO DE DEUS DEVEM SER IMUNES E NÃO PAGAREM TRIBUTO A CÉSAR?

Dávio Antonio Prado Zarzana[1]

Palavras-chave: Imunidade – Ser imune – estar imune – tributação - direito – impostos – taxas - contribuições – Aplicabilidade em outros países – Estados tributários – César e a imunidade – César e não incidência – templos de qualquer culto - patrimônio – serviços a terceiros – rendas diversas - dízimos diversos - Constituição atual – Constituição anterior - remunerações – dízimos - culto – serviços prestados - aposentadoria de religiosos – funções eclesiais de sociedades diversas – dinheiro em espécie – doações em cartões – serviços remunerados – presentes – alargamento de imunidades – "coisinha" ao final.

Resumo: Este trabalho trata de identificar, explicar, o que são essas Instituições, essas Organizações Religiosas, particularmente face a não pagarem tributo a César, porque, como muito ligadas ao serviço de Deus, estariam fora do alcance do "Estado – César", procurando examinar como situá-las, onde e como atuam, verificar as que não são como a sua aparência, daí tratar de como tributariamente se enquadrariam quanto a suas arrecadações financeiras e variações econômicas.

---

1. Advogado formado pela Faculdade de Direito da Universidade de São Paulo, Economista e Bacharel em Ciências Contábeis pela Associação de Ensino de Marília, Ex-Professor de Pós Graduação de Planejamento Tributário da Fundação Getúlio Vargas em São Paulo, conferencista em Direito Tributário, Participante e dirigente de vários Ministérios e Pastorais, em diversas paróquias da Diocese de Santo Amaro.

Mas será que haveria algum enquadramento de suas arrecadações e atribuições de valores, para indicar uma obrigação de recolhimento do tributo a César (aos Governos), os quais definem fatos geradores de tal abrangência e alcance, que poderiam questionar a imunidade, exigindo recolhimento de tributos diversos, pela forma de agir de tais organizações e/ou seus membros?

Passarei a responder, como primeira informação aos leitores, às duas primeiras perguntas suscitadas pelos mentores desse livro, mas antes examino as imunidades a tal tributação e ao final se existem com justiça, inclusive para quais entidades.

Mas como podemos classificar a justeza ou não, da não tributação em forma de imunidade, sabendo-se que imunidade é exclusão de qualquer campo tributário e, portanto, não se cogitaria nunca de tributar tais entidades ?

É forçoso, em consequência, explanar o que podemos compreender e incluir como atividade religiosa, atividade para mantê-la, os salários e benefícios de seus colaboradores e até receitas derivadas de arrecadação por elas auferidas.

Seria a resposta de Jesus aplicável aqui, no sentido que haveria algo que é de César e está marcado com a efígie de César, daí não havendo a aplicabilidade ampla de imunidade?

Sumário: 1. Introdução. 2. Breve panorama internacional em vários países – Imunidade? O que é devido ou não é devido a César em outros países?: 2.a Estados Unidos; 2.b Argentina; 2.c-Europa: 2.c.1 Alemanha; 2.c.2 França; 2.c.3 Áustria; 2.c.4 Dinamarca; 2.c.5 Finlândia; 2.c.6 Mundo árabe. 3. Imunidade é o mesmo que isenção, não tributação, ou alíquota 0?: 3.a Imunidade tributária e não-incidência; 3.b Imunidade tributária e alíquota zero. 4. O objeto do trabalho sobre duas perguntas do livro: 4.1 O que é Constituição anterior em verdade: 4.1.1 A Constituição de 1891; 4.1.2 Constituição de 1934; 4.1.3 Constituição de 1946; 4.1.4 Constituição de 1967, com a redação da Emenda Constitucional no 1 de 1969; 4.1.5 A Constituição de 1988 – redação original publicada; 4.1.6 A Constituição de 1988 - redação atual; 4.1.7 A Constituição de 1988 - redação atual – e as realidades tributárias. 5. A Contabilidade, as Demonstrações Financeiras. 6. Particularidades de tributos, contribuições e envolvimentos diversos. 7. Elementos não tributados por força da imunidade. 8. PIS e impostos retidos. 9. Imunidade – manutenção. 10. Complementos a tal preservação da imunidade tributária. 11. Direito Canônico. 12. Conclusão e finalmente um abuso tributário.

1. Introdução

"Dai a César o que é de César e a Deus o que é de Deus"

Qualquer movimentação financeira ou econômica é imune, quanto a tais Instituições Religiosas, consoante a Constituição Federal?

Nenhuma atividade, ou procedimento, ou mesmo ato relativo a finanças, está completamente imune de tributação?

O que seria de César e não imune? Ou como entender conexão e separação nesses tipos de entidades?

Porém para adentrar nesta análise, julgamos ser muito pertinente examinarmos a essência da palavra Imunidade.

Imunidade – quanto à exigibilidade de tributos - é estar completamente livre de ser, ter, estar, poder, fazer, sofrer, decidir, julgar, ser atingido, dever, enquadrar-se, agir, capacitar-se, no universo de pagar tributo a César?

E aqui vamos examinar isto tudo?

Diminuo a análise para o que me parece aplicável ao tema, mais precisamente o ser, estar, sofrer, ser atingido, enquadrar-se.

Primeiro, imune de *ser* é sentido forte que aponta totalmente impeditivo de ser alcançado por fato, ato, punição, ou qualquer coisa intrínseca à sua própria essência.

Ser imune em geral, por exemplo, genericamente discorrendo, é ser absolutamente inalcançável digamos por uma doença, por uma situação que se apresente de toda e qualquer forma, por leis bem tipificadas, significando não ser atingido por perigos ou incidências determinados ou determináveis.

Estar imune é estar em situação que propicia imunidade momentânea, mas existente neste momento.

Sofrer imunidade é uma condição decorrente de um ato ou fato que coloquem o ente em situação de imunidade, como recebendo, ainda que à força, tratamento tal qual vacina ou remédio que impeça totalmente de contrair algum mal.

Ou seja, sofrer exclusão peremptória e não contestável de ser atingido ou passível de enquadramento.

Portanto, aqui já contido o conceito de não poderem ser atingidas por tributação tais entidades, ou mesmo remotamente sequer enquadráveis, enquanto entidades religiosas agindo como tal, gozando de tal status.

Incluem-se quaisquer atos ou fatos, normalmente típico de tributação para qualquer outro contribuinte, para os quais é alcançado por tributo.

2. Breve panorama internacional em vários países – Imunidade? O que é devido ou não é devido a César em outros países?

2.a Estados Unidos

Em geral, as igrejas (incluindo auxiliares integrados e convenções ou associações de igrejas), que cumprem os requisitos de uma denominada Seção 501(c)(3) do Código da Receita Federal deles, são automaticamente consideradas isentas de impostos e não são obrigadas a solicitar e obter o reconhecimento do status de isenção do IRS (Receita Federal).

Ou seja, existe isenção e tributação para as que não preenchem os requisitos legais, portanto, isenção condicionada ao cumprimento da Seção 50 (c) (3), conforme descrita pelo IRS.

Interessante ressaltar que os doadores a tais organizações religiosas podem reivindicar uma dedução de caridade para doações, desde que elas atendam aos requisitos da seção 501(c)(3), mesmo que a igreja não tenha procurado nem recebido o reconhecimento do IRS, de que é isenta de impostos.

Além disso, como as igrejas e algumas outras organizações religiosas não são obrigadas a apresentar uma declaração anual ou notificação à Receita Federal, elas não estão sujeitas à revogação automática da isenção, por falta de declaração.

No entanto, muitas igrejas buscam o reconhecimento do IRS do status de *isenção* de impostos, porque esse reconhecimento fornece confiança aos líderes da igreja, membros e contribuintes, de que essa igreja é reconhecida como isenta de impostos e é elegível para receber contribuições dedutíveis de impostos.

Algumas organizações que se identificam como igrejas podem aparecer numa Lista de Revogação Automática, porque os registros da Receita Federal não as identificam como igrejas, mas sim como outro tipo de organização, que aí sim teria uma exigência de declaração anual e com eventuais valores a pagar.

Importante: Se essas organizações não conseguirem registrar declarações ou avisos anuais, por três anos consecutivos, elas aparecem na Lista de Revogação Automática, o que é, portanto, muito prejudicial às suas finanças, pois influi e muito em suas operações e benefícios de fiéis ou de terceiros.

Aqui há um César que renuncia sob condição, há fariseus que declaram primordialmente para obter benefícios para continuar recebendo dinheiro de outros, baseados todos somente no perdão de César, ou seja, justamente para não terem que pagar a César.

2.b Argentina

As rendas de organizações religiosas são isentas de tributação, assim como todas as entidades de benefício público, o que engloba certas instituições que ainda que não promovendo em profundidade uma religião, têm valores voltados para o que prega a Igreja.

As entidades religiosas são consideradas não lucrativas e por isso, baseadas nesta premissa, podem desfrutar de benefícios e incentivos fiscais diversos.

Aqui César não quer mesmo tributo a ele provenientes destas organizações.

2.c-Europa:

2.c.1 Alemanha

Na Alemanha, o imposto religioso ainda é obrigatório.

A Alemanha cobra um imposto sobre a Igreja (em alemão: Kirchensteuer), sobre seus membros, para todas as religiões com status público que decidiram participar deste sistema (principalmente a Igreja Católica Romana e a Igreja Protestante).

Quanto a comunidades menores: para judeus se determina um imposto de culto, mas o método de percepção é o mesmo.

A César o que César ordena taxativamente e assim fica sendo mesmo dele, sem discussões ou dúvidas.

2.c.2-França:

O Imposto religioso foi abolido por um Decreto em 11/09/1789, que tratou da supressão do que se denominava "dîme" – (dízimo) determinando-se pagar tipo 10% do que se produzia, ganhava e lucrava com atividades geradoras de renda.

Na França, a Igreja Católica não recebe qualquer subsídio do Estado ou das autoridades locais (com exceção das dioceses ditas «concordatárias» de Estrasburgo e Metz).

Os recursos das dioceses vêm da generosidade dos fiéis. Os bens da Igreja destinam-se ao cumprimento da sua missão, foram edificados por gerações sucessivas e são mantidos e renovados com vistas à ação pastoral da Igreja.

2.c.3 Áustria

O imposto religioso ainda é obrigatório. O imposto da igreja é obrigatório na Áustria e os católicos podem ser processados pela igreja, se não pagarem.

Quem quiser deixar de pagar deve declarar por escrito, na sede da Câmara Municipal, que está deixando a Igreja.

Ela foi então retirada dos registros da Igreja e não pôde mais receber os sacramentos. O imposto equivale a cerca de 1% da renda.

2.c.4 Dinamarca

O imposto religioso ainda é obrigatório. Todos os membros da Igreja na Dinamarca pagam um imposto da igreja, que varia de município para município. O imposto é geralmente de cerca de 1% do rendimento tributável.

2.c.5 Finlândia

O imposto religioso ainda é obrigatório. Os membros das igrejas estaduais pagam um imposto de igreja de 1% e 2,25% da renda, dependendo do município. O imposto da igreja está integrado no sistema tributário nacional.

Fiquemos por aqui quanto à Europa.

Cada César exigindo tributo ou não, de forma tão variada, em casos quase idênticos, que pagar algum tributo a César realmente é conforme a sabedoria de Jesus, a César o que for de César.

2.c.6 Mundo árabe

"Jisya"

No mundo árabe, e muitos dos ligados à religião muçulmana, podem estar sujeitos ao imposto religioso, principalmente se não totalmente em conformidade com as Leis Islâmicas.

Aurangzeb, principal mentor muçulmano a comandar tais tipos de regiões chegou a exigir um tributo chamado Jysia, que foi imposto e retirado conforme conveniências de lugares, em seguimento maior ou menor do Alcorão, em bases mais ou menos rígidas.

3. Imunidade é o mesmo que isenção, não tributação, ou alíquota 0?

Se a própria Constituição afasta realmente qualquer tributo de determinada atividade, há realmente Imunidade.

A imunidade caracteriza-se por não concessão de qualquer discricionariedade ao ente federativo, em aplicá-la ao não, visto que a Constituição Federal a priva da competência; ao passo que a isenção, como regra, traduz-se em opção do ente federativo que, apesar de deter a competência de tributar determinada situação, bem ou pessoa, opta por não o fazer.

3.a Imunidade tributária e não incidência

A imunidade tributária não se confunde com não incidência, em que há simples ausência de subsunção, isto é, a situação fática analisada não se amolda a nenhuma norma geral e abstrata de incidência.

Assim, **na não incidência, o ato praticado pelo indivíduo não configura o fato gerador**: como o fato de estar usando uma bicicleta não configura o fato gerador de IPVA, que exige a propriedade de veículo automotor.

3.b Imunidade tributária e alíquota zero

A imunidade tributária também não se confunde com a alíquota zero.

A composição do aspecto quantitativo (o quanto se deve pagar) de qualquer tributo demanda a multiplicação de duas variáveis: base de cálculo e alíquota. Ora, sendo zero a alíquota, qualquer operação resultará inevitavelmente na inexigibilidade de qualquer valor a título de tributo.

Importante observar que, apesar do resultado prático idêntico a todas as situações (ausência de tributo a pagar), **os institutos possuem diferenças nítidas**. Em especial a imunidade, em que o Constituinte optou por ceifar, do legislador, a possibilidade de instituir o tributo sobre aquela situação específica.

4. O objeto do trabalho sobre duas perguntas do livro

1 – A emenda Constitucional n° 132/2023 sobre a reforma tributária alargou, na nova redação do art. 150 inciso VI letra "b", o espectro das imunidades das instituições religiosas em relação à Constituição anterior?

Alargou como sistema geral da Carta original, porque criados muitos tributos e particularmente contribuições sociais, portanto mais tributação geral, mas contida na imunidade.

2 – Entre estas imunidades deve-se incluir a remuneração, pelos ofícios religiosos, dos encarregados de executá-lo?

Sim, porque dentro da prática religiosa, intrinsecamente já está compreendida como imune, o que seria uma parcela de suas celebrações obrigatórias e compreendidas nas liturgias que celebra.

Colocados tais parâmetros retrodesenvolvidos, em significado e alcance, vamos ao conteúdo da legislação brasileira, porém, sempre considerando o que Jesus nos colocou, sobre **dar a César o que é de César, portanto não lhe dar o que não é dele.**

4.1 Qual a Constituição que devemos considerar como sendo anterior ao texto atual?

Para uma visão um pouco mais abrangente do tema, tomemos textos de algumas Constituições anteriores e, em seguida, frente à atual Constituição promulgada em 1988.

Mas existe um grande problema, porém. O que se entende por Constituição anterior?

Foram tantas as modificações ocorridas, que a Constituição promulgada em 1988 já pode ser considerada como anterior!

A CF promulgada em 1988 foi tão remendada, tão reconstruída e tão interpretada de formas diversas do que os próprios constituintes entendiam e queriam, que uma nova constituinte seria extremamente necessária, para reequilibrar a situação de insegurança jurídica em que vivemos.

É lastimável o que é aplicado nos Tribunais Superiores e em matérias tributárias que se movem "ao sabor do vento".

Como dizermos que a Constituição de 1988 – a Constituição Cidadã – está em vigor - se até Ulysses Guimarães provavelmente não a reconheceria mais, se vivesse?

E o sistema acaba se insinuando também na vedação de tributar entidades religiosas, porque mesmo indiretamente acaba atingindo-a embora não diretamente. Todavia, empresa e pessoas físicas conforme decidem e ditam os Poderes da República, acabam por influir em fontes de suas receitas e despesas.

A própria atual reforma tributária - dita simplificadora - é tão complexa em formas de regulamentos estaduais e municipais futuros, que pode vir a se intrometer ainda que indiretamente nas organizações religiosas, mais particularmente a partir de 2025.

Quanto a Constituições anteriores do passado:

4.1.1 A Constituição de 1891

Estipulou vedação à União e aos Estados que visasse *estabelecer, subvencionar ou embaraçar o exercício dos cultos religiosos.*

Porém não foi feita qualquer referência à proibição de incidência de tributos sobre templos ou sobre organizações religiosas.

Não há, assim, explícita imunidade dos templos. Ao contrário, o associar-se para o exercício do culto, e a aquisição de bens com essa finalidade, deviam observar “as disposições do direito comum”.

À época da promulgação e vigência de nossa primeira Constituição republicana, as normas relativas a tributo estavam compreendidas na expressão “direito comum”.

4.1.2 Constituição de 1934

Esta, diferentemente, mandou suprimir a sujeição das confissões religiosas às “disposições do direito comum”, mas restou confusa sua interpretação prática, porque usou-se ainda o direito comum para ações, normatização e aplicabilidade de normas pertinentes, acabando por serem aplicadas, na dúvida ou em processos, as leis e institutos dos direitos e obrigações civis.

4.1.3 Constituição de 1946

Foi realmente a primeira Constituição republicana brasileira a fazer constar a palavra "templo" em seu texto e igualmente a primeira que criou a instituição da imunidade tributária aos templos.

Em seu artigo 31, inciso V, alínea "b", ela *vedou expressamente à União, aos Estados, ao Distrito Federal e aos Municípios lançar impostos sobre "templos de qualquer culto, bens e serviços de Partidos Políticos, instituições de educação e de assistência social, desde que as suas rendas sejam aplicadas integralmente no País para os respectivos fins".*

4.1.4 Constituição de 1967, com a redação da Emenda Constitucional no 1 de 1969

Art. 19. É vedado à União, aos Estados, ao Distrito Federal e aos Municípios:

III - instituir impôsto sôbre:

b) os templos de qualquer culto;

c) o patrimônio, a renda ou os serviços dos partidos políticos e de instituições de educação ou de assistência social, observados os requisitos da lei;

4.1.5 A Constituição de 1988 como publicada (original)

Em sua redação original, foi "promulgada sob a proteção de Deus".

Foi emendada e remendada tanto e tanto, mas não se retirou "sob a proteção de Deus" - ainda bem.

Sobre nossa matéria tributária, assim dispôs:

> ***Art. 150.*** Sem prejuízo de outras garantias asseguradas ao contribuinte, é vedado à União, aos Estados, ao Distrito Federal e aos Municípios:
>
> *VI - instituir impostos sobre:*
>
> *b)* templos de qualquer culto;
>
> **§ 4º** As vedações expressas no inciso VI, alíneas b e c, compreendem somente o patrimônio, a renda e os *serviços relacionados com as finalidades essenciais das entidades nelas mencionadas.*

Ou seja, atuando, trabalhando em atividades que lhe são abrangidas e características - nada de impostos.

E depois, consideremos o que diz o art. 195, *caput* e seu § 7º, porque há organizações religiosas que já atuam como beneficentes elas mesmas, com estruturas próprias.

Depois, responderemos o que ocorre sobre contribuição para a seguridade social em relação a elas.

> **Art. 195.** A seguridade social será financiada por toda a sociedade, de forma direta e indireta, nos termos da lei, mediante recursos provenientes dos orçamentos da União, dos Estados, do Distrito Federal e dos Municípios, e das seguintes contribuições sociais:
>
> § 7º São isentas de contribuição para a seguridade social as entidades beneficentes de assistência social que atendam às exigências estabelecidas em lei.

Portanto, confirmou imunidade aos templos de qualquer culto, mas desde que fossem os serviços relacionados com as finalidades essenciais das entidades nelas mencionadas.

4.1.6 A Constituição de 1988 - redação atual

Em pleno vigor, com o advento da EMENDA CONSTITUCIONAL Nº 132, DE 20 DE DEZEMBRO DE 2023

> **Art. 150.** Sem prejuízo de outras garantias asseguradas ao contribuinte, é vedado à União, aos Estados, ao Distrito Federal e aos Municípios:VI - instituir impostos sobre:
>
> b) entidades religiosas e templos de qualquer culto, inclusive suas organizações assistenciais e beneficentes. E continuou o artigo 195 e em seu parágrafo 7º, sobre seguridade social, com o mesmo texto: Art. 195. A seguridade social será financiada por toda a sociedade, de forma direta e indireta, nos termos da lei, mediante recursos provenientes dos orçamentos da União, dos Estados, do Distrito Federal e dos Municípios, e das seguintes contribuições sociais: § 7º São isentas de contribuição para a seguridade social as entidades beneficentes de assistência social que atendam às exigências estabelecidas em lei.

Desde logo, diga-se que com tantas contribuições sociais, criadas que não existiam desde 1988, tendo ficado sem obrigação de pagá-las as organizações religiosas, assim caracterizadas, já se pode dizer que alargou o espectro da imunidade tributária, embora não exatamente pela redação do art. 150 inciso VI sozinho, mas porque este atraiu consigo, como efeito de sistema, tal espectro pelo não pagamento de muitas contribuições típicas, quer como contribuição social, quer com outros nomes mas mesmas características.

Daí, citemos as contribuições para o PIS, COFINS, CSLL, CONTRIBUIÇÕES SOBRE FOLHA DE PAGAMENTO principalmente.

4.1.7 A Constituição de 1988 - redação atual – e as realidades tributárias

Já nos parece, ao examinar os textos legais e sua aplicação judicial, bem como a grande quantidade e aplicabilidade de outros tributos, taxas e contribuições de melhoria, que a Igreja, pela não aplicabilidade ao conceito de "templos de qualquer culto", que a mão de César, decorrente da interpretação da Constituição Federal, parece ter tocado menos as receitas e valores monetários do que anteriormente.

Se olharmos a realidade tributária de 1967/69 e mesmo depois a CF de 1988 – redação original, a imunidade está influenciando uma maior aplicabilidade de não tributação a bens e atividades das Igrejas e seus dirigentes.

Também, quando lemos o art. 195 e outros, da Carta Magna, que tratam de seguridade social e parecem não resultar em exigências aos "templos" e pessoas que os dirigem.

Mas entre que bases de comparação?

Entre a CF de 1967/69, e a atual? Ou entre a chamada CF de 1988 promulgada e a CF de 1988 em vigor, modificada pela Emenda Constitucional nº 132, de 2023 e por tantas outras Emendas?

Qual a anterior para comparar com o texto atual? Sempre lembrando que a Imunidade dos Templos de Qualquer Culto quer realça e fortalece o direito fundamental à liberdade religiosa, insculpido no art. 5º, item VI, da CF.

4.1.8 Jurisprudência abrangendo imunidade e contribuições sociais

Quanto a imóveis servindo aos propósitos dos cultos

A legislação em vigor restringe a imunidade à finalidade essencial da entidade religiosa, isto é, a expressão da própria religiosidade. Sobre a finalidade essencial, o **STF (RE n. 325822)** já se manifestou no sentido que, por exemplo, os imóveis utilizados para o culto, ou mesmo aqueles para moradia de padres e pastores, são albergados pela imunidade.

Vejamos quanto a taxas e contribuições:

Portanto quanto a elas, especificamente:

O Supremo Tribunal Federal (ARE n. 928575) já entendeu, antes da Emenda Constitucional nº 132/2023, que *tais imunidades são aplicáveis somente aos impostos, e não às outras espécies tributárias, como taxas e contribuições.*

Ainda em trabalhos na Corte afirma-se e repete-se *que há consagração do direito fundamental à liberdade religiosa insculpido no art. 5º, VI, da CF.*

Em seguida, vale mencionar trechos de decisões do Supremo Tribunal Federal, dizendo que *§ 4º do mesmo artigo restringe a imunidade à finalidade essencial da entidade religiosa, isto é, a expressão da própria religiosidade. Sobre a finalidade essencial, o STF (RE n. 325822) já se manifestou no sentido que, por exemplo, os imóveis utilizados para o culto, ou mesmo aqueles para moradia de padres e pastores, são albergados pela imunidade.*

Quanto à Imunidade atingir Entidades Beneficentes de Assistência Social que também são organizações religiosas, poder-se-ia afirmar que, neste caso, não deve haver pagamento de Contribuição para Seguridade Social, pelas organizações religiosas que só se dedicam somente à Beneficência e Assistência Social.

Aplica-se, portanto, imunidade de contribuições para seguridade social (art. 195 da CF) aplicável às entidades beneficentes de assistência social sem a finalidade lucrativa, que se dedicam à realização dos fins descritos no art. 203 da Constituição Federal, que diz:

> Art. 203. A assistência social será prestada a quem dela necessitar, independentemente de contribuição à seguridade social, e tem por objetivos:
>
> I - a proteção à família, à maternidade, à infância, à adolescência e à velhice;
>
> II - o amparo às crianças e adolescentes carentes;
>
> III - a promoção da integração ao mercado de trabalho;

IV - a habilitação e reabilitação das pessoas portadoras de deficiência e a promoção de sua integração à vida comunitária;

V - a garantia de um salário mínimo de benefício mensal à pessoa portadora de deficiência e ao idoso que comprovem não possuir meios de prover à própria manutenção ou de tê-la provida por sua família, conforme dispuser a lei.

VI - a redução da vulnerabilidade socioeconômica de famílias em situação de pobreza ou de extrema pobreza.

Ao final do Livro em Conclusões, respondemos definitivamente o que pensamos a respeito, ou seja, se se alargou o alcance da Constituição anterior, ou de todo o sistema constitucional desde 1934?

César foi aceitando a ideia de não haver recolhimentos para o seu tesouro, por parte dessas entidades, que evoluíram para serem bastante abrangentes e, pouparam o Estado, muitas vezes, de ter de gastar seu "rico dinheirinho" acudindo as populações todas de seu "Reino"?

5. A contabilidade e as demonstrações financeiras

Olhemos agora para o mundo real da Contabilidade, Demonstrações Financeiras e que informações são devidas a César:

A Igreja, o templo, têm contabilidade sim.

Possuem contabilidade, com os livros como o faz qualquer sociedade civil, empresa ou prestadores de serviço.

Assim registram todas as suas operações ou variações de caixa ou financeiras, bem como variações patrimoniais como qualquer outra empresa, ou negócio, sejam alterações qualitativas ou quantitativas.

Há o registro de forma completa e bem feita de movimentações realizadas, incluindo pagamentos, compras, vendas e entradas de dízimos ou doações, tudo que se aplica ao funcionamento econômico-financeiro da Organização ou Instituição religiosa.

Na Igreja Católica, é normal que tais dados sejam apresentados à Cúria Diocesana a que pertencer a Paróquia e nela depois oficializados como definitivos.

Há Imunidade a templos, mas tudo é contabilizado em Livros próprios, para declarar, ou até ser mostrado a César, incluindo também valores financeiros de todos os trabalhadores do chamado templo, enfim todas as movimentações financeiras de que o Governo de César necessita, para gerir as políticas públicas do seu "Reino", digamos País.

Devem ser mantidos os livros e registros e efetivar retenções de valores, quando e quanto exigidos por Lei a todos os contribuintes, inclusive e principalmente para a contagem de tempo de serviço e aposentadoria dos que trabalham para ela.

As entidades e organizações religiosas exibem à Fazenda Pública ou entidades governamentais, de modo claro e verdadeiro, seus números e operações, que são necessárias, para gerirem e exercerem as atividades básicas e necessárias do Estado.

Isto garante ao Estado e à própria Sociedade efetivar o bom controle dos cidadãos ligados às entidades.

Respeitando a imunidade tributária delas, o Estado pode, porém, controlar e administrar a correta aplicabilidade da Imunidade, podendo estar informado e capaz de reconhecer as operações das pessoas físicas e jurídicas que estão envolvidas.

César não pode nem saber como impor suas tributações, ou eleger benefícios, se não tem informações sobre as entranhas de seu reino, basicamente incluindo-se os trabalhadores e empresas que interagem com o "Templos de Qualquer Culto" e como manejar seu **Cetro**!

A Contabilidade ajuda a manter a imunidade quanto aos ofícios, encarregados do culto, enfim pessoas e entidades que propiciam a renda que é imune enquanto derivada do serviço ao templo.

6. Particularidades de tributos, contribuições e envolvimentos diversos:

Enfatize-se que os templos são imunes à cobrança de impostos diretos sobre patrimônio, como IPVA (automóveis) e IPTU (imóveis), e renda (IR e Cofins).

Quanto a rifas, sorteios de prendas doadas ou bingos beneficentes para obtenção de valores maiores gerados, ficam no campo da imunidade, se a destinação é clara para os "templos de qualquer culto" contabilizadas devidamente por lançamentos que mostram sua origem.

Quanto ao eSocial; a Igreja ou entidade deve fazer e informar no eSocial (programa do Governo relativo a empregos e afins) a classificação tributária como: 80n- entidade beneficente de assistência social isenta de contribuições sociais.

Por outro lado, se os valores recebidos da igreja forem ofertas ou doações sem contraprestação de serviços, estes devem ser registrados na ficha Rendimentos Isentos e Não Tributáveis, especificamente na Linha "Outros".

Por isso, deve ter registro no Cartório de Pessoa Jurídica, enquanto Pessoa Jurídica de direito privado, regulamentada pelo art. 44, do inciso IV da Lei nº 10.406, de 2002 do Código Civil.

A chamada *Prebenda* Pastoral é uma forma de retribuir financeiramente ao pastor ou padre por sua dedicação ao Ministério. Esse valor é isento de contribuição previdenciária, de acordo com a Lei 8.212/91.

Além disso, existe outra questão que requer cuidado. Pois a Lei Complementar nº 123 estabelece que o titular do MEI não pode ter participação em outro CNPJ. Dessa forma, caso o Pastor seja o Presidente da Igreja, seu CPF estará vinculado ao CNPJ dela.

O pastor é considerado para fins previdenciários como contribuinte individual; a título de contribuição previdenciária, a igreja não deverá descontar nada do pastor. Os pagamentos efetuados ao pastor não devem constar na GFIP.

A Igreja tem como dever apresentar, à Receita Federal, a Declaração de Débitos e Créditos Tributários Federais (DCTF), sendo pela Matriz ou Diocese (ou equivalente) para outras Igrejas.

Os Ministros de Confissão Religiosa (Pastores, Bispos, Padres, Rabinos, Evangelistas, etc.), de acordo com a legislação vigente, são segurados obrigatórios da Previdência Social (INSS), como contribuintes individuais.

Os requisitos para aposentadoria são iguais aos exigidos para o contribuinte individual, ou seja, 60 anos para mulheres e 65 anos para homens, para aposentadoria por idade. Ou por tempo de contribuição, sendo: 30 anos para mulheres e 35 anos para homens.

Deve haver um Conselho Fiscal - órgão fiscalizador, atuando de forma independente dos outros órgãos administrativos da igreja.

A contabilidade dos templos, ou das Igrejas, registra todas as alterações ocorridas em seu patrimônio, sejam elas qualitativas ou quantitativas.

Através desse registro, acompanha-se, de forma completa, as movimentações realizadas tais como pagamentos, compras, vendas e entradas de dízimos.

7. Elementos não tributados por força da imunidade:

O fisco não pode cobrar das igrejas:

IRPJ – Imposto de Renda Pessoa Jurídica;

CSLL – Contribuição Sobre o Lucro Líquido (visto que as igrejas não possuem fins lucrativos);

COFINS – Contribuição para Financiamento da Seguridade Social;

PIS (sobre o faturamento)

ISS – Imposto Sobre Serviços;

ICMS – Imposto Sobre Circulação de Mercadorias e Serviços;

IPTU – Imposto sobre a Propriedade Territorial Urbana;

IPVA – Imposto sobre Veículos Automotores.

No entanto, a imunidade não alcança taxas, contribuições especiais e contribuições de melhoria, o que permite que o fisco cobre esses tipos de tributos das igrejas e demais organizações religiosas.

Taxas: As taxas podem ser cobradas pelo governo em função de um ou mais serviços prestados por terceiros.

Um exemplo relacionado a esse tipo de tributo é a taxa para coleta de lixo, cobrada pelas prefeituras em contrapartida ao serviço de coleta de lixo.

Contribuições: As contribuições especiais são destinadas a uma finalidade específica, por exemplo, a CPP – Contribuição Previdenciária Patronal, que é destinada ao custeio das aposentadorias e benefícios previdenciários.

Sendo assim, sobre a folha de pagamento das igrejas há incidência de 1% relativo ao PIS – Programa de Integração Social que não incide sobre faturamento.

8. PIS e Impostos retidos:

Além disso, as igrejas também são obrigadas a **reter impostos na fonte, dentre eles:**

I – Sobre a folha de pagamento:

IRPF – Imposto de Renda Pessoa Física

Contribuição Previdenciária dos Funcionários;

PIS – Programa de Integração Social.

II – Sobre a contratação de serviços:

IRPJ – Imposto de Renda Pessoa Jurídica;

CSLL – Contribuição Social sobre o Lucro Líquido;

PIS – Programa de Integração Social;

COFINS – Contribuição para Financiamento da Seguridade Social;

ISS – Imposto Sobre Serviços.

É importante esclarecer que a obrigatoriedade de reter impostos não fere a imunidade tributária das igrejas, uma vez que a retenção funciona apenas como uma espécie de antecipação e repasse de impostos.

Na prática, em determinadas situações, as igrejas devem descontar tributos dos pagamentos realizados a funcionários e empresas prestadoras de serviços, repassando o valor descontado ao fisco.

9. Imunidade - manutenção

A imunidade tributária, porém, pode ser afastada pela Receita Federal:

a) - Se Igrejas remunerarem, por qualquer forma, seus dirigentes pelos serviços internos “de templo” prestados, exceto se funcionarem sob seu comando, ou com auxílio de religiosos, associações, fundações ou organizações da sociedade civil, sem fins lucrativos, cujos dirigentes poderão ser remunerados, desde que atuem efetivamente na gestão executiva.

Isto não proíbe que as organizações religiosas paguem módica remuneração "prebenda" (tipo mensal) aos pastores e/ou padres dirigentes, que contribuem para a gestão da igreja. No entanto, veda a distribuição de lucros e outras formas de remuneração.

Sendo assim, caso a Receita Federal conclua que determinada igreja está distribuindo lucros (o que é contra a sua natureza sem fins lucrativos), pode ela perder a imunidade tributária.

b) – Se *não a*plicarem integralmente seus recursos na manutenção e desenvolvimento dos seus objetivos sociais;

Mais uma vez, a legislação deixa claro que para fazer jus à imunidade tributária, às igrejas e organizações religiosas não podem aplicar recursos de forma a desviar sua finalidade social.

c) – Manter escrituração completa de suas receitas e despesas em livros revestidos das formalidades que assegurem a respectiva exatidão;

Assim como as demais pessoas jurídicas, as igrejas precisam escriturar seus movimentos contábeis em livros próprios e de forma exata, conforme determina a legislação em vigor.

Por sua vez, os livros devem ser posteriormente apresentados ao fisco, conforme for estipulado, para que as igrejas possam cumprir os requisitos legais e assegurar o direito à imunidade tributária.

Logo, podemos concluir que a ausência de escrituração ou a escrituração contábil inexata, pode levar a igreja a pagar impostos.

d) – Conservar em boa ordem, pelo prazo de cinco anos, contado da data da emissão, os documentos que comprovem a origem de suas receitas e a efetivação de suas despesas, bem assim a realização de quaisquer outros atos ou operações que venham a modificar sua situação patrimonial;

Assim como as demais pessoas jurídicas, as igrejas devem guardar os documentos que comprovem a origem das suas despesas e a efetivação das suas despesas por cinco anos.

Esse é o prazo que o fisco possui para solicitar informações adicionais e analisar possíveis irregularidades para cobrança retroativa de impostos.

Diante de uma fiscalização, a falta de documentos pode resultar na cobrança de impostos.

e) – Apresentar, anualmente, Declaração de Rendimentos, em conformidade com o disposto em ato da Secretaria da Receita Federal;

As igrejas precisam apresentar anualmente, as declarações que demonstrem o valor dos seus rendimentos e comprovem a sua origem.

f) – Recolher os tributos retidos sobre os rendimentos por elas pagos ou creditados e a contribuição para a seguridade social relativa aos empregados, bem assim cumprir as obrigações acessórias daí decorrentes;

Conforme explicamos anteriormente, as igrejas precisam efetuar a retenção de impostos sobre os pagamentos por elas efetuados na contratação de empresas prestadoras de serviços.

g) - Além disso, precisam contribuir para a seguridade social, não pagando tributo, mas retendo dos seus funcionários (caso possua) os valores devidos por eles ao INSS e ao IR.

As igrejas que não efetuam as retenções devidas e ficam em atraso com o pagamento da contribuição previdenciária, podem perder o direito à imunidade tributária.

h) – Assegurar a destinação de seu patrimônio a outra instituição que atenda às condições para gozo da imunidade, no caso de incorporação, fusão, cisão ou de encerramento de suas atividades, ou a órgão público;

Para manter a sua imunidade em relação ao pagamento de impostos, em caso de fusão, incorporação, cisão ou encerramento das suas atividades, as igrejas precisam destinar o seu patrimônio a entidades de natureza semelhante, ou seja, também sem fins lucrativos.

10. Complementos a tal preservação da imunidade tributária

Um dos requisitos para que as igrejas não percam o seu direito à imunidade tributária, é que as mesmas mantenham a entrega das suas informações e declarações acessórias em dia, dentre elas:

ECF – Escrituração Contábil Fiscal;

ECD – Escrituração Contábil Digital;

EFD Contribuições;

DCTF – Declaração de Débitos e Créditos Tributários Federais;

DIRF – Declaração do Imposto de Renda Retido na Fonte;

SEFIP (Sistema Empresa de Recolhimento do FGTS e Informações à Previdência Social);

RAIS – Relação Anual de Informações Sociais;

CAGED – Cadastro Geral de Empregados e Desempregados.

eSocial – Sistema de Escrituração Fiscal Digital das Obrigações Fiscais Previdenciárias e Trabalhistas.

FGTS – Fundo de Garantia por Tempo de Serviço.

Na prática, apesar de não ser um imposto propriamente dito, o FGTS é devido pelas igrejas que têm funcionários.

A alíquota do FGTS é correspondente a 8% sobre a remuneração de cada funcionário, valor que deve ser depositado mensalmente na conta que cada colaborador mantém no Fundo de Garantia.

Quanta coisa a informar e fazer para quem é considerado imune de tributação!

Ufa! O que seria de César sem salários, aplicações financeiras do templo e dos auxiliares de aplicação?

Finalmente, mais uma pequena **"coisinha"**:

Exigir-se dízimos muito elevados tipo mais de 10% dos ganhos de uma pessoa, ou **sempre** 10% sobre quem ganha mais de 20 salários mínimos, ou exigir 10 ou 20% sobre lucro ou valor na venda de imóveis, bens de alto valor.

Outra bondade para o culto, exigir outorga de partes de terras ou prédios, ainda que o beneficiário não o queira ou nem concorde e seja obrigado a fazer.

Cobrar o pastor ou celebrante, enfim, exigir receber valores tipo R$ 100 mil, R$ 200 mil ou mais, para celebrar missa, ou culto, ou mesmo apresentação artística perto ou fora de sua comunidade e, lembrando, este valor deverá sofrer tributação e ainda todo tipo de contribuições exigíveis, como qualquer atividade remunerada leiga.

Lógico que se houver doações espontâneas, até forçadas, ou se recusa e devolve o que for doado, ou se dá publicidade e se registra contabilmente ouvidas as autoridades superiores responsáveis, entendendo-se Pároco e Bispos responsáveis pela diocese, aplicando-se tal hierarquia aos pastores.

Aliás, casos grandes, fatos fora da curva normal de atividades, situações delicadas, sempre devem ser levadas ao conhecimento de autoridade superior, bispos no caso de católicos, dirigentes das Igrejas protestantes, sempre superiores hierárquicos em qualquer tipo de culto.

11. Direito Canônico – Previsão de sustento do clero e demais ministros

Está previsto no Código de Direito Canônico que o ente eclesiástico deve cuidar do conveniente sustento do clero e dos demais ministros, sendo até uma aplicação necessária para os bens da Igreja. O Código da Igreja Católica orienta que os seus membros levem vida regrada simples, sem demonstrar preferirem coisas requintadas, abstendo-se de tudo o que denote vaidade.

Infelizmente, ainda vemos membros atuantes do clero ou de Organizações Religiosas ostentando detalhes semelhantes a príncipes terrestres.

> *Quanto a gastos na Igreja, cujos recursos são provenientes da caridade de seus fiéis, ou mesmo resultante da gestão de seu patrimônio, pontuando, o CDC, que seja observado o honesto sustento e assistência social de seus colaboradores, somente promovendo obras de reconstrução ou de edificação quando realmente necessárias.*
>
> *Conforme Namilton Coelho – Instituto Axis – artigo de 11/02/2022*

O CDC também orienta que os clérigos, quando se dedicam ao ministério eclesiástico, merecem uma remuneração condizente com sua condição, levando-se em conta, na hierarquia, sua função e tempo de exercício.

Portanto, como princípio basilar, o Acordo, expressamente, reconhece como válido todo o regramento aprovado pelas respectivas autoridades eclesiásticas da Igreja Católica.

Ainda, esse documento garante que a Igreja Católica pode livremente criar, modificar ou extinguir todas as suas Instituições Eclesiásticas, sendo que a personalidade jurídica dessas Instituições será reconhecida pelo Brasil mediante a inscrição no respectivo registro do ato de criação, nos termos da legislação brasileira, vedado ao poder público negar-lhes reconhecimento ou registro do ato de criação, devendo também ser averbadas todas as alterações por que passar o ato.

Tratando das relações entre os membros da Igreja Católica, o citado Acordo prevê que o vínculo entre os ministros ordenados, ou fiéis consagrados mediante votos, e as Dioceses ou Institutos Religiosos e equiparados, é de caráter religioso.

12. Conclusão

1ª pergunta – A emenda Constitucional nº 132/23 sobre a reforma tributária alargou, na nova redação do art. 150 inciso VI letra "b", o espectro das imunidades das instituições religiosas em relação à Constituição anterior?

À primeira pergunta, respondo que sim.

Tenho que considerar primeiro a Constituição anterior, de 1967/69 e daí, lógico que alargou a aplicação da imunidade e criou outro espectro para tantas organizações assistenciais, beneficentes e mesmo até organizações escolares assistenciais com até residência de alunos internamente.

Houve alargamento do espectro das imunidades, eis que muitas foram as condições em que templos e sacerdotes e pastores foram beneficiados, com o advento de muitas contribuições e mesmo em novos tipos de atividades foram enquadradas como imunes.

E mesmo com todas as modificações advindas considerando a redação original da Constituição Federal de 1988, comparada como texto original e atual, sim o alcance da imunidade foi se estendendo ano após ano, até 2023.

Com tantas e tantas situações de outras atividades, outros campos ocupados inteiramente pelas entidades ou organizações religiosas sob o mesmo CNPJ por vezes, diversidade de atuações até com o desenvolvimento incrível da Internet, ficou muito mais aplicável a imunidade tributária de 1988 até 2023 (Emenda Constitucional nº 132/23).

E o que disse a respeito o Supremo Tribunal Federal?

O Supremo Tribunal Federal (STF) decidiu que entidades religiosas podem se beneficiar da imunidade tributária conferida às instituições de assistência social, abrangendo, além de impostos sobre o seu patrimônio, renda e serviços, os tributos sobre a importação de bens a serem utilizados na consecução de seus objetivos estatutários.

No julgamento do Recurso Extraordinário (RE) 630790, com repercussão geral reconhecida (Tema 336), o Tribunal entendeu *que a filantropia exercida com base em preceitos religiosos não desvirtua a natureza assistencial das entidades, para fins de direito à imunidade prevista no artigo 150, inciso VI, alínea "c", da Constituição Federal.*

2ª pergunta – Entre estas imunidades deve-se incluir a remuneração, pelos ofícios religiosos, dos encarregados de executá-lo?

A remuneração dos encarregados pelos ofícios religiosos é uma função dos padres, pastores, ou sacerdotes de outras religiões, completamente imune à tributação.

E normalmente não existe nenhuma remuneração por evento celebrado. Ao contrário, as celebrações programadas para um determinado celebrante, são de última hora substituídas para outro celebrar, por motivos de momento, sem nenhuma consequência.

Para um esclarecimento prático, se numa paróquia um sacerdote celebrar 3 missas em um dia, que lhe tomem entre preparação e celebração, ele teria trabalhado digamos umas 5 horas em um dia, incluindo-se preparação de homilias e vários trabalhos ligados à liturgia.

Todo padre ao ser ordenado, por exemplo, recebe o poder de celebrar de seu bispo e fazê-lo com todo amor, sacrifício e gratuidade como serviço a Jesus Cristo.

Imaginem dizer-se leigamente que ele teria que receber por hora, tipo digamos uns oitenta reais por hora (para sermos módicos e de acordo com o mercado de trabalho, para tipos de profissionais assim qualificados)!

Daí, celebrando 5 missas em 5 dias por semana, ele teria direito a algo como R$ 8.000,00 por mês!

Absurdo e não há direito aplicável específico, nem norma cível ou trabalhista e garanto que isso é completamente inalcançável.

Isto está entendido na imunidade sobre templos. Não há fato gerador de nada tributário ou trabalhista.

Apenas a parte de aposentadoria, em que ele pode contribuir até ficar mais velho e, daí sim, tendo contribuído pessoalmente para a Previdência, ele vai poder receber aposentadoria como qualquer trabalhador que contribuiu para a Previdência Social, nas condições que as leis civis permitem, nada a ver com um cargo na Igreja.

Finalmente um abuso tributável:

Porém, se houver algum membro de Igreja que exija, como já mencionei anteriormente, uma quantia exorbitante para celebrar ou estar presente em qualquer evento, e

ficando com ele o valor total ou quase total recebido de terceiros, duas coisas resultam:

Primeira: ele deverá oferecer à tributação pelo Imposto de Renda e tributos pertinentes tal valor.

Segunda: se este fato se tornar público ou provado, a imunidade tributária da entidade a que pertence corre perigo de ser cancelada.

E isto seria muito triste e lamentável, porque influiria para enfraquecer a fé das pessoas, da própria Igreja a que pertencer e o caráter de tal pessoa.

Agora, se um veículo de comunicação quiser contratar um sacerdote ou religioso para fazer um programa religioso, ou ofertar-lhe um horário para utilizá-lo como entender, dentro de algo planejado e público, revertendo a renda integral para a instituição ou organização religiosa, para suas obras assistenciais, educacionais e de caridade, bem como material para seus cultos ou templos, daí tudo muda e não se fere a imunidade.

Referências

A BÍBLIA SAGRADA – Editora Ave Maria, 2001.

CATECISMO DA IGREJA CATÓLICA. Brasília Edições CNBB, 2022

AMANCIO, Luan. A imunidade de entidades religiosas: necessidade de fiscalização tributária. Disponível em: https://luanamancio.jusbrasil.com.br/artigos/493385861/a-imunidade-de-entidades-religiosas-necessida.... Acesso em: 29 maio 2018.

AMARO, Luciano. *Direito tributário brasileiro*. 18. Ed. São Paulo: Saraiva 2012. P.305.

Anais do 12º Encontro Científico Cultural Interinstitucional – 2014 ISSN 1980-7406

BOWMAN, Jim. Priests at Work: catholic pastors tell how they apply Church Law in difficult cases. Xlibris Corporation, 2001.

CANOTILHO, J. J. G. *Direito constitucional*. 7ª. Ed. Coimbra: Almedina, 1994.

DALLARI, D. A. *Elementos da teoria geral do Estado*. 28ª. Ed. Brasil: Saraiva, 2009.

DALLARI, D. A. *O poder dos juízes*. São Paulo: Saraiva, 1996.

DAVID, R. *Os grandes sistemas do direito contemporâneo*. 4ª. Ed. São Paulo: Martins Fontes, 2002.

DINIZ, Maria Helena. *As lacunas no direito*. 6ª ed. São Paulo: Saraiva, 2000.

Lei nº 5.172, de 25 de outubro de 1966. Código Tributário Nacional. em: www.planalto.gov.br/ccivil_03/Leis/L5172.htm.

MARTINS, Ives Gandra da Silva. *Imunidades tributárias* – São Paulo: Revista dos Tribunais 1998, P. 54.

Coelho Namilton em Google – *teses de imunidade 2014 a 2018*.

RAWLS, J. *Uma teoria da justiça*. 3ª. Ed. São Paulo: Martins Fontes, 2008.

REALE, M. *Lições preliminares de direito*. 25ª. Ed. Brasil: Saraiva, 2001

SABBAG, Eduardo. *Manual de direito tributário*. 5. ed. São Paulo: Saraiva, 2013.

SENADO em https://www12.senado.leg.br/noticias/materias/2016/11/03/fim-da-imunidade-tributária-para-igrejas-aguarda-parecer-na-cdh. Acesso em 29 de maio de 2018.

SENADO. Disponível em: https://www12.senado.leg.br/noticias/materias/2017/04/06/cdh-vai-debater-fim-da-isencao-de-impostos-para-templos-religiosos. Acesso em 29 de maio de 2018.

SILVA, Luis Felipe de Sousa e. Evolução Histórica das Imunidades Tributárias no Mundo e no Brasil. Disponível em: http://asjur.com.br/pdfs/artigo-asjur-26022016.pdf. Pag. 3. Acesso em: 28 maio 2018.

SILVEIRA, Alípio. *Conceito e funções da equidade em face do direito positivo*. São Paulo: [s.e.], 1943.

SMITH. Greek Lexicon entry for Epieikeia. In: The New Testament Greek Lexicon. Disponível em: <http://www.searchgodsword.org/lex/grk/view.cgi?number=1932>. Acesso em: 20 set. 2017.

TOMÁS DE AQUINO. *Comentário a la Ética a Nicómaco de Aristóteles*. 2ª ed. Traduzido por Ana Mallea. Barañáin, 2001.

WIEACKER, Franz. *História do direito privado moderno*. 2ª ed. Lisboa: FCG, 1993.

YOUNG, Hobart Peyton. *Equity: in theory and practice*. Princeton: Princeton University Press, 1994.

EVOLUÇÃO DO ENTENDIMENTO DA IMUNIDADE RELIGIOSA NO DIREITO BRASILEIRO E SINGELAS CONCLUSÕES QUANTO AO IMPACTO DA MUDANÇA DE TEXTO PROMOVIDA PELA EC 132/2023

Maurício Pereira Colonna Romano[1]

Miguel da Costa Carvalho Vidigal[2]

---

1. MBA em Mercados Regulados pela Fundação Instituto de Pesquisas Econômicas. Bacharel em Direito pela Pontifícia Universidade Católica de São Paulo (PUC/SP). Diretor Administrativo da Associação Brasileira de Direito Administrativo e Econômico (ABRADADE). Membro das Comissões de Direito Administrativo da Ordem dos Advogados do Brasil – Seccional São Paulo e do Instituto dos Advogados de São Paulo (IASP). Membro da Comissão Especial de Direito Administrativo da OAB/SP. Diretor-adjunto da União dos Juristas Católicos de São Paulo (UJUCASP). Assessor Jurídico do Conselho Regional de Profissionais de Relações Públicas de São Paulo e Paraná. Advogado.

2. Graduado pelo Instituto Presbiteriano Mackenzie, doutorando em Direito Civil pela Faculdade de Direito São Francisco – USP/São Paulo. Presidente da União Brasileira de Juristas Católicos – UBRAJUC, membro do Instituto dos Advogados de São Paulo – IASP, foi diretor da Escola de Gestão Pública da Prefeitura de Jundiaí, foi diretor e é membro da União dos Juristas Católicos de São Paulo – UJUCASP, foi membro da Comissão de Direito e Liberdade Religiosa da OAB/SP – 56ª subseção, é membro da Jahlf – Academia João Paulo II pela Vida Humana e Família, foi correspondente de imprensa na França, tendo obtido registro de jornalista no Ministère des Affaires Étrangeres em Paris, foi voluntário por diversos anos em associações de inspiração religiosa, tais como Sociedade Brasileira de Defesa da Tradição Família Propriedade - SBDTFP (Brasil), Avenir de la Culture (França) e Foundation for a Christian Civilization - FCC (Estados Unidos) consultor, palestrante e advogado.

Resumo: A imunidade tributária prevista no art. 150, VI, "b" da Constituição Federal estabeleceu uma imunidade religiosa subjetiva, voltada à vedação à instituição de impostos sobre templos religiosos. Emenda Constitucional nº 132 de 2023, no entanto, alterou substancialmente o teor da vedação, acrescentando expressamente o termo "entidades religiosas" e "suas organizações assistenciais e beneficentes. Essa nova redação nos traz uma incerteza, o que são "entidades religiosas"? No presente artigo, buscaremos traçar a evolução jurídica da abrangência da imunidade junto ao Supremo Tribunal Federal, bem como o entendimento mais recente da doutrina sobre o assunto. Também, faremos considerações a respeito do "múnus público" do trabalho realizado pelas instituições religiosas, com um corte epistemológico específico para as instituições da Igreja Católica, com o intuito de demonstrar que a imunidade tributária em questão é um dever de Justiça em razão do interesse público e social dessas entidades, não um benefício arbitrário oferecido à religião. Ao final, apontamos possíveis impactos da alteração.

Palavras-chave: Direito Tributário - Constituição Federal – imunidade tributária – entidades religiosas – Acordo Brasil – Santa Sé – Tribunal de Justiça de São Paulo.

Sumário: 1. Introdução – 2. A natureza jurídica da vedação prevista no art. 150, VI, "b" da Constituição Federal – 3. O entendimento doutrinário acerca do art. 150, VI, "b", e § 4º, da Carta Magna – 4. Histórico da evolução constitucional acerca da imunidade "religiosa", com foco nos julgados do Supremo Tribunal Federal – 5. Presunção de incidência da imunidade, os critérios de prova de seu cabimento e para o seu afastamento – 6. Do "múnus público" no trabalho espiritual e beneficente da Igreja Católica: uma abordagem extrajurídica – 7. Conclusão – Referências.

1. Introdução

A Constituição Federal de 1988 consolidou, no ordenamento jurídico brasileiro, a preocupação em se garantir uma separação relativamente rígida entre as instituições religiosas e o Estado brasileiro.

Afora os posicionamentos contra ou a favor de uma maior ou menor interligações entre ambos, a República atualmente vigente assumiu um papel laico – não laicista -, no sentido de que não pretende fazer distinções entre religiões, muito menos intervir na administração delas, como é nítido no art. 19, I, da Constituição Federal.

É evidente que essa opção causa tensões. Essas tensões se refletem no campo da Política, com reflexos no ordenamento jurídico e, como não poderia deixar de ser, no desenvolvimento efetivo das atividades religiosas.

O poder de tributar é o meio de intervenção firme. Amplamente, tem-se admitido o caráter parafiscal no Direito Tributário, ou seja, os efeitos que a tributação terá além do fim meramente arrecadatório, incentivando ou desincentivando comportamentos.

À época de sua promulgação, o legislador ordinário entendeu que o poder de tributar deveria ser restrito via proibição de instituir impostos (imunidade?) sobre os "templos de qualquer culto" (art. 150, VI, "b"). Naturalmente, o incentivo dado à Administração Tributária foi o de restringir a interpretação do alcance da norma à sua literalidade – seria proibido instituir impostos sobre o espaço físico do templo.

Essa proteção trouxe polêmicas e gerou dúvidas, a ponto de, no ano de 2023, ter sido promulgada uma esperada Emenda Constitucional (a de número 132), que alterou significativamente a redação do dispositivo, expressando que a vedação alcançaria também "entidades religiosas", "inclusive suas organizações assistenciais e beneficentes".

Essa redação traz, de plano, a conclusão de que o objeto da vedação não é o templo, o espaço físico, mas sim a prática religiosa. E não a prática religiosa em sentido estrito – o local onde se presta o culto e se desenvolve a liturgia -, mas toda a instituição organizada, à que se denominou "entidade".

Pela novidade do dispositivo, há mais a se falar sobre o passado (como a evolução jurisdicional sobre o tema) do que sobre a aplicação concreta do novo texto da norma, de modo que este artigo se propõe, antes de tudo, a situar a discussão à luz da jurisprudência e, com cautela, apresentar alguns singelos apontamentos sobre os impactos do novo texto.

2. A natureza jurídica da vedação prevista no art. 150, VI, "b" da Constituição Federal

A natureza jurídica da vedação do dispositivo em comento já há muito foi pacificada. Trata-se de imunidade tributária, uma limitação específica ao direito de tributar do Estado.

Como ponto de partida, veja-se o dispositivo constitucional em comento:

> Art. 150. Sem prejuízo de outras garantias asseguradas ao contribuinte, é vedado à União, aos Estados, ao Distrito Federal e aos Municípios:
>
> [...]
>
> VI - instituir impostos sobre: (Vide Emenda Constitucional nº 3, de 1993)
>
> [...]
>
> b) entidades religiosas e templos de qualquer culto, inclusive suas organizações assistenciais e beneficentes; (Redação dada pela Emenda Constitucional nº 132, de 2023)

Como ponto de partida de sua interpretação, é fundamental a célebre definição de Aliomar Baleeiro, as imunidades tributárias são *vedações absolutas ao poder de tributar certas pessoas (subjetivas) ou certos bens (objetivos)* (1996, 82).

Completa o conceito Ives Gandra da Silva Martins (2017), confirmando que *na imunidade não há nem o nascimento da obrigação fiscal, nem do consequente crédito, em face de sua substância fática estar colocada fora do campo da atuação dos poderes tributantes, por imposição constitucional. Independe, portanto, das vontades legislativas das competências outorgadas por lei.*

Celso Ribeiro de Bastos interpreta no mesmo sentido, ao afirmar que a imunidade é "uma regra de competência negativa, quer dizer, define, ao nível da própria

Constituição, algumas áreas em que o Estado não pode exercer sua competência tributária" (1995, 129).

No mesmo sentido, Antonio Roque Carrazza aponta que *a competência tributária é desenhada também por normas negativas, que veiculam o que se convencionou chamar de imunidades tributárias* (2012, 806).

E continua:

> [A] imunidade tributária é um fenômeno de natureza constitucional. As normas constitucionais que, direta ou indiretamente, tratam do assunto fixam, por assim dizer, a **incompetência das entidades tributantes para onerar**, com exações, certas pessoas, seja em função da sua natureza jurídica, seja porque coligadas a determinados fatos, bens ou situações. Encerram limitações, postas na própria Constituição Federal, à ação estatal de criar tributos.
>
> [...]
>
> Voltando à ideia central, reiteramos que os casos de imunidade estão todos definidos na própria Constituição Federal. Em vão, portanto, buscaremos em normas infraconstitucionais as diretrizes a seguir acerca desta matéria. Elas, quando muito, podem aclarar o assunto, que, repetimos, já foi esgotado pelo legislador constituinte.
>
> Daí podemos dizer que as normas constitucionais que tratam das imunidades tributárias são de eficácia plena e aplicabilidade imediata, produzindo todos os seus efeitos, independente da edição de normas inferiores (leis, decretos, portarias, atos administrativos etc.) que as explicitem. (Carrazza 2012, 806-814) (grifo nosso)

O *caput* do art. 150 é justamente essa vedação, fria e expressa ao poder de tributar que qualifica, aos seus incisos, o caráter de imunidade.

Porém, há um aspecto relevante trazido por Ives Gandra da Silva Martins, que aponta que as imunidades possuem natureza de direito fundamental e, portanto, atraem o regime do art. 60, § 4º, IV, da Constituição Federal como cláusula pétrea e, portanto, impossibilitadas de ser restritas:

Assim sendo, o artigo 150 faz expressa menção a direitos e garantias individuais, como tais conformados no capítulo do sistema tributário. Tal conformação, à evidência, oferta, por este prisma, a certeza de que está ela no elenco complementar do artigo 150 e, por outro, que é tido pelo constituinte como fundamental.

Por tal perfil, apenas os direitos e garantias individuais expressamente expostos no artigo da Constituição seriam cláusulas pétreas.

Ora, os direitos das filantrópicas mereceram do constituinte as garantias do artigo 150, nelas incluídas as imunidades constitucionais (inciso VI, letra "c" e 195, § 7º), o que vale dizer que, quanto a tais contribuintes, não pode haver qualquer emenda constitucional tendente a abolir tais garantias, sendo, portanto, cláusulas imodificáveis, pétreas, inalteráveis. Só pode haver, por emenda constitucional, imposição sobre outras espécies tributárias diferentes daquelas referidas neste parecer, mas jamais sobre impostos ou contribuições sociais.

É de se lembrar que, embora as imunidades protejam as instituições de educação, de saúde e de assistência social sem fins lucrativos, de rigor, os direitos mais protegidos são os dos beneficiários de tais instituições, ou seja, estudantes, hipossuficientes e pacientes que sofrem das mais variadas doenças, os quais, infelizmente, não podem contar com os estabelecimentos de saúde pública, notoriamente insuficientes para atender integralmente às necessidades da população brasileira.

A meu ver, nenhuma emenda constitucional pode ser proposta objetivando retirar tais imunidades de tais instituições, desde que atuem sem fins lucrativos, sejam filantrópicas, confessionais ou comunitárias. Gozam elas - as pessoas que as dirigem e que não são suas proprietárias -, assim como de seus estabelecimentos, de direito imodificável quanto a tais garantias vedatórias da imposição. Tanto é assim que, quando da extinção de qualquer estabelecimento imune, seus dirigentes são obrigados a transferir seu patrimônio para outras instituições do mesmo perfil. Suas atividades são, pois, complementares à ação oficial. (Martins, Imunidades tributárias são cláusulas pétreas 2017)[3].

---

3. No mesmo sentido: Hugo de Brito Machado (1995, 190), afirma que a imunidade é uma limitação imposta pela Carta Constitucional de competência do ente estatal para instituir a incidência tributária. Também Eduardo Jardim aponta que *a imunidade é "instituto de expressivo relevo no direito tributário contemplado constitucionalmente, cujo teor estabelece a incompetência das pessoas políticas – União, Estados, Distrito Federal e Municipalidades – no sentido de legislar sobre tributos* (2011, 213).

Percebe-se que, para o Direito brasileiro, as imunidades tributárias são vedações ao poder de tributar do Estado, que expressamente negam a ele a competência arrecadatória em certas hipóteses.

O ordenamento, em relação à imunidade tributária religiosa, é bastante coerente com o sistema jurídico atualmente em voga. Mesmo que se admita que as entidades religiosas são pessoas jurídicas (em consonância com o art. 44 do Código Civil), o Supremo Tribunal Federal entende que a elas também são aplicáveis os direitos fundamentais (STF, MS 35.920, Plenário, Rel. Ac. Min. Gilmar Mendes, j. 18/03/2023).[4]

Ainda é importante salientar que em 1993, o Plenário do Supremo Tribunal Federal reconheceu que **as imunidades tributárias não poderiam ser restringidas por Emenda Constitucional superveniente, pois são cláusulas pétreas**. O referido posicionamento foi prolatado no âmbito da Ação Direita de Inconstitucionalidade n. 939, relatada pelo Ministro Sydney Sanches.

Dessa forma, percebe-se que a vedação à tributação de templos de qualquer culto é uma imunidade tributária com natureza de cláusula pétrea, cujo conteúdo não pode ser abolido.

3. O entendimento doutrinário acerca do art. 150, VI, "b", e §4º, da Carta Magna

Conforme aponta Cristiano Carvalho (2012), as imunidades subjetivas *buscam proteger determinados sujeitos de direito (público ou privado).*

4. "[...]. 2. O levantamento do véu da pessoa jurídica, embora grave do ponto de vista da segurança jurídica e da liberdade econômica, não se afeiçoa àquele estrito rol de direitos fundamentais cuja restrição apenas pode ser operacionalizada pelo Poder Judiciário. É equivocado equiparar, para fins de proteção judicial, o conteúdo de comunicações telefônicas de cidadãos à desconsideração, em situações pontuais e fundamentadas, da pessoa jurídica. Não há, nessa hipótese, supressão ou malferimento de qualquer direito fundamental, seja do sócio pessoa física, seja da empresa pessoa jurídica."

O autor aponta que essa proteção se dá contra uma possível utilização do poder de tributar como meio indireto de censura estatal, *via pesada tributação*. A *imunidade destinada aos "templos de qualquer culto" é, igualmente, regra constitucional que busca proteger a liberdade de religião, que não deixa de ser uma vertente da liberdade de pensamento. Da mesma forma que o Estado teria a possibilidade de, por intermédio dos tributos, censurar a livre expressão do pensamento, poderia também coibir a liberdade religiosa* (2012).[5]

Entende-se, assim, que a imunidade em apreço possui como bem jurídico tutelado a própria liberdade religiosa, não tão somente a edificação na qual se celebram as liturgias e cerimônias.

Dessa forma, *não se trata de interpretação extensiva, jurisprudencial ou doutrinária, mas simplesmente da interpretação sistêmica da norma.*

Oswaldo Othon de Pontes Saraiva Filho (2008) expõe um posicionamento similar, traçando importantes considerações:

> Não se amparam, todavia, sob o manto dessa imunidade os imóveis distintos, com características próprias, separados dos prédios dos templos, e deles não representando acessórios e bens da instituição religiosa não afetados ao templo, desde que, em ambos os casos as correspondentes rendas não sejam carreadas para ajudar a manter o templo e o culto, com lotes vagos isolados, os utilizados com fins apenas econômicos ou mercantis, como prédios alugados ou terrenos arrendados para estacionamentos, emissoras de rádio e televisão etc.. quando as rendas respectivas forem desviadas da atividade fim da instituição religiosa e até mesmo as obtidas no próprio culto, mas, em todo

5. Cumpre ressaltar que aqui distinguimos da opinião do doutrinador quando afirma ser a liberdade de religião uma vertente da liberdade de pensamento. Como destacaremos mais adiante, entendemos que o trabalho religioso tem seu caráter próprio, não só pelo incontornável aspecto espiritual, mas também pelo inúmero conjunto de benfeitorias e benemerências que as diferentes Igrejas proporcionam à sociedade.

> caso, aplicadas a outros fins, dentro ou fora do país, por força do disposto no art. 150, § 4º, da CF/88.
>
> Em caso contrário, como têm evoluído a doutrina e a jurisprudência, todos esses bens, rendas e serviços, direta ou indiretamente aplicados com a finalidade de manter o templo e o culto estão imunes.
>
> De modo que, consoante a jurisprudência mais recente do Supremo Tribunal Federal em relação à imunidade das entidades de educação e de assistência social sem fins lucrativos, são imunes os imóveis das entidades religiosas, mesmo que não configurando templos, nem neles se realizando cultos, e as rendas deles auferidas, desde que os correspondentes rendimentos sejam destinados a suas atividades institucionais.

Como se vê, há certa polêmica em relação ao § 4º do art. 150 da CF/88, que estipula aparentes limitações sobre a incidência da imunidade. O "*patrimônio, a renda e os serviços*" só estariam encapados quando relacionados às finalidades essenciais das entidades religiosas.

Todavia, esse contexto é bastante complexo e gerou um placar apertado (6x5) no julgamento do Recurso Extraordinário n. 325822, julgado pelo Plenário do Supremo Tribunal Federal, que será analisado abaixo.

Supõe-se que a intenção de referida norma é justamente evitar um desvio de finalidade quanto à imunidade. Todavia, é bastante complexo definir a questão, visto que as finalidades essenciais podem ser subsidiadas indiretamente pela renda obtida por um imóvel alugado para um terceiro.

Nesse sentido, Roque Carrazza muito bem apontou que o dispositivo "*ao aludir às findadas essenciais, não está a cuidar – ao contrário do que uma primeira leitura revela – do modo pelo qual os recursos são carreados para a Igreja, mas, sim, do lugar para onde devem ir. Desde que comprovadamente se destinem à mantença do culto e das atividades da Igreja, completa-se o desígnio constitucional em pauta. [...] O único limite que o §4º do art. 150 da CF estabelece para o gozo da exoneração constitucional é a impossibilidade de a Igreja distribuir seus bens ou rendimentos aos que a dirigem ou a terceiros que desempenham atividades laicas. Em suma, o dispositivo constitucional em foco veda é a apropriação dos haveres da Igreja para serem utilizados em finalidades distintas do culto"* (2012, 854).

Na mesma linha, Martins e Dutra apontam que *a nosso ver, as finalidades essenciais devem estar previstas no estatuto social das entidades, ou seja, em sua própria "lei". Citamos, como exemplo, uma entidade religiosa que atua em âmbito internacional auxiliando material e espiritualmente aqueles que sofrem. Tal atividade já está prevista em seu estatuto e, portanto, qualquer valor por ela destinado ao exterior, em prol de suas finalidades essenciais, não pode sofrer a incidência de tributação.*

Podemos afirmar, ainda, que os templos de qualquer culto, quando têm suas receitas auferidas, por meio de recebimento de ofertas (dízimos), venda de produtos, ação entre amigos, sorteios, quermesses, locação de imóveis, programação de rádio e TV totalmente evangelizadora, não podem sofrer qualquer tributação sobre tais atividades, desde que tais receitas sejam integralmente aplicadas no desenvolvimento de seu objetivo social religioso e não, exclusivamente, em prol de pregação de seu credo religioso ou de atividades caritativas (Martins e Dutra 2021).

Esse entendimento foi encampado pelo Supremo Tribunal Federal no âmbito do RE n. 566.622/RS, nos seguintes termos:

> IMUNIDADE – DISCIPLINA – LEI COMPLEMENTAR. Ante a Constituição Federal, que a todos indistintamente submete, a regência de imunidade faz-se mediante a lei complementar.
>
> [VOTO]
>
> [...]

> A imunidade prevista na alínea "b" do preceito, que faz referência aos "templos de qualquer culto", objetiva garantir e estimular a liberdade de crença e a prática de cultos religiosos, direitos fundamentais consagrados expressamente pela Constituição de 1988 no artigo 5º, inciso VI. A Carta busca impedir obstáculos de ordem econômico-financeira ao exercício dessas liberdades fundamentais. Considerado esse propósito e afastada a interpretação literal, deve ser implementada a aplicação do dispositivo voltada a proteger da imposição fiscal quaisquer bens e serviços vinculados às atividades essenciais das entidades religiosas.
>
> O Supremo tem adotado essa perspectiva na interpretação do § 4º do artigo 150 do Diploma Maior, assentando que a imunidade não se restringe aos imóveis destinados especificamente ao exercício do culto, mas a todo patrimônio, renda e serviços vinculados, ainda que indiretamente e de forma complementar, à manutenção das entidades religiosas.
>
> (STF. RE 566.622/RS, Plenário, Rel. Min. Marco Aurélio, j. 23/02/2017)

Dessa sorte, é nítido que o posicionamento doutrinário se inclina antes mesmo da promulgação da EC nº 132 há um sentido ampliado sobre "templos de qualquer culto" abrangendo as próprias finalidades sociais da entidade religiosa.

4. Histórico da evolução constitucional acerca da imunidade "religiosa", com foco nos julgados do Supremo Tribunal Federal

De forma a evitar delongas desnecessárias, fazemos referência ao trabalho publicado por Ives Gandra da Silva Martins e Roberta Dutra (2021), que indicam que a imunidade para templos religiosos possui previsão constitucional no Brasil desde 1891, com nuances terminológicas a depender da Carta Constitucional analisada.

Saltando para a Constituição Federal de 1988, apontam os célebres autores:

> Já, o Constituinte de 1988 trouxe uma amplitude à imunidade dos templos de qualquer culto, tratando-a de forma diferenciada de outras imunidades, como aquelas destinadas aos partidos políticos, aos sindicatos, às instituições de educação e assistência social. Isso porque, não obstante o § 4º do inciso VI do artigo 150 estabeleça tratamento semelhante no tocante às finalidades essenciais, não existe no Texto Constitucional referência expressa à necessidade de lei para disciplinar as características intrínsecas dos templos, como ocorre, por exemplo, com o comando da alínea c do artigo 150 da Constituição Federal.

É importante complementar referido histórico legislativo à evolução constitucional acerca do tema.

O primeiro Acórdão disponível para análise pela Primeira Turma do Supremo Tribunal Federal que aborda o tema é o Recurso Extraordinário n. 21.826, julgado em 02/07/1953, de relatoria do Ministro Ribeiro da Costa,[6] assim ementado:

> A IMUNIDADE ESTATUIDA NO ART. 31,5, LETRA B DA CONSTITUIÇÃO, E LIMITADA, RESTRITA, SENDO VEDADO A ENTIDADE TRIBUTANTE LANCAR IMPOSTOS SOBRE TEMPLOS DE QUALQUER CULTO, ASSIM ENTENDIDOS A IGREJA, O SEU EDIFICIO, E DEPENDÊNCIAS. UM LOTE DE TERRENO, ISOLADO, NÃO SE PODE CONSIDERAR O SOLO DO EDIFICIO DO TEMPLO.
>
> (RE 21826, Relator(a): RIBEIRO DA COSTA, Primeira Turma, julgado em 02-07-1953, DJ 31-12-1953 PP-16099 EMENT VOL-00158-01 PP-00352 ADJ 07-03-1955 PP-00898)

A ementa é clara ao evidenciar uma visão restritiva quanto à incidência da imunidade, que abrangeria tão somente a edificação do templo e os bens voltados especificamente ao culto religioso.

---

6. Álvaro Moutinho Ribeiro da Costa foi ministro do STF entre 30/01/1946 e 05/12/1966. Bacharel em Direito pela Faculdade de Direito do Rio de Janeiro (1918).

O debate se tratava quanto à tributação de um terreno da Igreja da Glória no Rio de Janeiro/RJ (há época, o Distrito Federal) que ficava apartado da edificação e não era utilizado para festas religiosas ou cerimoniais de grande porte, como bem elucidou o ministro Nelson Hungria:

> [VOTO]
>
> O SR. MINISTRO NELSON HUNGRIA – Sr. Presidente, desde que o terreno é isolado da Igreja; desde que ele não é dependência do templo, como se dá, por exemplo, o espaço destinado ao adro ou à aglomeração de fieis, em dias de festas religiosas ou de cerimonias que atraem grande número de fiéis; desde o momento que se trata de terreno à parte, não representando acessório do templo, estou de acordo com o eminente Ministro Relator, no sentido de que tal terreno não escapa à tributação, não está coberto pela imunidade fiscal.

Depreende-se que há uma preocupação em vincular a imunidade com a prática religiosa, restringindo o campo da imunidade.

O tema só voltou a ser apreciado pelo Supremo Tribunal Federal em 1976, já sob outro regime constitucional, desta vez pela Segunda Turma, em julgado relatado pelo Min. Thompson Flores[7] (RE n. 85.139), assim ementado:

> Templos de qualquer natureza. Imunidade a que se refere o art. 19, III, b, da Constituição. II. A imunidade ocorre quando no local esteja funcionando o respectivo templo, não o terreno a ele destinado, sujeito, pois, legalmente, ao imposto territorial urbano. III. Recurso extraordinário provido.
>
> (RE 85139, Relator(a): THOMPSON FLORES, Segunda Turma, julgado em 27-08-1976, DJ 17-09-1976 PP-08054 EMENT VOL-01034-03 PP-00835)

7. Carlos Thompson Flores, foi ministro do STF entre 14/03/1968 e 26/01/1981. Bacharel em Direito pela Faculdade Livre de Direito de Porto Alegre. Pertence a uma eminente família de juristas brasileiros.

Neste caso, a fundamentação foi extremamente limitada, porém, em seu voto, o Ministro Relator aponta que "*como todos reconhecem, no imóvel não funciona nem o templo, nem a casa paroquial*", autorizando a Prefeitura de São Paulo a tributar o imóvel.

Este caso é bastante curioso, visto que ainda representa uma visão restritiva à abrangência da imunidade em relação ao que veio a acontecer com a Constituição Federal de 1988. Todavia, há um julgado curioso do Tribunal Regional Federal da 3ª Região em 2009 que consigna que "*A Mitra Arquidiocesana não se constitui templo, local onde se realizam cultos religiosos, mas o bispado como pessoa jurídica, ou seja, território da jurisdição espiritual do bispo, não sendo a ela aplicável a imunidade assegurada aos templos religiosos*" (Apel. N. 0001602-50.1194.4.03.6100, Sexta Turma, Rel. Juiz Convocado Miguel Di Pierro, j. 12/01/2009).

A ironia reside no fato de que em 1976, se reconheceu que a casa paroquial teria direito à imunidade (corretamente), mas em 2009, a Mitra Arquidiocesana não teria o mesmo benefício.

Sigamos.

O assunto passou mais algumas décadas "adormecido", quando foi trazido à baila pelo Recurso Extraordinário n. 325.822 em 2002, de relatado inicialmente pelo ministro Ilmar Galvão, mas o redator do Acórdão foi o Ministro Gilmar Mendes em razão do voto vencedor.

De fato, este pode ser considerado o julgado paradigma acerca do assunto, principalmente por terem surgido duas correntes de interpretação – uma restritiva à imunidade, que seguia o posicionamento anterior do STF quanto à edificação do templo e imóveis adjacentes, e a outra extensiva. É relevantíssimo o fato desse julgado ter sido prolatado já sob o regime constitucional de 1988, o que evidencia que há possibilidade de entendimentos divergentes.

Veja-se a ementa abaixo:

> Recurso extraordinário. 2. Imunidade tributária de templos de qualquer culto. Vedação de instituição de impostos sobre o patrimônio, renda e serviços relacionados com as finalidades essenciais das entidades. Artigo 150, VI, "b" e § 4º, da Constituição. 3. Instituição religiosa. IPTU sobre imóveis de sua propriedade que se encontram alugados. 4. A imunidade prevista no art. 150, VI, "b", CF, deve abranger não somente os prédios destinados ao culto, mas, também, o patrimônio, a renda e os serviços "relacionados com as finalidades essenciais das entidades nelas mencionadas". 5. O § 4º do dispositivo constitucional serve de vetor interpretativo das alíneas "b" e "c" do inciso VI do art. 150 da Constituição Federal. Equiparação entre as hipóteses das alíneas referidas. 6. Recurso extraordinário provido
>
> (RE 325822, Relator(a): ILMAR GALVÃO, Relator(a) p/ Acórdão: GILMAR MENDES, Tribunal Pleno, julgado em 18-12-2002, DJ 14-05-2004 PP-00042 EMENT VOL-02151-02 PP-00246)

Tiveram voto vencido os ministros Ilmar Galvão, Ellen Gracie, Carlos Velloso, Celso de Mello e Sepúlveda Pertence (5 votos), seguiram o voto vencedor os ministros Gilmar Mendes, Nelson Jobim, Maurício Correa, Moreira Alves, Sydney Sanches, Marco Aurélio (presidente) (6 votos).

Pela objetividade e clareza do raciocínio, importa salientar o entendimento da Min. Ellen Gracie, que aponta que "*se houver, no caso, outras propriedades destinadas à locação ou mesmo a outras atividades, como, por exemplo, à assistência social ou à educação, elas serão tributadas ou isentas, mas, aí,* ***pelo disposto na letra 'c' do art. 150, desde que utilizadas, elas ou as rendas delas provenientes, exclusivamente para as finalidades beneficentes sem fins lucrativos***".

Conclui-se que havia no Plenário do STF uma corrente significativa de ministros que restringia em demasia a interpretação da imunidade da alínea "b", o que demonstra uma possibilidade premente de que a mudança de composição do Tribunal pode levar à revisão do assunto.

Esse cenário fez com que diversos recursos fossem remetidos ao Supremo Tribunal Federal nos anos subsequentes, porém a grande maioria sequer teve seu mérito analisado em razão da jurisprudência defensiva da Corte Constitucional quanto à restrição ao reexame de fatos e provas (Súmula 279 do STF).[8]

Em 2008, o Plenário reconheceu que a imunidade abrange também os cemitérios gerenciados pelas entidades religiosas por se tratar de extensão da entidade (RE578.562, Rel. Min. Eros Grau). Desta vez, no entanto, houve unanimidade, cujos argumentos principais foram (i) a existência de capela no local do caso concreto, (ii) o longo decurso de tempo da instalação do local (4 séculos) e (iii) a prática religiosa vinculada aos falecidos.

Em 2014, o Plenário analisou o RE 636.941 (Rel. Min. Luiz Fux – Tema de Repercussão Geral 432), que reconheceu a constitucionalidade da imposição de exigências infraconstitucionais para a concessão de imunidade prevista no art. 150, VI, "c" da CF/88, notadamente para as instituições de assistência social e educação. Ressalta que o julgado deve ser lido em conjunto com a ADI 2.028 MC (Rel. Min. Moreira Alves, DJ 16/06/2000).

Em 2019, o Plenário do STF analisou a ADI 5816 (Tema 342), de relatoria do Min. Alexandre de Moraes, por meio do qual reconheceu que a imunidade sob apreço não alcança os tributos em que as entidades religiosas sejam contribuintes de fato, tal qual o ICMS. Importa ressaltar que foi consignado um voto divergente, o do Min. Marco Aurélio, que entendeu constitucional que o Estado de Rondônia ampliasse a imunidade no que tange a impostos de sua competência.

---

8. AI 651.138 AgR, j. 26/06/2007; Ai 690.712 AgR, j. 23/06/2009, AI 595.479 AgR, j. 01/06/2010, ARE 658.080 AgR, j. 13/12/2011, RE 604.390 AgR, j. 07/02/2012, AI 852.604 AgR, j. 25/09/2012, ARE 685.246 AgR, j. 05/08/2014, ARE 898.896 AgR, j. 27/10/2015.

Há diversos acórdãos e decisões monocráticas exaradas no período que não foram listadas nesta seção, visto que não houve análise de mérito relevante. Pelo contrário, se constataram dois movimentos defensivos: (i) a invocação da Súmula 279 do STF e (ii) a compreensão de que a verificação de destinação (ou não) do imóvel para fins religiosos é competência infraconstitucional, logo não sujeita à apreciação do STF.[9]

5. Presunção de incidência da imunidade, os critérios de prova de seu cabimento e para o seu afastamento

É importante salientar que há a presunção de incidência da imunidade, de modo que não cabe ao aplicador da norma – notadamente, a Administração Pública tributária – realizar um juízo axiológico sobre o tema.

Recentemente o Eg. STF, em julgado da lavra do Min. André Mendonça, reafirmou esse entendimento que há muito já vigia na Corte:

> AGRAVO REGIMENTAL NO RECURSO EXTRAORDINÁRIO COM AGRAVO. IMUNIDADE TRIBUTÁRIA SOBRE TEMPLOS DE QUALQUER CULTO. ART. 150, INC. VI, AL. "B" E § 4º, DA CONSTITUIÇÃO. IMPORTAÇÃO DE PEDRAS. CONSTRUÇÃO DE TEMPLO. INAPLICABILIDADE DO ENUNCIADO Nº 279 DA SÚMULA DO STF. PRECEDENTES. NÃO IMPUGNAÇÃO DE TODOS OS FUNDAMENTOS DA DECISÃO AGRAVADA. ARTS. 1.021, § 1º, DO CÓDIGO DE PROCESSO CIVIL, E 317, § 1º, DO REGIMENTO INTERNO DO SUPREMO TRIBUNAL FEDERAL. 1. O agravo regimental deve impugnar de forma especificada todos os fundamentos da decisão agravada, sob pena de seu não conhecimento (inc. III do art. 932 e § 1º do art. 1.021, ambos do CPC, e § 1º do art. 317 do RISTF). Precedentes. 2. No caso dos autos, fundamentou-se expressamente sobre a inaplicabilidade do enunciado nº 279 da Súmula do STF, não tratando-se de revolvimento de fatos e provas pertinente à

9. ARE, 918.697, j. 02/05/2017, ARE 1.462.861, j. 21/02/2024.

> comprovação da destinação do patrimônio, serviços e rendas às finalidades essenciais da entidade imune. 3. O acórdão do tribunal de origem divergiu da jurisprudência desta Corte, pois relativamente à importação dos lotes de pedras em tela para a construção do templo em questão, porquanto a Corte já chancelou a compreensão da entidade imune e glosou a atuação do fisco paulista em oportunidades anteriores. Precedentes: ARE nº 1.123.049/SP, Rel. Min. Celso de Mello, j. 30/04/2018, p. 07/05/2018, e o ARE nº 939.584/SP, Rel. Min. Dias Toffoli, j. 17/03/2016, p. 28/04/2016. 4. *O Supremo Tribunal Federal veda ao intérprete da norma imunizante, seja o fisco, seja o Estado-juiz, que efetue juízos axiológicos sobre a qualidade das escolhas ou do conteúdo dos bens submetidos ao regime desonerativo.* Precedente: RE nº 221.239/SP, Rel. Min. Ellen Gracie, Segunda Turma, j. 25/05/2004, p. 06/08/2004. 5. Incidência da multa do art. 1.021, § 4º, do Código de Processo Civil, em caso de julgamento unânime, no importe correspondente a 1% sobre o valor da causa. 6. Agravo regimental a que se nega provimento.
>
> (ARE 1084209 AgR, Relator(a): ANDRÉ MENDONÇA, Segunda Turma, julgado em 19-12-2023, PROCESSO ELETRÔNICO DJe-s/n DIVULG 18-03-2024 PUBLIC 19-03-2024)
>
> (grifo nosso)

A Corte Constitucional admite que a presunção de incidência da imunidade seja desfeita. Quando se fala em "juízos axiológicos", trata-se de uma análise quanto à qualidade do objeto da imunidade, como bem fixado no RE 221.239/SP (Segunda Turma, Rel. Min. Ellen Gracie, j. 25/05/20024) que consigna que "*3. Não cabe ao aplicador da norma constitucional em tela afastar este benefício fiscal instituído para proteger direito tão importante ao exercício da democracia, por força de um juízo subjetivo acerca da qualidade cultural ou do valor pedagógico de uma publicação*".

Não cabe, portanto, ao Fisco julgar se algo é ou não uma religião, porém é possível o "*afastamento da imunidade mediante constituição de prova em contrário produzida pelo Fisco*" (ARE, 1.303.901 AgR – segundo, Segunda Turma, Rel. Min. Ricardo Lewandowski, j. 03/05/2021).

Essa possibilidade, no entanto, deve ser admitida com muita cautela.

Enquanto o Supremo Tribunal Federal possui diversos julgados admitindo que a incidência da imunidade deve ser larga, há julgados que restringem o campo de incidência de forma conflitante a esse posicionamento. E, frente à jurisprudência defensiva das cortes superiores, esses casos podem não ser admitidos para análise sob o fundamento de revisão fático-probatória.

Um exemplo do não acolhimento da jurisprudência pacífica do Supremo Tribunal Federal pela Justiça Comum ocorreu no caso já citado referente à Mitra Arquidiocesana de São Paulo, no qual foi negada a imunidade referente a tributos federais. *In verbis*:

> CONSTITUCIONAL E TRIBUTÁRIO - IMUNIDADE TRIBUTÁRIA PREVISTA NO ART. 150, VI, "'B' DA CONSTITUIÇÃO FEDERAL - INAPLICABILIDADE - ART. 150, VI, "C' E ART. 195, § 7º DA CONSTITUIÇÃO FEDERAL - CARÁTER ASSISTENCIAL NÃO COMPROVADO - NATUREZA PÚBLICA NÃO COMPROVADA - HONORÁRIOS ADVOCATÍCIOS. I. A Mitra Arquidiocesana não se constitui templo, local onde se realizam cultos religiosos, mas o bispado, como pessoa jurídica, ou seja, território da jurisdição espiritual do bispo, não sendo a ela aplicável a imunidade assegurada aos templos religiosos. II. Documentação insuficiente a possibilitar a comprovação dos pressupostos aptos a ensejar a incidência da regra imunizante constitucionalmente prevista nos arts. 150, VI, "c" e 195, § 7º da Constituição Federal. É indispensável a demonstração da consecução das finalidades assistenciais da entidade III. Ausência de comprovação do enquadramento da Mitra Arquidiocesana e suas extensões interna corporis nas categorias constitucionais que definem a pessoa jurídica de direito público ou de direto privado prestadora de serviço público. IV. Honorários advocatícios em 10% sobre o valor da causa a cargo da autora.
>
> [VOTO]
>
> [...]
>
> O dispositivo constitucional em exame alcança somente templos e cultos religiosos, sem possibilidade de estendê-lo à

arquidiocese. Templo é o *edifício público destinado ao culto religioso e o templo cristão é a igreja*. Assim, a imunidade prevista no art. 150, VI, "b", cinge-se aos templos e locais destinados à realização de atividades religiosas como um todo.

(TRF3. Apel. Reex. n. 0001602-50.1994.4.03.6100 ou 1999.03.99.008032-2, Sexta Turma, Rel. Juiz. Convocado Miguel Di Pierro, j. 12/01/2009)

(Grifo nosso)

Ainda, o Eg. TRF3 analisou se haveria o enquadramento na legislação referente às entidades "sem fins lucrativos", o que também não foi possível em razão do não enquadramento no art. 14 do CTN e do art. 55 da Lei Federal n. 8.212/91.

Pelas informações veiculadas no extrato do processo pelo TRF3, o Recurso Especial para análise da matéria foi denegado.

Referido julgado causa espanto por ser absolutamente divergente do posicionamento do Eg. STF acerca da necessidade de se conceder uma interpretação generosa do campo de incidência das imunidades, que se consolidou em 2002 no julgamento do RE 325822 – 7 anos antes, portanto.

É importante salientar um fato curioso – referido julgado foi prolatado em 2009, e em 2010 foi promulgada a Concordata Brasil-Santa Sé por meio do Decreto Federal nº 7.107/2010. Nesse diploma normativo, há o reconhecimento expresso do gozo aos "*direitos, imunidades, isenções e benefícios*" às pessoas jurídicas eclesiásticas, o que poderia ter alterado a decisão da Corte Federal.[10]

10. Art. 5º. As pessoas jurídicas eclesiásticas, reconhecidas nos termos do Artigo 3º, que, além de fins religiosos, persigam fins de assistência e solidariedade social, desenvolverão a própria atividade e gozarão de todos os direitos, imunidades, isenções e benefícios atribuídos às entidades com fins de natureza semelhante previstos no ordenamento jurídico brasileiro, desde que observados os requisitos e obrigações exigidos pela legislação brasileira.

Por outro lado, o TRF3 já reconheceu a possibilidade de isenção de tributos federais quanto para a importação e produção de bens para o adorno de templo. *In verbis:*

> IMUNIDADE RELIGIOSA. ART. 150, VI, "B" DA CF. IPI E II. TEMPLO DE QUALQUER CULTO. FINALIDADE INSTITUCIONAL DO BEM. PRECEDENTES STF. MAJORAÇÃO DE HONORÁRIOS. 1. O instituto da imunidade tributária, prevista no artigo 150, VI, "b", da Constituição Federal, tem o objetivo de proteger o direito fundamental da liberdade de consciência e crença, prevista no artigo 5º, incisos VI a VIII da Constituição Federal. Prevê o Art. 150. Sem prejuízo de outras garantias asseguradas ao contribuinte, é vedado à União, aos Estados, ao Distrito Federal e aos Municípios: VI - instituir impostos sobre: b) templos de qualquer culto. 2. No caso concreto, a parte autora requer a declaração de sua imunidade tributária, com a consequente restituição dos valores pagos indevidamente, em relação ao recolhimento de Imposto de Importação e IPI sobre os produtos adquiridos em Israel para a realização de pintura dos vitrais de sua igreja. Pelo fato de a máquina utilizada também ser proveniente de Israel, não há produtos similares no Brasil, motivo que justifica a importação de tais produtos. 3. *Compulsando os autos, tem-se que a entidade autora juntou cópia de seu estatuto social que comprova ser uma organização católica, de caráter religioso, civil, cultural, artístico, beneficente e filantrópico, extrapartidária, de fins não lucrativos, cuja finalidade é colaborar na ação evangelizadora da Igreja Católica, Apostólica e Romana.* 4. Não merece prosperar a argumentação da apelante de que houve um equívoco na tipificação da imunidade pretendida, sendo o caso de imunidade filantrópica e não imunidade religiosa. Apesar de constar no nome da congregação o termo "cultural", é indene de dúvida que a finalidade primordial está no campo religioso, em especial na propagação da fé cristã. 5. Também deve ser rechaçada a declaração de que a confecção de vitrais não se enquadra nas atividades essenciais da entidade, haja vista os documentos acostados na inicial gerarem presunção relativa de que os bens, serviços e rendas da instituição religiosa estão afetados às suas finalidades essenciais, o que não foi desconstruído pelas provas apresentadas pela apelante. Nesse sentido, a jurisprudência do Supremo Tribunal Federal: 6. *O Supremo Tribunal Federal consolidou o entendimento de que não cabe à entidade religiosa demonstrar que utiliza o bem de acordo com suas finalidades institucionais. Ao contrário, compete à Administração tributária demonstrar a eventual tredestinação do*

> *bem gravado pela imunidade. 7. Depreende-se dos autos que os produtos adquiridos destinam-se, indiretamente, a ornamentar o patrimônio da apelada, agregando-se ao templo religioso utilizado para realização dos cultos.* 8. Considerando o improvimento do recurso, majoro os honorários advocatícios, em sede recursal, na base de 10% do valor anteriormente fixado, nos termos do Art. 85, § 11 do Código de Processo Civil. 9. Apelação Improvida.
>
> (TRF3. ApCiv 5021501-06.2018.4.03.6100, 4ª Turma, Rel. Des. Fed. MARLI MARQUES FERREIRA, DJ 28/03/2022)
>
> (Grifo nosso)

Deste último julgado, é importante destacar o reconhecimento de que caberia ao Fisco desconstituir ou demonstrar que não haveria veiculação da imunidade com a finalidade religiosa da instituição.

Deste último julgado, também surge a dúvida: **quais são os critérios que deveriam ser utilizados como prova para fins de obtenção da imunidade?**

Como preceitua Roque Carrazza o critério associado ao termo "culto" é, na verdade, o de "confissão religiosa", que é "*uma entidade dotada de estrutura orgânica hierarquizada, instituída com o objetivo fundamental de agrupar, de modo permanente, pessoas que partilham das mesmas crenças transcendentais, vale dizer, que nutrem a mesma fé em uma divindade*" (2012, 863)

A seguir, o eminente jurista propõe requisitos para que se possa conceder a imunidade:

> [P]ara que se reconheça a existência de uma confissão religiosa, é preciso que sejam identificáveis pelo menos quatro requisitos; a saber: a) uma crença comum em um Ser Supremo e Transcendente; b) alguns atos de culto disciplinado a relação dos fiéis, que devem ser em número significativo, com o Ser Supremo e Transcendente, em que creem, c) uma organização jurídica, por mínima que seja, indicando a designação da entidade, seu regime de funcionamento e seus órgãos representativos (ministério sacerdotal, pastoral ou hierárquico); e d) certa estabilidade, isto é, vontade de perdurar no tempo.

> III – A esses requisitos essenciais costuma agregar-se outros que, embora não obrigatórios, ajudam a reconhecer, quando presentes, a existência jurídica da confissão religiosa. Dentre eles, podemos mencionar, exemplificativamente: a) um governo eclesiástico definido e distinto dos demais; b) um código formal de doutrina e disciplina; c) ministros selecionados, após haverem concluído estudos específicos; d) uma literatura própria; e) celebração de assembleias regulares; f) prestação de serviços religiosos com caráter regular; e f) escolas para o ensino religiosa aos jovens. (2012, 864-865)

Na mesma linha, Martins e Dutra apontam que *a nosso ver, as finalidades essenciais devem estar previstas no estatuto social das entidades, ou seja, em sua própria "lei"* (2021).

Ao sopesar o exposto nessa breve análise, parece que os requisitos previstos por Roque Carrazza devem constar formalmente no Estatuto Social da entidade religiosa que pretende se beneficiar da imunidade – especificamente em cumprimento do art. 44 do Código Civil que prevê a pessoa jurídica "organização religiosa", mas também admite as "associações religiosas".[11]

É evidente, no entanto, que a Emenda Constitucional nº 132/2023 irá trazer sérias mudanças nesse quadro. Em primeiro lugar, porque não haverá pertinência em restringir a natureza jurídica das "organizações religiosas" apenas

11. REGISTRO CIVIL DE PESSOAS JURÍDICAS – Constituição de filial – Expansão das atividades da recorrente para nova localidade – Necessidade de nova inscrição dos atos constitutivos, em atenção à circunstância territorial dos Oficiais de Registro – *Pessoa jurídica que, ao lado de serviços religiosos, desenvolve, sem finalidade lucro, outras atividades, algumas delas de natureza econômica – Interessada que não se dedica exclusivamente ao culto religioso e à liturgia – Exclusão de sua qualificação jurídica como organização religiosa – Conformação que se ajusta à figura da associação* – Estatuto lacunoso quanto ao prazo de antecedência mínima para fins de convocação de assembleia geral – Ofensa às regras dos arts. 54, V, e 60 do CC – Juízo negativo de qualificação registral confirmado – Procedência da dúvida – Recurso desprovido. (TJSP, Apel. N. 1023847-89.2014.8.26.0562, Conselho Superior da Magistratura, Rel. Pereira Calças, 10/11/2016)

a "culto religioso e liturgia", como faz, por exemplo, o Eg. TJSP em sua competência registral[12].

Em nosso sentir, a alteração trazida permite que "organizações religiosas" sejam as "*entidades religiosas e templos de qualquer culto, inclusive suas organizações assistenciais e beneficentes*", ampliando em demasia o seu conceito.

Por outro lado, continua-se admitindo que as pessoas jurídicas constituídas como associações ou fundações que sejam "entidades religiosas", "organizações assistenciais" ou "organizações beneficentes" também gozem da imunidade.

Casos similares ao julgamento do TRF3 sobre o pleito da Mitra Arquidiocesana de São Paulo, por exemplo, não mais ocorreriam visto que ela é, indubitavelmente, uma "entidade religiosa".

6. Do "múnus público" no trabalho espiritual e beneficente da Igreja Católica: uma abordagem extrajurídica

Muito embora o entendimento majoritário da doutrina e da jurisprudência contemporânea quanto à incidência da imunidade do art. 150, VI, "b", da CF para atividades e bens instrumentais à prática do culto no templo religioso, há outro aspecto que merece destaque – o *munus público*, o interesse público vinculado ao trabalho desenvolvido pelas entidades religiosas – e, em nosso corte metodológico, a Igreja Católica.

12. O TJSP, por meio de sua Corregedoria-Geral de Justiça já emitiu diversos pareceres no sentido de que a natureza jurídica "organização religiosa" deve ser feita restritivamente para quem se dedica exclusivamente a culto religioso e liturgia. Parece que o novo texto permite uma mudança nesse paradigma de precedentes administrativos (vide CGJ, parecer 15/2014, 94/2015, 127/2015, 195/2015, 279/2015, 214/2017, 57/2019, 14/2020 e o julgado do CSM indicado na nota de rodapé n. 7 – esses precedentes fornecem o norte para o debate, delineando regras e exceções).

Segundo os dados do Instituto Brasileiro de Geografia e Estatística – IBGE,[13] apenas 16,88% da população brasileira não se sente ligada a uma religião específica, seja por não acreditar em nada, seja por não haver determinado um culto específico ao entrevistador.

Outro dado disponibilizado pelo IBGE (última análise disponível data de 2010), 64,63% dos brasileiros se consideravam católicos no Brasil.

Analisando apenas o mundo católico, trazemos alguns dados interessantes:

Em nossa investigação, conseguimos enumerar 35 estabelecimentos de grande relevância no mundo universitário brasileiro,[14] mantidas pela Igreja Católica e que formam uma grande parte dos acadêmicos e cientistas no país.

Não há uma pesquisa séria e confiável a respeito de hospitais, escolas e maternidades mantidas pela Igreja Católica no Brasil. A título de exemplo, a Associação Nacional de Educação Católica do Brasil – ANEC[15] lista 117 instituições de ensino superior, 172 obras sociais, 1,5 milhões

---

13. Disponível em: https://sidra.ibge.gov.br/tabela/137 (dados oficiais do IBGE) Acesso em: 06 jun. 2024.

14. Universidades Pontifícias (PUCRJ, PUCSP, PUC-Campinas, PUCMG, PUCRS, PUCPR, PUCGO); Universidades Diocesanas (Centro Universitário Assunção (Fundação São Paulo/PUC-SP), Universidade Católica de Petrópolis, Universidade Católica de Salvador, Universidade Católica de Santos, Centro Universitário Católica de Quixadá, Faculdade Católica de Fortaleza, Faculdade Católica de Belém); Universidades Maristas (Universidade Católica de Brasília, Faculdade Católica do Ceará, Centro Universitário Católica do Leste de Minas Gerais, Faculdade Católica do Tocantins, Centro Universitário Claretiano); Universidades Salesianas (Universidade Católica Dom Bosco, Centro Universitário Salesiano Auxilium, Centro Universitário Salesiano de São Paulo, Faculdade Salesiana Dom Bosco); Universidades Jesuitas (Universidade do Vale do Rio dos Sinos, Universidade Católica de Pernambuco, Faculdade Jesuítica de Filosofia e Teologia, Escola Superior Dom Helder Câmara, Centro Universitário FEI, Universidade La Salle); Universidade Camiliana – Centro Universitário São Camilo; Universidade Ursulina Santa Úrsula e, Faculdade Basiliana São Basílio Magno.

15. Disponível em: https://anec.org.br/associadas/ Acesso em: 06 jun. 2024.

de alunos, 356 mantenedoras e 901 escolas entre os seus associados.

É preciso notar que nem todas escolas católicas fazem parte da referida associação.

No âmbito de obras sociais, excluindo-se o trabalho dedicado à saúde e à educação, um estudo encomendado pela Conferência Nacional dos Bispos do Brasil, junto à Fundação Grupo Esquel Brasil – FGEB,[16] apontou que as obras sociais da Igreja Católica no Brasil chegam à somatória de 499,9 milhões de atendimentos a cerca de 39,2 milhões de pessoas e aproximadamente 11,8 milhões de famílias. Este imenso trabalho social inclui ajuda a famílias pobres, auxílio a crianças, pessoas com deficiência ou mobilidade reduzida, entre outros.

Vale recordar aqui um importante estudo encomendado pelo Estado do Vaticano junto à Agência Fides,[17] que utilizou como base o "Anuário Estatístico da Igreja de 2010" no que se refere às atividades nas áreas da saúde, assistencial e educacional.

Naquela investigação, constatou-se que a Igreja Católica administra 70.544 escolas, frequentadas por 6.478.627 alunos, assim como 92.847 escolas fundamentais, com 31.151.170 alunos, distribuídas por diversos países do mundo.

Foram contabilizados 43.591 estabelecimentos secundários, com 17.793.559 alunos. Além disso, 2.304.171 alunos de escolas superiores e 3.338.455 estudantes universitários. São números que, segundo indicam os índices, vêm aumentando nas últimas décadas.

16. https://www.cnbb.org.br/pesquisca-cnbb-igreja-no-brasil-tem-exercito-de-caridade-dedicado-a-acoes-sociais/ (dados consultados em 06/06/2024)

17. Disponível em: https://www.fides.org/aree/news/newsdet.php?idnews=33882&lan=por

Em relação a Institutos de beneficência e estabelecimentos hospitalares, apontam-se 5.305 hospitais, dos quais 1.694 nas três Américas, 18.179 postos de saúde, com 5.762 nas Américas, 17.223 casas para idosos, doentes crônicos e portadores de deficiência, dos quais nas Américas 5.650, assim como 9.882 orfanatos, 11.379 jardins de infância, 34.331 centros de educação ou reeducação social e 9.391 instituições de assistência de outros tipos, sendo 3.564 deles nas Américas.

Todos esses números são impressionantes.

Não há nenhuma organização beneficente ou de caridade que tenha algo semelhante. Deve-se levar em conta também as vultosas somas de dinheiro que a Igreja Católica destina a regiões do globo terrestre que padecem de algum tipo de tragédia, epidemia, doenças, catástrofes etc.

Todo este trabalho deve ser considerado e apoiado, uma análise objetiva quanto à eficiência de políticas públicas de melhoria e bem-estar social necessariamente deve reconhecer o interesse público em facilitar o apoio caritativo da Igreja Católica no Brasil (e no mundo). É possível que haja outros trabalhos importantes, porém o nosso corte metodológico alcança tão somente essa organização.

É fundamental também que não se ignore a razão de tamanha projeção – o emprenho humanitário está essencialmente vinculado ao aspecto e à motivação religiosa. Os voluntários – religiosos e leigos -, bem como os fomentadores financeiros o fazem sob o zelo e os valores defendidos pela Igreja Católica, de uma forma despreocupada com o retorno a ser auferido (na maioria das vezes).

Nesse sentido, a laicidade do Estado não é violada. A Constituição Federal não opõe o Estado e a Religião, apenas os separa administrativamente. Os frutos de interesse público e ao bem comum são incentivados – e se há um forte benefício trazido por aqueles que têm como motivação a salvação das almas – frutos espirituais, deve o Estado fomentá-lo, não ignorá-lo ou limitá-lo.

Ademais, diversos estudos apontam os benefícios que a prática religiosa individual ou coletiva oferece à sociedade, seja por conta dos ensinamentos sólidos e a exigência de um comportamento reto que a própria religião bem seguida impõe, seja por conta do fato de que uma pessoa, ao estar praticando atos devocionais sadios, normalmente é levada também a se comportar melhor perante a sociedade. Vários destes estudos mostram inclusive a função de placebo que a religião oferece àqueles que praticam.

Não se pretende discutir aqui falhas e defeitos deste ou daquele religioso que, afastando-se da doutrina que se comprometeu abraçar, por corrupção moral, comete erros, muitas vezes graves. Tais casos devem ser vistos como exceções e, principalmente, como indivíduos que ofendem principalmente a organização religiosa e a fé que deveriam defender. A organização religiosa, vítima de tais atos, sofre com danos reputacionais e financeiros, além de ter prejuízos irreparáveis à sua principal finalidade – dar glória a Deus.

O imenso bem espiritual e material que a Igreja proporciona à sociedade evidencia o relevante *múnus* público que suas atividades possuem. A sociedade em seu conjunto se beneficia: quantos alunos não católicos estudam nos milhares de estabelecimentos escolares católicos, muitas vezes subsidiados? Quantos universitários receberam diplomas de centros universitários católicos? Quais foram as vezes que não religiosos se beneficiaram de hospitais mantidos pela Igreja Católica? Quantos pobres, católicos ou não, dependem da ajuda da Igreja Católica para viver ou mesmo sobreviver? São algumas perguntas que se impõem.

E isto não teria valor perante o conjunto da sociedade? Não pode ela incentivar e apoiar este labor de *múnus* público empreendido pela Igreja Católica? Não seria a imunidade tributária um modo do Estado incentivar este imenso trabalho da Igreja?

A atividade de fomento estatal, regulamentada por uma miríade de normas, não poderia ignorar a grande potência aqui analisada. A imunidade é mais do que um fomento temporário, mas uma decisão política clara do Poder Constituinte Originário que reconheceu a importância das atividades religiosas. É um reconhecimento oficial e inafastável de que aquela atividade está fora do alcance do poder de tributar do Estado justamente pelo seu interesse público premente, que, inclusive, se reverteria em ainda mais gastos públicos caso retirada a imunidade que beneficia a Igreja Católica.

7. Conclusão

Por todo exposto, conclui-se que:

(a) O texto constituído na Emenda Constitucional nº 132/2023 está em consonância com o entendimento da doutrina e de parte majoritária dos ministros do STF que ocuparam a Corte nos últimos 22 (vinte dois) anos;

(b) O texto anterior do art. 150, VI, "b", da CF/88 abria brechas para debates e entendimentos restritivos, inclusive em razão dos dois primeiros julgados históricos do STF sobre o tema (RE n. 21.826, julgado em 1953, e RE 85.139, julgado em 1976) e o apertado placar do *Leading case* atual (RE 325.822, julgado em 2002);

(c) O STF diuturnamente reabre o debate sobre posicionamentos firmados após um longo tempo e a mudança significativa do seu quadro de ministros. Considerando que os julgados principais citados no item anterior foram julgados com um interregno de 23 e 26 anos (1953 – 1976 – 2002 – 2025?), há margem lógica para supor que o tema pode ser rediscutido em Plenário;

(d) A nova redação permite a ampliação do conceito de atividades que poderiam ser desenvolvidas pela pessoa jurídica "organização religiosa", prevista no art. 44 do Código Civil, sendo passível de gerar um *overruling* de decisões de entidades com competência registral, como o TJSP;

(e) Situações aberrantes como o não reconhecimento da Mitra Arquidiocesana de São Paulo como beneficiária da imunidade religiosa pelo Tribunal Regional Federal da 3ª Região dificilmente ocorreriam, visto que se trata claramente de uma "entidade religiosa"; e, por fim

(f) O trabalho espiritual, caritativo, médico, educacional e social realizado pela Igreja deve ser apoiado, incentivado e por isto mesmo, é merecedor de incentivos tributários e fiscais, tais como a imunidade tratada neste artigo.

Referências

BALEEIRO, Aliomar. *Direito tributário brasileiro.* Rio de Janeiro: Forense, 1996.

BASTOS, Celso Ribeiro. *Curso de direito financeiro e de direito tributário.* São Paulo: Saraiva, 1995.

CARRAZZA, Antonio Roque. *Curso de direito constitucional tributário.* São Paulo: Malheiros, 2012.

CARVALHO, Cristiano. "Imunidade Tributária dos Temploes de Qualquer culto: definição e alcance." *Revista dos Tribunais*, out de 2012: 651-660.

JARDIM, Eduardo Marcial Ferreira. *Dicionário de direito tributário*. São Paulo: Noeses, 2011.

MACHADO, Hugo de Brito. *Curso de direito tributário*. São Paulo: Malheiros, 1995.

MARTINS, Ives Gandra da Silva. "Imunidades tributárias são cláusulas pétreas." *Direito Tributário Contemporâneo*, jul-ago de 2017: 17-37.

MARTINS, Ives Gandra da Silva, e Roberta de Amorim Dutra. "Questões controversas acerca das imunidades dos templso de qualquer culto." *Revista de Direito Constitucional e Internacional*, set-out de 2021: 25-44.

SARAIVA FILHO, Oswaldo Othon de Pontes. "A Imunidade Tirbutária dos templos de qualquer culto." *Revista Tributária e de Finanças Públicas*, jan-fev de 2008.

A PRIMAZIA DA IGREJA E A LIMITAÇÃO AO PODER DE TRIBUTAR COMO GARANTIA DO BEM COMUM

Tempo houve em que a filosofia do Evangelho governava os Estados...

- Leão XIII, *Immortale Dei*

João Vitor Lozano Jeronymo[1]

Luís Guilherme Netto Andrade[2]

Resumo: A presente pesquisa se presta a verificar de que forma a Igreja representa uma limitação ao Estado, dada as distorções da natureza humana e do direito presentes no pensamento jurídico predominante contemporâneo, que influenciaram todos os ordenamentos dos Estados da atualidade, causando o caos social e a violação da dignidade humana notoriamente vivenciadas hodiernamente. Para tanto, compagina-se o Magistério da Igreja, juntamente com tratados filosóficos, políticos e jurídicos; primeiramente, estudando a relação entre Estado

---

1. Bacharel em Direito pela PUC/SP, pós-graduando em Direito Tributário pelo IBET e membro da UJUCASP e da UBRAJUC.

2. Bacharel em Direito pela Universidade Federal Fluminense, pós-graduado em Direito Tributário da rede de ensino LFG/Anhanguera, especialista em Doutrina Social da Igreja pela Faculdade Pio XII, Mestre em Direito Público pela Universidade Federal Fluminense. Professor de Direito Administrativo e de Processo Civil pela Universidade Anhanguera.

e tributo, suas finalidades, naturezas e limites ao poderio estatal; ato contínuo, analisa-se o aparente conflito entre interesse público e interesse privado, amplamente divulgado pelo pensamento liberal; depois, verifica-se quais as finalidades da Igreja e se possui direitos próprios; e enfim, analisa-se os desdobramentos no Estado do Brasil, pela análise da Constituição. Conclui-se que o preâmbulo promulgou o texto Constitucional de um Estado com modelo de laicidade aberta, petrificando os princípios de colaboração e respeito mútuo entre Igreja e Estado, de máxima importância ao interesse público brasileiro; reconheceu, enfim os direitos da Igreja, impondo ao Estado limites que os garantem. A imunidade, por essa vereda, limita o poder tributante do Estado, em sua mais eficaz ferramenta de coibir condutas, dando meios à Igreja para realizar e manter suas obras de piedade e de misericórdia. Deixar a Igreja refém de imposições tributárias no uso dos bens temporais, afrontaria os seus direitos divinos empregados para a salvação das almas, e violaria a própria dignidade da pessoa humana, como destinatária daquelas obras da Santa Mãe e Mestra Igreja.

Palavras-chave: Igreja Católica – Estado – Bem comum – Lei – Tributo – Direito natural – Liberalismo – Tradicionalismo político – Pessoa – Indivíduo – Interesse público – Imunidade – Dignidade.

1. Introdução

O estudo do Direito contemporâneo, influenciado por correntes ideológicas materialistas, vê o homem com valores relativistas e direitos subjetivos que afetam sua relação jurídica com o Estado. Este, por sua vez, tomado por ideias liberais, tem o homem pelo conceito de indivíduo, de modo a utilizá-lo como instrumento para escusos projetos ideológicos de poder, utilizando de tributos para financiar-se e impor sua força. Ao conceituarem que o *bem* e a *lei* derivam da vontade humana, alheia a valores universais, as normas refletem apenas a arbitrariedade, perdendo qualquer caráter limitante à autoridade estatal.

Tais foram os frutos da perniciosa separação entre Igreja e Estado que as diversas ideologias revolucionárias alcançaram. Nessa linha, a religião é vista pelo Estado laicista liberal como mera manifestação cultural humana, fixando o *indiferentismo* em seus ordenamentos, pondo em risco o bem comum e a dignidade do homem, pois só a Igreja pode orientar a sociedade para o real bem comum.

Nesse contexto, o presente trabalho se presta a verificar de que forma a Igreja representa uma limitação eficaz ao Estado, dando uma resposta de coragem à pergunta do Papa Pio VI:

> Ao espírito de quem não acabrunharia aquela gravíssima consideração de termos Nós recebido a Igreja, Esposa de Cristo, para guardá-la e defendê-la num tempo em que tantas insídias são armadas à religião ortodoxa, em que a norma salutar dos sagrados cânones tão desavergonhadamente se despreza, em que, enfim, homens turbulentos, enlouquecidos por uma espécie de prurido desmesurado de novidades, não hesitam em atacar os próprios fundamentos da natureza racional, tentando, se isso fosse possível, até mesmo subvertê-los? (pp. 546-7)

Para tanto, compaginaremos *as normas salutares dos sagrados cânones*, e os seus reflexos no Magistério da Igreja, juntamente com tratados filosóficos, políticos e jurídicos. Primeiramente, estudaremos a relação entre Estado e tributo, suas finalidades, naturezas e limites ao poderio estatal. Ato contínuo, deve-se analisar o aparente conflito entre interesse público e interesse privado, amplamente divulgado pelo pensamento liberal. No terceiro capítulo, pretendemos verificar quais as finalidades da Igreja e se possui direitos próprios. Por fim, analisaremos como isso tudo se desdobra no Estado do Brasil, pela análise da Constituição Brasileira.

Pretende-se, enfim, recordar a todos os ensinamentos perenes do Magistério, exortando, em especial, a todos os católicos a recristianizarem a sociedade e todas as instituições políticas, fazendo coro ao clamor do Papa Leão XIII na encíclica *Immortale Dei*:

Nos tempos em que estamos, há toda razão para renovar esses exemplos de nossos pais. Antes de tudo, é necessário que todos os católicos dignos deste nome se determinem a ser e mostrar-se filhos dedicados da Igreja; que repilam sem hesitar tudo o que seja incompatível com essa profissão; que se sirvam das instituições públicas, tanto quanto o puderem fazer em consciência, em proveito da verdade e da justiça; que trabalhem para que a liberdade não exceda o limite traçado pela lei natural e divina; que tomem a peito reconduzir toda constituição pública a essa forma cristã que havemos proposto para modelo.

2. O Estado e a Lei

Na clássica definição do professor José Pedro Galvão de Souza, o Estado é a "*unidade política e jurídica estável, resultante da reunião de famílias e outros grupos, num mesmo território, aí constituindo uma sociedade independente, que, sob a direção de uma autoridade suprema, visa a realizar o bem comum.*" (SOUSA, *et al.*, 1998, p. 202)

O Estado não é uma entidade autônoma, formada por uma espécie de corpo místico; uma presença sempiterna que um sujeito calhou de integrar por nascimento, restando-lhe a resignação da servidão, vinculado contratualmente de forma obscura, com a justificativa de limitar e, ao mesmo tempo, dar autoridade ao Estado, para que ele faça as pessoas felizes intervindo em suas vidas, e impeça que se devorem uns aos outros.

Ao contrário, o Estado se forma concretamente da união de famílias e de outros grupos sociais, devendo agir a serviço destes.

A formação do Estado se dá em razão da própria natureza política do homem,[3] mediante a qual criou sociedades para proporcionar a própria realização, o próprio bem. E na medida em que a dimensão relacional da pessoa se

3. *Necessidade irresistível de reunir-se*, na conceituação de Jolivet (p. 413).

amplia - de famílias para comunidades, de comunidades para corpos sociais maiores, e assim por diante -, o motivo que levou o homem a agremiar-se também é franqueado ao grau superior, juntamente com o poder para realizá-la.

Fica assim, o Estado, dotado naturalmente de soberania,[4] responsável por dirigir a sociedade ao bem comum, assegurando a ordem justa da vida social pelo exercício do poder (SOUZA, *et al.*, 1998, p. 61).

A soberania política, *faculdade que compete à sociedade política de impor, de forma efetiva, leis que assegurem o bem coletivo da multidão congregada*, outorga ao governante o poder de exigir condutas dos governados, para ordená-los num mesmo sentido. Donde vem que as leis são meios efetivos de impor a soberania, sendo *ordenações racionais que dirijam a atividade para o bem comum* (MEINVIELLE, p. 79).

A faculdade da autoridade política de publicar leis, que regulam a conduta das pessoas ao bem comum, não pode se desvencilhar da lei natural, sob o risco de perderem sua autenticidade, e por conseguinte, a justiça (VILLEY, 2014, p. 95).

Os princípios da justiça, de *suum cuique tribuere* e *neminem laedere*, aplicam-se, como ensina Montoro (p. 310), à vida em comum, porque "o ambiente da justiça é o da convivência social" e propicia a geração ou proteção da felicidade da comunidade (DIP, p. 117). Bem observa Javier Hervada que justiça é bem humano, senão enquanto aquela seja *virtude com finalidade social*, cujo objetivo é a ordenação justa da comunidade política, e este sendo *expansão natural de uma dimensão da pessoa*, de modo que haja

4. "Se o corpo social, que é uma instituição de direito natural, reclamada pela lei que inscreveu Deus no fundo do ser humano, exige inevitavelmente, para sua existência permanente, um poder soberano, se segue que a soberania política é também de direito natural, o que significa que tem a Deus por autos. A soberania, então, vem de Deus. *Omnis potestas a Deo est*, diz São Paulo com uma linguagem forte." (MEINVIELLE, p. 79)

correspondência objetiva entre a ordem pessoal e a ordem social, sendo a natural realização do homem (2008, p. 98-9).

Tal ordenação - pode-se dizer *cosmológica* - é inscrita no homem em forma de lei natural, inclinando-o a buscar o bem e a evitar o mal. Toda conduta humana, assim, visa à felicidade pela escolha do bem, escolha moral contida no princípio de *bonum faciendum, malum vitandum* (SOUSA, 2021, p. 25).

Portanto, as leis que o Estado impõe não devem ferir a dignidade do homem, na medida em que a "justiça legal inclui todas as virtudes, já que a sua conveniência é útil aos outros", permitindo consecução do bem comum (AQUINO, p. 27). Caso contrário, positivando leis que violem a dignidade do homem, o Estado enveredará ao caos social.

> [A]s leis que agridem a dignidade fundamental, a natureza interior do ser humano, podem transformar-se em direito posto, mas não serão direito justo nem direito permanente, pois tendem não à preservação da sociedade, mas à sua própria destruição. (MARTINS, 1983, p. 21)

Dessa forma, o Estado, ao instituir meios para alcançar o bem comum, não pode violar a lei natural e o direito natural, sob risco de afetar sua própria finalidade última.

2.1 O Tributo

As leis, como ferramentas do Estado impostas por força de sua soberania, surgiram para ordenar de forma justa seus súditos e organizações no sentido do bem comum, para a manutenção da sociedade, evitando o mal uso das liberdades.

> O estudo da história humana [...], mostra, desde os primeiros tempos, a necessidade de criação de certas obrigações às pequenas tribos, aldeias, comunidades, cidades e Estados, visando a

> proteção do direito maior do núcleo civilizacional nascido mediante colaboração voluntária ou forçada de todos os que dele dependiam. (MARTINS, 1983, p. 54)

As leis trazem em seu bojo normas que comandam um dever (de fazer, não fazer, dar, não dar) dada certa hipótese de conduta pretendida pelo Estado. Nas palavras do professor Paulo de Barros Carvalho, "são juízos hipotéticos, em que se enlaça determinada consequência à realização condicional de um fato" (CARVALHO, 2007, p. 258).

Dentre as normas, há aquelas que ditam o dever de financiar o Estado, por ele não ser capaz de criar riqueza. As organizações sociais políticas não são entidades autônomas e autossuficientes, precisando ser mantidas e custeadas, pois *a existência de um Estado implica a busca de recursos financeiros para sua manutenção* (SCHOUERI, 2019, p.17)

> É nesta perspectiva, portanto, que a manutenção da ordem social – sempre tripartida, em *governantes, produtores riqueza* e *povo* – dá suporte e nutre o poder, como nutriu no curso da história. (MARTINS, 2016, p. 215)

A parcela de pessoas que compõem o Estado, os detentores do poder, integram o estamento burocrático e administram a sociedade política. São os responsáveis por instituírem normas que obriguem as outras classes (os produtores de riqueza e povo) a prestarem pecúnia aos cofres públicos, arrecadando a riqueza por eles produzida.

Esse contexto marca a natureza instrumental de tais normas. Por se tratar de uma obrigação de dar dinheiro ao Estado, importam na arrecadação de riqueza pela transferência de um sujeito ao outro da relação obrigacional. A esse dever legal de dar dinheiro ao Estado, refere-se como *tributo*. Nas palavras do inolvidável professor Geraldo Ataliba, tributo é a "obrigação jurídica pecuniária, *ex lege*", sendo seu objeto a quantia, certa ou determinável, a ser paga a título de tributo, não o tributo em si (p. 26).

A obrigação tributária é cumprida pela imperatividade na norma tributária, que incide quando sua hipótese (certo fato previsto) ocorre no mundo real (fenomênico), impondo o dever compulsório de abastecer os cofres públicos, como observava o mesmo mestre, às "pessoas que elas (normas) determinam e nos casos nelas previstos", ou seja, "verificada uma hipótese, prevista na norma, ela é obrigatória; e só para os comportamentos das pessoas compreendidas na hipótese" (ATALIBA, p. 34).

Diferentemente de uma penalidade financeira, na qual certo sujeito se vê obrigado a pagar quantia ao Estado como punição por determinado ato ilícito, o contribuinte tributário se vê *nessa situação pela vontade da lei* ao realizar ato lícito (ATALIBA, p. 34).

A norma tributária visa ao financiamento do Estado para atender a dois objetivos: (i) financiar o Estado, em sentido estrito, isto é, o custeio das ações desempenhadas pela máquina estatal - tendo um caráter mais objetivo, por envolver uma avaliação econômica de quantia suficiente para suprir essas necessidades; e (ii) a manutenção no poder da classe dominante, de caráter subjetivo, tendo o condão de estimular e desestimular condutas, constitutivo do poderio econômico do Estado.

De uma forma ou de outra, a natureza arrecadatória do tributo sempre pesará sobre o sujeito passivo da obrigação, mesmo sem ter, propriamente, natureza jurídica de sanção, que se verá compulsoriamente obrigado a dar dinheiro ao Estado, ocasionando em reflexos materiais e imateriais na sociedade.

Sobre o reflexo material, nota o professor Ives Gandra da Silva Martins que:

> A afirmação de que a obrigação é o alicerce de uma "economia de aquisição compulsória", pois, à evidência, as linhas mestras das necessidades públicas, econômicas ou paraeconômicas são

> planejadas a partir do poder constituído ou assumido, parece-nos mais adequada, pois a retirada de recursos, pela exigência fiscal, por lei imposta ou pela força, geram consequências macro e microeconômicas dessa espécie. (1983, p. 54)

Por outro lado, o reflexo imaterial relaciona-se ao já tratado desvelo moral da lei. A incidência de uma norma sobre conduta humana dá-lhe um tom moral, na medida em que o homem sempre escolherá a ação que o leve à felicidade - a moral é a arte de fazer o bem e ser feliz. Algumas normas são cumpridas mesmo sem a imposição de sanção, as chamadas de *aceitação social, de cumprimento natural*, geralmente vindas do direito natural (MARTINS, 1983, p. 108).

Como observa o professor Paulo de Barros Carvalho, a compulsoriedade da norma tributária *afasta, de plano, qualquer cogitação inerente às prestações voluntárias, o sujeito passivo deve cumpri-la, ainda que contra seu interesse* (2007, p. 25). Nesse caminho, vemos que há uma potência à coercitividade na norma tributária, caso a sua obrigação não seja percebida como um bem.

Para que o homem faça aquilo que identifica como mal, deve haver uma força que o constranja a agir contrariamente à sua vontade. O que se dá, no âmbito tributário, em função do instinto de autopreservação, pois a ninguém apetece abrir mão de sua propriedade, a não ser que movido por um ato de livre vontade em vista de um bem maior. De tal sorte, se a norma tributária não for orientada pela reta justiça, seria arbitrária e ninguém a observaria sem coação.[5]

Como já observaram os escolásticos da Universidade de Salamanca, a tributação torna-se injusta quando deixa de atender ao bem comum, seja quando a arrecadação sirva aos interesses pessoais do governante, seja quando

---

5. Aplica-se aqui a lição do mestre Ricardo Dip: se a justiça não orientar as leis, os homens não a cumpririam livremente e *não existiria direito, mas só a arbitrariedade, porque sem crimes não existiriam homens justos* (2019, p. 119).

se continue a arrecadar depois que cessado o motivo da exigência:

> Nem todo imposto é justo nem toda evasão é injusta. Para que uma lei (impositiva ou qualquer outro tipo) fosse justa, deveria cumprir com os requisitos de toda lei. Assim também deveria levar em consideração a necessidade (é realmente necessário aumentar ou modificar os impostos?), a oportunidade (este é o momento oportuno para modificar os impostos?), a forma (estes impostos propostos são equitativos e proporcionais?) e o nível (as reformas impõe cargas moderadas ou excessivas?). De acordo com Pedro de Navarra, o príncipe que utiliza fundos de impostos para seus interesses pessoais comete um roubo, e caracteriza tal ação como confisco tirânico e rapinagem. Estabeleceu ainda que, quando a razão da criação de um imposto deixa de existir, por direito natural os cidadãos não estão obrigados a pagá-lo. (CHAFUEN, p. 151-152)

Para ser justo, o tributo deve carregar certas qualidades, em especial, seu cálculo deve ser proporcional ao objetivo que visa a atender, ao bem comum em concreto pretendido pelo Estado. Assim, o governante não pode exercer atividades desnecessárias, sob o risco de arrecadar indevida e desmedidamente, causando a cobrança ilegítima de *impostos excessivos com o objetivo de bancar despesas que só existem porque o Estado se arrogou um direito que não lhe pertence* (RAMALHETE, p. 83).

As noções de participação indevida e desmedida do Estado, relacionam-se com a injustiça objetiva da norma tributária, adentrando, inescapavelmente, no âmbito de um juízo moral a ser feito pelo sujeito passivo sobre a exigência tributária que lhe foi imposta pelo detentor do poder para suprir as necessidades do Estado, *pois retira do trabalho e dos bens do contribuinte os recursos para os quais não contribuiu* (sendo, assim, indevida), e podendo ser desmedida, no sentido em que se *reconhece que as necessidades estatais devem ser cobertas pelos recursos tributários* (MARTINS, 1983, p. 112).

Portanto, para um tributo ser devido e cobrado na justa medida, dependerá sempre da justeza dos atos dos detentores do poder, que, no mundo real, são imperfeitos e muitas vezes excedem seus limites. Quando "se sabe que nem sempre os tributos são destinados às necessidades do Estado, mas apenas aos interesses privados dos detentores do poder, mesmo que se rotulem tais interesses de interesses públicos", como bem alerta o professor Ives Gandra da Silva Martins (1983, p. 110), não se pode dizer que o tributo seria pago voluntariamente pelo sujeito passivo, senão que sempre rejeitado à priori.

> [E]ssas necessidades só em parte são de interesse público; noutra parte são do interesse privado dos detentores do poder, e, portanto, a exigência é superior e *desmedida* em relação às necessidades reais, adentrando assim no campo das normas de rejeição social. (MARTINS, 1983, p. 112)

O tributo tende a ser pago somente pela compulsoriedade da norma obrigacional, relacionada a uma sanção que o estreita da noção de penalidade, uma vez que a norma tende a ser rejeitada e não cumprida voluntariamente. Por conseguinte, *a sanção é causa da norma exigencial, incorporando-se na obrigação tributária ao mesmo nível que o tributo, pois passa a ser causa eficiente de seu cumprimento corrente*. (MARTINS, 1983, p. 112). Nesse sentido,

> Nas normas de rejeição social, a sanção é a própria essência do comando indicativo da obrigação. Ela é causa da norma obrigacional, alicerce fundamental de sua existência.
>
> O tributo é, por excelência, veiculado por norma de rejeição social. Dada a complexidade inerente ao crescimento da vida em sociedade, dificilmente a obrigação de recolher tributo seria cumprida sem sanção. (MARTINS, 1983, p. 109)

Por tais contornos, o tributo caracteriza-se como *norma de rejeição social*, instrumental ao poderio econômico do Estado, eficaz para estimular ou desestimular condutas. Qualquer contraprestação do Estado ao pagador de tributos, *não passa de mero efeito colateral positivo*, enfatiza o professor Ives Gandra, *serve, portanto, mais aos detentores e aos seus amigos, que aos produtores da riqueza e ao povo* (2016, p. 216).

> O homem não é confiável no exercício do poder e tende, neste exercício, a exigir sempre mais da comunidade do que para ela seria desejável, à evidência, a carga tributária é necessariamente maior do que a que precisa para atender à dupla finalidade de sua arrecadação, ou seja, bem do povo e bem dos detentores do poder. (MARTINS, 1990, p. 8)

Ora, pela ferida do pecado original, que entortou as retas inclinações do homem, a tendência à felicidade pelo bem, corrompeu-se na forma da satisfação egoísta de si mesmo, do benefício próprio. A manifestação desse vício no governante, em especial, se mostra na gana de manter e ampliar seu poder, mesmo que em detrimento da sociedade e do bem comum.

O homem tende a identificar-se com o poder, *tornando o povo, não o destinatário final de seu serviço, mas o servidor de seus interesses*, implicando a tendência das despesas públicas sempre crescerem (MARTINS, 1990, pp. 7-8). Na mesma medida, então, a injustiça da cobrança sempre estará inserida na norma tributária, ainda que em potência, e por conseguinte, sempre recebida com rejeição pela sociedade.

A imposição tributária tem, assim, o potencial de criar um ambiente de insatisfação e crise social, pois, contra a coerção estatal, pouco ou nada podem fazer as pessoas, a não ser rebelarem-se. Para evitar que se chegue a tal estado, é importante que sejam estabelecidos limites endógenos ao poder tributante do Estado.

2.2 Limitações ao poder de tributar

Para nutrir o Estado, o governante obriga que a classe produtiva lhe entregue a pecúnia, tornando o tributo, *portanto, no mais relevante instrumento de domínio, desde o alvorecer da sociedade organizada* (MARTINS, 2016, p. 215).

Ora, as leis, como instrumentos reguladores da ordem social, não se prestam a impor condutas somente sobre os súditos. A autoridade franqueada pela soberania ao ordenamento jurídico também exerce sua força sobre o próprio Estado, na medida em que a garantia da ordem social se incompatibiliza com arbitrariedades injustas.

Evidente, portanto, que o primeiro limitador do Estado é o bem comum - mesmo que não esteja explicitamente positivado. Contudo, pelo risco do exercício arbitrário da autoridade, como posto acima, a sociedade buscou limitar o Estado pelos ordenamentos jurídicos, inserindo mecanismos legais que restringem a atuação despótica.

Dentre os mecanismos, a forma mais comumente utilizada, especialmente a partir da idade moderna, foi o constitucionalismo. Nas palavras de José Pedro Galvão de Sousa, "*Trata-se de estabelecer um regime em que ao poder discricionário dos detentores da autoridade se sobreponha a força das leis, devidamente observadas por governantes e governados*" (1967, p. 129).

Os conjuntos de leis originárias de um sistema positivado, denominadas Constituições, pretendem organizar, estruturar e formar um Estado, estabelecendo barreiras aos atos públicos para proteger os valores estimados pela sociedade. O grande professor Oswaldo Aranha Bandeira de Mello fazia observar:

> Além de disciplinar a organização essencial do Estado e das respectivas atribuições de seus órgãos fundamentais, como decorrência do sistema político, o Direito Constitucional delimita

> a ação do Estado, através do govêrno, de modo negativo, estabelecendo-lhe barreiras, em favor dos direitos proclamados e assegurados aos indivíduos e os grupos sociais menores, por êsses formados, como, ainda, de modo positivo, prescrevendo o seu programa ideológico em prol da coletividade. (pp. 14-5)[6]

Sendo lei formadora do Estado, na Constituição, são positivadas normas mestras da regulação das sociedades políticas e das sociedades civis, visando à proteção do bem comum, finalidade do Estado e sentido de ser das leis. A legalidade dos atos do Estado torna-se-lhe um limite: o Estado fica estritamente vinculado a fazer o que a lei expressamente reza.

Por se tratarem de comandos à ação estatal, os limites evidenciam os valores caros à sociedade, uma vez que escolheu dar-lhes guarida legal. É o que se percebe quando observada a competência tributária, faculdade de instituir e arrecadar tributos, delimitada por certas hipóteses nas quais o dever de pagar tributo não pode ser instituído - hipóteses conhecidas como imunidades.

Historicamente, recorda o professor Schoueri, as imunidades eram um privilégio régio concedido *a um grande proprietário ou a um estabelecimento eclesiástico*, delimitando o exercício da autoridade, e ilustra:

> Com a imunidade, o rei se dirigia a seus agentes (juduces), proibindo-os de penetrar no domínio imune para levantar tropas, prestar serviços de justiça ou cobrar impostos ou freda (remuneração devida pelos criminosos ao rei, por terem violado a paz); reclamar direitos de gîte (direito que o senhor tinha de ser alimentado por seu vassalo) ou de prise (direito assegurado ao senhor de tomar, mediante indenização, bens de que necessitasse), ou, mais genericamente, exercer qualquer ato de coerção. (p. 21)

6. Nota do editorial: mantida a grafia conforme o original (sem aplicação do acordo ortográfico).

As imunidades, assim, inserem-se nas *vedações à competência tributária*, explica Edgard Neves da Silva, *estribadas em considerações extrajurídicas, atendendo à orientação do poder constituinte em função das ideias vigentes, preservando determinados valores fundamentais à sociedade, retirando das mãos do legislador a possibilidade de atingi-los* (p. 283).

Entretanto, as limitações ao poder estatal positivadas são meras letras escritas num papel. Sua eficácia depende fundamentalmente de pessoas que as cumpram, transcorrendo a ponte entre linguagem e realidade, entre norma e fato, o que ocorre pela força moral das normas, que obrigam a consciência na medida em que impõem deveres de justiça legal, regulando o exercício de uma virtude.

Sem o aspecto moral, são letra morta: além de não se realizarem por si, todo o ordenamento pode vir a ser desvinculado do bem comum universal, e passar a servir de ferramenta aos interesses escusos dos detentores do poder, impostos pela força bélica. Por mais forte ou rígido que seja um texto constitucional, a ordem de preservação ali consagrada pela sociedade poderia ser subvertida, bastando que os valores que anteriormente eram caros, por isso, salvaguardados pela sociedade, o deixem de ser por razões ideológicas.

Mesmo o bem comum, finalidade de toda sociedade política, caso seja divorciado do direito natural - e assim do aspecto moral -, poderá ser utilizado como justificativa para distorcer e diminuir as limitações legais ao poder, até violá-las. É o que se vê hodiernamente: interesses particulares dos governantes travestidos de interesse comum.

> O único avanço [...] foi o da regulação jurídica dos poderes, que impõe, na democracia, uma complexidade maior para a conquista e o exercício do poder. Mas, não muda a natureza de quem busca ou de quem o detém, pois as democracias apenas sofisticaram os ardis dos políticos para conquistá-los, na "luta entre amigos e inimigos", como Carl Schmitt definia a política. (MARTINS, 2016, p. 250)

A relativização dos valores perenes que informaram os ordenamentos positivados, desnaturaram o conceito de *interesse público*, tornando-o amorfo, sendo o que quer que os detentores do poder queiram que seja afastado do bem objetivo das pessoas e das comunidades que o direito natural garante.

3. O interesse público

A tendência do homem ao que é bom se desdobra nas relações interpessoais na sociedade, dada sua natureza relacional. Portanto, a felicidade, fruto do bem, somente pode ser vivida em convivência social, de forma harmônica e fraterna, observando as exigências da vida em comum. De sua parte, o Estado zelará pela ordem social justa, interesse de todos, regulando as condutas das pessoas, segundo a *correta relação de cada pessoa ou instituição* o que lhe cabe (HERVADA, 2008, p. 99).

O *bem*, em seu sentido universal, será, assim, a meta das ações do homem e do Estado. Noutras palavras, o *bem* é o ponto focal de interesse do âmbito privado e do âmbito público, e cada um regular-se-á segundo tal interesse. E as leis, como normas reguladoras de conduta, revelam isso, como ensinava o grande mestre Oswaldo Aranha Bandeira de Mello:

> O Direito, embora uno, vem sendo considerado desde os tempos dos romanos sob êsses dois aspectos fundamentais. O primeiro relativo às normas que regulam o Estado-poder, enquanto independente na ordem externa, e soberano na ordem interna, e às relações jurídicas conseqüentes por êle formadas; o último relativo às normas que regulam atividades dos particulares e as relações jurídicas conseqüentes por êles formadas. (p. 24)[7]

7. Nota do editorial: mantida a grafia conforme o original (sem aplicação do acordo ortográfico).

O Estado acaba por ser vinculado às leis, pela estrita legalidade dos atos administrativos, sendo-lhe instrumentos para assegurar o interesse público. Ao passo que, segundo o princípio de que é lícito fazer tudo que a lei não proíbe, as pessoas têm liberdade para agir e negociar de mútuo consentimento.

Não há, contudo, conflito ou dicotomia entre interesse público e interesse privado, na medida em que se tocam na intervenção estatal em negócios privados que arrisquem ou violem a ordem social. Quando o Estado ordena os interesses pessoais viciosos, injustos, o faz para salvaguardar a dignidade da pessoa (bem particular), e a ordem social (bem público).

Senão por ser o *bem* interesse comum de toda a sociedade, a distinção entre os interesses é melhor observada em menor escala, quanto às normas e à propriedade das coisas (aquilo que é público, do Estado, e aquilo que é privado, das pessoas). Nesse sentido, comenta o professor acima citado:

> O objetivo do Direito Público é o bem comum a ser alcançado pelo Estado, valendo-se para tanto de processos técnicos apropriados, de manifestação de vontade autoritária, de dar a cada um o que lhe é particularmente devido, mas o que lhe é devido como participante do todo social. Já o objeto do Direito Privado é o bem de cada um, a ser alcançado pelos indivíduos como partes do todo social, utilizando-se de processos técnicos para isso adequados, de livre acôrdo de vontades, ou ao menos de livre aquiescência de vontades, dentro dos limites impostos pelo Estado, que, assim, de modo mediato trabalha, ainda, para o bem comum. (BANDEIRA DE MELLO, p. 28)

Em sentido contrário, conceber o homem não como pessoa, mas como *indivíduo*, acaba por resultar em conflito de interesses e cisão social - concepção atualmente cravada nos ordenamentos e nas mentalidades dos doutrinadores e operadores de direito, por influência ideológica do liberalismo de raiz iluminista.

Segundo essa ideologia, os homens são iguais e livres, tendentes a perseguir sua felicidade individual e subjetivamente concebida, cabendo ao Estado o papel de protegê-las dos outros homens - já que *homo homini lupus* - e de garanti-la - afinal, *o homem nasce bom e a sociedade o corrompe*. Por meio de um contrato social, dizem, o homem abre mão de sua plena liberdade e concede poder ao Estado, para que, em troca, ele viabilize a convivência social e a persecução dos interesses particulares.

O interesse particular do indivíduo, desvinculado dos preceitos morais, nesse cenário, representa sempre um risco aos demais, pois o *bem* deixa de ser uma finalidade comum. Como representante do interesse público, o Estado deve sempre interpor-se nos negócios e pleitos particulares para garantir os direitos individuais. Nesse sentido, o interesse público, que toma em conjunto a garantia das felicidades individuais, terá sempre um peso absoluto, pois o interesse particular tende à "autossatisfação egoística" do indivíduo, alheia ao bem-estar social.

Ficam, assim, sendo de interesse público, a tutela dos direitos individuais e a manutenção do aparato burocrático. Duas facetas de uma mesma moeda, modernamente conceituadas entre interesses primários, relacionados ao bem comum geral, e secundários, no que diz respeito ao funcionamento das entidades políticas. Ou seja, quando o interesse público se identificar com o interesse da sociedade em geral, por meio da prestação dos serviços públicos para o bem-estar dos indivíduos, explica o Ministro Luís Roberto Barroso, será primário; por outro lado, quando se tratar do interesse de manutenção do Estado, para o funcionamento dos entes políticos, será secundário (p. 209).

> O interesse público primário é a razão de ser do Estado e sintetiza-se nos fins que cabe a ele promover: justiça, segurança e bem-estar social. Estes são interesses de toda a sociedade. O

> interesse público secundário que seja parte da União, do Estado-membro, do Município ou das suas autarquias.
>
> (...)
>
> [O] interesse público primário, consubstanciado em valores fundamentais como justiça e segurança, há de desfrutar de supremacia em um sistema constitucional e democrático. Deverá ele pautar todas as relações jurídicas e sociais – dos particulares entre si, deles com as pessoas de direito público e destas entre si. (BARROSO, p. 209-10)

Essa distinção se fez necessária para limitar o poder do Estado, evitando o abuso da supremacia do interesse público e a consequente violação dos direitos individuais (sendo um produto, inclusive, do confronto entre liberalismo e o socialismo - ideologia decorrente do próprio liberalismo). Assim, mesmo não se balizando no direito natural para alcançar uma ordem social justa, o Estado-juiz teria critérios para dirimir conflitos, ponderando o peso do interesse público e do interesse privado em cada caso.

> O interesse público primário desfruta de supremacia porque não é passível de ponderação. Ele é o parâmetro da ponderação. Em suma: o interesse público primário consiste na melhor realização possível, à vista da situação concreta a ser apreciada, da vontade constitucional, dos valores fundamentais que ao intérprete cabe preservar ou promover. [...] O interesse público secundário não é, obviamente, desimportante. Observe-se o exemplo do erário. Os recursos financeiros provêem os meios para a realização do interesse primário, e não é possível prescindir deles. Sem recursos adequados, o Estado não tem capacidade de promover investimentos sociais nem de prestar de maneira adequada os serviços públicos que lhe tocam. (BARROSO, p. 210)

Consequentemente, o interesse tributário, *um interesse fiscal na arrecadação de tributo*, se insere nesse raciocínio de conflito entre interesses públicos e privados: "interesses individuais, concorrentes, ou até mesmo contrários, ao interesse da coletividade na cobrança de tributos" (PESSÔA, p. 126).

Todavia, não há mais tributação imoral e injusta, segundo o conceito clássico - entendida erroneamente por uma *equação entre os interesses da comunidade e do contribuinte, que pendia para o lado do interesse do contribuinte*: como o indivíduo não se identifica com os anseios da comunidade, representada somente pelo Estado, em conflitos de interesses, o indivíduo será protegido, mas *o lado do interesse da comunidade, representada pelo Fisco, vai receber um peso maior* (BARROSO, p. 210).

> Com o surgimento e a consolidação desses dois interesses opostos, configuram-se, assim, as linhas gerais dos sistemas tributários contemporâneos. Ao lado de um interesse fiscal por parte do Estado, enquanto representante da comunidade [...], afirma-se também um interesse dos cidadãos em terem sua propriedade preservada. E os conflitos que o Direito Tributário passa a ter que regular vão tratar fundamentalmente da contraposição entre esses dois interesses. (BARROSO, p. 210)

Ainda que a natureza humana tenha recebido uma outra roupagem ideológica, ela não mudou. Se antes o direito natural servia de algum obstáculo aos detentores do poder, agora, com poderes plenipotenciários, tudo pode fazer - e tributar - desde que o ato esteja envernizado de interesse público.

Individualismo e o igualitarismo levam à *aniquilação do indivíduo e ao anonimato*, massificam o homem e retiram qualquer pessoalidade das suas ações e relações (OLIVEIRA, p. 69). Já observava Tocqueville que "a tendência permanente dessas nações é de concentrar todo poder governamental nas mãos de um só poder que represente diretamente o povo, porque, além do povo, só se percebem indivíduos iguais confundidos numa massa comum" (p. 116).

De tal sorte, acredita-se que apenas o Estado se interessa pelo bem comum e atua em prol da sociedade, imprimindo no interesse tributário fundamental peso e importância, para o financiamento das atividades que crescem à medida em que se arroga mais deveres que cabem às pessoas. O estamento burocrático, assim, ocupa o espaço dos corpos intermediários entre as pessoas e Estado, agremiações que manifestam o interesse da pessoa pelo bem comum: *o indivíduo fica só, em face do poder, que não tinha a dimensão usurpada à pessoa* (SCANTIMBURGO, p. 55).

Foi o caso das corporações de ofício, sumariamente abolidas por influência liberal, como o eterno João de Scantimburgo fazia notar, comentando a Constituição Imperial:

> O item 25 do artigo 179 do título VIII, extinguindo as corporações de ofício, antepassadas dos sindicatos modernos, pagava tributo ao individualismo revolucionário de 1789. Emanava a Constituição dos "imortais princípios". Tinham tido, no entanto, as corporações de ofício ou dos misteres papel de notável importância na representação política e administrativa do Brasil, até o ato constitucional que as extinguiu. Não colidiam com a liberdade, fundamento do liberalismo, como ficou patenteado com a ascensão do sindicalismo do século XIX aos nossos dias. Nas corporações de ofício tinham assento os representantes do povo, ou do que o por povos se poderia classificar nos séculos anteriores à Independência. (p. 51)

A visão individualista e racionalista do homem leva à violação dos corpos intermediários, por serem empecilhos à expansão do poder do governante, sinal do tenebroso caminho escolhido pelo governante, gradualmente vilipendia a dignidade humana. Abolição das agremiações intermediárias, bem como dos privilégios que são elementos inerentes a cada corpo social, ensinava Doutor Plínio Correia de Oliveira, são as marcas dessa ideologia revolucionária (p. 69).

Portanto, é estritamente correto dizer que o Estado não informado pelo direito natural não é verdadeiramente um Estado de direito e, no mais, não pode atingir a sua finalidade: o homem é parte da sociedade e a parte se ordena ao todo. Fora disso, se cai no equívoco de entender que o bem comum tem primazia *absoluta* sobre o bem individual (SOUSA, *et al.*, 1998, pp. 60).

Ora, a subordinação do bem individual ao bem comum não se dá senão entre bens do mesmo gênero. A dignidade da natureza humana é um bem superior ao bem comum, contudo, como *bem* é tudo que apetece à natureza racional do homem e, sendo próprio do homem a vida em sociedade, a realização do fim desta é a consecução de um bem que interessa a todos, ou seja, o bem *comum*, que, por sua própria natureza, é comunicável e participável. A dignidade do bem comum, assim, é decorrência da dignidade da pessoa humana (SOUSA, *et al.*, 1998, pp. 60-1).

Por isso, engana-se quem afirma que *o melhor interesse público só pode ser obtido a partir de um juízo de ponderação, entre interesses privados e coletivos, e sua disciplina legal, que permita a realização* (BINENBOJM, p.167). Segundo Hervada, "o ofício do jurista é dizer o justo e não o que é melhor, e para se dizer o justo não se pode negligenciar ou mitigar o direito subjetivo de outrem" (1988, p. 83).

No *juízo de ponderação*, o Estado-Juiz verifica os juízos de conveniência e oportunidade atrelados à análise da razoabilidade em sentido estrito para se chegar à definição do que é o devido a cada um, mitigando um direito em detrimento de outro, dada colisão de normas como que em vetores opostos. A ponderação decorre do axioma da igualdade entre os indivíduos, e dos indivíduos para com o Estado, que só pode aferir o peso dos direitos subjetivos de cada indivíduo - expressão do relativista *pursuit of happiness* - em relação aos seus interesses públicos, já que há hierarquia entre direitos.

Sob a perspectiva do direito natural, não se pode falar em "ponderação", por haver hierarquia entre as finalidades, bens e coisas: não sopesamento entre bem e mal, entre o certo e o erro. Por princípio, o *bem* é sempre a finalidade do homem e do Estado. O Estado-Juiz, portanto, deve discernir a ação virtuosa da viciosa, a justa da injusta, com relação à sociedade e seus fins.

Diferentemente do que pensam e fazem os autores liberais, quando se fala em direito natural, "a perspectiva teórica deve ser não somente descritiva, mas também avaliativa, de modo que se distinga o bom direito, o adequado (ou mais adequado) ao direito natural, do mau direito, enquanto não adequado (ou menos adequado) ao direito natural". Porque a teoria clássica do direito natural não parte de um significado dicionarístico de direito, mas da busca do que é reto a partir de um *focal meaning* (LOZANO JERONYMO, *et al.*, p. 493-4).

O conceito liberal de interesse público, fundado na noção individualista do homem e relativista do bem, leva o Estado a tratar com indiferença os valores e a religião das pessoas - quando não os vê com antipatia -, e o juízo privado dos detentores do poder tornar-se a régua do interesse político. Inocular essa ideologia na sociedade, sob o pretexto de "iluminar o homem", fez esvanecer os obstáculos à arbitrariedade e a concentração do poder que a moral, e a Igreja Católica, sua excelsa guardiã, representavam. No século XVI, já pretendiam desvencilhar-se dos limites da Igreja e ampliar seus poderes os príncipes alemães, apoiando a Revolução Protestante de Martinho Lutero. No contexto posterior à Revolução Francesa, o Papa Leão XII denunciava:

> Esta, pois, ao trazer uma aparência branda de piedade e de liberdade, professa o *tolerantismo* (assim dizem) ou o *indiferentismo*, e o exalta não somente na esfera civil, de que não estamos falando, mas também em assunto de religião, ensinando que ampla liberdade foi dada por Deus a cada um, de modo que o que a seita ou opinião, segundo seu juízo privado, aprovar a cada um, cada um possa abraçar ou adotar isto sem perigo de salvação. (p. 624)

A influência da Igreja na sociedade é o meio mais seguro de alcançar o bem comum, "todos os povos que a têm acolhido se distinguiram pela doçura, pela equidade e pela glória dos empreendimentos" (LEÃO XIII, 1).

4. A Igreja Católica Apostólica Romana e os seus direitos

A Igreja Católica foi fundada por Jesus Cristo para assegurar um caminho seguro à salvação do gênero humano. Exercendo seu papel de *Mater et Magistra*, ilumina todas as realidades humanas com a luz da fé, instruindo no caminho da graça e da virtude, para que, vivendo bem, todos possam morrer bem e conquistar a bem-aventurança celeste. Levantando o estandarte da Cruz como memorial da redenção, a Igreja aponta para o real valor do homem adquirido pelos méritos de Cristo, convidando-o a viver conforme sua dignidade de filho de Deus, e a abandonar tudo aquilo que a diminua.

Em virtude de sua fundação divina, a Igreja compreende uma instituição sobrenatural, invisível, enquanto Corpo Místico de Cristo, cujo espírito anima a instituição física, visível, com suas estruturas, membros e hierarquia, atuantes na história pela autoridade outorgada por Deus, para alcançar sua finalidade de ser e instituir o Reino de Deus no globo.

A promessa de trazer o Reino de Deus feita por Cristo Jesus se realiza na Igreja, sendo ela a expressão da imagem da Nova Israel. Deus, assim, pretende reinar por sua Igreja, sobrenaturalmente sobre todos os corações, e naturalmente, sobre todas as nações.

> [O] Reinado Social de Nosso Senhor Jesus Cristo se expressa essencialmente de duas maneiras ou dimensões: em primeiro lugar, é o reinado discreto de Nosso Senhor, que é o reinado no coração humano e que, deste modo, permeia sutilmente toda a sociedade. É, fundamentalmente, o império da fé em Cristo que se projeta em nossa conduta e nos leva a converter a sociedade à mensagem de Cristo. Em segundo lugar, é o reinado expresso de Nosso Senhor, que é o império deste que se manifesta através das leis e normas da sociedade, para então, chegar ao coração do homem. É, em suma, a instauração de uma sociedade cristã. Por ser uma realeza espiritual e social, exige e reclama o

> reconhecimento público por parte dos governantes, o culto público a Nosso Senhor. A obrigação social para com Cristo deriva do primeiro mandamento de Deus, que afirma o dever moral dos indivíduos e das coletividades de amar a Deus sobre todas as coisas. (JÚNIOR, pp. 49-50)

Assim, para cumprir seu mandato divino, o poder que emana da autoridade da Igreja possui uma dimensão espiritual e uma dimensão temporal, de onde decorrem seus respectivos direitos.

Os direitos de seu poder espiritual, de fonte divina, se observam pela capacidade de administrar a graça (pelos sacramentos, por exemplo), de julgar (perdoar os pecados e punir seus membros) e de ensinar a verdade.

O poder temporal da Igreja, por outro lado, pode-se dar de suas formas: (i) por decorrência indireta do poder espiritual sobre as coisas temporais, na medida em que estas se oponham ou sejam necessários à finalidade espiritual, lastrando o direito de propriedade e a legítima influência sobre as sociedades políticas (BOULENGER, p. 531/2); e (ii) por decorrência direta das coisas temporais, como a soberania sobre um território (o que se dá atualmente no Vaticano) e como a soberania sobre nações, que investem o Papa de poder temporal, *baseado nos títulos mais autênticos* adscritos ao consentimento dos povos, sendo de grande utilidade ao exercício do poder espiritual (BOULENGER, p. 492).

Os direitos da Igreja, de uma forma ou de outra, expressam sua natureza divina e humana, e sua relação com as realidades temporais que devem ser santificadas e utilizadas segundo o interesse da redenção do gênero humano.

O fundamento divino dos direitos da Igreja, que se sabe por revelação, provém da mesma lei eterna, una e universal, cujos preceitos encontram-se inscritos na lei natural impressa na alma racional do homem, e que podem ser conhecidas pela razão. A razão natural é capaz de conhecer as exigências de ordem e de justiça, o que permite o conhecimento do direito natural universal. A Revelação aperfeiçoa a razão humana ao proporcionar-lhe, sem erro, uma série de princípios e normas de direito natural, mas não substitui a razão humana.

Assim, os ensinamentos da Igreja condensados em seu Magistério auxiliam no discernimento da lei natural e na ordenação do homem ao *bem*, que é o próprio Deus. De tal sorte, a lei positiva de um Estado não pode gerar empecilhos para o exercício do Magistério universal da Igreja, nem à religião, ao contrário, deve reconhecê-los e privilegiá-los, na medida em que promovem o bem da própria sociedade política.

Ora, o homem somente pode ter a juridicidade posta se existe esta enquanto potência, portanto, se existe um direito positivo é porque existe um direito natural (HERVADA, 1988). Nesse sentido, o autor evidencia a contradição dos positivistas que atribuem ao homem que dê a si mesmo capacidade jurídica:

> La condición de sujeto de derecho es la potencia natural necesaria para que el hombre pueda atribuirse o atribuir a otros alguna cosa como derecho suyo. Decir que la condición de sujeto de derecho la da la ley humana es una afirmación vacía por su radical imposibilidad: el hombre se daría a sí mismo la potencia (capacidade para el hecho natural) y e acto (el hecho cultural), lo que supondría en él un poder creador em sentido estricto (sacar algo de la nada), cosa imposible (HERVADA, 1988)

O direito é a coisa justa, segundo Aristóteles (VILLEY, 2014, p. 115), portanto, os deveres de justiça, sobre os quais versa o direito natural, só podem ser reconhecidos pelo direito positivo, sendo a justiça "virtude de cumprir e respeitar o direito, não de criá-lo" (HERVADA, 1981, 25). Com efeito, o dever de justiça do direito positivo "não consiste em *criar* ou *outorgar direitos*, mas sim em *dar* o que a eles corresponde" (HERVADA, *et al.*, 1983, p. 31). Em síntese: *os direitos que se fundamentam no direito natural não dependem das prescrições da ordem jurídica positiva* (SOUSA, 2021, p. 5).

Assim como é justa a obediência à autoridade política do Estado, por sua soberania emanar do direito natural, é de justiça - portanto do mais reto direito - que seu ordenamento positive os direitos da Igreja, em reverência à religião e em respeito à sua divina missão. Trata-se de dar a cada um o que lhe é devido.

> Assistir-vos-á, certamente confiamos no Senhor, o poder dos príncipes seculares, cuja causa se move quando é movida a causa da autoridade da Igreja, sendo testemunha não somente a razão, mas também a experiência; de fato, nunca pode acontecer que seja dado a César o que é de César, se não for dado a Deus o que é de Deus. (Leão XII, p. 629)

Igreja e Estado têm autoridade sobre os mesmos súditos, embora a primeira pelo poder espiritual e o segundo pelo poder temporal, no sentido de uma mesma finalidade em ordens distintas, se complementando e guardando uma inegável hierarquia segundo suas naturezas: um tem por fim próximo e especial ocupar-se dos interesses terrenos, e o outro proporcionar os bens celestes e eternos.

Segundo a teoria dos Dois Gládios, poder temporal e poder espiritual devem ser ordenados, segundo uma hierarquia, como aquela que, no homem, constitui a união da alma com o corpo: "As duas espadas estão sob o controle da Igreja, e o poder temporal está subordinado ao poder espiritual" (JÚNIOR, p. 25). Por tal noção, o Concílio de Latrão, de 1215, consignou *que os leigos não usurpem os direitos dos clérigos, e que os clérigos não queiram para si os direitos dos leigos*.

Na encíclica *Sapientiae Christianae*, o papa Leão XIII discorre que a sociedade não é um bem em si mesma, precisando ser regulada para que *nela e por ela achem meios eficazes que auxiliem o homem no aperfeiçoamento de si mesmo*, do contrário, a sociedade que tiver a praxe de afastar a religião da administração da *res publica* e descurar das leis morais, afasta-se do seu fim e das prescrições da natureza.

A Igreja favorece e sempre favoreceu o bem comum, que se trata justamente do "conjunto daquelas condições da vida social que permitem aos grupos e a cada um dos seus membros atingirem de maneira mais completa e desembaraçadamente a própria perfeição" ("JUSTIÇA E PAZ", 164).

A prática da verdadeira religião está na observância dos preceitos cristãos, e seu afastamento pode levar ao escurecimento da verdade e à desordem do próprio homem e, consequentemente, da sociedade. Ao se afastar, somente resta a força material para ordenar os homens e a tranquilidade pública, mas essa força careceria de força moral, tornando-se mais apta a criar escravidão do que obediência. É justamente por isso que a ideia de que "A doutrina da igreja Católica é oposta ao bem e aos interesses da sociedade humana" foi anematizada pelo Beato Papa Pio IX no *Syllabus*, item 40º. Santo Agostinho repreende tal sandice nestes termos (*apud.* LEÃO XIII, 1885):

> Os que dizem que a doutrina de Cristo é contrária ao bem do Estado deem-nos um exército de soldados tais como os faz a doutrina de Cristo, deem-nos tais governadores de províncias, tais maridos, tais esposas, tais pais, tais filhos, tais mestres, tais servos, tais reis, tais juízes, tais contribuintes, enfim, e agentes do fisco tais como os quer a doutrina cristã! E então ousem ainda dizer que ela é contrária ao Estado! Muito antes, porém, não hesitem em confessar que ela é uma grande salvaguarda para o Estado quando é seguida.

É mandato apostólico e de direito natural a obediência a Deus e à pátria, todavia, deve-se ressaltar a hierarquia entre essas duas esferas, quando o Apóstolo determina que importa mais obedecer mais a Deus que aos homens, em caso de colisão dos deveres civis e os direitos da Igreja (At

5, 29). A obediência à autoridade pública é de suma importância, pois se trata de reflexo da majestade divina, sendo que o dever legal impele a obediência por obrigação de consciência, mas se as leis do Estado se mostrarem *injuriosas para a Igreja ou contrárias ao dever religioso*, obedecê-las seria ilícito, pois *pecar contra a religião* é fazer mal ao próprio Estado (LEÃO XIII, 1885).

A lei é ditame da razão promulgada pela razão para o bem comum. Essa autoridade deriva de Deus, a reta razão não se pode discordar da verdade e razão divina, e o bem verdadeiro não pode contradizer o sumo bem, e por conseguinte, *torcer e desviar a vontade humanas do amor de Deus*. Mas, como nenhuma sociedade pode existir sem um chefe supremo e sem que a cada um imprima um mesmo impulso eficaz para um fim comum, daí resulta ser necessária aos homens constituídos em sociedade uma autoridade para regê-los; autoridade que, tanto como a sociedade, procede da natureza e, por consequência, tem a Deus por autor. Esse é o ensinamento de Leão XIII na Encíclica *Immortale Dei*, 5:

> Daí resulta ainda que o poder público só pode vir de Deus. Só Deus, com efeito, é o verdadeiro e soberano Senhor das coisas; todas, quaisquer que sejam, devem necessariamente ser-lhes sujeitas e obedecer-lhe; de tal sorte que todo aquele que tem o direito de mandar não recebe esse direito senão de Deus, Chefe supremo de todos. "Todo poder vem de Deus" (Rom 13,1).

A sociedade humana fundada pelos princípios da justiça e da autoridade legítima deve promover o culto público, visto que é mandado do bem comum a obrigação jurídica de honrar a Deus. Desta forma, o Estado deve favorecer a religião e protegê-la com sua benevolência, e *cobri-la com a autoridade tutelar das leis, e nada estatuírem ou decidirem que seja contrário à integridade dela* (*Immortale Dei*, 12). Desta obrigação, depende a felicidade completa dos cidadãos, pois para isso que foi estabelecida a sociedade civil, a qual deve zelar pelo direito e pelo bem comum. Prossegue o pontífice:

> Como, pois, a sociedade civil foi estabelecida para a utilidade de todos, deve, favorecendo a prosperidade pública, prover ao bem dos cidadãos de modo não somente a não opor qualquer obstáculo, mas a assegurar todas as facilidades possíveis à procura e à aquisição desse bem supremo e imutável ao qual eles próprios aspiram. A primeira de todas consiste em fazer respeitar a santa e inviolável observância da religião, cujos deveres unem o homem a Deus.

Portanto, o Estado deve promulgar leis que reconheçam os direitos da Igreja e zelem pela manutenção da religião, abstendo-se de prejudicar os meios que a Divina Religião dispõe para atingir seus fins. Ora, o direito de propriedade sobre um bem temporal, móvel ou imóvel, se insere nesse contexto. Observa Boulenger:

> A Igreja, apesar de ser sociedade espiritual, é ao mesmo tempo sociedade de homens, que não podem viver nem praticar a sua religião, se não possuem bens temporais. Compete à Igreja prover à sustentação de seus ministros e dos seus templos; tem de subvencionar as despesas do culto e socorrer o pobre. (p. 491)

A Igreja não produz riqueza, depende das doações de seus fieis para a manutenção de sua instituição, do clero e das obras de piedade e de misericórdia. De sua autonomia, assim, decorre o direito da Igreja à imunidade, que limita o exercício da soberania estatal sobre seus membros e seus bens. A imunidade eclesiástica é concebida como o direito à não imposição de certas obrigações comuns, de caráter (a) pessoal, sobre os membros eclesiásticos que os resguardavam de eventuais obrigações militares; (b) local, sobre a inviolabilidade dos templos e locais sagrados, podendo conceder asilo; e (c) real, relativo às coisas e bens eclesiásticos, sobre os encargos e imposições comuns (BOULENGER, p. 484).

Pela intrínseca relação da imunidade com a manutenção de suas obras, é direito natural da Igreja. O Beato Papa Pio IX, de saudosa memória, já bem condenou no 30° ponto do *Syllabus* a ideia de que Igreja só seria imune por graça do Estado: "A imunidade da Igreja e das pessoas eclesiásticas nasce do direito civil".

O ensinamento magisterial sobre a matéria sempre foi claro: o Estado não só deve abster-se de tributar a Igreja, como também tem o dever de contribuir financeiramente para seus fins. O Papa Pio VII foi bem claro em sua exortação:

> Contudo, os reis cristãos e os chefes dos estados, que sabem muito bem que foram chamados por Isaías de "nutrícios" da Igreja e se gloriam de sê-lo, não darão absolutamente nenhum lugar às preces, nem às exortações, nem aos avisos, nem às nossas ações; cuja fé, piedade, equidade, sabedoria, religião nos causam, de fato, tanta esperança, e levantam tão grande expectativa, que consideramos como certo que eles haverão de cuidar que logo seja devolvido "o que é de Deus, para Deus"; e que não haverão de cometer algo que faça ressoar seus ouvidos com estas palavras e queixas de Deus mesmo: "Roubastes minha prata e o ouro, minhas coisas desejáveis e mais belas"; e não haverão de ser diferentes de Constantino e de Carlos Magno, dos quais a liberalidade e a justiça para com a Igreja se tornaram conhecidas: dentre estes também, um professou que "conhecia muitos reinos, e que os reis deles caíram justamente porque despojaram a Igreja"; por causa disto, a seus filhos e àqueles que conduzirão a república, ele diz e inculca: "Quanto temos força e podemos, por Deus e por todos os méritos dos Santos, proibimos e contestamos que façam tais coisas e que consintam com os que querem fazê-la, mas, com todas as forças, que sejam auxiliarem e defensores das Igrejas e dos cultores de Deus". (p. 596-7)

A Igreja, *Mater et Magistra*, tem no homem seu objeto de atenção, representando e proporcionando, assim, o bem comum em sua integralidade, material e espiritual, de sorte que seu poder temporal indireto também oferece salvaguarda aos homens contra o despotismo arbitrário do Estado. O Papa Leão XIII não deixa dúvidas:

> [...] tudo o que é útil para proteger o povo contra a licença dos príncipes que lhe não proveem ao bem; tudo o que impede as usurpações injustas do Estado sobre a comuna ou sobre a

> família; tudo o que interessa à honra, à personalidade humana e à salvaguarda dos direitos iguais de cada um; de tudo isso a Igreja Católica sempre tomou quer a iniciativa, quer o patrocínio, quer a proteção, como atestam os monumentos das idades precedentes. (*Immortale Dei*, 50)

Ex positis, a Igreja exerce um eficaz papel limitador ao Estado, por fornecer a visão sobrenatural que fundamenta na lei eterna e na lei natural o ser das coisas, condenando a ideia de que "o Estado, sendo a origem e fonte de todos os direitos, goza de um direito que não é circunscrito por limite algum", como o fez o Beato Papa Pio IX (*Syllabus*, 39º). O *indiferentismo* liberal que pretende conciliar pontos de vista concorrentes, malbaratando a verdade, veladamente enseja que os detentores do poder optem pela ideia mais favorável ao seu regime, expandindo seu poder em detrimento da dignidade do homem.

5. O direito brasileiro e a primazia da Igreja

Para que se possa compreender a forma política e os contornos adotados por cada Estado, a análise dos respectivos ordenamentos jurídicos é imperiosa. No Brasil, a Lei Maior atual é a Constituição Federal promulgada em 1988, e sua exegese é mister para a conclusão adequada sobre os limites jurídicos e extrajurídicos positivamente admitidos.

Ab initio, lê-se no Preâmbulo que a Constituição do Brasil fora promulgada *sob a proteção de Deus*. Ao invocar Deus na introdução do texto constitucional, o legislador, em tom prescritivo, imprimiu axiologicamente todos os valores que a invocação acarreta, sedimentando o direito natural e os princípios do cristianismo como como base da Constituição política do Estado (CARVALHO, 2021, p. 63-4). Foi dito alhures:

> O vigésimo, que colocava todo o texto promulgado *sob a proteção de Deus*, não tinha mero sentido alegórico, mas incorporava "os

> mais relevantes princípios da doutrina social da Igreja e os principais valores do direito natural e do cristianismo" na Lei Suprema, como bem observa o professor Ives Gandra da Silva Martins. [...]
>
> [...] Dito de outro modo, o Preâmbulo da Lei Maior, ao inserir vetores axiológicos contidos na lei natural e na DSI, tão somente reafirma princípio de ordem metafísica segundo o qual a essência precede a existência, inclusive em matéria jurídica. (LOZANO JERONYMO, *et al.*, p. 500-1)

Contudo, o art. 19, inciso I, sedimenta que o Estado brasileiro não confessa qualquer religião, deixando-o claro ao *vedar que os entes federativos estabeleçam cultos religiosos ou igrejas, subvencione-os, embarace-os o funcionamento ou mantenha com eles ou seus representantes relações de dependência ou aliança,* mas é igualmente cristalino em *ressalvar a colaboração de interesse público, na forma da lei.*

Em que pese o Estado brasileiro ser laico, ou não confessional, não é um Estado agnóstico ou ateu. Há, em verdade, uma proteção ao culto religioso e uma permissão para a colaboração entre Igreja e Estado. Reconhece-se, sob a ótica do axioma preambular, a necessidade e o equilíbrio de relações entre ambas as instituições, para que, cooperando, garantam o bem comum - a Igreja, no tocante aos bens transcendentais, e o Estado, quanto aos bens imanentes -, por força do interesse público.

Pela forma do art. 19 da CF, vê-se positivada com clareza o valor maior dado pelo legislador e pela sociedade à Igreja, com a qual o Estado deve cooperar, segundo o interesse público de uma ordem social justa (com raízes no direito natural), e proteger seu funcionamento, por normas negativas que limitam o poder político. Trata-se, por essas razões, de um modelo de *laicidade aberta*, em que "se reconhece o transcendental e assegura sua efervescência espiritual no seio da sociedade, legitimando o fenômeno religioso na esfera pública e privada", segundo anotam Jean Regina e Thiago Vieira (p. 127).

O dever do Estado de assegurar e legitimar atos de religião na esfera pública e privada é acentuado pela Constituição com a *inviolabilidade da liberdade de consciência e de crença*, petrificada no inciso VI do art. 5º, abarcando, no dispositivo, *o livre exercício dos cultos religiosos e a proteção aos locais de culto e as suas liturgias*. Essa cláusula seria vazia de eficácia se os *locais de culto* e as *liturgias* nela não constassem albergados pela proteção, porque são meios para o livre exercício da crença.

Diversas outras normas constitucionais seguem o mesmo diapasão, reafirmando o valor da religião pela positivação de normas negativas ao Estado, para que *nenhum óbice seja criado a impedir ou dificultar* a prática religiosa, inclusive pela exigência de impostos (CARVALHO, 2007, p. 208). Reconhece-se que a limitação do poder de tributar não poderia ser desprezada pelo legislador constituinte, ao arquitetar mecanismos de proteção à religião, considerado o caráter extrafiscal do tributo.

As limitações constitucionais ao poder de tributar, como nota Sacha Calmon Navarro Coelho (2002), englobam princípios e imunidades, com o condão de condicionar o Poder Legislativo e vincular o Poder Judiciário, *in verbis*:

> Os princípios constitucionais dizem como devem ser feitas as leis tributárias, condicionando o legislador sob o guante dos juízes, zeladores que são do texto dirigente da Constituição.
>
> As imunidades expressas dizem o que não pode ser tributado, proibindo o legislador o exercício da sua competência tributária sobre certos fatos, pessoas ou situações, por expressa determinação da Constituição (não incidência constitucionalmente qualificada). Sobre as imunidades exerce o Judiciário, igualmente sua zeladoria. (p.171)

As imunidades inseridas na Constituição de 1988 firmam limites à competência de instituir tributos, suprimindo-a para certos fatos, sujeitos e situações. No que diz respeito à imunidade religiosa, na forma do art. 150, IV, "b", veda que os entes federativos imponham impostos sobre "entidades religiosas e templos de qualquer culto, inclusive suas organizações assistenciais e beneficentes".

Impostos, segundo define o art. 16 do Código Tributário Nacional, "é o tributo cuja obrigação tem por fato gerador uma situação independente de qualquer atividade estatal específica, relativa ao contribuinte." Ou seja, trata-se de um tributo não vinculado a uma atividade estatal, destinado a cobrir gastos gerais do ente tributante pela arrecadação de toda a coletividade. Na medida em que visa somente a arrecadar dinheiro ao Estado, sem qualquer contraprestação específica, *o dever de pagar imposto baseia-se somente na submissão do contribuinte ao poder soberano do Estado* (SCHOUERI, p. 208-16).

De se notar que foi justamente a impossibilidade de distinguir o interesse público da destinação do tributo (com a prestação de serviços ou bens), que deu, aos olhos do contribuinte, um caráter odioso à imposição tributária. A não vinculatividade é, assim, qualificativo de rejeição social, inserindo o imposto na primeira prateleira das pretensões odiosas - máxime por sua essência servir ao governante para o inchaço injustificado da máquina pública, atendendo à sua gana por poder e ampliando a rejeição social (MARTINS, 1983, p. 110).

> A imunidade diz respeito aos impostos. Não se aplica às outras espécies tributárias. Há uma razão para que assim seja, posto que as demais espécies são vinculadas a determinadas atividades estatais.
>
> (...)
>
> Desta forma, apenas em havendo desoneração infraconstitucional admite-se a extrafiscalidade, como instrumento de política tributária, para tais espécies.
>
> Nos impostos, não há vinculação e seu espectro abrangente justifica o tratamento desonerativo em nível constitucional, vedando,

por inteiro, a ação impositiva do poder tributante. (MARTINS, 1990, pp. 172-3)

Ou seja, a imunidade religiosa é vedação expressa ao legislador que mira proteger valores fundamentais para a sociedade. Nas palavras do professor Gustavo Tepedino, "a Constituição não está concedendo um benefício, mas tutelando um valor jurídico tido como fundamental para o Estado", motivo pelo qual "a interpretação das alíneas do art. 150, VI, deve ser ampla e teleológica, nunca restritiva e literal" (1994, p. 12). Assim já entendia o renomado jurista Aliomar Baleeiro, ao defender que a imunidade não se limitava ao espaço físico do templo, mas a todo o bem imóvel empregado para os fins da religião, como o convento e a casa paroquial (1998, p. 136).

Destaque-se a imunidade religiosa, do art. 150, VI, "b", por si e por ser meio de efetivação da liberdade de culto (art. 5º, VI), constitui-se em direito fundamental, e por isso, cláusula pétrea, não podendo ser abolida nem sequer por emenda constitucional, por força do art. 60, § 4º, IV, da Constituição de 1988.

Se se pretende tutelar o valor jurídico da liberdade de culto, impedindo que o Estado venha a embaraçar as atividades das entidades religiosas, devem ser albergadas pela hipótese imunizante tudo aquilo utilizado direta ou indiretamente ao culto, e para sua manutenção (como bens móveis e imóveis, rendimentos, doações, *etc.*), desde que observada a finalidade religiosa das coisas,[8] que é de interesse público.

---

8. No mesmo diapasão, destaca-se o Tema 336, de repercussão geral, no qual o Supremo Tribunal Federal fixou: "As entidades religiosas podem se caracterizar como instituições de assistência social a fim de se beneficiarem da imunidade tributária prevista no artigo 150, VI, "c"", da Constituição, que abrangerá não só os impostos sobre o seu patrimônio, renda e serviços, mas também os impostos sobre a importação de bens a serem utilizados na consecução de seus objetivos estatutários".

Na esteira da extensividade da imunidade, a recente Emenda Constitucional nº 132/2023 deu nova redação à alínea "*b*", do inciso VI, art. 150, acrescentando: "inclusive suas organizações assistenciais e beneficentes". Essas organizações assistenciais e beneficentes são meios pelos quais a Igreja exerce suas obras de piedade e misericórdia, não poderiam, portanto, ficarem desagasalhadas da tutela do valor que concretizam.

Sendo a finalidade religiosa da atividade um dos critérios para a incidência da norma imunizante, o professor Ives Gandra Martins menciona outros dois, a saber:

> A segunda diz respeito aos cultos demoníacos. Entendo que o benefício para os templos de qualquer culto não abrange os cultos à negação de Deus. Como a Constituição foi promulgada "sob a proteção de Deus" seria irracional que se desse imunidade aos templos de cultos demoníacos, posto que seriam a negação do preâmbulo do Texto Superior.
>
> Por fim, resta o aspecto relacionado a determinados cultos, que embora dirigidos a Deus, põem em risco a própria sociedade [...]. A proliferação de seitas que exploram a população, a título de servir a Deus, exige reflexão de juristas e autoridades. (MARTINS, 1990, p. 180)

Conclui-se que nem todos os cultos estão plenamente cobertos pela garantia à liberdade, e que nem todas as religiões são de interesse público. O Estado brasileiro de laicidade aberta arrima-se (i) no reconhecimento da importância da religião para o bem comum, sendo estabelecida a diretriz de colaboração entre Igreja e Estado, pelo inciso I do art. 19, segundo o interesse público; e (ii) no valor jurídico da liberdade de culto, petrificada no inciso VI do art. 5º. Por conseguinte, a correta interpretação do que cabe ao Estado fazer, como norma positiva e ou negativa, deve considerar esses dois fundamentos ordenados pelo axioma do preâmbulo.

> O Estado laico aberto brasileiro é benevolente com o fenômeno religioso porque este visa o bem comum na sociedade política e o aprimoramento do ser humano; quando, objetivamente, não é este o escopo de determinada religião, não deverá encontrar guarida nas garantias constitucionais destinadas ao transcendental e todas as suas manifestações. Em casos assim, o Estado tem competência para dissolver tal seita religiosa que atenta contra a ordem, a justiça e o bem dos povos. (VIEIRA, *et al.*, pp. 140-1)

A garantia à imunidade religiosa também encontra guarida no direito internacional. O conhecido Acordo Brasil-Santa Sé, firmado entre o Estado do Brasil e o Estado do Vaticano, recepcionado sob o Decreto nº 7.107, de 11 de fevereiro de 2010, com força de emenda constitucional por tratar de direito fundamental, e por isso, cláusula pétrea. No tocante à imunidade, o Acordo prevê os seguintes direitos à Igreja Católica no Brasil:

> Artigo 15. Às pessoas jurídicas eclesiásticas, assim como ao patrimônio, renda e serviços relacionados com as suas finalidades essenciais, é reconhecida a garantia de imunidade tributária referente aos impostos, em conformidade com a Constituição brasileira.
>
> § 1º. Para fins tributários, as pessoas jurídicas da Igreja Católica que exerçam atividade social e educacional sem finalidade lucrativa receberão o mesmo tratamento e benefícios outorgados às entidades filantrópicas reconhecidas pelo ordenamento jurídico brasileiro, inclusive, em termos de requisitos e obrigações exigidos para fins de imunidade e isenção.

Garantir a imunidade religiosa é zelar pelo bem comum da sociedade e da pessoa humana, visto que a finalidade última é orientada para Deus. Outrossim, a imunidade à Igreja impede que sejam postos obstáculos às obras de piedade e de caridade empreendidos em diversos lugares carentes, de notório interesse público, em atenção à dignidade do homem, tais como orfanatos, asilos, recuperação de toxicômanos, instituições de ensino. Assim, finca em seu ordenamento jurídico o direito natural da Igreja à imunidade, de tal forma que unilateralmente já não mais seria possível rever.[9]

À evidência, o Estado brasileiro reconhece amplamente os direitos da Igreja Católica, não apenas no concernente à imunidade, mas, em especial, ao que toca o seu poder temporal indireto, na medida em que é do interesse público, de uma ordem social objetivamente justa, que a dignidade humana seja promovida e que o uso do poder estatal seja limitado. A Constituição Federal de 1988 alberga, em verdade, os princípios de autonomia e de cooperação entre poder temporal e poder espiritual, como previsto pela Doutrina Social da Igreja, respeitando as finalidades de cada instituição e a forma com a qual contribuem para o bem comum (JUNIOR, p. 39) - contrariando o preceito liberal devidamente condenado pelo Beato Papa Pio IX, de que "a Igreja deve estar separada do Estado e o Estado da Igreja" (SYLLABUS, n. 55º).

Correto concluir que a Igreja Católica possui primazia sobre as outras religiões, que não podem ser tratadas igualmente. O vetor axiológico do preâmbulo, como veículo interpretativo da Constituição, consagra, sob proteção de Deus, o Estado que ali se constituía. Nesse ato, não se trata de uma rogação a um ente superior desconhecido ou abstrato, mas se invoca o verdadeiro Deus, a Santíssima Trindade, o Bem, que instituiu a Igreja Católica para estender a graça redentora de Cristo por sobre a terra, conciliando corpo e alma, o zelo pelo bem comum social objetivo e o fim último sobrenatural do homem. Por isso, a Igreja pode e deve estar à frente das outras religiões, sob o olhar do Estado, pois aquela, sendo Mãe e Mestra da verdade, deve ser priorizada por este.

---

9. Quanto a isso, veja-se a sentença repudiada pelo Beato Papa Pio IX no *Syllabus*: "43º. O poder secular tem autoridade de rescindir, de declarar e tornar nulos os convênios solenes, ou Concordatas celebradas com a Sé Apostólica, relativos ao uso dos direitos pertencentes à imunidade eclesiástica sem consentimento da mesma Sé Apostólica, e mesmo se ela reclamar."

Contrariamente ao que se poderia afirmar, tal primazia não viola a liberdade de consciência e culto, petrificada no art. 5º, incisos VI e VIII, pois tal liberdade só será liberdade se entendida como *das consciências*, como *simples licença* de se escolher o mal e abraçar o erro, sob o risco de se cair no relativismo moral, que desmantela o próprio bem comum (BOULANGER, p. 504).

> Os liberais, que põem acima de tudo as liberdades modernas para combater a suposta *intolerância* da Igreja; entendem por liberdade o direito de pensar, de dizer, de escrever e de ensinar tudo o que se quiser; o falso e o verdadeiro, o bem e o mal. Julgam que a liberdade de consciência consiste em poder, à "*sua vontade*, escolher esta ou aquela religião ou em não professar nenhuma", em se libertar dos deveres para com Deus. Este conceito de liberdade é evidentemente contrário aos princípios católicos e à própria razão.

Portanto, a imunidade tributária reconhecida à Igreja pela Constituição Federal de 1988 tem o fundamental papel de limitar o poder tributante do Estado, protegendo-a da imposição de certas normas de rejeição social. Sendo mister à garantia de sua autonomia e instrumento que dá eficácia temporal aos seus *munus* espirituais, cristalizados no Preâmbulo com o maior grau de importância, para que a Igreja Católica oriente o interesse público no real sentido do bem comum.

6. Conclusão

A mancha do pecado original no homem distorce suas naturais e boas tendências à autopreservação e à vida em sociedade, inclinando-o pela concupiscência ao estéril egoísmo. Os governantes, que detêm o poder do Estado, no gozo de sua soberania, são assim constantemente tentados a expandir sua autoridade, em detrimento do bem comum ao qual estavam encarregados de salvaguardar e promover. A história nos mostra que o tributo se tornou o principal instrumento para a concretização desses propósitos viciosos, adquirindo contornos cada vez mais odiosos, na medida em que as pessoas não mais viam-se retribuídas pelo cumprimento da obrigação imposta. Para que esse caminho, que inexoravelmente leva ao totalitarismo e à abolição do homem, seja refreado, precisam ser estabelecidos limites ao Estado que impeçam ou mitiguem a influência das más disposições dos detentores do poder, e garantam uma ordenação social justa.

Imbuídos pela lei natural, os ordenamentos jurídicos dos Estados se prestam a isso. Contudo, o divórcio entre as leis postas e o direito natural, tornam-na mera norma positivada com fundamentos racionalistas e distorcidos de Direito, perdendo o caráter de sólida barreira à arbitrariedade. Distanciadas da realidade das coisas e desnaturadas de seu valor objetivo de justiça, as imposições legais servem a qualquer projeto ideológico, desde que recebam uma roupagem de interesse público.

O direito positivo não tem pressupostos necessários para existir alheio ao direito natural, pois um fato cultural não nasce sem uma base natural que o preceda, e da qual a razão humana pode extrair leis. Por sua vez, Igreja Católica, dada sua natureza, fundação e finalidades, é intérprete por excelência do direito natural, e por conseguinte, autoridade capaz de limitar e orientar o Estado, no uso de seu poder espiritual e temporal indireto, zelando pela dignidade do homem e pela harmonia social.

A Igreja e o Estado, poder espiritual e poder temporal, são soberanos em campos distintos, mas se dirigem para o bem comum dos mesmos súditos. O mandato evangélico preleciona a doutrina dos dois gládios em que há o poder espiritual e o temporal – *dar a Deus o que é de Deus e a César o que é de César*. Há uma distinção e assim uma primazia entre o poder espiritual sobre o poder temporal, segundo a maior importância dos fins sobrenaturais: a salvação das almas.

Se o Estado se nega a dar a Deus o que é de Deus, como poderia dar aos homens o que é dos homens? O Estado é serviçal da sociedade e deve dar reverência à Divina Religião. Poder espiritual e poder temporal devem, então, cooperar, segundo a autonomia de cada um, para que vivendo ordenadamente, o homem alcance a bem-aventurança eterna.

Ao Estado bem ordenado, cabe não obstar as obras de piedade da Igreja, mas fomentá-las na medida do respectivo interesse público envolvido; e ainda respeitar a influência da Igreja sobre juízos públicos vinculados a questões morais. Em tal sociedade política, a harmonia social será fruto da justeza de suas leis, às quais as pessoas aderirão por virtude, não for força de sanção. Braz Florentino Henriques de Souza, um dos luzeiros que abrilhantavam o cenário da política imperial brasileira – raríssimos em nosso charco republicado –, notava:

> Só a religião, em verdade, pode dar aos dogmas sociais uma sanção eficaz; só ela com a sua virtude divina pode proteger e santificar todas as instituições civis e políticas. Tirai o princípio religioso, diz por isso Lorieux, e as formas de governo não serão mais do que o resultado da força; poder-se-á dispensar de reconhecê-las, poder-se-á mudá-las à vontade, logo que se for assaz poderoso para fazê-lo impunemente. (p. 79)

Mais de 100 anos depois de Braz Florentino, fez muito bem o constituinte brasileiro em gravar, no preâmbulo da Constituição Federal de 1988, a invocação a Deus Todo Poderoso: sob a Sua proteção, promulgou o texto Constitucional de um Estado com modelo de laicidade aberta. Petrificou, assim, os princípios de colaboração e respeito mútuo entre Igreja e Estado, para o interesse público brasileiro - nação fundada aos pés da Cruz, cujo primeiro ato oficial foi uma Santa Missa; reconheceu, enfim, os direitos da Igreja, impondo ao Estado limites que os garantem.

A imunidade, por essa vereda, limita o poder tributante do Estado, em sua mais eficaz ferramenta de coibir condutas, dando meios à Igreja de realizar e manter suas obras de piedade e de misericórdia. Deixar a Igreja refém de imposições tributárias no uso dos bens temporais afrontaria os seus direitos divinos empregados para a salvação das almas, e violaria a própria dignidade da pessoa humana, como destinatária daquelas obras da Santa Mãe e Mestra Igreja.

A Constituição de 1988, não obstante seus defeitos, enseja a influência do poder espiritual sobre o temporal, permitindo que seja concretizada a declaração de Bonifácio VIII, na Bula Papal *Unam Sanctam* de 1302, quando ilustrava a tese dos Dois Gládios:

> As palavras do Evangelho nos ensinam: esta potência comporta duas espadas, todas as duas estão em poder da Igreja: a espada espiritual e a espada temporal. Mas esta última deve ser usada para a Igreja enquanto que a primeira deve ser usada pela Igreja. O espiritual deve ser manuseado pela mão do padre; o temporal, pela mão dos reis e cavaleiros, com o consenso e segundo a vontade do padre. Uma espada deve estar subordinada à outra espada; a autoridade temporal deve ser submissa à autoridade espiritual. O poder espiritual deve superar em dignidade e nobreza toda espécie de poder terrestre. Devemos reconhecer isso quando mais nitidamente percebemos que as coisas espirituais sobrepujam as temporais. A verdade o atesta: o poder espiritual pode estabelecer o poder terrestre e julgá-lo se este não for bom.[10]

Pela primazia da Igreja, o Reino de Deus estender-se-á eficazmente a todo Brasil, garantindo que o Sagrado Coração de Jesus reine sobre todos os corações e sobre toda a sociedade política, para que sejam sanadas as perniciosas e arbitrárias inclinações das pessoas e dos governantes.[11]

---

10. Cf. cit. *in*: JÚNIOR, p. 23-4.

11. Em especial, por força das graças e favores que atraem à nação a consagração do Brasil ao Sagrado Coração (feita pelo Cardeal Leme aos pés do Cristo Redentor, em 1931, e renovada em 2020 por Dom Orani Tempesta).

Referências

AQUINO, São Tomás de. *Da Justiça*. Campinas: Vide Editorial, 2012.

ATALIBA, Geraldo. *Hipótese de incidência tributária*. 6ª ed. São Paulo: Malheiros Editores, 2016

BANDEIRA DE MELLO, Oswaldo Aranha. *Princípios gerais de direito administrativo*. vol. I, 1ª ed. Rio de Janeiro: Livraria Forense, 1969.

BINENBOJM, Gustavo. *Da supremacia do interesse público ao dever de proporcionalidade:* um novo paradigma para o direito administrativo. São Paulo: Atlas, 2012.

BOULENGER, A. *Manual de apologética*. 4ª ed. Coimbra: Livraria Apostólica da Imprensa, 1960.

CARVALHO, Paulo de Barros. *Direito tributário:* fundamentos jurídicos da incidência. 11 ed. São Paulo: Noeses, 2021.

_____. *Curso de direito tributário*. 19ª ed. revista. São Paulo: Noeses, 2007.

COELHO, Sacha Calmon Navarro. *Manual de direito tributário*. 2. ed. Rio de Janeiro: Forense, 2002

CHAFUEN, Alejandro A. *Fé e Liberdade:* O Pensamento Econômico da Escolástica Tardia. 1. ed. São Paulo: LVM Editora, 2019.

DIP, Ricardo Henry Marques. *Abc do direito natural*. 1ª ed. São Paulo: Editorial Lepanto, 2020.

HERVADA, Javier. *Lições propedêuticas de filosofia do direito*. 1ª ed. São Paulo, WMF Martins Fontes, 2008.

_____. *Introducción crítica al derecho natural*. EUNSA, Pamplona, 51 ed., 1988

_____; CUNHA, Paulo Ferreira da. *Direito: Guia Universitário*. Porto: RÉS-Editora, 1983.

JOLIVET, Régis. *Tratado de Filosofia IV:* moral. Rio de Janeiro, Agir, 1966.

JÚNIOR, Cesar Ranquetat. *A Realeza de Cristo:* e a ideia de uma sociedade tradicional. 1ª ed. Itaqui, RS: Ed. do autor, 2021

LEÃO XII, Papa. *Ubi Primum. in*: Documentos Pontifícios: Idade Moderna. Rio de Janeiro: Ed. CDB, 2024, pp. 619-29.

LEÃO XIII, Papa. *Immortale Dei*. Roma, 1885. Disponível em: https://www.vatican.va/content/leo-xiii/pt/encyclicals/documents/hf_l-xiii_enc_01111885_immortale-dei.html - Acesso em: 7 jun. 2024.

LOZANO JERONYMO, João Vitor; TONIOLLI, Matheus. *O conteúdo jurídico da subsidiariedade: do princípio de direito natural a uma teoria do controle do direito positivo. In*: MARTINS, Ives Gandra da Silva; BERTELLI, Luiz Gonzaga; CARVALHO, Paulo de Barros (coords.). *Lei e Justiça*. 1ª ed. São Paulo: Noeses, 2023.

MARTINS, Ives Gandra da Silva. *Teoria da imposição tributária*. São Paulo: Saraiva, 1983.

_____; BASTOS, Celso Ribeiro. *Comentários à Constituição do Brasil*: promulgada em 5 de outubro de 1988, v. 6 t. 1 Arts. 145 a 156. 1ª ed. São Paulo: Saraiva, 1990.

_____. *Uma breve teoria do poder.* 1ª ed. São Luís: Resistência Cultural, 2016.

MEINVIELLE, Pe. Julio. *Concepção católica da política*. 2 ed. Vitória (ES): Centro Anchieta, 2020.

MONTORO, André Franco. *Introdução à ciência do direito*. 33 ed. ver., atual. e ampliada. São Paulo: Editora Revista dos Tribunais, 2016.

OLIVEIRA, Plínio Corrêa de. (2022). *Revolução e Contra Revolução*. 7 ed. São Paulo, Retornarei, 2022.

PESSÔA, Leonel Cesarino. Interesse Fiscal, Interesse dos Contribuintes e o Princípio da Capacidade Contributiva. *In: Revista Direito Tributário Atual* nº 18. São Paulo: 2004, pp. 123-136.

PIO VI, Papa. *Inscrutabile Divinae*. *in*: Documentos Pontifícios: Idade Moderna. Rio de Janeiro: Ed. CDB, 2024, pp. 545-56.

PIO VII, Papa. *Diu Satis*. *in*: Documentos Pontifícios: Idade Moderna. Rio de Janeiro: Ed. CDB, 2024, pp. 587-98.

PONTIFÍCIO CONSELHO "JUSTIÇA E PAZ". *Compêndio da doutrina social da Igreja*. 7ª ed. São Paulo: Paulinas, 2011.

RAMALHETE, Carlos. *Doutrina Social da Igreja:* uma introdução. 1ª ed. São Paulo: Quadrante, 2017.

SILVA, Edgard Neves da. *Imunidade e Isenção*. In: MARTINS, Ives Gandra da Silva (coord.). *Curso de direito tributário*. 11ª ed. São Paulo: Saraiva, 2009, pp. 281-297.

SCANTIMBURGO, João de. *História do Liberalismo no Brasil*. São Paulo: LTr, 1996.

SCHOUERI, Luís Eduardo. *Direito tributário*. 9ª ed. São Paulo: Saraiva, 2019

SOUSA, José Pedro Galvão de. *Iniciação à Teoria do Estado:* roteiro de princípios. São Paulo, José Bushatsky, 1967.

__________; GARCIA, Clóvis Lema; CARVALHO, José Fraga Teixeira de. *Dicionário de política*. São Paulo: T.A. Queiroz Editor, 1998.

__________. *Obras seletas II: Da representação política e O totalitarismo nas origens da moderna teoria do Estado*. Rio de Janeiro: Ed. CDB, 2021.

__________. *Obras seletas III: Direito natural, direito positivo e Estado de direito e O Estado tecnocrático*. Rio de Janeiro: Ed. CDB, 2021.

SOUZA, Braz Florentino Henriques de. *Do Poder Moderador*. Brasília: Editora Universidade de Brasília, 1978.

TOCQUEVILLE, Alexis de. *Da democracia na América*. Campinas: Vide Editorial, 2019.

VIEIRA, Thiago Rafael; REGINA, Jean Marques. *Direito Religioso:* questões práticas e teóricas. 1ª ed. Porto Alegre: Editora Concórdia, 2018.

VILLEY, Michel. *Questões de Tomás de Aquino sobre direito e política*. São Paulo: WMF, 2014.

ADENDO

FACULDADE DE TEOLOGIA NOSSA SENHORA DA ASSUNÇÃO - PERMANENTE DIÁLOGO COM A EDUCAÇÃO

FACULTY OF THEOLOGY OF OUR LADY OF THE ASSUMPTION PERMANENT DIALOGUE WITH EDUCATION

Prof. Dr. Pe. José Ulisses Leva[1]

Sumário: 1. Introdução - 2. A Universidade no século XIII - 3. A contribuição da Igreja na Universidade - 4. Faculdade de Teologia Nossa Senhora da Assunção: 4.1. Formação teológica em São Paulo 4.2. Teologia na PUC-SP - 5. Teologia em diálogo com a Educação: 5.1 Ementa da Introdução ao Pensamento

1. Doutor em História da Igreja pela Pontifícia Gregoriana de Roma. Professor na Pontifícia Universidade Católica de São Paulo – PUC/SP. Capelão da Capela de Nossa Senhora de Sion – Higienópolis.

Teológico; 5.2 Ementa da Teologia em Diálogo com a Educação - 6. Conclusão – Referências.

1. Introdução

A Faculdade de Teologia Nossa Senhora da Assunção está completando 75 anos de existência. O ano de 1949, marcadamente, foi importante para a História da Igreja em São Paulo. No episcopado de Dom Carlos Carmelo de Vasconcelos Motta, de fato, a Teologia teve suas atividades iniciadas, para o bem da Igreja Paulopolitana. O ano de 2024, notoriamente, está sendo vivenciado com alegria pela Faculdade de Teologia, presente e atuante na dinâmica e efervescente São Paulo. Dom Odilo Pedro Scherer, no seu episcopado, tem assegurado presença na formação dos novos presbíteros e outros estudantes, que procuram e cursam os estudos na jubilar Faculdade.

Desde o século XIII, com o início das Faculdades na Europa, a Teologia tem marcado presença e forte atuação nas pesquisas científicas e produção acadêmica. Ao longo dos séculos, a ciência teológica vem demonstrando interesse pelos estudos sobre Deus e vem assegurando preocupação pelos estudos para o bem da humanidade.

A Teologia vem se adaptando, frequentemente, na ambientação universitária. Está presente desde os copistas, no período medieval, ao desenvolvimento digital, na contemporaneidade. Cresce o interesse do laicato pelos estudos teológicos. Aumenta, também, no Corpo Docente, a presença de homens e mulheres leigos, formados nas Sagradas Escrituras e nas seguras orientações do Magistério da Igreja.

Ao longo dos últimos anos, a nomenclatura teológica tem sido incorporada na sociedade. Antes, o vocabulário teológico pertencia ao clero, e, sobretudo, aos professores de Teologia. Hoje, existe um pertencimento eclesial do vocabulário teológico, de leigos e de clérigos. Há uma preocupação de todos para com a linguagem contemporânea da sociedade. Não se admite, no pensamento teológico, conceitos preconceituosos e racistas, xenofóbicos e misóginos.

Diante das festividades da Faculdade de Teologia, nos seus 75 anos de existência e notória presença e participação na sociedade, resta-nos indagações a serem prontamente respondidas. Qual é o interesse pelos estudos teológicos nos dias de hoje? O que podemos celebrar? O que deve nos preocupar, para continuamente melhorar os estudos teológicos?

2. A Universidade no século XIII

O Historiador Jacques Le Goff foi, de fato, um notável conhecedor do período medieval. Pesquisou profundamente esse tempo histórico e nos deixou um enorme legado. Seus estudos nos mantêm sempre apaixonados por esse tempo e espaço. Coloca-nos, atentos e perspicazes, e muito mais abertos aos contributos da Igreja Católica. Seus estudou indicaram a genuína importância do medieval, e nos possibilitam, ainda hoje, retirar bons fundamentos para as nossas pesquisas e fontes históricas.

A Igreja, no século XIII, motivou o saber e fez nascer nos mosteiros e residências episcopais, a organização do que hoje chamamos de Universidade. Tempos marcados por mudanças. Ao lado das inúmeras faces do período medieval da História, a Universidade pulsava como o encontro dos saberes que ajudavam a sociedade europeia a nortear e impulsionar caminhos para as ciências.

> A universidade nasceu como associação livre dedicada ao saber, no conjunto de outras associações que foram organizadas no século XIII: as *universitates*. Ela agregou estudantes de várias procedências socioculturais, na busca de autonomia de investigação e de aquisição de conhecimento. Seu contexto social são as cidades livres emergentes, e sua regra de organização a participação de todos os sujeitos que compunham a corporação. As primeiras

> universidades lançaram os germes da livre investigação e construíram o edifício metodológico e político das academias atuais [...].[2]

A Teologia fazia parte da gênese da Universidade. Ao lado do Direito, da Medicina e das Artes, a Teologia marcava sua presença junto aos jovens da época, ávidos pelo conhecimento e pelas transformações do meio em que habitavam.

> Com o tempo, a teologia produzida pelas *universitates* – escolástica – vai conquistando uma hegemonia na reflexão teológica até ser adotada como o paradigma teológico oficial do magistério da Igreja [...]. A chamada racionalidade moderna, curiosamente iniciada dentro das universidades, vai trilhar um caminho paralelo à teologia, esta identificada sempre mais com a Igreja e com o clero e, muitas vezes, aquela estará fora das universidades, sobretudo no caso das ciências [...].[3]

É fundamental pensar a Universidade como um todo. Isto significa dizer que todos os saberes são importantes e necessários. Ciências Humanas e Ciências Técnicas se completam. Separadamente estudadas e ministradas, elas esfacelam o conhecimento humano.

> A separação entre as humanidades e as tecnociências vai configurar uma dupla racionalidade, separando, em última instância, o saber útil do inútil, sendo que para o funcionamento da máquina moderna a prevalência das várias tecnologias sobre as humanidades será indiscutível. Acredita-se que o mundo novo virá, indubitavelmente, pelos avanços tecnocientíficos e não das humanidades, que dirá das velhas humanidades protagonizadas pela filosofia e pela teologia. [4]

---

2. PASSOS. J.D. *Teologia e outros saberes:* Uma introdução ao pensamento teológico, p. 17.

3. PASSOS. J.D. p. 17.

4. PASSOS, J.D. p. 55.

O século XIII serve como referência ao apresentar a Universidade como unidade dos saberes. O Campus da Universidade é como o mundo plural e todos os saberes em conjunto facilitam a compreensão dos enigmas para melhor traduzi-los e buscar soluções. A Teologia se apresenta e propõe sua colaboração para o bem comum.

> De sua parte, a teologia ocupa-se da própria ciência sem idealizações sapienciais que venham elevar ingenuamente a razão humana como capaz de conhecer a verdade e sem condenações apocalípticas que condenem a mesma como provocadora da perdição total. A ciência é um ato de capacidade, liberdade e responsabilidade humana. A razão é um projeto ético que pode produzir o bem e o mal para a humanidade. A racionalidade teológica, em nome de sua fonte última que promete salvação e felicidade para todas as criaturas, afirma que as ciências são meios e não fins em si mesmas; alcançam as explicações sobre seus objetos particulares, jamais a verdade definitiva e total. [5]

3. A contribuição da Igreja na Universidade

A Universidade nasceu no interior da Igreja Católica. A Teologia faz parte desse brilhante nascimento no período medieval. "O conceito clássico de Teologia nos termos formulados por Santo Tomás permanece como adequado e rico: 'a doutrina sagrada trata de Deus e das coisas enquanto se referem a Deus'".[6] A Teologia possui um campo de saber próprio dentro da Universidade e sempre contribui com a sociedade "[...] a perspectiva teológica pode ser aplicada sobre qualquer aspecto ou parte da realidade e construir sobre esses um discurso próprio [...]."[7]

---

5. PASSOS, J.D. p. 197.

6. PASSOS, J.D. pp. 14-15.

7. PASSOS, J.D., p. 15.

Santo Tomás de Aquino será sempre apresentado como grande estudioso e incentivador da Teologia, como ciência e parte intrínseca do saber, que interage com a sociedade. Outros intelectuais renomados, como Santo Alberto Magno (1193-1280), conhecido como *Doctor Universalis e Doctor Expertus*; Santo Abelardo (1079-1142), filósofo e teólogo, importante pensador do século XII e Santo Anselmo de Cantuária (1093-1109), fundador da escolástica e criador do argumento ontológico para a existência de Deus. Dos teólogos medievais, os papas contemporâneos apresentam a Teologia com vitalidade e presença constante nos debates/diálogo contemporâneo. O Papa Francisco tem-se apresentado com baluarte dos nossos tempos. A Constituição Apostólica *Veritatis Gaudium* foi apresentada pelo Pontífice, em 08 de dezembro de 2017. Ele descreve o papel das Universidades e Faculdades Eclesiásticas, construindo redes entre si, para responderem afirmativamente às realidades hodiernas.

Evidentemente, o papa está dando atenção à grandeza do ministério, para ganhar tempo em produzir a Teologia que sustenta a autêntica interpretação das Sagradas Escrituras em nossas vidas. O Magistério da Igreja, na pessoa do papa Francisco, propõe questionamentos atuais aos homens e mulheres do nosso tempo. O exemplo e as palavras do papa Francisco servem de luzeiro para o exercício do magistério que nós professores e professoras exercemos na Faculdade de Teologia Nossa Senhora da Assunção na PUC SP. Seremos reconhecidos quando respeitarmos e reconhecermos nossos pares e, procurarmos juntos sermos formadores de opinião da autêntica, segura e salutar Teologia, sustentada à luz das Sagradas Escrituras, do Magistério da Igreja e da reta Tradição Apostólica.

4. Faculdade de Teologia Nossa Senhora da Assunção

A Faculdade de Teologia Nossa Senhora da Assunção está comemorando as suas Efemérides. Em 2024, a

Faculdade está completando os seus 75 anos de vida, presença e atuação na cidade e Arquidiocese de São Paulo. Segue de perto as orientações do Magistério da Igreja, e, sobretudo, as proposições do Papa Francisco, como a Constituição Apostólica *Veritatis Gaudium*. A Faculdade olha com bons olhos o Pacto Educativo Global. É um chamado do Papa Francisco para que todas as pessoas do mundo priorizem uma educação humanista e solidária, como modo de transformar a sociedade. As Faculdades e Universidades Católicas estão muito presentes e atuantes nesse belíssimo empenho da Igreja de Cristo Jesus, na convocação e testemunho do Santo Padre.

4.1 Formação teológica em São Paulo

Entre o final do Império e o início da República no Brasil, os tempos foram marcados por mudanças. A sociedade procurava seus limites e a Igreja delineava-se nesse mesmo tempo e espaço. Quando estamos em posições diferenciadas, um e outro são vistos como inimigos. Porém, quando nos conhecemos, podemos, sem perder nossa identidade, dialogar para o bem comum.

Desde 1856, com a construção do Seminário Diocesano por Dom Antônio Joaquim de Mello, a Teologia ganhou espaço na formação dos novos padres na Igreja Paulista. Sistemática e paulatinamente, o saber teológico na Igreja Paulopolitana foi sendo estudado como ciência e reconhecido como parte integrante da sociedade na formação da opinião pública.

Num Artigo de 2004, a Doutoranda em Ciência da Religião, Patrícia C.M. Martins,[8] posicionou-se sobre a

8. MARTINS, P.C.M. Modernização e o Ensino Superior para padres da Província de São Paulo. Último Andar. São Paulo: EDUC, (10), jun, 2004, p. 43-57.

formação dos novos padres em São Paulo por ocasião da inauguração do Seminário.

> O Seminário Episcopal Paulista foi a primeira instituição de ensino para padres da Província. Sua estrutura interna está submetida ao catolicismo que se organizava no mundo moderno ante a ascensão de uma nova ordem política que emergia na Europa e se expandia para outros territórios, como o Brasil, que também desencadeava alterações no cenário político [...]. Todavia, a criação desse Seminário atendia às necessidades, tanto da hierarquia católica europeia, defensora do ultramontanismo, como das alas conservadoras da Coroa imperial [...].[9]

Em 2012, eu escrevi um Artigo para a *Revista de Cultura Teológica,* apresentando o pluralismo na sociedade brasileira no século XIX e o posicionamento da Igreja em São Paulo, especificamente falando da relação entre as ideias antagônicas provenientes da Faculdade de Direito e do Seminário episcopal.[10]

> O cenário do Brasil, no princípio do século XIX, pontuava o devir. A Igreja, ainda atrelada ao Padroado, não podia proferir seus pensamentos. A Igreja Católica, no Brasil-Colônia e Brasil-Império, era propriedade do Estado. Nesse período não havia consonância com Roma. A Santa Sé somente sancionava o que dizia o governo português e posteriormente o Imperador. Somente em 1827 surgem as primeiras Faculdades. Uma foi instalada em Olinda, na Província de Pernambuco, e a outra na cidade de São Paulo. Houve uma disputa aberta entre as ideias liberais provenientes desta Instituição e os padres capuchinhos de Saboia, que ministravam o Seminário desde o início de sua fundação.[11]

Estreitando ainda mais os laços da Igreja no Brasil com o Santo Padre, nos primórdios do século XX, ganhamos

---

9. MARTINS, P.C.M. p 47.

10. LEVA, J.U. Pluralismo no Brasil do século XIX. *Revista de Cultura Teológica.* Ano XX, nº 77, jan/mar, 2012.

11. LEVA, J.U. Pluralismo no Brasil do século XIX, p. 19.

um Colégio para a formação de novos padres no coração da cidade Eterna. O Colégio Pio Brasileiro foi instalado, em 1934, em Roma, no papado de Pio XI. Este acontecimento histórico deveu-se ao cardeal paulista, Dom Sebastião Leme da Silveira Cintra, que pastoreou a Arquidiocese do Rio de Janeiro entre 1930 e 1942. Há 90 anos, o Colégio Pio Brasileiro marca profundamente a formação teológica de muitos padres que por lá passaram e ainda estão contribuindo com pesquisas e dialogando com os demais saberes que compõem a sociedade. Eu mesmo tive o privilégio de estudar História Eclesiástica, em Roma, na Pontifícia Universidade Gregoriana, entre 1998 e 2001, morando no Colégio Pio Brasileiro. Foi um tempo de profundo aprimoramento nos estudos da História Eclesiástica e uma empolgante convivência com o plural da Igreja no Brasil.

Em 1946, a PUC de São Paulo teve o seu início, no bairro de Perdizes. A Faculdade de Teologia Nossa Senhora da Assunção foi criada, em 1949. Tanto uma como outra projetaram São Paulo tanto para o mundo juvenil e universitário quanto ao saber e o sabor teológicos. Anos de frutos e enriquecimento profundo à Igreja e à Sociedade. Desde 2009, a Teologia pulsa de dentro da Universidade, proporcionado vida e um novo sabor teológico primando respeito e diálogo.

> Cada Igreja particular, porção da Igreja Católica sob a guia do seu Bispo, está, também ela, chamada à conversão missionária. Ela é o sujeito primário da evangelização, enquanto é a manifestação concreta da única Igreja, num lugar da terra e, nela está verdadeiramente presente e opera a Igreja de Cristo, uma, santa, católica e apostólica. É a Igreja encarnada num espaço concreto, dotada de todos os meios de salvação dados por Cristo, mas com um rosto local [...] ou para os novos âmbitos socioculturais [...].[12]

Desde sempre, o Grão Chanceler e Cardeal Arcebispo de São Paulo, Dom Odilo Pedro Scherer, tem demonstrado

---

12. Papa Francisco. *Evangelii Gaudium*, n. 30.

afinco para com a PUC. Ele tem visto a Universidade como um espaço concreto de apresentar os valores do Reino de Deus anunciados por Jesus Cristo à Sua Igreja e a todos quantos se relacionam com ela. Precisamos sempre de conversão pastoral e metodológica, para presenciarmos Deus entre os jovens universitários.

4.2 Teologia na PUC-SP

A PUC de São Paulo nasceu em 1946. A Universidade presta serviços relevantes à Igreja, presente em São Paulo, e à Sociedade. Desde Dom Carlos Carmelo de Vasconcelos Mota, Dom Agnelo Rossi, Dom Paulo Evaristo Arns, Dom Claudio Hummes até nossos dias com Dom Odilo Pedro Scherer. A Teologia na PUC-SP auxilia no pensamento da Igreja.

Hoje, efetivamente, fazemos parte na Pontifícia Universidade Católica de São Paulo. De fato, o ano de 2009 marcou nosso retorno, como Faculdade de Teologia, na Pontifícia Universidade Católica e mostrou habilidades e competências no exercício do nosso Magistério "A ciência teológica, que respondendo ao convite da verdade, busca a inteligência da fé, auxiliar o Povo de Deus, de acordo com o mandamento do apóstolo (cf. 1 Pd 3, 15), a dar razão da própria esperança, àqueles que a pedem."[13] Estamos inseridos na PUC-SP, pesquisando, produzindo e colaborando com a sociedade.

> A teologia oferece, portanto, a sua contribuição para que a fé se torne comunicável, e a inteligência daqueles que não conhecem a Cristo possa procurá-la e encontrá-la. A teologia, que obedece ao impulso da verdade que tende a comunicar-se, nasce também do amor e do seu dinamismo: no até de fé, o homem conhece a

13. Instrução sobre a Vocação Eclesial do Teólogo, p. 7.

> bondade de Deus e começa a amá-lo, mas o amor deseja conhecer sempre melhor aquele a quem ama.[14]

Ainda encontramos no Documento da Igreja em relação ao papel do Teólogo:

> No decorrer dos séculos, a teologia constitui-se progressivamente em verdadeiro e próprio saber científico. É, portanto, o necessário que o teólogo esteja atento às exigências epistemológicas da sua disciplina, às exigências do rigor crítico, e consequentemente à verificação racional de todas as etapas da sua pesquisa.[15]

Fundamentalmente, o Grão Chanceler, o Cardeal dom Odilo Pedro Scherer, nos encoraja para sermos protagonistas e formadores de opinião; nos incentiva a uma presença contínua e marcante nos Campi da Universidade e nos conclama às continuadas pesquisas para o bem da Igreja e da sociedade hodierna. Em 2013, Dom Odilo lembrou nas festividades, por ocasião dos 67 anos da PUC, que é fundamental à comunidade puquiana faça a experiência da Universidade.[16]

Lembrando, também, o Prof. Dr. Antonio Manzatto, quando do retorno da Faculdade de Teologia na PUC de São Paulo, em 2009:

> Somos a Faculdade de Teologia Nossa Senhora da Assunção na Pontifícia Universidade Católica de São Paulo. Incansavelmente, o Prof. Dr. Antonio Manzatto, Diretor entre 2002 e 2009, nos fez entender o passo importantíssimo que estávamos dando quando iniciávamos nossa presença na Universidade. Solicitava que maturássemos nossos conhecimentos e nos lançássemos integralmente a serviço como teólogos e teólogas no exercício de nossas

14. Instrução sobre a Vocação Eclesial do Teólogo, p. 8.

15. Instrução sobre a Vocação Eclesial do Teólogo, p. 9.

16. Dom Odilo Pedro Scherer. O São Paulo. *Semanário da Arquidiocese de São Paulo*. Ano 58, Edição 2967, 27/08/2013 a 02/09/2013, p 18.

aptidões. Evidentemente cada um a seu modo e seu a tempo formamos o Corpo Docente.[17]

A Teologia está na Universidade. Isso significa afirmar que não trabalhamos em paralelo como se a Universidade estivesse num lugar e nós teólogos e teólogas ocupássemos outro lugar. A Teologia é um saber em diálogo com os demais saberes que compõem a Universidade. O Magistério da Teologia produz à luz do seu saber específico e contribui para o bem da sociedade. Vivendo no mundo e inseridos na Universidade, a Teologia deve responder a qualquer tema proposto e dialogar com todas as pessoas. A Faculdade de Teologia, no Campus Ipiranga, produz os ensaios teológicos e protagoniza o diálogo com a sociedade em transformação. Nos demais Campi da Universidade, nós, professores e professoras de Teologia da PUC-SP, estamos presentes junto às demais Faculdades lecionando Disciplinas referentes aos Créditos Teológicos. No exercício do magistério, percebemos a posição clara dos estudantes das demais Faculdades em relação aos seus estudos e conhecimentos. A Universidade é composta na pluralidade das ideias e na diversidade de opiniões. Em suma, para um maduro e seguro diálogo necessitamos respeitar o outro. Incansavelmente, os Coordenadores dos Créditos Teológicos e, atualmente a Coordenadora, insistem na parceria de saberes.

Há um olhar encorajador e carinhoso para com os estudantes da PUC-SP, que cursam a Faculdade de Teologia e estão sendo formados e preparados para o hoje. Como docentes, sugerimos que aproveitem ao máximo o ambiente universitário para os estudos, e, orientamos que dialoguem com a sociedade. Enfatizamos, que sejam conhecedores do saber teológico e sejam protagonistas do mundo sequioso

---

17. LEVA, J.U. A Universidade e o mundo contemporâneo. O Magistério da Igreja e o mundo contemporâneo. *Revista de Cultura Teológica*. Ano XXII, nº 83, jan/jun 2014, p 220.

do conhecimento de Deus. Lecionando as Disciplinas dos Créditos Teológicos com estudantes das diversas epistemes, posso assegurar que Deus não está nem morto nem ausente das suas consciências. Ao contrário, apresentando a Teologia com leveza e carinho, os alunos se sentem desejosos do conhecimento acerca dos valores humanos e do aprofundamento das relações de Deus com a humanidade.

5. Teologia em diálogo com a Educação

O retorno da Teologia à Universidade, em 2009, trouxe o aprofundamento das questões teológicas inseridas na sociedade; o melhoramento nas relações humanas extra Campus da ciência teológica; o ordenamento e visibilidade dos questionamentos humanitários apresentados pela sociedade e o aparelhamento às respostas oferecidas pelos docentes do campo do saber teológico.

Os que nos precederam nos Campi da PUC-SP nos deixaram enormemente ganhos no diálogo da Teologia com o ambiente universitário. Desde a chegada dos docentes de Teologia Nossa Senhora da Assunção, em 2009, houve várias adaptações às orientações pedagógicas e aprimoramento das Ementas dos Cursos da Universidade. Atualmente, os docentes nos Créditos Teológicos têm encontrado ferramentas adequadas nos vários eixos de Saber, entre os quais, a Teologia em diálogo com a Educação.

5.1 Ementa da Introdução ao Pensamento Teológico

Análise da educação como fenômeno antropológico e teológico, que pressupõe valores e convicções que desembocam em opções de fé. Conceituação do humanismo cristão, dignidade humana, liberdade e solidariedade como eixos da história da educação cristã, nas reflexões cristãs sobre a educação e, por conseguinte, no ensino religioso.

5.2 Ementa da Teologia em Diálogo com a Educação

Estudo das questões fundamentais da Teologia, sua relação com os demais conhecimentos. A partir de três enfoques principais: o epistemológico, o antropológico e o ético, e da Teologia como ciência da fé, e a partir da fé, do ponto de vista de suas fontes (Sagradas Escrituras, Tradição, Magistério e Sensus Fidelium), métodos, objetos e linguagem, bem como suas possibilidades de diálogo com as Ciências no âmbito da Universidade. O estudo apresenta uma visão do ser humano como criatura livre e responsável e dá os parâmetros para uma leitura ético-teológica da realidade atual.

6. Conclusão

Na cosmopolita São Paulo do século XXI, é fundamental ouvir, na pluralidade, o turbilhão de gente e o alarido de muitas vozes. É imprescindível, também, ouvir a voz da Teologia, assegurada pelo Magistério da Igreja, o papa Francisco; e, orientada pelo Grão Chanceler da PUC/SP, o Cardeal de São Paulo, Dom Odilo Pedro Scherer. É nobre que as pessoas e grupos manifestem seus pensamentos. Afinal de contas somos diferentes uns dos outros; e expressamos diferentemente nossos pontos de vista. A Teologia tem de escutar atentamente as vozes e, também, tem muito a dizer à nossa sociedade hodierna. É salutar que a Teologia manifeste destemidamente sua opinião "Assim fala o Senhor: 'Dei esta ordem ao povo, dizendo: Ouvi a minha voz, assim serei o vosso Deus e vós sereis o meu povo; e segui adiante por todo o caminho que eu vos indicar para serdes felizes" (Jr 7, 23).

A Teologia, em permanente diálogo com a Educação, traçou um itinerário e uma proposta objetiva, quando mostrou o pensamento teológico nascendo no turbilhão de informações do século XIII e se apresentou como um saber em meio aos demais saberes de época. Inserida na sociedade medieval, a Faculdade de Teologia mostrou-se presente e atuante no desenvolvimento da cultura europeia. Buscou incessantemente um permanente diálogo.

A Universidade nasceu nos Mosteiros e Sedes Episcopais. As cidades ressurgiram entorno do ambiente eclesial. A Europa presenciou, no coração das cidades, homens e mulheres, professores e estudantes, ávidos pelo saber. A Igreja, à luz do Magistério e da Teologia, colocou-se presente neste momento histórico. Parceria positiva e eficaz para o bem do Homem do período medieval.

A Igreja, sobretudo o Magistério e os Pontífices contemporâneos, tem acompanhado o caminho trilhado pela Educação. O Papa Francisco presenteou-nos com a Constituição Apostólica *Veritatis Gaudium.* A Esposa de Cristo tem-se apresentado frente aos desafios e, tem-se mostrado presente e eficaz junto às possíveis soluções. A CNBB realizou, em 2022, a Campanha de Fraternidade, com o Tema da Educação. Buscou nas Fontes Bíblicas “Fala com sabedoria, ensina com amor” (Pr. 31, 26) a orientação assegurada diante das dificuldades e soluções possíveis. Muito importante que todos nós estejamos preocupados com temas relevantes, mormente, o papel da Universidade nos tempos atuais. Fundamental que a Igreja de Cristo Jesus e os seguimentos da sociedade estejam em sintonia, para o bem de todos os cidadãos e cidadãs.

Há enormes desafios educacionais. Ao longo das décadas, as gerações se apresentaram diferentes e as formações educacionais foram propostas muito diversas. Passamos do ensino, garantido pelos educadores, utilizando desde o flanelógrafo ao uso continuado do digital. Passamos do uso das pesquisas feitas em Livros nas Bibliotecas, para a utilização continuada dos Livros nas plataformas digitais. Passamos dos trabalhos manuscritos aos trabalhos datilografados, e, hoje, com os trabalhos digitalizados. Vivemos o tempo presencial e, no período da covid-19, a educação foi assegurada, remotamente, pelo ensino nas plataformas digitais e, logo em seguida, estamos vivendo, em vários espaços, a chamada educação híbrida.

Os desafios educacionais são constantes. Retomadas as atividades, no chamado pós-pandêmico, as dificuldades ainda persistem. Durante a pandemia, muitos não estudaram adequadamente, ou por falta da internet, ou por falta do computador ou notebook, ou por falta do acesso às plataformas, ou por conta das residências precárias, ou por inúmeras outras deficiências humanas e sociais.

Como pensar e projetar a Educação? Devemos assegurar o conteúdo programático? Devemos pensar uma Educação Híbrida, utilizando os recursos tecnológicos e as plataformas digitais, com dias alternados na residência e na Escola? Como assegurar e garantir as Atividades Extensionistas, propostas pelo MEC, e que devem acontecer nas Universidades?

Devemos assegurar excelência nas perspectivas educacionais e precisamos alavancar entusiasmo nos novos paradigmas para a formação humana. As pessoas se apresentam e são diferentes umas das outras. A diferença é ainda maior quando falamos nas várias gerações que vivem e se colocam juntas no processo educacional. Há docentes, ainda atuantes, que foram formados com técnicas de aprendizagem de outras épocas; há docentes mais jovens, que foram preparados, com novas tecnologias. Entretanto, como inserir os jovens discentes, que constantemente são influenciados e marcados pelas novas gerações e pelas novas ferramentas digitais e novas plataformas educacionais?

O estudante está sendo chamado a ser protagonista da sua formação. Isso significa eliminar o professor, a lousa e o giz? Isso significa criar novos métodos de Ensino? Isso significa encontrar novos paradigmas educacionais? Isso significa pensar e agir com a interdisciplinaridade? Isso significa propor e executar as Atividades Extensionistas?

Diante das festividades da Faculdade de Teologia Nossa Senhora da Assunção e respondendo sobre o interesse pelos estudos teológicos nos dias de hoje; o sentido da celebração dos seus 75 anos de existência e com o que devemos nos preocupar, para continuamente melhorar os estudos teológicos, digo que a Teologia deve respeitar as conquistas anteriores e precisa estar na vanguarda de novas descobertas. A Teologia, presente na PUC/SP, e em continuidade com os outros saberes, definitivamente, avançará no Ensino, Pesquisa e Extensão, com maturidade e diálogo. Sendo assim, estimulando o conteúdo programático, sem ser apenas conteudista; lançando-se às novas perspectivas educacionais; valorizando os docentes e, sobretudo, incentivando os discentes, a Faculdade de Teologia produzirá uma eficiência para a Educação e será um bem para a sociedade.

Referências

COLOMBO, S. Historiador Jacques Le Goff morre aos 90. *Folha de São Paulo*, E4 Ilustrada, 02 de abril de 2014.

COMPÊNDIO DO VATICANO II. *Constituições, decretos e declarações*. 18. ed. Petrópolis: Vozes, 1986.

CONGREGAÇÃO PARA A DOUTRINA DA FÉ. *Instrução sobre a vocação eclesial do teólogo*. 5. ed. São Paulo: Paulinas, 2007.

LEVA, J.U. Pluralismo no Brasil do século XIX. *Revista de Cultura Teológica,* São Paulo, Ano XX, nº 77, p 11-25, jan/mar, 2012.

LEVA, J.U. A Universidade e o mundo contemporâneo. O Magistério da Igreja e o mundo contemporâneo. *Revista de Cultura Teológica,* São Paulo, Ano XXII, nº 83, p 215-226, jan/jun, 2014.

LEVA, J.U. A Teologia católica e a ética no consumo. In *Revista espaço ética*, São Paulo, Ano I, Nº 1, p 164-169, jan/jun, 2014.

LEVA, J.U. Bodas de estanho do pontificado do papa Francisco. In*: Lei e Justiça.* São Paulo: Noeses, 2023, p 592-606.

LEVA. J.U. Atividades Extensionistas no Colégio Sio. *Jornal O São Paulo*, 06 de outubro de 2023.

LEVA, J.U. Recepções interdisciplinares da Encíclica Fratelli Tutti. *Jornal O São Paulo,* 10 de outubro de 2023

MARTINS, P. C. M. Modernização e o ensino superior para padres da Província de São Paulo. Último Andar. São Paulo: Educ, (10), jun, 2004, p 43-57.

PAPA FRANCISCO. *Exortação Apostólica Evangelii Gaudium.* São Paulo: Paulus-Loyola, 2013.

PAPA FRANCISCO. *Constituição Apostólica Veritatis Gaudium.* São Paulo: Paulinas, 2018.

PASSOS, João Décio. *Teologia e outros saberes.* Uma introdução ao pensamento teológico. São Paulo: Paulinas, 2010.

PRONUNCIAMENTOS DO PAPA FRANCISCO NO BRASIL. São Paulo: Paulus Loyola, 2013.

SEMANÁRIO DA ARQUIDIOCESE DE SÃO PAULO 'O SÃO PAULO'. Ano 59, ed. 3003, 20 a 26 de maio de 2014.